戴學小記——戴震的生平與學術思想

劉昭仁　著

封面設計：實踐大學教務處出版組

出 版 心 語

近年來，全球數位出版蓄勢待發，美國從事數位出版的業者超過百家，亞洲數位出版的新勢力也正在起飛，諸如日本、中國大陸都方興未艾，而台灣卻被視為數位出版的處女地，有極大的開發拓展空間。植基於此，本組自民國 93 年 9 月起，即醞釀規劃以數位出版模式，協助本校專任教師致力於學術出版，以激勵本校研究風氣，提昇教學品質及學術水準。

在規劃初期，調查得知秀威資訊科技股份有限公司是採行數位印刷模式並做數位少量隨需出版〔POD＝Print on Demand〕（含編印銷售發行）的科技公司，亦為中華民國政府出版品正式授權的 POD 數位處理中心，尤其該公司可提供「免費學術出版」形式，相當符合本組推展數位出版的立意。隨即與秀威公司密集接洽，雙方就數位出版服務要點、數位出版申請作業流程、出版發行合約書以及出版合作備忘錄等相關事宜逐一審慎研擬，歷時 9 個月，至民國 94 年 6 月始告順利簽核公布。

執行迄今逾 2 年，承蒙本校謝董事長孟雄、謝校長宗興、劉教務長麗雲、藍教授秀璋以及秀威公司宋總經理政坤等多位長官給予本組全力的支持與指導，本校諸多教師亦身體力行，主動提供學術專著委由本組協助數位出版，數量達 20 本，在此一併致上最誠摯的謝意。諸般溫馨滿溢，將是挹注本組持續推展數位出版的最大動力。

本出版團隊由葉立誠組長、王雯珊老師、賴怡勳老師三人為組合，以極其有限的人力，充分發揮高效能的團隊精神，合作無間，各司統籌策劃、協商研擬、視覺設計等職掌，在精益求精的前提下，至望弘揚本校實踐大學的校譽，具體落實出版機能。

實踐大學教務處出版組　謹識
中華民國 98 年 4 月

戴震畫像

（據安徽叢書本戴先生遺墨印）

吳興蔣孟蘋先生藏

清閟雲林倪迂畫閣

英光寶晉米老黏山

曲阜黃立振藏戴震手書聯

屯溪胡槐植藏戴震手書之條幅

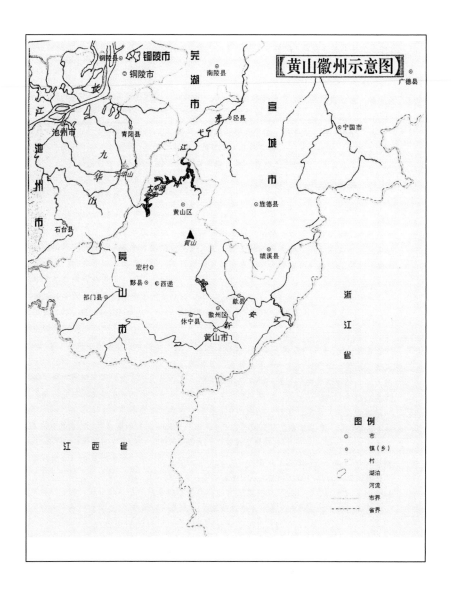

自序

　　梁任公說：「我國自秦以後，確能成為時代思潮者，則漢之經學、隋唐之佛學、宋及明之理學、清之考證學四者而已。」（註1）而清代的學術思想處在一個輝煌璀璨的時期，迥邁前代。

　　清代學術必以乾嘉考據學為中堅、為主流。此一學術思潮流派，從其產生形成、發展到鼎盛衰落，貫穿整個清代。所以，梁任公又說：「無考證學則是無清學。」（註2）

　　乾嘉考據學或稱「漢學」，其研究範圍，大都以經學為中心，而旁及小學、音韻、歷史、地理、天文、曆算、金石、典制、校勘、輯佚、辨偽等。在研究方法上，都強調「無徵不信」、「實事求是」，研經治史，都重視考證，且不以孤證自足，必取之甚博。

　　乾嘉考據學分吳皖二派，吳派以惠棟為領袖，皖派以戴震為領袖。惠棟過世後，皖派獨盛，成為考據學的典範並集大成。

　　戴學是指戴震的學術。戴震生於雍乾盛世，安徽休寧人。其學淹博、識斷而精審，歸然一大師，難窺其堂奧。筆者昔日就讀國立台灣師大國文研究所碩士班時，在先師胡自逢先生（註3）的指導下，

註1：　《清代學術概論》，台灣商務印書館人人文庫044號，1967年，頁1。
註2：　《清代學術概論》，台灣商務印書館人人文庫044號，1967年，頁32。
註3：　胡師自逢，蜀北儀隴人。1917年12月6日生，畢業於四川大學中文系。1949年來台，任教於中學。1965年獲國家文學博士學位（台灣師大國文研究所博士班畢業），先後任國立高雄師大國文系主任、國立中央大學中文系主任、文學院院長。著有《金文釋例》、《周易鄭氏學》、《先秦諸子易說通考》、《周易象傳釋義》、《虛室文輯》等。逝於2004年9月8日，年94歲。

撰寫〈戴東原思想研究〉一文，見收錄於台灣師大國文研究所集刊第十九期。其後台灣商務印書館出版《中國歷代思想家》叢書，有幸撰寫其中的〈戴震〉一篇。這已是三十五年前的往事了。

回憶當時剛踏進學術的園地，識見幼稚，僅得皮毛，加以文獻難求，雖只涉及戴學中的義理學部分，仍多疏漏舛謬。嗣後忙於教學及學校的行政工作，以迄於今，學業荒殖，但是，對戴學的研究興趣仍然極高。

1986 年，大陸安徽戴震故里學者仕紳，為宏揚戴學，成立「戴震研究會」，祕書長方利山教授，極關切台灣的戴學研究狀況，獲悉筆者曾作有關戴學的研究，於是來函聯繫。從此魚雁往還，承方教授惠寄《戴震研究通訊》多期及其他出版物，獲益良多，銘感於心。而後台灣此間有關清學及戴學書籍漸多，且兩岸開放，文化交流頻仍，大陸的文獻資料取得易於往昔。於是決意撰寫本書，為補前修之未密，擴及戴震的經學、語言文字學、天文曆算學、地理方志學、文學等。懍於戴學博大精深，仰之彌高，鑽之彌堅，乃勉業從事。竊師戴震《七經小記》、程瑤田《釋宮小記》、《宗法小記》等之意，書曰《戴學小記》，以表未盡戴學之意。

本書凡五篇，首篇事略篇，介紹戴震的先世及生平事略；次篇因緣篇，析論戴學的時代與地理背景；第三篇著作篇，考述戴震的著作；第四篇學術篇，析論戴震的學術內容與成就；而殿以反響篇，論述戴學的薪傳及後學的推揚與反動。書末附以《戴震族系簡譜》、《戴震年表》及《徽州古書院一覽表》。自知所知甚淺，疏漏訛誤極多。尚祈博雅宏達，有以教正。

目次

壹、事略篇

一、戴震的先世

戴震的先世源於殷商子姓，春秋時代，宋國有戴、武、宣、穆、莊五個宗族，戴氏是從戴族繁衍出來的。到唐代天祐年間（公元905～907），戴氏先祖戴護，曾官兵馬使，本來住在安徽歙的篁墩，因為戍守婺地（以今江西東北部婺源為中心的贛浙皖地區），留居婺地鳳亭里。

戴護的兒子戴壽，字伯齡，曾官中書舍人。壽的兒子安，字寧叔，官至銀青光祿大夫，並署檢校國子監察祭酒兼監察御史，諡忠恭。戴安是隆阜戴氏所追的一世祖，但實際上，遷居隆阜自戴安兒子戴奢和孫子戴睿起。戴奢一名戴顏，字君儉。戴安死後，戴奢奉母避亂，隱居不仕。戴奢是個堪輿家，嘗自婺源起程，翻越浙地大山，來到休寧上溪口隆阜，直到歙縣岩寺等處，勘察輿地。一路上見怪石峭峻，玲瓏剔透，那蒼鬱的山林，苔染的石壁，凝成一片又一片的墨綠，彷彿那山川神秀，全係靈氣所鍾，以為人傑地靈，於是由江西饒州樂平（在鄱陽縣西）遷到安徽的歙州（即徽州）。後周顯德六年（959），母親病故，奢為母卜葬在歙的篁墩小練原，與四子共同廬墓三年，不忍遽去。喪服既滿，乃命長子戴廬仍回婺源，三子戴處遷上溪口定居，四子戴虔留居歙縣岩寺，戴奢本人與次子戴睿遷到隆阜，成為隆阜戴氏的始遷祖。戴奢為人敦厚，性情豁達，

淡泊致遠，喜結交樵夫農人，世稱「孝隱先生」，終年六十八歲，葬於隆阜的游仙山。

戴奢十三傳而至戴外，戴外是今隆阜老街三門里故居所在的支系所起。又十二傳至戴弁，戴弁隨父寧仁賣過兩次布，跑過兩趟江西，因受大族宗長房的欺壓，領不到祠堂學米，從此不得入學。戴弁在江西南豐經商，輕財尚義。戴弁之子為戴震。（註1）戴震的曾祖父戴景良，祖父戴寧仁，和父親弁，都曾被封贈為文林郎；母親朱氏，被封贈為孺人。請參附錄（一）〈戴震族系簡譜〉。

二、戴震的生平事略

戴震字慎修，又字東原，安徽休寧隆阜三門里（註2）人。生於清雍正元年農曆十二月二十四日（西曆 1724 年 1 月 19 日），卒於乾隆四十二年五月二十七日（西曆 1777 年 7 月 1 日），享年五十五歲。

戴震一生下來就顯得體貌厚重，個性端莊嚴謹，到了十歲才會說話，可見蘊蓄極為深厚。從十歲到十七歲就讀於私塾，過目就能背誦，每天唸幾千個字，不肯罷休。老師教他讀朱子的《大學章句》，唸到「右經一章」以下，便問老師說：「怎麼知道這是孔子的話，而由曾子傳述的呢？又怎麼知道這是曾子的意思，而他的門人記述的呢？」老師說：「這都是宋朝的朱子所注解的罷了。」老師簡單的回答，無法滿足他強烈的求知慾，所以又問說：「朱子是什麼時代的人？」老師說：「是南宋」；又問：「孔子、曾子又是什麼時代的人？」

註1： 參考李開《戴震評傳》，南京大學出版社，2001 年，頁9。
註2： 今屬安徽省黃山市屯溪區。

老師說：「是東周」；又問：「南宋距離東周多少年？」老師說：「大概有二千年了。」他接著又問說：「那麼朱子怎麼知道的呢？」老師不知道怎樣來回答他，可是心中暗喜，認為這樣聰明的孩子是個神童，此後特別器重他。（註3）

後來他讀《詩經》的〈秦風·小戎篇〉，自畫一張小戎圖，非常詳細精核，大家看了都感到十分驚訝。由此可知他從小就具有質疑深思的情性，實事求是的精神，處處腳踏實地，事事按部就班，每一個字必探求其義；可是老師只大略引用傳注來講解，他常不明白，因此，老師就教他研究許慎的《說文解字》，他手不釋卷，研讀三年，大有心得。以後讀經，每一個字，一定要依據六書來解釋；每一個字義，要能通貫所有的經書，才認為確切，因此，他通達前人的古義。他的記憶力特別強，《十三經注疏》都能背誦。

他的家境貧窮，十八歲那年，父親因在外經商，携他客居江西南豐，他又到福建建陽縣的邵武，課學童來自力更生。約在乾隆七、八年（1742、1743）才回到故鄉休寧，就學於徽州學者汪梧鳳（註4）的「不疏園」中。鄉里長輩程中允恂（註5），以「載道器」來期許他。他日夜孜孜不倦，蒐集比勘；對於天文曆算測望的方法、宮室衣服等典章制度、鳥獸草木魚蟲之名、音聲古今之異、山川疆域郡縣的沿革、鐘實管律的技術，莫不悉心研究。其父戴弁曾帶他前往江寧拜見戴瀚，戴瀚是一位時文作者，雖有文名，但自愧對他不能

註3：梁啟超評論說：「此一段故事，非惟可以說明戴氏要求之出發點，實可以代表清學派時代精神之全部。」（《清代學術概論》，台灣商務印書館人人文庫版，頁35。）

註4：汪梧鳳（1726-1772），字松溪，歙縣人。經商致富，建「不疏園」，位於歙縣鄭村西溪，當時戴震、江永、程瑤田、汪肇龍等一班徽州學子，常在此研討學問，是皖派經學家的一個活動中心。

註5：程恂，字慄也，號中允，雍正時中進士，任翰林院編修，官北運河同知。

有所教益。在二十一歲這一年（1742），他開始從學於徽州府婺源（今屬江西）的碩儒江永。江永（1681-1762）字慎修，與戴震早年的字相同，為表示尊師，他不再用「慎修」為字，從此專字「東原」。江永治經幾十年，對於三禮、步算、鐘律、聲韻、地名沿革，都有精深的研究，在紫陽書院講學，戴震和同縣的同志密友鄭牧、汪肇龍、方矩、程瑤田、金榜等人，都拜江永為師。

戴震在二十九歲時考中休寧縣的秀才，次年縣裡發生嚴重的旱災，家中沒有米吃，和麵舖約定，每天拿一點麵吃，可是他仍然處困而亨，閉戶讀書著作，完成了一部《屈原賦注》。這種安貧樂道的風範，實可和顏回相媲美。乾隆十九年（1754）戴震三十二歲那年，為躲避族豪的迫害，避難北京。事因有戴氏族中豪強侵占戴震的祖墳，他不得已訴訟於縣，但豪強倚財仗勢，結交縣令，行賄受略，上下勾結，反誣戴震有罪。一說戴震早年曾撰《族支譜序》，針對《隆阜戴氏宗譜》，提出「信則傳信」、「不從舊譜序列，不敢濫承」，而得罪了掌握族權的人。（註6）

戴震初到北京，窮到衣食無著，只好暫住在京城內的歙縣會館。第一個和他相見定交的是錢大昕，這時錢大昕已考中進士，而戴震還只是個縣學生，但窮而有志，稟性狷介自愛，不合流俗，不為人物所羈，「人皆目為狂生」。（註7）錢大昕視戴震為奇才，當時正好禮部侍郎秦蕙田在編撰《五禮通考》，要找一位精通天文曆算的人，錢大昕推薦戴震，戴震又向秦蕙田推了江永，《五禮通考》收入江永、戴震兩人的著作。此時戴震還與王昶共同編纂講述宗廟四時祭祀的「時享」類。除錢大昕外，當時掌管修史的翰林紀昀、內閣中

註6：　李開《戴震評傳》，南京大學出版社，2001 年，頁 85。

註7：　張濤・鄧聲國《錢大昕評傳》，南京大學出版社，2006 年，頁 17。

書王昶，還有王鳴盛、朱筠，都是乾隆十九年（1754）的進士，都不惜降低身分，與戴震相交遊，相互切磋學問。從此戴震名重京師，名門公卿爭相與之交往。（註8）後來高郵王安國禮聘他當家庭教師，教導兒子王念孫，而後王念孫成為他最得意的弟子之一。

戴震四十歲那年，參加江寧鄉試及第，以後（1763-1775）六次參加會試都失敗了。舊時科舉對於一般讀書人的升沉榮辱關係很大，戴震雖別有學術上的寄託，未必把這種世俗的得失看得很重，但是這一再落第的經驗，對他的心理終不能絕無影響。（註9）戴震四十六歲時到了直隸，應總督方觀承的聘請，修《直隸河渠書》。次年會試落第後，到山西遊歷，客居在布政使朱珪的署中。後來汾州太守孫和相聘他修府志，他便廣博稽考史書，改正舊志許多的錯誤。二年後又修《汾陽縣志》。

五十歲那年，從汾陽入北京會試，落第後南歸，主講浙東的金華書院。次年，朝廷開四庫館，徵召海內博學的讀書人，入館擔任編校的職務。金壇于文襄公敏中向朝廷推薦戴震，於是以舉人的身分特召入館充當纂修官。五十三歲時他第六次參加會試，結果又落第，奉命和乙未年的貢士，一同參加殿試，賜同進士出身，授給他一個翰林院庶吉士的官銜。（註10）

戴震在四庫館中，每日兢兢業業，不分寒暑，勤修學問。第五年積勞成疾，乾隆四十二年（1777）五月二十七日晡時，病逝在北

註8： 李開《戴震評傳》，南京大學出版社，2001年，頁87。

註9： 余英時《論戴震與章學誠》，台北市東大圖書公司，1996年，頁151。

註10：庶吉士，亦稱庶常，名稱源自《尚書·立政》篇中「庶常吉士」之意，是明清兩朝翰林院內的短期職位。庶吉士由科舉進士中選有潛質者擔任，目的是讓他們可以先在翰林院內學習，之後再授各種官職，情況有如今天的見習生或研究生。（《行走中國──黃山徽州》頁116。）

京崇文門西范氏穎園寓所。夫人朱氏（註11）率子中立扶柩南歸，葬戴震於故鄉休寧的幾山。京師同志輓之曰：「孟子之功，不在禹下；明德之後，必有達人。」時父戴弁尚健在（母去世較早）。戴震死後的第二年，子戴中立又死，因無後，「夫人謀於宗族」，繼立族弟戴霖（漁卿）之子中孚為嗣子。女一人，許嫁戶部主事曲阜孔繼涵次子廣根。

　　戴震歿後，除書籍外，家無恆產。嗣子時賴公壻山東孔氏周給之。髮匪亂後，歿於兵，屋宇燬於火。孫一，在隆阜，無一椽蔽風雨，乃徙居洽陽兗山光角亭等處，藉小販謀生。（註12）

註11：戴震二十六歲那年（1748）娶妻朱氏，朱氏本新潭的農家良女，心地善良，儉樸淳厚，家庭生活雙方互敬互愛，和睦相處，侍奉長輩殷勤周到。（李開《戴震評傳》，頁33）

註12：見戴琴泉《戴東原先生軼事》，載《戴震全集》，北京清華大學出版社，1999年，頁3469。按：戴琴泉，名英，戴震族裔。1923年曾參與創辦「隆阜東原圖書館」，為民國初年休寧實業家之一。

貳、因緣篇

　　學術思想的興起，自然地理環境、人文社會環境和時代背景，都是主要的因素。錢大昕說：「讀古人之書，必知其人而論其世。」（註1）章學誠也說：「不知古人之世，不可妄論古人文辭也，知其世矣，不知古人之身處，亦不可以遽論其文也。」（註2）

　　章太炎說：

> 惠棟興，猶尚該洽百氏，樂文采者相與依違之。及戴震起休寧，休寧於江南為高原，其民勤苦善治生，故求學深邃，言直核而無溫藉，不便文士。（註3）

　　梁啟超《近代學風之地理分布》中，認為徽學的形成乃至鼎盛，與地理環境有一定的因果關係，即「群山所環，民風樸悍而廉勁，其學風堅實條理而長於制斷，此其大較也。」（註4）

　　劉師培說：

> 江戴之學，均以徵實為主，與吳越之學派不同。……皖省之民，其特質有三：一曰尚樸，二曰好義，三曰貴勤。此皆所處之地使然。（註5）

註1：〈鄭康成年譜序〉，《潛研堂文集》卷二十六。
註2：章學誠《文史通義》，台北世界書局，1969年，頁57。
註3：章太炎〈清儒〉，徐亮工編校《中國近三百年學術史論》，上海古籍出版社，2006年，頁70。
註4：《飲冰室合集》五，中華書局，1989年，頁68。

錢穆說：

> 徽人居群山中，率走四方經商為活。學者少貧，往往操賤事，
> 故其風亦篤實而通於藝。汪紱家貧困，傭於江西景德鎮，為
> 畫盌之役，其學自星曆地志樂律兵制陰陽醫卜，以至彈琴篆
> 刻書畫諸藝皆通曉。江氏亦孤起草澤中，其旁治天官星曆律
> 呂音韻步算，即朱子格物之旨，而亦當時徽學風尚所同也。
> （註6）

錢氏言及汪紱、江永與朱子，雖不及戴震，而戴震為徽人，又
何其不然？戴震自己說：

> 吾郡少平原曠野，依山為居，商賈東西行營於外，以就口食。
> 然生民得山之氣，質重矜氣節，雖為賈者，咸近士風。（註7）

是以時代潮流與自然環境，都會使皖中奇才戴震放射出學術上
求實、求真和創新的異彩。戴震學術的全部成就和創造，似乎都是
時代新潮流、皖地自然環境和文化背景所賦予的。

一、徽州自然地理環境

自然與人類在某種程度上是有著宿命關係的，一等的山水，必
然會產生一等的人物，所謂地靈人傑是也。因為這樣的靈性哺育，

註5：　《劉申叔遺書》，頁1766。
註6：　錢穆《中國近三百年學術史》，台灣商務印書館，1972年，頁310。
註7：　《戴節婦家傳》，載《戴震文集》，台北華正書局，1974年，頁205。

可以解釋為什麼徽州會產生朱熹、戴震、胡適、黃賓虹等大師級的人物。這些人都可以說是積天地之精華而生長的，在他們的身上，都有著一股與生俱存的浩然之氣，吐納著山川的靈氣，孕育著山川的虛谷，當然成為人龍了。（註8）

　　徽州地處安徽、浙江、江西三省的交界處。西周以前，屬於《禹貢》所說的揚州。春秋時屬吳，吳亡後屬越。戰國時屬楚。秦代統一天下後，在徽州設置黝、歙二縣，屬於鄣郡。三國時屬吳，在徽州設置新都郡。西晉武帝太康元年（280），新都郡更名為新安郡；隋朝開皇年間改為歙州。唐代仍稱歙州，統領歙、黝、休寧、祁門、績溪、婺源六縣。宋徽宗宣和三年（1121），平定方臘起義之後，歙州改稱徽州。此後，「徽州」、「新安」新舊兩種名稱並行，官方文書均以「徽州」稱之，而一般人多習稱「新安」，特別是出生於這一地區的人們，更喜歡以「新安」作為自己的郡望。因為晉、梁、陳、隋、唐都曾在此設新安郡，「新安」成為徽州的別名。明清兩朝的徽州府，領有歙縣、休寧、黝縣、祁門、婺源、績溪六縣，現在婺源屬江西，績溪屬安徽宣城。戴震的家鄉休寧，在歙縣西，漢時為歙縣地，三國孫權分置黎陽、休陽二縣，後避景帝孫休諱，改休陽為海陽，隋代開皇十八年（598）改稱休寧。

　　徽州地處皖南山區，東鄰浙江，西鄰江西。峰巒疊嶂，綠水如帶。北面是天下第一奇山黃山，黃山是群山之首，雲蒸霞蔚，如夢如幻。在黃山面前，人類只有驚嘆。黃山無處不石，無石不松，無松不奇；雲來時，波濤滾滾，群峰忽隱忽現；雲去時，稍縱即逝，瞬息萬變。美景隨春夏秋冬的交替，晴雨天氣的變化，

註8：　參考趙焰《千年徽州夢》，東方出版中心，2007年，頁34。

陽光月色的暈染，變幻無窮。初春，雲裡花開，香漫山谷；盛夏，層巒疊翠，飛瀑鳴泉；金秋，楓林似火，山花爛漫；嚴冬，銀裝素裹，玉砌冰峰，是名副其實的仙境、世外桃源。（註9）東面是天目山，古木參天，連綿千里。境內還有稱為「五大道教名山」之一的齊雲山，奇譎秀麗。其餘的每座山，都自有其奇特的風景，嫵媚的，靈秀的。

徽州的水總是綠的，是一種沁人的綠，也總是寧靜的，而寧靜是它的表面特徵，它的內在仍然是躁動的。黃山南坡有流向東南錢塘江流域的新安江水系，流向西南鄱陽湖的閶江水系、樂安江水系；北坡有直接流入長江的水陽江、青弋江、秋浦河、黃盆河水系。整個徽州也因為水的流淌而變得豐盈起來。（註10）新安江是徽州的母親河，不僅對徽州的文化有著巨大的影響，在靈魂上也賦予了徽州以靈秀的意義。（註11）徽州山水環峙，輕帆斜影。青山綠水之中，古村落星羅棋布，粉牆黛瓦、馬頭牆，恬然自得，清淡文雅。

徽州多山，盛產木材、茶葉。木材材質特別優良。黃山松是製墨或刻書板材的上等原料；其他材類乃是建房的好材料，用以興建書院、祠堂、藏書樓等，精美的木雕、精緻的書櫥，都是取自本地的材木。清澈的水製徽墨，聞名全國。石材是徽派建築上精美的石雕構件。總之，山川形勝，人文氤氳，孕育了燦爛的徽州文化。

註9：　參考趙焰《千年徽州夢》，東方出版中心，2007年，頁13-14。
註10：參考趙焰《千年徽州夢》，東方出版中心，2007年，頁20。
註11：參考趙焰《千年徽州夢》，東方出版中心，2007年，頁21。

二、徽州人文社會環境

　　徽州是一個地理概念，也是一種文化概念。徽州文化的研究形成「徽學」，成為中國與「敦煌學」和「藏學」並列的三大世界地方學之一。

（一）徽州文化

　　徽州文化包括：徽州田制、徽州民俗、徽州宗族、徽州教育、徽州科舉、徽州文獻（指文化典籍）、徽州檔案、徽州科技、徽州刻書、徽州文物、新安理學、新安畫派、新安版畫、新安醫學、徽派樸學、徽派建築、徽派園林、徽派三雕、徽派篆刻、徽派盆景、徽商、徽墨、徽劇、徽菜、歙硯等，異常豐富。（註12）

　　梁啟超在《近代學風之地理分布》一文，特別鄭重介紹徽州文化，說：

　　　　皖南，故朱子產地也，自昔多學者，清初有歙縣黃扶孟治文字學，專從發音上研究訓詁，是為皖南學第一派；有當涂徐位山治史學及地理學，雖稍病蕪雜，然頗有新見，是為第二派；雍正間則休寧程綿莊、歙縣黃宗夏，皆學於李恕谷，而宗夏兼師王崑繩、劉繼莊，顏李學派之入皖自此始，綿莊又斯派圖南之第一驍將也，是為第三派；同時有休寧汪雙池以極苦寒出身，少年乞丐傭工自活而遍治諸經，以程朱學為制

註12：參見《論徽學》上編，安徽大學出版社，2004年，頁8。

行之鶴，又通音樂醫方諸學，是為第四派；宣城梅勿庵崛起康熙中葉，為曆算學第一大師，其弟和仲、爾素，其孫循齋並能世其學，是為第五派。五派各自次第發展，而集其成者為江慎修，蛻變而光大之者則戴東原。（註13）

梁啟超只就徽州學術思想立說而已。

（二）新安宗族

徽州本是一個移民社會，其世家大族多從北方遷徙而來。徽州歷史上的移民，東漢末年以後，至少有三次遷徙高潮，那就是魏晉時期的永嘉之亂、唐末的黃巢之亂和南宋時期的靖康南渡。他們遷居徽州以後，大都聚族而居，家族氣氛格外濃郁。徽州八大姓（註14），原先一個姓都有一個姓的祖居地，一個姓有一個姓的總祠堂，比如說歙縣篁墩為程氏世居，棠樾為鮑氏世居，唐模為許氏世居，江村為江氏世居，潭渡為黃氏世居；黟縣西遞為胡氏世居，屏山為舒氏世居；績溪西關為章氏世居，上庄為胡氏世居。宗族是以血緣關係為紐帶的共同體，是一種傳統的社會組織結構。徽州的宗族，一直保持原有的宗族體系和傳統，其風最為近古。宋代以後，徽州宗族極為繁榮，有千年不變的族譜。新安族譜，數量大，價值高，中國國家圖書館所藏善本族譜共 400 餘部，其中徽州族譜就占一半以上。這些典籍文獻，對於考察徽州的歷史文化，乃至探索中國的歷史文化，以及解讀徽州文書檔案等，都具有極高的價值，不可或缺。

註13：《飲冰室合集》五，中華書局，1989 年，頁 69。
註14：徽州八大姓為：程、汪、吳、黃、胡、王、李、方，加上洪、余、鮑、戴、曹、江、孫，為新安十五姓。

（註15）再者，有宏偉壯麗的祠堂，有完備翔實的宗規家法，有嚴格規定的等級秩序，有族田族產作為宗族從事公共事務和贍貧濟窮之資。宗族制度的完備和宗族觀念的強固，是徽州地區一頗為特殊的社會現象。這種以尊祖、敬宗、睦族為基本特徵的宗族制度，加強了宗族間精神的聯繫，培養出徽州人強烈的宗族歸屬感，形成了徽州族人之間「相親相愛，尚如一家」的社會風尚。（註16）徽州於是成為中國封建宗族制度一個十分典型的地區。（註17）

（三）徽商

中國歷史上有十大商幫，即：山西、陝西、寧波、山東、廣東、福建、洞庭、江右、龍游、徽商。

徽商就是徽州的商人，是舊徽州府籍（歙縣、休寧、婺源、祁門、黟、績溪）商人的總稱。徽人經商，源遠流長，早在東晉時就有新安商人活動的記載，明代成化、弘治年間形成商幫集團，明嘉靖以至清代乾隆、嘉慶年間，徽商經營達到極盛，成為中國第一商幫。清道光、咸豐年間至清末民初，漸趨衰落。（註18）

中國自明中葉的三百餘年間，引領中國商業經濟潮流的是徽商。當時的中國，西至川黔湖廣，北至京師關外，南至福建兩廣，東至濱海江浙，乃至南洋東瀛，都有徽商的車船店坊。有句民諺說：「無徽不成商」。胡適曾說：「中國有句話，叫『無徽不成鎮』，那就

註15：朱萬曙主編《論徽學》上編，安徽大學出版社，2004年，頁60。
註16：李琳琦主編《話說徽商序言》，台北時英出版社，2007年。
註17：朱萬曙主編《論徽學》上編，安徽大學出版社，2004年，頁63。
註18：參考鄭佳節‧高嶺《魅力徽商》，北京工業大學出版社，2007年，頁2。

是說，一個地方如果沒有徽州人，那這個地方就只是個村落。徽州人住進來了，他們就開始成立店舖；然後逐漸擴張，就把個小村落變成個小市鎮了。」

　　徽商的崛起，是由多種自然和歷史條件使然，但主要因素在三個方面：一是自然環境。徽州四面環山，山高坡陡，可耕地面積非常之少，故徽州素有「七山一水一分田，一分道路和莊園」之稱，歷史上魏晉時代、唐朝末年和兩宋時期三次大的戰亂，大批中原顯姓大族湧入徽州地區，進一步加劇了土地和人口的尖銳矛盾，徽州人只好「寄命於商」。二是傳統習慣。徽州不宜種糧，但卻盛產林、竹、茶、桑、藥材、山貨土產等經濟作物；新安江流域水量豐沛，便於航行，為徽州人的貨物貿易提供了一條黃金水道。三是歷史機遇。南宋偏安一隅，建都臨安，推動了江南經濟的發展，南宋以後淮揚地區和蘇、嘉、杭等長江三角洲地區經濟日趨發展和繁榮，逐漸成為中國經濟的重心。徽州地處江南，緊鄰這些地區，得天獨厚的條件，加之徽州人歷來就有重視教育的傳統，文化素質普遍較高，又能吃苦耐勞，堅韌不拔，以「績溪牛」、「徽駱駝」精神而著稱，所以在商業上恣意縱橫，勢所必然。（註19）

　　自明中葉至清道光年間，徽商保持了三四百年鼎盛輝煌的歷史。他們拿出十八般武藝，身手盡顯；或百折不撓，創業發展；或攀緣權貴，以為靠山；或依靠宗族，作為後盾；或創新制度，招牌永立；或廣告促銷，出奇制勝；或巧用商術，力挫群雄。（註20）他們在中國商業史和商業文化史上，都寫下了精彩的一頁。（註21）

註19：參考潘小平《徽商・序》，中國廣播電視出版社，2005年。
註20：參鄭佳節・高嶺《魅力徽商》，北京工業大學出版社，2007年，頁86。
註21：李琳琦主編《話說徽商》，台北時英出版社，2007年，頁323。

　　徽商經營行業以鹽、典當、茶、木材為最著，其次是米、穀、棉布、絲綢、紙、墨、瓷器等。徽商是儒商，以儒道來經營，他們的理念是貨真、價實、量足、守信。以誠信為經商立身之本，以誠待人，以信接物，以利為義，仁心為質。故戴震稱「徽人雖為賈者，亦近士風。」鄭佳節及高嶺二氏，歸納徽商精神有五：①赴國急難，民族獨立的愛國精神；②不畏艱難，百折不撓的進取精神；③審時度勢，出奇制勝的競爭精神；④同舟共濟，以眾幫眾的協作精神；⑤不辭勞苦，雖富猶樸的勤儉精神。（註22）

　　徽商身兼商、儒、仕，是一支有文化素養的商幫，很多商人本身就是理學鴻儒、詩人、畫家、金石篆刻家、書法家、戲曲家和收藏家，經商致富以後，更加熱衷於文化建設，在家鄉修造精美住宅、建祠、立坊、修橋、辦學、刻書、藏書，建戲班、文會，為後世留下了一筆寶貴的文化遺產。（註23）因此著名的徽學專家張海鵬說，從宏觀來看徽商正是釀造徽州文化的酵母。（註24）

　　朱熹的外祖父祝確，也是徽商，其所經營的商店客棧占徽州府一半，人稱「祝半州」。（註25）戴震的父親戴弁，「家極貧，無以為業」（註26），於是到江西南豐經商賣布，戴震十八歲時隨父客居江西南豐，並自己到福建邵武課學童以自給。戴震是儒商，徽商所具備的勤奮堅毅的精神，講求誠信和關懷弱勢群體，追求人性平等的理想，戴震都有深刻的感受，這些精神特質充分表現在生活中。實際上，戴震哲學思想的許多精彩論述，就包括徽商活動的背景內容

註22：鄭佳節‧高嶺《魅力徽商》，北京工業大學出版社，2007 年，頁 106-107。
註23：鄭佳節‧高嶺《魅力徽商》，北京工業大學出版社，2007 年，頁 116。
註24：李琳琦主編《話說徽商》，台北時英出版社，2007 年，頁 132。
註25：鄭佳節‧高嶺《魅力徽商》，北京工業大學出版社，2007 年，頁 5。
註26：洪榜《戴先生行狀》。

和思想宣言。如在經學考證中實事求是，「不以人蔽己，不以己自蔽」；在闡述義理時「體民之情，遂民之欲」，反對「以理殺人」的封建禮教，扶弱濟貧的民本思想；終生治學勤勞不息，正是徽商精神所陶鑄出來的個性和風格。

（四）新安理學

徽州是宋代理學的發祥地。宋代徽州地方政府大力推行文教政策，竭力興建學校和鼓勵學者創建書院，延請名儒講學，在南宋一百五十年間，新安湧現了一批傑出的理學家，其代表人物有朱熹、吳昶、程永奇、程大昌、吳儆、汪莘、程洵、程先等，而以朱熹為泰斗，鼓吹理學，奠定了新安理學的基礎。」（註27）

其實，宋代程朱理學的創始人是程顥、程頤兩兄弟，祖籍是歙縣的篁墩，而河南洛陽，只是二程的僑居地。集理學大成的朱熹，則是真正的徽州人，只是出生於福建而已，朱熹在自敘家世時，曾畢恭畢敬地說：「世居歙州歙縣篁墩」。程顥（1032-1085），字伯淳，學者稱明道先生；程頤（1033-1107），字正叔，學者稱伊川先生；朱熹（1130-1200），字元晦，一字仲晦，自用晦庵、晦翁、遯翁等號，別稱紫陽，南宋紹興十八年（1148）中進士，官至煥章閣侍講，一生為官只九年，卻著書立說、講學傳道四十年。卒謚文公，追封徽國公；著有《朱子語類》140 卷、《朱子文集》100 卷、《續集》11卷、《別集》10 卷、《詩集傳》、《四書章句》、《近思錄》14 卷（與呂祖謙合輯）；編撰《資治通鑑綱目》、《伊洛淵源錄》、《五朝名臣言行

註27：薛貞芳《徽州藏書文化》，安徽大學出版社，2007 年，頁 13。

錄》、《三朝名臣言行錄》。陳榮捷認為朱子之所以集宋代理學之大成
有三端：新儒家哲學之發展與完成、新儒學傳授道統之建立、《論》、
《孟》、《學》、《庸》之集合為四子書。（註28）

　　是以徽州號稱「東南鄒魯」、「程朱闕里」。清雍正《程朱闕里
志》曰：

> 程朱之學大明於天下，天下之學宮莫不崇祀程朱三夫子矣。
> 乃若三夫子肇祥之地，又舉而合祀之，則獨吾歙。……朱學
> 原本二程，二程與朱之所自出，其先世皆由歙篁墩徙，故稱
> 程朱闕里。（註29）

　　朱熹儘管他出生在福建，主要活動也在福建，但他的祖籍是徽
州，朱熹自己對徽州強烈認同，從來稱「新安朱熹」。在思想文化方
面，對徽州的影響是巨大而深遠的，成為宋代以後徽州社會的統治
思想，徽州人在思想意識、觀念、倫理、道德、社會行為諸多方面，
都自覺或不自覺地深受朱子思想的影響。徽州人一向以朱熹桑梓為
榮，對程朱理學推崇備至，視朱熹為徽州人的驕傲，更將對朱熹的
尊崇視為一種信仰，這種「朱子信仰」，也隨著徽商走出徽州，流布
徽商足跡所到之處，在全國各地的徽商會館，都尊奉朱熹，成為家
鄉宗法制度的延伸。朱子理學重義理，反功利，對徽商的職業道德
與價值觀，都有極大而直接的影響。

　　宋明理學與儒家文化，是宋代以後徽州的主流文化。在教育方
面，以紫陽書院為核心，構成教育網路，朱熹的理學思想體系，在
徽州全面傳播與實踐。入元以後，朱子之學被定為國學，學者尊信，

註28：陳榮捷《朱學論集》，台灣學生書局，1988 年，頁 2。
註29：朱萬曙主編《論徽學》上編，安徽大學出版社，2004 年，頁 81 引。

不敢疑貳。元仁宗延祐年間（1314-1320），朱熹的《四書集注》，又被定為科考程式，稱為「聖經章句」，程朱理學成為顯學，新安理學於是迅速發展。元代著名的理學家趙汸說：

> 自井邑田野，以至遠山深谷，居民之處，莫不有學、有師、有書史之藏。其學所本，則一以郡先師朱子為歸。凡《六經》傳注，諸子百家之書，非經朱子論定者，父兄不以為教，子弟不以為學也。是以朱子之學雖行天下，而講之熟、說之詳、守之固，則惟新安之士為然。（註30）

清代休寧《茗洲吳氏家典・序》云：

> 我新安為朱子桑梓之邦，宜讀朱子之書，取朱子之教，秉朱子之禮，以鄒魯之風傳子若孫也。（註31）

清初，程朱理學成為官方統治哲學，朱熹桑梓的徽州，更顯榮耀。徐道彬《徽學與戴震》文中說：「徽州的樸實風土養育了戴震，徽州的存理滅欲理學又逼走了戴震。」（註32）這話怎麼說呢？戴震是在徽州新安理學氛圍裡成長的，早年也十分崇拜程朱理學，但是，等他思想成熟以後，對程朱理學產生了質疑。在戴震看來，在漫長的時間裡，世俗化的程朱理學，就像陰霾烏雲一樣遮住了上空的太陽，戴震早已看到了程朱理學在家鄉的負效應，他看到了徽州大批貞節牌坊後面的罪惡，看到了各個家族祠堂屋簷下的血淚，看到了

註30：道光《休寧縣志》卷一《風俗・商山書院學田記》，朱萬曙主編《論徽學》，頁62-63引。
註31：朱萬曙主編《論徽學》上編，頁81-82引。
註32：朱萬曙主編《論徽學》下編，安徽大學出版社，2004年，頁190。

程朱理學副作用給人們帶來的精神枷鎖。那種自以為是、自以為手握真理,卻束縛人們的欲望,壓制了人性,戕害了生命（註33）,套上戴震的一句話,就是「以理殺人」,於是他冒天下之大不韙,站出來正本清源,建立他自己的新理學,而被譽為是徽州人文的曙光。（註34）戴震的義理學,詳述於本書「學術篇」中。

（五）徽州的書院

「書院」的名稱始於唐代,至北宋初期,重視文教,各地名儒、學者和地方官吏,紛紛興建書院。當時著名的有白鹿洞書院、應天府書院、岳麓書院、嵩陽書院。

徽州最早的書院是桂枝書院,建於北宋真宗景德四年（1007）,是績溪人胡忠創建的。胡忠,字良臣,號桂崖,其父胡延政,曾任績溪縣令。該書院的建立,比歐陽修所建的穎州西湖書院早四十二年。此後,天禧間（1017-1021）,張舜臣在婺源創建龍川書院。宋徽宗政和間（1111-1118）,許潤在績溪創建樂山書院。婺源汪紹創建四友堂。據不完全統計,北宋全國有書院三十八所,其中徽州有四所。（註35）

南宋理學發達,出現興辦書院的熱潮。全國有書院一百四十七所,其中徽州有十七所,即歙縣六所、休寧四所、婺源四所、績溪三所。以紫陽書院最為著名。（註36）

註33：趙焰《千年徽州夢》,東方出版中心,2007年,頁191-192。

註34：趙焰《千年徽州夢》,東方出版中心,2007年,頁187。

註35：薛貞芳《徽州藏書文化》,安徽大學出版社,2007年,頁100。

註36：參薛貞芳《徽州藏書文化》,安徽大學出版社,2007年,頁100。

　　紫陽書院位在歙縣，號稱「徽州第一書院」，是郡守韓補為弘揚程朱理學，於宋理宗淳祐六年（1246）所創建。宋理宗親為書院題名，從此名噪天下，與岳麓書院齊名。朱熹在回到徽州省親時，曾經到此講學。（註37）。紫陽書院在明代培育出大學士許國以及狀元唐皐。許國是嘉靖、隆慶、萬曆三朝重臣，一生政績卓著，為官清正，隆慶時受命出使朝鮮，萬曆十二年（1584），因雲南平逆「決策有功」，晉為少保，加封為「武英殿大學士」，並得恩准建造「許國牌坊」，牌坊今仍屹立在歙縣城的老街上。至於唐皐，事蹟史書上未詳載，但他當年也曾經出訪朝鮮，並將由朝鮮帶來的一枚硯台擲進紫陽書院的井中，表明自己的廉潔，也儆勵後生的奮進。（註38）

　　元代修復創建的書院二十九所：即歙縣十一所、婺源五所、休寧六所、績溪一所、祁門五所。其中90%為私人所建。（註39）

　　明代前期，書院不受重視，後期連遭禁毀。明中葉以後，理學家們為革除時弊，振興教育，弘揚學術，紛紛修復或創建書院，收徒講學，書院逐漸發展，至嘉靖、萬曆年間，達到極盛。徽州的大多數書院都在這段時期修復和興建的。但是，天啟五年（1625），魏忠賢以「東林黨禍」之罪名，上疏熹宗，「請毀東林、關中、江右、徽州諸書院」，徽州書院和書院藏書遭受重大損失。（註40）

　　清代統治者起初實行嚴酷的文化禁錮政策，害怕書院自由講學之風，對書院活動採取嚴加控制的辦法。到乾隆嘉慶年間，統治者認為禁不如疏，轉而大力倡辦書院。徽州書院官辦較多，但

註37：朱熹三次到過徽州，即宋高宗紹興二十年（1150）、孝宗淳熙三年（1176）、寧宗慶元二年（1196），或云只二次。

註38：趙焰《千年徽州夢》，東方出版中心，2007年，頁98-99。

註39：薛貞芳《徽州藏書文化》，安徽大學出版社，2007年，頁101。

註40：薛貞芳《徽州藏書文化》，安徽大學出版社，2007年，頁102。

徽商捐資修建是其特色。全國書院數量之多，遠盛於宋、元、明各代。

光緒二十七年（1901），清政府將書院改為學堂，省城設大學堂，各府和直隸州改設中學堂，各州縣改設小學堂，書院制度於是終結。

書院是新安理學家講學論道之所，是教育士子、培養人才、研究學術的中心，書院是培養考據學者以及考據學者傳播學術的營地。在清代學術史上，徽州湧現出許多著名的學者，這與當地書院的興盛有十分密切的關係。有學者考察徽州方志，確認從宋至清，徽州的書院數量為 124 所。（註41）本書附錄「徽州古書院一覽表」可參考。

（六）科舉

科舉是中國特有的選士制度，起於隋唐，盛於明清。當歐洲近代史進入文藝復興的階段，明王朝被世界潮流遠遠地拋在後面，沒有跟上時代的步伐，大搞「八股科舉」，束縛全民族的思想，危害全民族的心智，限制了全民族的創造力。（註42）

在這種形勢之下，徽州書院的性質發生了根本性的變化，思想的火花暗淡，靈魂在慢慢喪失，文化特色被龐雜而強勢的社會風習埋葬。書院慢慢變成科舉制度的小作坊了。（註43）

據道光《徽州府志》載，在宋朝至清朝前期八百多年時間裡，彈丸之地的徽州，僅歙縣、黟、休寧、績溪、祁門五縣，考中進士

註41：李琳琦《徽州書院略論》，載《98 徽學論文集》，安徽大學出版社，2000 年。
註42：趙焰《千年徽州夢》，東方出版中心，2007 年，頁 100。
註43：參趙焰《千年徽州夢》，東方出版中心，2007 年，頁 100。

者就有一千四百多人，僅清順治到道光（1647-1826）的一百八十年間，徽州府共產生 519 名進士，在全國科甲排行榜上，名列前五至六名，而與此同時，江蘇省卻只產生一甲進士 94 名，其中有 14 名是徽州人；浙江一甲進士 59 名，有五名是徽州人。徽州當地有「連科三殿撰，十里四翰林」及「一門九進士，六部四尚書」的故事。（註44）

　　書院與科舉息息相關，概而言之有三：①政治清明，科舉勃興，官學鼎盛，則書院的發展相對沉寂；政治腐敗，科舉流弊日增，官學教育空疏，則書院得以紛紛復興或創建。②隨著朝廷對書院控制的加強，民眾對官本位價值取向的認同，讀書做官的社會觀念深入書院之中，書院遂向著官學化的方向發展，失去了民間鄉黨之學、山野仕紳文化的本色，逐漸成為科舉的附庸。③書院在其嬗變過程中，為科舉所左右，幾乎與官學、科舉融為一體，到了晚清，隨著學制改革與科舉的逐漸瓦解，書院最終也退出歷史舞台。（註45）

　　宋真宗以皇帝之尊作《勸學文》，稱「男兒欲遂平生志，六經勤向窗前讀」，更說「書中自有千鍾粟，書中自有黃金屋，書中有女顏如玉」。於是科舉成為士子進入仕途的敲門磚，只要考取科舉，即可光宗耀祖，門楣生輝。

註44：參考趙焰《千年徽州夢》，頁 101-102 及陳瑞‧方英《徽州古書院》，遼寧人民出版社，2002 年，頁 177。「三殿撰」指歙休二縣，乾隆三十六年狀元黃軒為休寧人，乾隆三十七年狀元金榜為歙縣人，乾隆四十年狀元吳錫齡為休寧人。「十里四翰林」是指同治十年同科考中進士並一同授翰林院庶吉士的歙縣岩寺的洪鑌、鄭村的鄭成章、潭渡的黃崇惺、西溪的汪綸。這四個村鎮都坐落在豐樂溪沿岸十里之內，故稱「十里四翰林」。又歙縣唐模村的許承宣、許承家兄弟，分別於康熙三年、二十四年考中進士，並授翰林院庶吉士和編修，被稱為「同胞翰林」。

註45：陳瑞‧方英《徽州古書院》，遼寧人民出版社，2002 年，頁 182。

　　惟科舉對想入仕途的士子來說，是一座漫長而艱難的獨木橋，多少士子皓首窮經，孜孜矻矻，老死科場，終其一生都未能走過這座獨木橋。

　　在封建社會裡，利祿所繫，走科舉之路是每個人最大的願望。戴震雖出身於徽商，但畢生窮困，生活艱辛。在《與是仲明論學書》中，自言「僕自少時家貧，不獲親師」。少年時隨父經商，兼課學童；青年時被逼離家，終老未能歸鄉；中年顛沛流離，捉刀代筆為生；老年飢病交加，準備走出四庫館以後，覓一書院謀生，竟未能如願，寂寞以卒。

　　這樣窮苦的戴震，在書院林立的徽州，在科第簪纓、繩繩相繼的徽州（註46），想以科舉功名自奮，走過這座艱難的獨木橋，是可以理解的，可惜事實上，他並沒能走過這座獨木橋，他二十九歲補休寧縣學生，四十歲應江寧鄉試，中舉人；此後四次會試都不第，屢敗屢試，意志驚人感人，更見其終身之困窮。戴震1775年會試不第（其時已在四庫館），後恩准與同年會試中錄取的貢士，一起參加殿試，賜同進士出身。

　　清江藩《漢學師承記》說：

> 經明行修之士，命偶時來，得策名廊廟；若數乖運舛，縱學窮書圃，思極人文，未有不委棄草澤，終老邱園者也。

　　戴震科場屢試不第，其原因與時代學風、家庭環境、獨特的個性人格有關。洪榜《戴先生行狀》，陳述戴震的性格，云：

註46：據不完全統計，徽州府各縣中舉者，明代298名，清代698名；明代狀
　　　元安徽9人，徽州府即占4人，清代狀元休寧縣就有13人，為全國之冠。
　　　（李開《戴震評傳》頁14）

先生生而體貌厚重，性端嚴……行己嚴介，不苟然，必絜以
情理，不為矯激之行。先生接物待人以誠，謀人之事，如恐
其不遂；揚人之善，如恐其不聞。其教誨人，終日矻矻，不
以為倦也。先生之言，平正通達，近而易知，博極群書，而
不少馳騁，有所請，各如其量以答之。凡見先生者，未嘗不
有所得也。先生之學，雖未設施於時，既沒，其言立，所謂
不朽者與！（註47）

　　段玉裁《戴東原先生年譜》己卯條（戴震三十七歲）載：「是年
先生北闈鄉試，相傳考官欲令出門下，而以不知避忌置之。」戴震
對考官無理的要求橫眉冷對，棄功名而去，表現錚錚鐵骨。徐道彬
認為，戴震待人行事以強恕為本，以中庸之道為躬行實踐之宗，謹
慎謙遜，不與世俗爭是非，這種木訥簡易近仁的處世方略，於學術
確為有益，而於科場進身和世俗應酬，則顯得拙劣呆板，不合時宜。
然其不以為意，依然故我。（註48）

　　科舉由鄉試而會試而殿試。會試每三年舉行一次，考生在秋天
參加鄉試，鄉試通過後參加次年春天在北京的會試。會試通過後，
再參加由皇帝親自主持的殿試。會試必須在答卷中堅持正統的程朱
學說。晚年批判程朱學說的戴震，每次會試名落孫山，自是必然的
結果。無獨有偶，乾嘉之學吳派的領軍惠棟，也敗於科舉。推究其
因，一則科舉用八股文，形式死板，內容枯燥，束縛思維；一則科
場黑暗，人才命脈繫於提學官。且考試內容本身有弊端，歷來重視
以詩賦詞章取士，王安石始罷詩賦，以經義論策試士。從元代開始

註47：《戴震文集·附錄》，台北華正書局，1974 年，頁 251-260。
註48：徐道彬《戴震考據學研究》，安徽大學出版社，2007 年，頁 54。

用一家言，《論》、《孟》為《四書》，專用朱子所注，而結以己意斷之；《易》用程氏、朱氏，《詩》用朱氏，《書》用蔡氏（沈），《春秋》用三傳及胡氏（安國），《禮記》用注疏加之以試帖。康熙時特開「制科」，搜羅人才，可見科舉腐敗，專用宋學，時文八股，經學日晦。錢大昕引述南宋魏了翁的話說：「釋老之患，幾於無儒；科舉之患，幾於無書。」（註49）清初顧炎武也說：「自八股行而古學廢，大全出而經說亡。」（註50）

（七）考據學風

考據又稱考證，是一種治學方法。其本身並無特定學科對象。（註51）孔子時已有考據之事，秦漢時典籍或篇章亡佚，或字句訛脫，或真偽可疑，或典制不明，須加比勘文字，辨別真偽，即為考據工作。至東漢末年，考據詳密完備。魏晉南北朝之際，北學較重考據。唐代重字句訓詁與名物的考證，且開歷史考據之風。宋人具懷疑精神，對經義、經書作者、或疑經文脫簡、錯簡、訛字等，重加辨證。大儒朱熹校勘古籍，辨訂群書，考據頗具成就；宋末元初，黃震、王應麟、方回，都是傑出的考據家。大抵而言，唐以前為考據學之萌芽期，入宋以後，為考據學之成長期，至明代中葉以後，考據已蔚為潮流；至清代乾嘉時期乃成為學者唯一之學術工作，故明清可視為考據學之發達期。（註52）

註49：錢大昕〈科舉之弊〉，《十駕齋養新錄》卷十。
註50：《日知錄》卷二十。
註51：林慶彰《明代考據學研究》，台灣學生書局，1986 年，頁 3。
註52：林慶彰《明代考據學研究》，台灣學生書局，1986 年，頁 10。

　　明代的考據學家有楊慎、梅鷟、陳耀文、胡應麟、焦竑、陳第、
周嬰、方以智等。楊慎，字用修，號升庵，原籍四川新都。孝宗弘
治元年（1488）生，世宗嘉靖三十八年（1559）卒。考證之作，多
以丹鉛為名，計有《丹鉛錄》等十種。考訂經書、文字音義、史地。
是反宋學之先鋒，開創明代考據學風，至清代考據之風，更直承用
修而來。（註53）梅鷟，字鳴歧，號平埜，安徽省旌德縣人，生卒年
不詳。著作有《周易集瑩》、《古易考原》、《讀易記》、《尚書譜》、《尚
書集瑩》、《尚書考正》、《尚書辨證》、《尚書考異》、《讀詩記》、《詩
經集瑩》、《春秋指要》、《儀禮翼經》等，十九皆為考經之作。（註54）
陳耀文，字晦伯，號筆山，今河南省碻山縣人，生卒年不詳。著
有《經典稽疑》二卷、《正楊》四卷、《學林就正》四卷、《學圃萱
蘇》六卷等，《正楊》旨在糾正楊修之誤。（註55）胡應麟，字元
瑞，晚更字明瑞，浙江蘭谿人。世宗嘉靖三十年（1551）生，神
宗萬曆三十年（1602）卒。著有《少臺山房筆叢》正續二集，其
中《四部正譌》、《三墳補逸》、《莊嶽委談》、《丹鉛新錄》、《藝林
學山》是考證之作。（註56）焦竑，字弱侯，號漪園，又號澹園，
南京旗手衛人。世宗嘉靖十九年（1540）生，神宗萬曆四十八年
（1620）卒。有關考證之作，有《俗書刊誤》、《筆乘》、《筆乘續
集》、《筆乘別集》。（註57）陳第，字季立，號一齋，福建連江縣
人，世宗嘉靖二十年（1542）生，神宗萬曆四十五年（1617）卒。
主要著作有《伏羲圖贊》二卷（附《雜卦傳古音考》）、《尚書疏衍》

註53：林慶彰《明代考據學研究》，台灣學生書局，1986年，頁39-128。
註54：林慶彰《明代考據學研究》，台灣學生書局，1986年，頁131-169。
註55：林慶彰《明代考據學研究》，頁171-174。
註56：林慶彰《明代考據學研究》，頁193-197。
註57：林慶彰《明代考據學研究》，頁307-309。

四卷、《毛詩古音考》四卷、《讀詩拙言》一卷、《屈宋古音義》三卷等。他反對當日的理學家高談心性而朦然於天下事，又反對博學者知古而不知今，未知當代的典制；他懷疑唐宋經學的見解，開清人攻擊唐宋以來經學的先聲，他的考證學方法，開清儒考證學上一條大路。（註58）其《毛詩古音考》，證明《詩經》內的韻是古音不是叶韻。考定古音，列本證、旁證兩種，用《詩經》證《詩經》，為本證，用《易經》、《楚辭》等證《詩經》，為旁證，每考一個古音，都用本證、旁證兩項，各各去尋求一二十個證據，有導清代古音學之功。周嬰，字方叔，福建莆田人，生卒年待考。著有《卮林》、《遠遊篇》、《綿史》。方以智，字密之，號曼公，安徽桐城人，神宗萬曆三十九年（1611）生，清聖祖康熙十年（1671）卒。著有《通雅》五十二卷、《兩粵新書》、《青原志略》、《藥地炮莊》九卷、《東西均》、《物理小識》十二卷等。其考據最有成就者是文字音義、地理、官制方面。對當時王學末流之糟粕六經，深致不滿，乃倡「藏理學於經學」以糾之。論者謂其集方氏家學之大成，也集明代各家及中西學之大成，兼導清代學術之先路。（註59）

乾嘉學術以考據學為主流，考據學與漢代經學、隋唐佛學、宋明理學，並列為我國四大學術潮流。由上論可知考據學的勃興，是中國學術發展進程的歷史現象。《四庫全書總目提要》云：

> 明之中葉，以博洽著稱者楊慎……次則焦竑，亦喜考證。……惟以智崛起崇禎中，考據精核，迥出其上。風氣

註58：《明代思想史》，頁282。
註59：參考林慶彰《明代考據學研究》，頁 477-495；劉君燦《方以智》，台北東大圖書公司，2001年，頁10。

　　既開，國初顧炎武、閻若璩、朱彝尊沿波而起。始一掃懸
　　揣之空談。（註60）

　　是以清代經史考據之學遠起於明之中葉。梁啟超說：「晚明的二
十多年，已經開清學的先河。」（註61）

　　考據學何以在清代乾嘉時期全盛，眾說紛紜，莫衷一是。茲匯
集諸家之說如下：

1. 明代考據學家的前導

　　學術文化是前後相續、奔騰不息的長河，它永遠向前流注。（註62）
明代中葉以後，注重實學的考據名家，如楊慎、胡應麟、焦竑、陳
第、梅鷟、方以智等人的成就、主張及治學方法，都直接影響到清
初及全盛期的學者。楊慎主抄書、博覽、羅列證據；陳第主歸納方
式讀經，提出「本證」、「旁證」來定古音；梅鷟《尚書考正》、《尚
書考異》，下開閻若璩之《尚書》學；胡應麟《四部正譌》，為我國
第一部辨偽專著，所提八種辨偽方法，為後代考據家所遵循。而方
以智的考據學成就，在「寓理學於經學」的崇實精神，考證特重證
據、發疑，必「通考而求證之」、「每駁定前人，必不敢以無證妄說」，
其《通雅》一書，通者通古今也，雅者正古今之誤也，其最大成就
在文字音義、地理、官制方面，嚴謹遠邁前人，啟清初顧炎武、閻
若璩、朱彝尊之一掃懸揣空談，而成乾嘉之盛，承先啟後，功不可
滅。（註63）因此，張麗珠說：「明之政權亡於 1644 年清順治入關開

註60：子部・雜家類三，方以智「通雅」條，萬有文庫本，冊二十三，頁 51。
註61：梁啟超《中國近三百年學術史》，台北華正書局，1994 年，頁 1。
註62：王俊義・黃愛平《清代學術文化史論》，台北文津出版社，1999 年，〈序言〉。
註63：參考劉君燦《方以智》，台北東大圖書公司，2001 年，頁 49。

始，但是，論及考據學之興盛，就不能以清之本朝自為斷限了，而是必須要追溯到明末考據學風之興起開始的。」（註64）

2. 崇古復古的傾向

儒家一向崇古，漢人治經，以復古為職志，故特重文字訓詁、典制之考訂與真偽之辨。明清人提倡漢學，自不可自免於文字訓詁之外，故考經者即由此入手。復古之風於考證之學，實有相當之影響。（註65）梁啟超說：

> 綜觀二百餘年之學史，其影響及於全思想界者，一言以蔽之，曰：「以復古為解放」，第一步：復宋之古，對於王學而得解放；第二步：復漢唐之古，對於程朱而得解放；第三步：復西漢之古，對於許鄭而得解放；第四步：復先秦之古，對於一切傳注而得解放；夫既已復先秦之古，則非至對於孔孟而得解放焉不止矣。（註66）

唐宋古文八大家復古明道的文學主張，影響明代前後七子的文章復古，前後七子復古口號為「文必秦漢」、「詩必盛唐」。朱希祖云：

> 竊謂清代考據之學，其淵源實在乎明弘治、嘉靖間前後七子文章之復古。當李夢陽、何景明輩之昌言復古也，規模秦漢，使學者無讀唐以後書；非是，則詆為宋學。李攀龍、王世貞輩繼之，其風彌盛。然欲作秦漢之文，必先能讀古書；欲讀古書，

註64：張麗珠《清代義理學新貌》，台北里仁書局，2006 年，頁 3。
註65：林慶彰《明代考據學研究》，台灣學生書局，19866 年，頁 25。
註66：梁啟超《清代學術概論》，台灣商務印書館，人人文庫 044，1967 年，頁 8。

> 必先能識古字，於是《說文》之學興焉。……然古書之難讀，
> 不僅在字形，而尤在字音，於是音韻之學興焉。（註67）

乾嘉經學家都一致認為「道在六經」，而六經是古代的語言文字
所構成，因此，通經明道必須從研究文字訓詁開始；又一致認為「漢
人去古未遠」，其訓詁較能得六經語言之本意，故許慎《說文解字》
和鄭玄的經注成為一時的顯學，經學家也自以「漢學」為標榜。

3. 通經致用的轉化

支偉成曰：

> 清初，明季遺儒，越在草莽，砥礪名節，恥事新朝，相率刊
> 落聲華，專治樸學。懲明儒之空疏無用，其讀書以通大義為
> 先，惟求經世之務。因痛宗社之變，則好研究古今史蹟成敗，
> 地理山川阨塞，以為匡復之圖。因讀古書欲求真解，則好研
> 究訓詁名物典章制度諸學，而從事考證。凡斯諸端，實開清
> 代樸學之風。（註68）

顧炎武是乾嘉考據學派的開山祖師，他認為正統的儒學本是修
己治人的「實學」，而明末的「心學」空疏氾濫，使儒學流於空談，
致令「神州蕩覆，宗社丘墟」，於是重視實證與博學，倡導具有批判
求實精神的經世致用之學，促進經學的復興和乾嘉考據學的形成，
開啟了清初實學的先路。

註67：見朱氏撰〈清代通史初版序〉。引自蕭一山撰《清代通史》，台北台灣商
　　　務印書館，1963 年，頁 941。
註68：支偉成《清代樸學大師列傳第一・敘目》，台北藝文印書館，1970 年，
　　　頁 1。

風氣既開，黃宗羲、王夫之、閻若璩等沿波而起，陳確、毛奇齡等也各有建樹。惠棟、戴震的通經致用，重考據，完全是此務實學風的繼續和發展。

4. 朱陸之爭

朱陸二人對於成德功夫，本有「由博返約」與「返求本心」的差異，在《大學》問題上起爭論，朱子的《大學章句》與後來王陽明《大學古本》，互有差異，而各有支持者。

劉蕺山的《大學古本參疑》，從義理觀點重新輯校《大學》，其弟子陳確有《大學辨》，更從考據觀點，繼論《大學》乃秦以後作，從根本上否定其為聖人之教。王派對程朱一派之學說，做了根本性的推翻。程朱派對王學的考證也提出質疑。原本朱子對《古文尚書》的真偽產生懷疑，閻若璩更以《尚書古文疏證》，推翻陸王心學的經典根據，而與陳確的《大學辨》，同為清初學術史上考據學的雙璧，故維護陸王的毛奇齡，撰《古文尚書冤詞》，加以論辯。故知清考據學之興起，非但不是對於理學之反動，而且還是理學內部的哲學立場義理之爭的延續。（註69）余英時也認為：從思想史的觀點說，清代的考證學應遠溯至明代晚期的程朱和陸王兩派的義理之爭。由義理之爭折入文獻考證，即逐漸引導出清代全面整理儒家經典的運動。（註70）

註69：參考張麗珠《清代義理學新貌》，台北里仁書局，2006 年，頁 86-88。
註70：余英時《論戴震與章學誠》，台北東大圖書公司，1996 年，頁 19。

5. 對理學的反動

朱之瑜（註71）、梁啟超、胡適、林景伊師都主張此說。朱之瑜反對空疏弄虛、援儒入禪之學，而提倡實學，批評程朱理學是古板的形式主義之學，不能使國家受益、人民受惠，於世無補。他不贊同朱子重義輕利、重理輕欲的主張，又斥王守仁心學為異端，是援佛入儒的禪學，針對理學家所宣揚的「天理」，提出「實理」的主張，從實理出發，提倡實學。

梁啟超說：

> 清代思潮果何物耶？簡單言之，則對於宋明理學之一大反動，而以復古為其職志者也。（註72）

> 明季道學反動，學風自然要由蹈空而變為覈實──由主觀的推想而變為客觀的考察。（註73）

朱葵菊說：

> 明末清初的許多思想家，不僅從哲學思想上對宋明理學進行了批判性的總結，而且對封建專制主義進行了較深刻的批判。他們從哲學、經學、史學、倫理學及文學、藝術、自然科學等方面，對封建傳統思想進行了衝擊，在批判中閃耀著新思想的光輝。（註74）

註71：朱之瑜，字魯璵，號舜水，浙江餘姚人，明萬曆二十八年（1600）生，清康熙二十一年（1682）卒。
註72：梁啟超《清代學術概論》，台灣商務印書館，人人文庫044，1967年，頁4。
註73：梁啟超《中國近三百年學術史》，台北華正書局，1994年，頁21。
註74：朱葵菊《中國歷代思想史－清代卷》，台北文津出版社，1993年，頁5。

明末清初的許多進步思想家，認為理學末流空談心性，「教人半日靜坐，半日讀書」（朱子語類），而放棄了「孔孟以前的實文實行、實體實用」（《存學篇》卷一）之學，而提出「崇實黜虛」的實學。（註75）

清朝統治的二百多年間，占統治地位的封建思想體系是理學，程朱理學被抬高到官方哲學的位置，人們是「非朱子之傳義不敢言」，足以見地位之重要，到十九世紀上半葉，尤其是鴉片戰爭以後，先進思想家批判理學的空疏，新思想起，經世致用觀念復活。（註76）

　　林師景伊於〈清代學術思想史引言〉一文（註77），對清代考據學之興盛原因，則提出三點：①對於宋明理學反動，②受政治勢力之影響，③歐西文化輸入，故天算之學興，而治學方法亦因而改良。

　　有些學者對「理學反動說」，持不同的意見，錢穆說：「近人既推亭林為漢學開山，以其力斥陽明良知之說，遂謂清初漢學之興，全出明末王學反動，夫豈盡然。」（註78）余英時以為：從思想史的觀點看，我們不能把明清之際考證學的興起，解釋為一種孤立的方法論運動，它實與儒學之由「尊德性」轉入「道問學」，存著內在的相應性。（註79）馮友蘭認為，清代漢學家義理之學，表面上雖為反道學，而實則係一部分道學的繼續發展。（註80）

註75：朱葵菊《中國歷代思想史——清代卷》，台北文津出版社，1993年，頁6。
註76：朱葵菊《中國歷代思想史——清代卷》，台北文津出版社，1993年，頁7。
註77：林師文見《師大學報》第七期，1962年6月出版。
註78：錢穆《中國近三百年學術史》，台灣商務印書館，1972年，頁139。
註79：余英時〈從宋明理學的發展論清代思想史〉，文載《歷史與思想》一書中。
註80：馮友蘭《中國哲學史》下冊，頁974-975。

　　張麗珠亦不贊成梁啟超的「理學反動」說，指出：考據學興起的初期，與理學並非根本對立，而是「繼承、蛻變的成分多」。當學風鼎盛以後，「因為已經表現出殊途的兩者截然不同的學風，所以便以批判為多」。因此，「理學反動」說，「不僅切斷了學術長時期發展所必然的內在聯繫，使學術成為孤立，也恐有倒果為因之嫌，不見學術發展的內在理路。且清初大家篤信理學者亦復不少，如梨洲雖是清初考據學風的倡導者，其《易學象數論》掀起了一陣熱烈批判先天易說與《太極圖》的學術風潮，江藩因此在《漢學師承記》中，目梨洲為與亭林並列之清學開端。」（註81）誠然清初考據名家如黃宗羲、黃宗炎、閻若璩、毛奇齡、陳確等人，在義理立場上大多還有偏程朱或偏陸王的傾向，即使是戴震批判程朱也是晚期的事，早期仍然是崇拜程朱的。而如果說戴震的義理學是為反程朱理學而起，但是他的考據學不能不說是受朱子道問學的影響。乾嘉時期「尊漢黜宋」，只能從考據立場說，並未涵蓋義理學。余英時也認為：清代的考據學運動，在很大程度上仍屬於「道問學」的朱熹傳統。（註82）

6. 內在理路說

　　余英時從學術思想史的「內在理路」，闡明理學轉入考證學的過程。他認為學術演變自有其內在的發展理路，就儒學內在的發展來說，「尊德性」之境至王學末流已窮，而「道問學」之流在明代則始終不暢。明代中葉以後考證學的萌芽，從思想史的角度看，它是明

註81：張麗珠《清代義理學新貌》，台北里仁書局，2006 年，頁 50-51。
註82：余英時《人文與理性的中國》，台北聯經出版社，2008 年，頁 225。

代儒學在反智識主義發展到最高峰時開始向智識主義轉變的一種表示。（註83）

自張橫渠、程伊川以來，宋明儒者多分知識為「德性之知」與「聞見之知」兩類，重德性而輕聞見。王學末流更有所謂「現成良知」。明末清初的思想家為糾正王學末流之弊，重新重視「聞見之知」，劉宗周《論語學案》，公然否定「德性」與「聞見」截然二分，直指只重德性之知，「是隳性於空，而禪學之談柄也。」清初學術由虛入實，顧炎武、黃宗羲、王夫之三大儒，持「道問學」之立場益堅，從理學到考證學的轉變，其實乃是儒學由尊德性折入道問學的一個內在發展的歷程。（註84）

張麗珠持儒學內在理路發展的觀點，有異於余英時的內在理路說。張氏認為理學是思辨之學的建構，考據學是實證之學的開發，故考據學是儒學從主觀內向的理性認識，向客觀實證的經驗認識發展的結果，思想只是構成學術的一部分，尊德性不能完全涵蓋宋明理學，知識可以是經驗實證的，但也可以是抽象思辨的。他認為余英時忽略了宋明理學在思想上雖然是重德的，在學術上卻也是建立理性思辨知識之智識主義表現。（註85）

7. 文字獄箝制思想

清王朝的文化政策，對漢族知識分子採用軟硬兼施，一方面提倡理學和推行八股文取士的科舉制度，吸引士人進入仕途，又開設「博學鴻辭科」和編纂《古今圖書集成》、《四庫全書》、《佩文韻府》，

註83：余英時〈從宋明理的發展論清代思想史〉，文載《歷史與思想》一書中。
註84：參考余英時《論戴震與章學誠》，台北東大圖書公司，1996年，頁22-24。
註85：張麗珠《清代義理學新貌》，台北里仁書局，2006年，頁48。

纂修《明史》等大型類書，以招攬士人；另一方面對知識分子採用高壓政策，不斷製造文字獄以殘害士人，並禁止結社講學活動和發布禁書令等。凡因語言文字觸犯當道而招致刑罰者，就可稱為「文字獄」，文字獄雖非清代所專有，但像清代那樣頻繁、酷烈的文字獄卻是空前的。康雍乾三朝，見於記載的文字獄有一百八十餘起。犖犖大者，康熙朝有莊廷鑨《明史》案、戴名世《南山集》案；雍正朝有年羹堯《奏本》案、汪景祺《西征隨筆》案、查嗣庭試題案、陸生柟《通鑑論》案、曾靜、呂留良案；乾隆朝胡中藻案、彭家屏案、蔡顯《閒閒錄》案、錢謙益《初學記》與《有學集》案、王錫侯《字貫》案、全祖望《皇雅篇》案、屈大均詩文案、金堡、陳建等著書案、王爾揚墓誌案、徐述夔《一柱樓詩》案、沈德潛詩文案、李清著書案等，都是吹毛求疵，或因告訐爭端而起，引發牢獄之災。（註86）

　　學者們為了避禍，避免觸及文網，被迫躲進較少思想的考據學中去，不敢議論政治和學術理論原則問題。章太炎認為這是一種避世的「學隱」。（註87）

　　郭沫若1961年在審定《辭海》試行本中的「乾嘉學派」的條文時，對該條釋文說：

　　　　乾嘉學派多數脫離實際，考據煩瑣。……多數脫離實際，不能歸罪於經學家，應當歸罪於當時的統治階級。雍正的專制，乾隆時代的文字獄，把學者們逼得不能不脫離實際。……經學家搞考據，在當時是對政治的消極反抗，應該用來和埋

註86：參考陳捷先《明清史》，台北三民書局，2004年，頁248-253。
註87：章太炎《檢論》卷四、《學隱》。

頭於科舉，終身陷於帖括之學而不能自拔的比一比。……要講考據就不能嫌煩瑣——佔有材料，煩瑣無罪，問題是考據的目的何在？但乾嘉時代的人在高度的政治壓力下是不可能進一步有所作為的。（註88）

錢穆也認為乾嘉經學訓詁的興起，與文字獄的迫害知識分子有關。他說：

清儒自有明遺老外，即勦談政治、何者？朝廷以雷霆萬鈞之力，嚴壓橫摧於上，出口差分寸，即得奇禍，習於積威，遂莫敢談，不徒莫之談，蓋亦莫之思，精神意氣，一注於古經籍，本非得已，而習焉忘之，即亦不悟其所以然，此乾嘉經學之所由一趨於訓詁考索也。（註89）

8. 政治穩定統一

明末清初，改朝易代，「天崩地解」。清順治十八年（1661），南明桂王永曆帝被俘；康熙二十年（1681）平定三藩叛亂；二十二年（1683）收復臺灣。對外則抵制沙俄在東北邊境的侵擾，平定準噶爾西北的叛亂，統一新疆、喀爾喀、蒙古、西藏。大亂之後，社會比較安寧，學者可安心自勵於學。

註88：楊祖希《花開不忘澆花人——獻給關懷支持《辭海》問世的人們》，見1979年10月3日《光明日報》，王俊義‧黃愛平《清代學術文化史論》頁485引。

註89：錢穆《中國近三百年學術史》，台灣商務印書館，1972年，頁533。

9. 經濟繁榮發展

康熙、雍正、乾隆三朝，政治安定，加強農田水利建設，修治黃淮運河水道，獎勵闢荒，蠲免賦稅，人口增加，手工業商業日趨活躍，學者無衣食之憂，於是招養名士，編刻圖書，為學術文化的興盛，提供物質條件。

10. 大型圖書的編纂

清康雍乾三朝，編刊各種叢書類書和工具書，如《古今圖書集成》、《四庫全書》、《清會典》、正續《清文獻通考》、正續《清通典》、正續《清通志》、《佩文韻府》、《歷代職官表》、《全唐詩》、《淵鑑類函》、《駢字類編》、《康熙字典》等二百餘種，而四庫全書館，儼然是漢學家的大本營。考據學對典籍文物有特殊需求，考據學的辨證校補等學術門徑，要倚重精刻精校的版本、大型類書、叢書的編纂，來得十分深切。

11. 刻書藏書風氣大盛

套句來新夏的話，藏書刻書是一種重要的文化現象，成為中華文化的重要結構之一。（來氏的話，僅言藏書而已。語見薛貞芳《徽州藏書文化・緒論》引）。考據工作必須有大量的文獻資料，故考據風氣的興衰，與刻書藏書有極密的關係。書籍不論官刻或民刻，必須網羅名學者校讎精審而後鏤版，益啟古書校勘之風。清初徐乾學在編纂《大清一統志》時，網羅胡渭、閻若璩、顧祖禹等；湖廣總督畢沅，修纂《史籍考》，延聘章學誠、孫淵如、洪亮吉、嚴觀、方正樹、淩廷堪、邵晉涵等，章學誠除助修《史籍考》外，還助其修纂《續資治通鑑》、《湖北通志》、《常德府志》、《荊州府志》等；戴

震、錢大昕也曾為秦蕙田編輯《五禮通考》；王念孫也代朱筠校刻大徐本《說文》；而自乾隆三十八年開館修《四庫全書》，有學之士幾乎都被朝廷所網羅。又藏書家與考據學也都有密切的關係。明末已開藏書之風，范欽「天一閣」、錢謙益「絳雲樓」、毛晉「汲古閣」，都負有盛名。藏書風氣成，私家目錄也盛極一時，錢謙益《絳雲樓書目》、黃虞稷《千頃堂書目》、姚際恆《好古堂書目》、朱彝尊《竹垞行笈書目》、徐乾學《傳是樓書目》、彭元瑞《知聖道齋書目》、孫星衍《孫氏祠堂書目》、《平津館鑑藏書籍記》、黃丕烈《百采一廛書錄》、《工禮居藏書題跋記》等，都極具盛名。考據家如錢大昕、段玉裁等人，都與眾多藏書家相善，可得善本校讀，在校勘、辨偽、史料的蒐集、文字的訓詁，有豐富的憑證。（註90）

　　就徽州一地而言，明代徽州刻書業在全國獨占鰲頭，徽商的興起，經濟實力雄厚，又「賈而好學」，有助於刻書藏書。又書院林立，有的書院還拓展為刻書藏書的機構。加以重視科舉，一般人把「蓄書致學」作為人生的要事。清代是徽州私家藏書最為興盛的時期，據劉尚恆統計，藏書家有事蹟可考有 117 人，其中本地藏書家 63 人，徽州旅外藏書家 54 人；而據薛貞芳的搜索整理，有事蹟考者可達 170 餘人。（註91）當乾隆開館修《四庫全書》，徵集天下藏書時，全國獻書五百種以上的有四家：鮑士恭、范懋柱、汪啟淑、馬裕。除范氏是寧波天一閣主人外，其餘三家都是徽商。此外，汪汝溧、汪如藻、吳玉墀、程晉芳也都是獻書前十名。可見當時徽商藏書名聞朝野，獨領風騷。（註92）

註90：參見張麗珠《清代義理學新貌》，台北里仁書局，23006 年，頁 110-111。
註91：薛貞芳《徽州藏書文化》，安徽大學出版社，2007 年，頁 48。
註92：薛貞芳《徽州藏書文化》，安徽大學出版社，2007 年，頁 20。

　　徽商在藏書的同時，還投入大量資金刻書。據劉尚恆統計，明代徽州本地私家刻書計 33 姓氏、258 人，刻書 377 種。33 姓之中，清代徽州本地私家刻書計 32 姓，刻書 300 餘種。（註93）

12. 西學的傳入

　　西學的傳入，為中國學術打開了一扇從來沒有開啟過的天窗。明崇禎西學東漸時期，以徐光啟、李之藻為代表；清康雍時期，闡發西法以梅文鼎、王錫闡為代表；乾隆年間闡揚古法，正是以戴震等人為代表。

　　大約從明萬曆年間（1573-1619）起，西方的傳教士以數學、地理學、天文學、曆算學、醫學等為媒介，開始在中國傳教。義大利的耶穌會教士利瑪竇，是第一個帶西方科技來中國傳教的人，他和徐光啟合譯《幾何原本》前六卷、《測量法義》等書；而德國的傳教士湯若望，到曆局做官，參與編製《崇禎曆書》一百三十七卷，參與製造測量儀器等。我國是世界上最精於曆法的國家，戴震曾系統總結我國曆法學的成就，但是西人「天文推算之密、工匠製作之巧，實逾前古」，《崇禎曆書》於是成為戴震天文思想的重要來源。（註94）

　　康熙帝十分愛好西洋科技，向湯若望、南懷仁學算學，向法國傳教士張誠、白晉等人學歐幾里得《初等幾何學》和阿基米德的《應用幾何學》，請南懷仁等參與制訂新曆法《永年曆》，編纂《曆象考成》等書，還請西洋人給他講課。（註95）故晚明傳入中國的科技獲得較大發展，科學界一批璀璨的群星，成為戴震自然科學研究徵引

註93：薛貞芳《徽州藏書文化》，安徽大學出版社，2007 年，頁 20。
註94：參李開《戴震評傳》，南京大學出版社，2001 年，頁 181。
註95：李開《戴震評傳》，南京大學出版社，2001 年，頁 181-182。

的前輩學者，如王錫闡著有《曉庵新法》及數學著作《圓解》一卷，以西洋解句股割圜之法。戴震著《句股割圜記》，尤其是托名吳思孝用西法作的注釋。另有梅文鼎精通西學，著《曆經圖注》二卷、《古今曆法通考》七十卷、《平三角舉要》和《弧三角舉要》，是我國最早研究平面三角和球面三角的優秀著作，還著《句股測量》三卷，以《周髀算經》、《海島算經》、《測圓海鏡》等書為基礎，闡發句股原理，還著《九數存古》，闡釋《九章算術》。其孫梅瑴成著《數理精蘊》、《曆象考成》、《律呂正義》三書。女天文學家王貞儀，安徽泗州人，作《重訂策算證訛》、《西洋籌算增刪》。

乾嘉考據學並沒有排斥西學，在方法含有西學方法的因子。戴震是以中學為論證對象之體，西學為說明注釋之用，以中學為主，西學為附，為弘揚國學傳統，吸收外來文化，摸索了一條過分穩妥而尚趨於保守的路子。（註96）劉墨認為，如果說戴震的考證學帶有明顯的科學色彩，那麼，這是來自徽州的學術傳統。繼西方耶穌會教士和梅文鼎將西方的科學成果介紹給中國知識界後，徽州學者就形成了一個以整理古代天文曆算為主的學術路徑，而正是這種學術路徑，與專門以漢學為研究對象的吳派大不一樣。（註97）

（八）明清徽州先賢

學術文化的發展史，永遠如長江大河，滔滔不絕，後浪必沿前波而起，沒有前波就不起後浪。故先儒必有啟後昆之功，後昆承先啟後，綿延不絕，且發揚光大。戴震之學，雖多其深造自得，

註96：李開《戴震評傳》，南京大學出版社，2001年，頁232。
註97：劉墨《乾嘉學術十論》，三聯書店，2006年，頁106。

但總是或多或少、或直接或間接，受到徽州先賢的影響與啟發，諸如：程敏政、程大位、方以智、梅文鼎、徐乾學、姚際恆等。梁啟超認為，戴震受他的鄉先輩方以智及黃生的影響，所以從小就注重聲音訓詁，而有「由字通詞，由詞通道」的見解。（註98）余英時在探討戴震思想淵源時說：「東原言義理，雖多深造自得之語，然亦有本土思想史上之運會之暗中主持，而為當身者所不自知。」（註99）

1. 程敏政

　　程敏政，字克勤，安徽休寧人，祖居篁墩。生於明英宗正統九年（1444），卒於明孝宗弘治十二年（1499）。出身世代仕宦之家，父程信，累官南京兵部尚書兼大理寺卿。敏政自幼有「神童」之稱，成化二年（1466）中榜眼，授翰林院編修，參與英宗、憲宗兩朝《實錄》的編纂。後官至禮部右侍郎。弘治十二年（1499），因科考洩題案下獄，後事明出獄，憤而成疾，癱發而亡。

　　程敏政為當時著名的學者，全國著名的藏書家之一，著作豐富，所輯《新安文獻志》，是徽州文獻的集大成；還纂修休寧的第一部《休寧縣志》三十八卷、《休寧陪郭程氏本宗譜》二卷和《新安程氏統宗世譜》，在會貫宗支世系方面，具有很強的創造性，對統宗體制有重要的貢獻和影響；還著有《宋遺民錄》十五卷、《道一編》六卷、《篁墩文集》一百一十卷、《宋紀受終考》三卷、《心經附注》四卷、《皇明文衡》九十八卷、《咏史集解》七卷、《程式貽範集》（詩詞）三十

註98：梁啟超《戴東原》，台灣中華書局，1957年，頁21。
註99：余英時《論戴震與章學誠》，台北東大圖書公司，1996年，頁245。

卷、《唐氏三先生集》二十八卷《附錄》三卷，刪定《別本汪文定集》十三卷，以及傳狀、碑記三十餘卷等。（註100）

　　明初最高統治者實行文化專制政策，把程朱理學定為官方哲學，令天下之士一尊程朱為功令，非朱子之言不尊；又將程朱理學與學校教育和科舉考試結合，規定朱子《四書集注》和程朱所注《五經》作為考試內容與命題範圍。程朱理學被神聖化、官方化，致學術思想逐漸保守僵化，縱使內心不相信程朱學說，但出於功利的目的，還是要硬背程朱對經書的注釋和理學家的名言，以獲取功名利祿。在此情況之下，陸子的心學受到統治者的壓制和貶斥。一些有識之士，意識到文化專制的嚴重後果，程朱理學官方化的弊端，進行反思，使學術界帶來新氣息。

　　程敏政著《道一編》，不滿文化專制，反對程朱理學獨尊，而提出「朱陸始異而終同」之說，用迂迴曲折的方式，推出陸九淵的心學，與程朱的理學相抗衡。他認為「道問學」只是朱熹早年未定之論，時人不必「尊朱而斥陸」。但是他的「朱陸始異而終同」之說一出，立即遭到封建衛道者猛烈的攻擊，那是必然的。有人批評他「抑朱扶陸」，有人指責他「辱朱榮陸」，有人說他「藉此為二陸之地」，為「名教中罪不逭之人」，乃至王陽明二十五年後編《朱子晚年定論》時，在與門人的書信中說到當年程敏政所受到的攻擊，還心有餘悸。

　　程敏政不僅是陸氏心學的繼承人，也是傳統的叛逆者，他雖然在王陽明之前就拾起陸氏尊德性的大纛而反對朱熹的「道問學」，且其「朱陸始異終同」之說，一時產生很大的影響，但對心學沒有進

註100：參薛貞芳《徽州藏書文化》，安徽大學出版社，2007 年，頁 36-38。

一步系統的論述，開創自己的哲學思想體系，不是一位真正意義上的哲學家，但是這不影響他在明代思想史上的地位。（註101）

2. 程大位

程大位，字汝思，號賓渠，安徽休寧人。生於明世宗嘉靖十二年（1533），卒於明神宗萬曆三十四年（1606）。是明末的珠算大師，自幼習四書五經，通八股，於儒家經典、文字書法有很深的根基，聰明好學，興趣廣泛，常跟在父親身邊，以算盤幫忙記帳算帳。家中收藏很多數學書籍，一一閱讀，深入鑽研。

程氏在外經商二十年後，於四十歲左右時回鄉，潛心攻讀數學書籍，著有《詳註全圖演算法大成》八卷附《西學集要》一卷、《算法統宗》十七卷、《演算法纂要》四卷，成為我國古代珠算巨人。著作以《算法統宗》為最重要，共收 595 個應用問題，雖然絕大多數都是從傳本算書中摘錄的，但所有數字計算都使用珠算，以口訣說明在算盤上的演算過程，對珠算的創造性貢獻是：①用珠算開帶從平方和開帶從立方，即正系數數字二次方程式和三次方程式的求根；②在珠算中廣泛應用定位法。該書明清兩代不斷翻刻改編，風行宇內，以至海內握算持籌之士，莫不家藏，是中國數學典籍中版本最多、印數最夥、流傳最廣、影響最大的一部，曾傳到朝鮮、日本和東南亞各國。（註102）《中國數學簡史》一書對它評價說：「在中國古代數學的整個發展過程中，《算法統宗》是一部十分重要的著作。從流傳的長久、廣泛和深入來講，都是任何其他數學著作所不能與之相比的。」（註103）

註101：參韓結根《明代徽州文學研究》，復旦大學出版社，2006 年，頁 81-96。
註102：參王渝生《中國算學史》，上海人民出版社，2006 年，頁 91-95。
註103：李琳琦主編《話說徽商》，台北時英出版社，2007 年，頁 201 轉引。

3. 方以智

方以智，字密之，號曼公，安徽桐城人。明神宗萬曆三十九年（1611）生，清聖祖康熙十年（1671）卒，年61。

曾祖父方學漸，曾講學於無錫東林書院，倡性善說，重視下學功夫，為挽王學末流之弊，有「藏陸於朱」之說。以智崇禎十三年（1640）登進士第，官翰林院檢討。先是其父以討伐流賊張獻忠事，為宰相楊嗣昌所劾，下獄。以智懷血疏，膝行，號泣長安門外，閱兩載，崇禎帝為其孝心所動，乃釋其父。流賊李自成陷北京，帝自縊煤山，以智哭帝於東華門，為賊所執，備受拷打，夜潛出北京，流離嶺南。桂王詔以翰林院學士入閣，上疏固辭，退隱出家。晚年遭不白之冤，自沈贛江，完節以終。

方以智著述繁富，舉其要者有：《通雅》五十二卷、《兩粵新書》、《藥地炮莊》九卷、《東西均》、《物理小識》十二卷、《浮山文集前編》十卷等。其《通雅》一書，考證名物、象數、訓詁、音聲，集明代考據學之大成，兼導清代學術之先路。《四庫全書提要》評說：「明之中葉以博洽著者稱楊慎，而陳耀文起而與爭，然慎好偽說以售欺，耀文好蔓引以求勝，次則焦竑亦喜考證，而習與李贄游。動輒牽綴佛書，傷於蕪雜，然以智崛起崇禎中，考據精核，迥出其上。風氣既開，國初顧炎武、閻若璩、朱彝尊等，沿波而起，始一掃懸揣之空談。雖其中千慮一失，或所不免，而窮源溯委，詞必有徵。在時代考證學中，可謂卓然獨立者矣。」（註104）梁啟超認為《通雅》這部書，總算近代聲音訓詁學第一流作品，清代學者除高郵王氏父子以外，沒有哪位趕得上他。其最大發明，在以音求義，故最

註104：《四庫全書總目提要》子部雜學類、雜考。

注意方言和諺語。以智以為文字孳孔寖多之故，後人將古字增減或造新字，好古者動詆為俗。他最能辨別偽書，但以為雖偽亦復有用。對古詁訓，爬羅剔抉，費了多少心血，真算得中國文字之功臣。（註105）其《物理小識》卷一為天類（包括氣、光、聲、律、五行）與曆類；卷二為風雷雨暘類、地類、占候類；卷三為人身類；卷四為醫藥類上（醫）；卷五為醫藥類下（藥）；卷六為飲食類、衣服類；卷七為金石類；卷八為器用類；卷九為草木類上；卷十為草木類下，鳥獸類上；卷十一為鳥獸類下；卷十二為鬼神方術類、異事類。書中提出「質測」貫「通幾」的方法論。「質測」是徵驗性狀以別同異而歸類之，並加觀察，推論其時空中的變化；而「通幾」是以可知的事實與原理，建構理論以推導出尚不可知或解釋尚不能理解的現象。他的思考精密，超過當時的西方學界。（註106）方以智認為「聖人之經即聖人之道」，「聖人之文章即性道」、「詩書禮樂即聖人之正寂滅道場」，宋明諸大儒並未離經學以言理學，而末流學者捨經學而言理學，其弊不但求不得聖人之道，甚且師心禍世，混淆是非。故提出「藏理學於經學」的主張。而其後顧炎武才有「經學即理學」的主張。

4. 梅文鼎

梅定九，名文鼎，字勿菴，安徽宣城人，明思宗崇禎六年（1633）生，清聖祖康熙六十年（1721）卒，年八十九。

文鼎為明末清初曆算專家，弟文鼐、文鼏、子以燕、孫瑴成、玕成，皆通數學。文鼎著書七十餘種，計有：《籌算》三卷、《平三

註105：參梁啟超《中國近三百年學術史》，台北華正書局，1994 年，頁 168-170。
註106：參劉君燦《方以智》，台北東大圖書公司，2001 年，頁 29-31。

角舉要》五卷、《弧三角舉要》五卷、《方程論》六卷、《句股舉隅》一卷、《幾何通解》一卷、《幾何補編》四卷、《少廣拾遺》一卷、《筆算》五卷、《環中黍尺》五卷、《塹堵測量》二卷、《方圓冪積》一卷等。

　　康熙十九年（1680），文鼎著有《中西算學通》初編，名聲傳至京都。1689 年因李光地之薦，與修《明史‧曆志》，又著《曆學疑問》，得康熙讚賞，1705 年利用南巡歸京機會，在御舟中召見梅氏，親書「績學參微」四字予以褒獎。後來康熙敕修《律曆淵源》，特召梅氏孫瑴成充任滙編官。

　　文鼎手訂的《勿庵曆算書目》，列有天文數學作品八十餘種，其中重要者被人收入《梅氏曆算全書》和《梅氏叢書輯要》中。他曾計畫撰寫《古今律曆考》，分曆沿革、年表、列傳、曆志、法沿革、法原、法器、圖等，對古曆之源流得失給予細致考察；又通過《曆學駢枝》、《塹堵測量》、《平立定之差詳說》等著作，對元代《授時曆》和明代《大統曆》作重點研究。

　　此後許多古算學書漸漸復活，經學大師大率兼治算學，而以戴震校算經十種，大闢町畦，成就最大。戴震而後，焦循里堂、李銳尚之、汪萊孝嬰等輩，皆因研究古算書得有新發明，曆算學風是梅文鼎開闢出來的。清代中葉乾嘉學派譽他為「曆算第一名家」、「國朝算學第一」，更有人將他與顧炎武、胡渭、閻若璩、惠棟、戴震等人並列為對弘揚中華「千餘年不傳之絕學」，做出了獨創貢獻的六位大儒。（註107）

註107：參王渝生《中國算學史》，上海人民出版社，2006 年，頁 95-100。

5. 徐乾學

徐乾學，字原一，號健庵，原籍安徽歙縣，寄籍江蘇昆山，為顧炎武的外甥。明思宗崇禎四年（1631）生，清聖祖康熙三十三年（1694）卒。

徐氏康熙九年（1670）中進士，授翰林院編修，充《明史》總裁官，後擢內閣學士，官至刑部尚書。曾奉命編纂《大清一統志》、《清會典》，任副總裁官。學貫古今，最精經史之學，著作宏富，為當時儒學名臣。酷嗜藏書，家中建有「傳是樓」，藏書數萬卷，約七千餘種。其二弟元文（1634-1691），順治十六年（1659）狀元，官至文華殿大學士、戶部尚書。（註108）

健庵又長於禮學，撰有《讀禮通考》一百二十卷，於儀禮喪服、士喪、既夕、士虞等編，又大小戴記，則倣朱子《經傳通解》，兼採眾說，剖析其義，於歷代典制，則一本正史，參以《通典》及《開元禮》、《政和五禮新儀》諸書，立綱統目，有喪期、喪服、喪儀節、葬考、喪具、變禮、喪制、廟制等八大端，縷析條分，頗為詳備。（註109）

6. 姚際恆

姚際恆，字立方，號首源，安徽歙縣人，僑居杭州。清世祖順治四年（1647）生，約在康熙五十四年（1715）卒。

姚氏博覽群書，後專研經學，精於考證。敢於批評前人不敢懷疑的經書。與崔述同為清代經學大師中的懷疑派。著有《九經通論》一

註108：參薛貞芳《徽州藏書文化》，安徽大學出版社，2007年，頁54。
註109：參唐鑑《清學案小識》，台灣商務印書館，人人文庫特二四，1969年，頁440。

百七十卷、《庸言錄》、《古今偽書考》等，考證詳細，是一部辨偽目錄，開啟清代辨偽之風。（註110）明清之際朱學懸為功令，理學有空疏而不切世用之弊。顧炎武對理學的虛玄，改途易轍，取道考據，標舉「經學即理學」，朝向經世致用的方向前行。姚際恆也將儒學的本質定位在人倫日用間，而不是高深莫測的理氣心性。（註111）姚氏曰：

> 聖人教人，舉而近之，偽《中庸》教人，推而遠之。舉而進之者，只在日用應事接物上，如孝弟忠信，以及視聽言動之類是也。推而遠之者，只在幽獨自處，靜觀參悟上，如以不睹不聞起，以無臭終，是也。（註112）

姚氏認為《中庸》雜有道、釋二氏之學，並非儒家的著作，故稱「偽中庸」。又認為不論是程朱或是陸王，都是宋明的儒學，這種儒學不可等同於孔孟之學，如果可以等同，就不會有兩派之爭。可見程朱、陸王和原始儒學必有一定的差距。欲知儒學真義者，必越過程朱陸王，直接從孔孟所遺經典來窺見孔門真意。他並不承認程朱、陸王能得孔孟之真精神，要得孔孟之真髓，實應超越宋明人的高遠之教，而直探《論》《孟》二書。（註113）

7. 黃生（1622-？）

黃生，字扶孟，安徽歙縣人，自以為鍾靈於黃山白嶽，故就己姓而號白山，明代諸生，入清不仕。著有《字詁》二卷、《義府》二

註110：參薛貞芳《徽州藏書文化》，安徽大學出版社，2007 年，頁 56。

註111：參林慶彰〈姚際恆治經的態度〉，載《清代學術論叢》第一輯。

註112：《禮記通論輯本》頁 316。

註113：參考林慶彰〈姚際恆治經的態度〉，《清代學術論叢》第一輯。

卷,《四庫全書》著錄。專主以聲音通訓詁,於六書多所闡發,每字皆見新義。而根柢奧博,與穿鑿者有殊。《義府》二卷,上卷論經,下卷論史子集金石,而以辨冥通記措綴,末於古音古訓亦皆考究淹通,引據詳確,不為無稽臆度之說,是徽派考據的先驅式人物。其族孫承吉說:「公年差少於顧亭林,顧書公所未見,公書顧亦弗知,顧撰音學五書,厥功甚偉,惟尚未能得所會通。……公實有見於聲與義之相因而起,遂溚及於義通則聲通,為古今小學家之所翙獲。」又說:「此學喻之者惟高郵王氏,引申觸類,為從古之所無。既先後乎王氏及與王氏同時者,亦皆不得而與,蓋他儒以韻求聲,王乃言聲而不言韻,可謂窮本知歸,公生於王氏百數十載之前,非有來者相謀,而所造若是。」(註114)

　　乾隆中,戴東原耳其名,屬當道訪求遺書,列之《四庫》,於是世始知有先生。他著尚有《杜詩說》十二卷,仇兆鰲多采以入詳注。惜《三禮會篇》、《三傳會篇》,及文稿十八卷,均佚不傳,亦文獻之憾事。支偉成說:「扶孟先生僻處於嚴阿郀曲之中,非如清初諸大師之廣涉博覽,切磋交通;乃不假師承,無煩友質,上下古今,鉤深致遠,聲音回轉,訓詁周流,反勝於諸人之猶有所沾滯焉。綜厥學業之績,品誼之醇,磝乎堅貞。亮哉!誠可謂為古逸民通人之儔輩也。」(註115)

註114:〈重刻字詁義府後序〉,梁啟超《中國近三百年學術史》,台北華正書局,1994 年,頁 170 引。

註115:支偉成《清代樸學大師列傳》,台北藝文印書館,1970 年,頁 35。

（九）師承

韓愈〈師說〉云：「古之學者必有師。」宋儒周敦頤曰：「天地間至尊者道，至貴者德而已矣！至難得者人，人而至難得者，道德有於身而已矣，求人至難得者有於身，非師友則不可得也已。」又曰：「道義者身有之，則貴且尊。人生而蒙，長無師友則愚，是道義由師友有之，而得貴且尊，其義不亦重乎？其聚不亦樂乎？」（註116）

戴震的學術，難免於師友的傳授切磋。因其友至夥，此處只探究其師承。戴震《與是仲明論學書》中自謂：「僕少時家貧，不獲親師。」他所指的「師」，是指聘請在家課讀的老師。其實，戴震早年進過宗族辦的「塾」或書院，必有老師，如程恂、方楘如、戴瀚等，還有後人爭論的江永。

1. 程恂

程恂，字慄也，與戴震同縣。雍正二年（1724）進士，後官至中允，充《大清會典》、《三禮》館纂修官，與李清植同栞《儀禮》之誤，極為研審。乾隆元年（1736）開博學鴻詞科，程恂以員外郎被舉，授檢討。

戴震稱程恂為先師。紀昀《考工記圖序》說：「戴君語予曰：『昔丁卯戊辰間，先師程中允出是書以示齊學士次風先生，學士一見而嘆曰：誠奇書也。今再遇子奇之，是書可不憾矣。』」（註117）段玉裁《戴東原先生年譜》壬戌條說：「是年（按係乾隆七年壬戌，戴震二十歲）自邵武歸。同邑程中允恂一見，大愛重之，曰：『載道器也。

註116：周敦頤《通書》「師友上」及「師友」下。
註117：段玉裁《戴東原先生年譜》戊辰條。

吾見人多矣，如子者，巍科碩輔，誠不足言。』」洪榜《戴先生行狀》
中，也有同樣的記述。

2. 戴瀚

戴瀚，字長源，為戴震族長，家於江寧，以時文名於時。洪榜
《戴先生行狀》云：「（戴震父）文林公因往江寧，命先生步隨以從，
就謁長源先生。至，一見，叩其所學，曰：『當今無此人也，吾誠不
能有所益。』因館於其家，令與諸子圍棋談說，不關以文事。既月
餘，一日，取案上《檀弓》，令先生口講其義。先生每講終一節，未
嘗不稱善。因命題令為時義一通，先生援筆立成，大加嗟賞。翌日，
謂文林公曰：『是子誠不能限其所至，今歸矣，所業甚精，可無以示
人。』」（註118）

3. 方楘如

方楘如，士穎子也，字若文，一字文輈，號樸山，又號藥房，
淳安人。邃於經學，工古文，於制舉業尤獨闢町畦，與桐城方舟、
方苞，並稱「三方」。康熙四十五年（1706）進士，官直隸豐潤知縣，
坐事罷。乾隆元年（1736）薦應鴻博，以格部議，不與試，後復以
經學薦。嘗掌教紫陽書院，晚年主講敷文書院，卒年八十餘。

方楘如少受業西河之門，博聞強識，於漢儒箋注，能指其訛舛，
與同社及門，析疑問難，能發前人所未發。經史淹洽，以古文雄於
東南，方苞甚稱之。散體文頗奧勁，有筆力，然喜雕琢新句，襞積
古辭，遂流為別派。著有《周易通義》十四卷、《尚書通義》十四卷、

註118：《戴震文集》，台北華正書局，1974 年，頁 254。

《鄭注拾瀋》一卷、《離騷經解》一卷、《集虛齋古文》十二卷、《十三經集解》、《四書口義》、《四書考典》、《讀禮記》、《樸山存稿、續稿》等。子粹然，字心醇，克承家業，著有《十一經注疏類鈔》一百卷、《禮服古制》二十卷。（註119）

戴震自江寧歸時，方棨如正掌教紫陽書院，與之游。方氏一見戴震文，深折服，謂己所不及，繼而嘆曰：「今之徐子卿也。」（註120）

許承堯說：「考何達善守徽在乾隆己巳（1749），（戴）先生年二十七。明年庚年（1750），方棨如應聘主講紫陽，定新安三子課藝。三子者，先生與鄭牧、汪梧鳳也。又二年壬申（1752）夏，程讓堂姊婿汪松岑言於其從祖之弟在湘，在湘因延先生至其家，教其子。在湘，梧鳳字，歙之西溪人，家有園名不疏，園多藏書。……梧鳳生雍正丙午（1726），少先生三歲。……而後三年從江慎齋先生，則在癸酉。（1753）。」

4. 江永

江永，字慎修，安徽婺源之江灣人。康熙二十年（1681）生，乾隆二十七年（1762）卒，年八十二。少就外傅時，與里中童子治世俗學，一日，見明邱濬《大學衍義補》，書內徵引《周禮》，奇之，求諸積書家，得寫《周禮》正文，朝夕諷誦，自是遂精心於《十三經注疏》（註121），為學長於比勘，精於《三禮》及步算、鐘律、聲韻、地名沿革，博綜淹貫，歸然大師。（註122）以朱子晚年治《禮》，

註119：參考錢林《文獻徵存錄・清儒學案》。
註120：見洪榜《戴先生行狀》。
註121：戴震《江慎修先生事略狀》。
註122：參段玉裁《戴東原先生年譜》。

為《儀禮經傳通解》，未就，雖黃氏幹、楊氏復相繼纂續，猶多闕漏，亦非完書，乃廣摭博討，大綱細目，一從《周官經‧大宗伯》吉凶軍賓嘉五禮舊次，題曰《禮經綱目》，凡八十八卷。（註123）引據諸書，釐正發明，實足終朱子未竟之緒，使三代禮儀之盛，犖然可覩。（註124）所著書尚有：《周禮疑義舉要》六卷、《禮記訓義擇言》六卷（按余廷燦《江永傳》「擇」作「釋」）、《深衣考誤》一卷、《律呂闡微》十一卷、《律呂新論》二卷、《春秋地理考實》四卷、《鄉黨圖考》十一卷、《讀書隨筆》十二卷、《古韻標準》六卷、《四聲切韻表》四卷、《音學辨微》一卷、《河洛精蘊》九卷、《推步法解》五卷、《七政衍》一卷、《金水二星發微》一卷、《冬至權度恆氣注》一卷、《曆辨》一卷、《歲實消長辨》一卷、《曆學補論》一卷、《中西合法擬草》一卷、《近思錄集注》十四卷、《論語瑣言》、《儀禮釋宮增注》一卷、《四書典林》四十卷、《考訂朱子世家》一卷。其學行乃一代通儒，自漢經師康成後，罕其儔匹。（註125）其後治漢學者，皆奉為先河。其為人和易近人，處里黨，以孝弟仁讓躬先，人多化之。嘗援《春秋傳》「豐年補敗」之義，勸鄉人輸穀立義倉，行之三十年，一鄉之人不知有饑饉。劉師培頌之曰：「滔滔江水，厥德靈長。用沖不溢，在溺能剛。準平萬物，陰化流行。利用豐財，閏我群生。」（註126）

　　戴震與江永是否有師生關係，為清代學術史上一大公案，有正反兩面不同的意見。許承堯《戴東原先生全集‧序》稱：「後七年壬

註123：戴震《江慎修先生事略狀》。

註124：王昶《江永墓誌銘》。

註125：戴震《江慎修先生事略狀》。

註126：劉師培《左盦外集》。

午（1762），江（永）卒於家。先生撰《事略狀》上之續文獻通考館、史館。蓋江氏之學得先生而後表章。而先生與江自庚午相見至乙亥，不過五年，誼在師友之間，原未嘗著籍稱弟子。」

余英時從許承堯之說，謂戴震對師弟之道，素極重視，戴震之所謂師弟，專指受業而言，並非普通的問學而已。戴江的往來，僅是問學，而非受業，故就稱不上有正式的師生關係。在所著《論戴震與章學誠》一書中，有專節考論。

然而，戴震的知交好友王昶及盧文弨，卻說戴震對江永曾著籍稱弟子。王昶《江慎修先生墓誌銘》云：「先生（江永）弟子著籍甚眾，而戴君及金君榜，尤得其傳。」又說：「余友休寧戴君，所謂天地人之儒也，嘗自述其學術，實本之江慎修先生。」盧文弨《江慎修河洛精蘊序》（乙巳，1785）云：「向吾友戴東原在京師嘗為余道其師江慎修先生之學，而歎其深博無涯涘也。」董忠司《江永聲韻學評述》一書，舉六條證據，證明戴震為江永之弟子，其中王昶、盧文弨的記述，是最直接的主要證據。歙縣是徽派樸學的搖籃，歙縣西溪汪泰安大約在乾隆初年（1736）建私家園林「不疏園」，園中有藏書樓「勤思樓」。乾隆十七年（1752）汪氏禮聘江永來此講學授徒，時江永年七十二，戴震年三十，與鄭牧、汪肇龍、程瑤田、汪梧鳳、方矩、金榜，同學於不疏園，被稱為「江門七子」。（註127）其後，焦循也稱江戴為師弟，焦循《國史儒林文苑傳議》，謂江戴師弟，談天異轍，江永宗西法，戴震重中法。錢穆以為此乃據其後戴震校四庫諸古算書而言之，戴震初入都，其學尚與江永沆瀣一氣，並時學者同推江戴，亦以二人所治相近似也。（註128）

註127：薛貞芳《徽州藏書文化》，安徽大學出版社，2007 年，頁 190。
註128：錢穆《中國近三百年學術史》，台灣商務印書館，1972 年，頁 318。

　　李開依據段玉裁《戴東原先生年譜》及洪榜《戴先生行狀》，肯定戴震師承江永。李開認為，戴震二十歲這一年（1742），開始從師於徽州府婺源的碩儒江永。江永字慎修，與戴震早年的字相同，為表示尊師，戴震收起自己早年的字，從此專字東原，世稱東原先生。戴震和江永相識時，江永已六十三歲，兩個人成為亦師亦友的忘年交。（註129）

　　依據洪榜《戴先生行狀》中的記述，戴震對江永一見傾心，因取平日所學就質正焉。江永見其盛年博學，相得甚歡。有一天，江永列舉天文曆算中的一些問題問戴震，並告訴他說：「這些問題我已經積疑多年了，一直未能解決，你能試試看嗎？」戴震仔細看過後，將這些問題一一剖析比較，並說出其所以然。江永十分驚喜，歎說：「多年來的疑惑，一日而釋，你的聰敏是別人比不上的。」戴震也讚嘆江永之學，周詳精整。

　　江戴之間偶而也會互相辯詰。當時戴震《答江慎修先生論小學書》，專門辯論文字學中的轉注問題。江永誤把轉注看成字義的引申，說假借也不明確。江永認為本義外，展轉引申為他義，或變音或不變音，皆為轉注。其無義而但借其音，或相似之音，則為假借。針對江永師的誤解，戴震以為六書的前四書和後兩書是體用的關係。江永得信後十分高興地說：「眾說紛紜，得此論定，誠無以易。」（註130）

　　梁啟超說：「所見不合，則相辯詰，雖弟子駁難本師，亦所不避，受之者從不以為忤。」（註131）這是梁氏所列乾嘉正統派學風特色

註129：參見李開《戴震評傳》，南京大學出版社，2001 年，頁 16。
註130：見段玉裁《戴東原先生年譜》乙丑條。
註131：梁啟超《清代學術概論》，台灣商務印書館，人人文庫 044 號，1967 年，

之一。江戴師弟之相交，正如韓愈《師說》所云：「生乎吾前，其聞道也，固先乎吾，吾從而師之；生乎吾後，其聞道也，亦先乎吾，吾從而師之。吾師道也，夫庸知其年之先後生於吾乎。……是故弟子不必不如師，師不必賢於弟子。聞道有先後，術業有專攻，如是而已。」

當江永於乾隆二十七年（1762）三月三日逝世（年八十二），戴震不勝悲悼，隨即寫《江慎修先生事略狀》，來表彰江師的學術成就。

戴震著書立說，凡引江永之說處，一般稱「同郡老儒江慎修」。因此，魏源、張穆、王國維等，據此稱呼以為戴震「背師盜名」。其原因歸根究柢，依然是環繞在《水經注》的公案上。魏源《書趙校水經注後》一文中說：

> 戴為婺源江永門人，凡六書三禮九數之學，無一不受諸江氏……及戴名既盛，凡己書中稱引師說，但稱為「同里老儒江慎修」而不稱師說，亦不稱先生。其背師盜名，合逢蒙、齊豹為一人。（註132）

張穆（1805-1849）在《方牧夫壽序》中說：

> 東原抗心自大，晚頗諱言其師。

頁 49。

註132：見《魏默深遺文》，載周壽昌《思益堂日札》（光緒戊子夏刊本）卷五，頁 6a，李開《戴震評傳》頁 17 轉引。逢蒙，古代善射者。《孟子·離婁下》：「逢蒙學射於羿，盡羿之道，思天下惟羿為愈己，於是殺羿。」齊豹，春秋衛大夫，為求名而殺衛侯之兄縶。事見《左傳》昭公二十年和三十一年。

　　王國維在《聚珍本戴校水經注跋》中，也曾指斥戴震對江永未嘗篤「在三」（父、師、君）之誼，僅呼之曰「婺源老儒江慎修」。

　　其實，「老儒」一詞並沒有貶義，意即「飽學宿儒」。胡適在詳考戴震著述以後，指出戴著中只有兩處敘述古音歷史時沒有稱「先生」，不僅不是大不敬，反而格外尊重。胡適還指出，戴震《考工記圖》、《顧氏音論跋》、《答段若膺論韻》三篇著作中稱江永為「先生」有 14 處，加上其他幾部書，共 22 處之多。最後寫了《戴震對江永的始終敬禮》一文，為戴震辨誣。（註133）

　　再者，稱「先生」而不稱「師」，在乾嘉年間是一種時尚，格外尊重，段玉裁師事戴震，著《戴東原先生年譜》時，也沒有稱「師」，只稱「先生」而已。

註133：參李開《戴震評傳》，頁 17。

參、著作篇

戴學博大精深，包羅宏富，舉凡經學、義理學、語言文字學、天文曆算學、地理方志學、機械物理學、文學等，都有概括。戴震著作等身，有未成者，有未刻者，有未成未刻者。著作書目，略見諸家傳記，而考其內容存佚的，有梁啟超《戴東原著述纂校書目考》、胡樸安《戴先生所著書考》，而劉昭仁《戴東原思想研究》及鮑國順《戴震研究》，都列有專章考述。安徽省古籍整理委員會編訂《戴震全書》。而戴震研究會、徽州師範專科學校、戴震紀念館三個單位，編纂《戴震全集》，已於 1999 年 2 月，由北京清華大學出版社出版。茲據以上等資料，考述戴震的著作。

一、經學

（一）自著者

1. 《尚書義考》二卷

此書未入《戴氏遺書》，段玉裁《戴東原先生年譜》也未言及，而王昶〈戴先生墓誌銘〉及孔廣森《戴氏遺書總序》都敘錄，洪榜《戴先生行狀》有《今文尚書經》二卷，殆即此書。清華版《戴震全集》收錄在第三冊。

　　《尚書義考》原定《虞夏書》四篇、《商書》五篇、《周書》十九篇，僅成《堯典》二卷（包括偽古文之《舜典》）。卷首有「義例」十四條，三千餘言。戴震的《尚書義考》、《尚書今文古文考》，惠棟的《古文尚書考》、《尚書古義》，程廷祚的《晚書訂疑》，段玉裁的《古文尚書撰異》等，可視為閻若璩《古文尚書疏證》的宏衍之作或系列叢書。（註1）

2.《毛鄭詩考正》四卷

　　此書是從《詩補傳》別錄而成，段玉裁說：「《毛鄭詩考正》，初名《詩補傳》。」戴震本人並未用過《毛鄭詩考正》這個名稱，自定三十一歲寫的《詩》注，名稱是《詩補傳》或《詩經補傳》。《毛鄭詩考正》不專主毛《傳》及鄭《箋》，多以己意考正，或兼摘《傳》、《箋》考正，或專摘一家考正，或只摘經考正，不徇毛，也不徇鄭，大都本古訓古義求其是，而仍然以補翼《傳》《箋》為主，不像宋人說詩譜諸書，專以駁斥毛鄭而別名一家。其論明快，尤足以解紛，至補正訓詁，只是小事了。首為《鄭氏詩譜》，但不入卷數。在江藩等漢學家心目中，《毛鄭詩考正》是《詩經》範圍內典型的漢學代表作。

3.《詩經補傳》二卷

　　乾隆十八年（1753），戴震三十一歲，開始作《詩補傳》，到四十四歲時才成二《南》，把書名叫《杲溪詩經補注》。清華版《戴震全集》第二冊，有《杲溪詩經補注》，而無《詩補傳》。段玉裁《戴

註1：　參見李開《惠棟評傳》，南京大學出版社，2006年，頁35。

東原先生年譜》中說的《詩經補注》，即指《杲溪詩經補注》，而《全集》中的《毛鄭詩考正》，就是通常稱說的《詩補傳》。魏建功《戴東原年譜》，認為「杲溪」是戴震注《詩》時的自稱。此書就全詩考其字義名物於各章之下，不以作詩之意衍其說；引據毛《傳》、鄭《箋》、朱《傳》三家之說，後加按語，無門戶之見。

4. 《詩經考》二十六卷

北京清華大學版《戴震全集》第四冊全為《詩經考》，書後「附記」說：「《戴氏詩經考》二十六卷，係戴震早年所著之未刊稿，稿本原名作《戴氏經考一》。其手抄本先後由邢之襄、葉德輝、北京圖書館收藏。……戴震曾著《杲溪詩經補注》，闡發《詩補傳》中〈周南〉、〈召南〉兩部分內容，又稱《詩補傳》書稿『尚俟改正』。《詩補傳序》段玉裁已刊之於《戴震文集》。此書即戴震《詩補傳》的書稿。」

5. 《書補傳》

《書補傳》已佚。秦蕙田《五禮通考・觀象授時》卷三、卷五引用《書補傳》，為今僅見。

6. 《儀禮考正》一卷

《儀禮考正》一卷，係戴震在四庫館時著，未刻。江藩《漢學師承記》及孔廣森《戴氏遺書總序》，均作《儀禮正誤》。

7. 《考工記圖》二卷

此書初成於乾隆十一年（1746）戴震二十四歲時，有圖無注，乾隆二十年（1755）三十三歲時，復為補注。是以《考工記》本文

和鄭玄《注》相為表裡而佐以圖，取經文及鄭《注》，分列於前，各
為之圖，以翼贊鄭學，擇其正論，補所未逮。紀昀歎為奇書，刻之，
並為之作序。段玉裁《戴東原先生年譜》，轉述戴震之言說：「《考工
記圖》既成，後來乾隆某年所上江西大鐘，正與余說合。」（註2）

8.《周禮太史正歲年解》二篇

段玉裁《戴東原先生年譜》說，此為戴震三十三歲時作，經韻
樓本《戴東原集》收錄，北京清華版《戴震全集》收錄在第一冊。

9.《葬法贅言》四卷

此書洪榜《戴先生行狀》提及，今未見，疑已佚。

10.《大學補注》一卷

《大學補注》一卷，未成未刻，今無傳本。洪榜《戴先生行狀》
及孔廣森《戴氏遺書總序》著錄。段玉裁《戴東原先生年譜》說：「《大
學補注》一卷，……其言理皆與《原善》、《孟子字義疏證》無纖微
不合者，皆存鄭注而補之，《大學》之說親民、說格物，……尤可補
先儒所不到。」

11.《中庸補注》一卷

未成未刻。洪榜《戴先生行狀》及孔廣森《戴氏遺書總序》提
及。北京清華版的《戴震全集》第一冊有著錄，為清戴望（字子高，
德清人）鈔本。

註2：　《戴震全集》第六冊，北京清華大學出版社，1999 年，頁 2426。

12. 《深衣解》一卷

北京清華大學出版之《戴震全集》第三冊著錄，「附註」說：「《深衣解》係《禮記》之〈玉藻〉、〈深衣〉兩篇文章中有關深衣文字的輯錄和闡解。原文每句之下，先附以鄭玄《注》及孔穎達《正義》，再附以己見，用『震按』標出，如《中庸補注》之體例。」（註3）

13. 《春秋改元即位考》三篇

洪榜《戴先生行狀》及《清史・戴震傳》均提及。段玉裁經韻樓本《戴東原集》、孔廣森《戴氏遺書》卷四，北京清華版《戴震全集》第三冊均著錄。

14. 《原善》三卷

此書為戴震《七經小記》之一，先成三篇，每篇不過千餘字，後改定擴大為三卷，上卷十一章，中卷五章，下卷十六章。錢賓四先生認為是戴震1757年客居揚州以後，到1763年在北京會試不第，於新安會館講學時完成的，時約三十三、四歲左右。三篇的《原善》，首篇言性命之理，次篇言行氣之事，末章言人之不盡才，係由於「私」與「蔽」兩個因素。段玉裁《戴東原先生年譜》中「記先生嘗言，作《原善》首篇成，樂不可言，喫飯亦別有甘味」。梁啟超說：「先生之學，體大思精，《原善》、《孟子字義疏證》兩書，語極簡而義極豐，殆於一字千金。」（註4）

註3：　《戴震全集》第六冊，北京清華大學出版社，1999年，頁1777。
註4：　梁啟超《戴東原》，台灣中華書局，1957年，頁一〇。

15. 《緒言》三卷

「緒言」即「聖人之緒言」之意。戴震哲學著作，最要者是《原善》、《緒言》、《孟子私淑錄》、《孟子字義疏證》四書。《緒言》與《孟子字義疏證》，實為一書的初稿及改定稿，而《孟子私淑錄》為中間的過渡之作。《緒言》三卷，上卷自立說，中卷尊孟子，下卷駁告子、荀子、楊子、周敦頤、程子、張載、邵雍、王文成諸子及老莊釋氏。

16. 《孟子私淑錄》三卷

此書為《緒言》的改定本，其稿未刊。錢穆先生說：「照曠閣鈔本《孟子私淑錄》……書分三卷，卷上十一條，卷中四條，卷下八條，大體相當於《緒言》之上下二卷。《私淑錄》上中二卷，即《緒言》之上卷，《私淑錄》卷下，與《緒言》卷下略同，而缺《緒言》卷中各條。是其成書，當在《緒言》之後，《疏證》之前，正為兩書中間之過渡作品也。」（註5）

17. 《孟子字義疏證》三卷

《原善》是《緒言》及《孟子字義疏證》的母稿，《緒言》是《疏證》的稿本，《疏證》是定本。戴震以宋儒言性、理、道、才、誠、明、權、仁義禮智、智仁勇，都非六經孔孟之言，而揉合了異學，陽儒而陰釋，當世之人，無論正邪，盡以意見為理，而禍斯民，故作此書以正人心。此書專就《孟子》中關於哲學的名詞逐一註釋。分上中下三卷，上卷「理」十五條；中卷「天道」四條，「性」九條；下卷「才」三條，「道」四條，「仁義禮智」二條，「誠」二條，「權」

註5：　錢穆《中國學術思想史論叢（八）》，台北東大圖書公司，1990 年。

五條，而附以《答彭進士允初書》，意在發明孔孟真諦，以匡正宋儒之謬。戴震曾對段玉裁說：「僕生平著述之大，以《孟子字義疏證》為第一，所以正人心也。」（註6）

焦循曾作〈讀書三十二贊〉，其一贊《孟子字義疏證》說：「性道之譚，如風如影。先生明之，如昏得朗。先生疏之，如示諸掌。人性相近，其善不爽。惟物則殊，知識罔罔。仁義中和，此來彼往。各持一理，道乃不廣。以理殺人，與聖學兩。」

洪榜歙縣人，家為富商，與戴震共處多年，曾同學於「不疏園」，早年進第。為京官後，常接濟戴震於飢困，與之最為親近。戴震去世時洪榜在身邊，並為戴氏作行狀，極力推崇《孟子字義疏證》一書。梁啟超認為戴震的《孟子字義疏證》，為清代第一流著述，但其目的不專在釋《孟子》。（註7）

18. 《經考》五卷

《經考》與《經考附錄》原為一書，是戴震早年治經的札記，所記諸經有《易》、《尚書》、《詩》、《周官經》、《禮經十七篇》、《逸禮三十九篇》、《禮記》、《大戴禮記》、《春秋》、《論語》、《孟子》、《爾雅》。每條都錄前人之說，末加按語，也有無按語的。許承堯稱本書無序跋，卷首有「休寧戴震記」五字。羅更〈校記〉稱本書寫定，在三十五歲以後。並云：「東原先生著《經考》一書，秘不示人。江陰是仲明借觀，先生作書拒之。段、孔從學，均未得聞此。」（註8）

註6：　見段玉裁〈戴東原集序〉。
註7：　梁啟超《中國近三百年學術史》，台北華正書局，1994 年，頁 215。
註8：　《戴震全集》第三冊，北京清華大學出版社，1994 年，頁 1652。

19.《經考附錄》七卷

此書發現較晚，書原為乾隆時「不疏園」寫本。許承堯跋此書，說此書不著撰人姓名，其體制與《經考》同，都博引眾說，間加按語，其按語之精審嚴密相同，以二書互校，知《附錄》乃補《經考》所未備，而為之疏通證明。《經考》五卷及《經考附錄》七卷，為孔刻《戴氏遺書》所未收，《經考》五卷後來收在南陵徐氏的《鄦齋叢書》裡；《經考附錄》七卷，直到 1936 年《安徽叢書》刊行第六期，才據抄本影印，與《經考》五卷一併收入《戴東原先生全集》中。（註9）徐道彬稱：「《經考》及其附錄，實為一部獨具特識的經學史，其推闡條別，窮源竟委，自鑄己意，殆無一字虛設。」（註10）余英時以為《經考》與《經考附錄》二書，是考論戴震早年學術見解的最好材料。（註11）

20.《經雅》

段譜及當時戴震的同學摯友寫的傳、銘、行狀、事略狀中，均不曾提及《經雅》一書，後來梁啟超、胡樸安等人有關戴震著述的考證文章中，也未載戴震撰有《經雅》。湖北省圖書館藏有此書稿本。此書內容主要是對中國古代《詩》、《書》、《易》、《禮》、《春秋》等經籍中所涉及的動植物，闡釋訓詁和考證，稿本共分七篇，約 430 多個條目，其中釋獸、釋畜、釋鳥、釋蟲、釋魚 280 多條；釋草、釋木近 150 條，列舉了動植物四百多種，逐一對他們在各種經籍中的名稱、習性、特點，作了闡釋和考辨，多處訂正前人的訛誤。北

註9：　余英時《論戴震與章學誠》，東大圖書公司，1996 年，頁 191。

註10：徐道彬《戴震考據學研究》，安徽大學出版社，2007 年，頁 331。

註11：余英時《論戴震與章學誠》，東大圖書公司，1996 年，頁 196。

京清華版《戴震全集》第五冊著錄，「附錄」說：「戴震《經雅》手稿，先後經孔繼涵、高鴻裁、徐恕之手，現藏湖北省圖書館，這是戴震的一部未刊長篇手稿，七個部分兩萬多字，著作年代不詳。」（註12）

21.《石經補字正非》

這是一部校勘石經文字的滙錄。北京清華大學出版的《戴震全集》第六冊著錄，「附記」說：「《石經補字正非》係據北京大學圖書館提供的手稿點校整理。原稿包括《開成石經補缺正非》、《石經孟子訛字錄》、《穀梁石經改字》、《唐石經葛本春秋左氏傳校謬》四種。除《穀梁石經改字》外，其他三種文中的標注有寫作時間。原稿除部分分標題及按《石經》原碑樣式行款寫的經文為楷書外，其餘均為行書。」（註13）

22.《七經小記》

這是戴震未完成的畢生宏大的治學著述計畫。戴震為學大指在精求正詁，通三代典章制度，而因以確知義理之歸，極深研幾，志願至為宏大，晚年欲標舉綱要，為《七經小記》。是理論豐贍，結構完備的學術體系，可具體體現戴震終生追求精審的學術目標。所謂「七經」，是《詩》、《書》、《禮》、《易》、《春秋》之外，加上《論語》和《孟子》。

《七經小記》的目的是為治經而作，治經必始於六書九數，故有《詁訓篇》、《原象篇》、《學禮篇》、《水地篇》、《原善篇》。《詁訓

註12：《戴震全集》第五冊，北京清華大學出版社，1997 年，頁 2234。
註13：《戴震全集》第六冊，北京清華大學出版社，1999 年，頁 3330。

篇》專講語言文字,《轉語》二十章、《爾雅文字考》、《方言疏證》,可稍窺其涯略;《原象篇》講述天文曆算等自然科學,段玉裁稱《原象》凡八篇,一至四篇乃《釋天》,五至七篇即《句股割圜記》上中下三篇,八篇為矩以準望之詳,《迎日推策記》也是舊時所為,合九篇為《原象篇》。《學禮篇》又稱《制數記》,貫通《周禮》、《儀禮》、《禮記》、《大戴禮記》等禮學著作,今經韻樓本《戴震文集》中的〈記冕服〉、〈記爵弁服〉、〈記皮弁服〉、〈記朝服〉、〈記玄端〉、〈記深衣〉、〈記中衣褻衣襦褶之屬〉、〈記冕弁冠〉、〈記冠衰〉、〈記括髮免髽〉、〈記絰帶〉、〈記纁藉〉、〈記捍決極〉等十三篇,及《戴震文集》中禮學論文,如《周禮太史正歲年解》二篇、《大戴禮記目錄後語》二篇、《明堂考》、《三朝三門考》、《匠人溝洫之法考》、《樂器考》、《辨證詩禮注帆軓軹軝四字》、《辨尚書考工記鋝鈞二字》等,就是它的體例。《水地篇》是探討以水脈走向為主的地理學著作,戴震《水地記》寫了一部分而未竟。《原善篇》是探求人類情性的著作,即《原善》三篇、三卷及《孟子字義疏證》等著述。

(二) 校定者

1.《儀禮識誤》三卷

　　《儀禮識誤》,宋張淳撰,戴震在四庫館時,從《永樂大典》(註14)中錄出檢勘,考訂補輯。有〈提要〉一首,見清華版《戴震全集》第六冊,頁 3349。

註14:《永樂大典》,明成祖永樂元年(1403)始編,初名《文獻大成》,由解縉(1369-1415)奉敕纂修,二年(1404)成書;繼由姚廣孝(1335-1419)等重修,永樂五年(1407)成書,改名《永樂大典》。

2. 《儀禮集釋》三十卷

　　《儀禮集釋》為南宋李如圭撰，全錄鄭玄《注》，而旁徵博引，加以注釋。戴震在四庫館時，據以補注疏本經文脫字二十四，改譌字十四，刪衍字十，補注文脫字五百有三，改譌字一百三十二，刪衍字一百六十九。其《鄉射》、《大射》二篇已闕，參取惠棟、沈大成二家本所校宋本，證以唐《石經》本，補經文脫字七，改譌字四，刪衍字二，補注文脫字四十一，改譌字三十九，刪衍字十七，以成《儀禮》完帙，有〈提要〉一首，見北京清華版《戴震全集》第六冊頁 3351。

3. 《儀禮釋宮》一卷

　　《儀禮釋宮》，南宋李如圭撰。戴震在四庫館時，從《永樂大典》中錄出校成，有〈提要〉一首，北京清華版《戴震全集》第六冊，頁 3353 有著錄。

4. 《大戴禮記》十三卷

　　《大戴禮記》漢戴德編，譌舛積久，幾乎不可讀。戴震取「雅雨堂」（註15）刻本，一再讎校。入四庫館後，取《永樂大典》及古籍中摭引《大戴禮記》之文，參互校訂，附按語於下方，有〈提要〉一首，北京清華版《戴震全集》第六冊頁 3352-59 有著錄。書上於戴震歿後一月，自後曲阜孔廣森為作補注。

註15：盧見曾，字抱經，號雅雨，山東德州人，康熙六十年（1721）進士，曾任揚州兩淮鹽運使，邀請惠棟為校閱所得舊籍，刻《雅雨堂叢書》。

5.《孟子趙注》

乾隆三十七年（1772）春正月校成，有跋文，刊入段玉裁《戴東原集》。

6.《孟子音義》

戴震校《孟子趙注》、《孟子音義》，凌廷堪《東原先生事略狀》提及。

7.《蒙齋中庸講義》四卷

《蒙齋中庸講義》，為宋袁甫撰。袁甫字廣微，鄞縣人，嘉定七年（1214）進士，《宋史》有傳。該書散見《永樂大典》中，朱彝尊《經義考》，有袁甫所撰《中庸詳說》二卷，注云「已佚」，或即是書之別名。其書備列經文，逐節訓解，係平日錄以授門弟子的。戴震在四庫館時校成，有〈提要〉一首，北京清華版《戴震全集》第六冊頁 3357 有著錄。

二、語言文字學

（二）自著者

1.《爾雅文字考》十卷

《爾雅文字考》原是戴震讀書時的隨手札記，大約對犍為舍人、劉歆、樊光、李巡、鄭玄、孫炎的舊注多所搜輯，以補郭璞《注》

的遺漏和正邢昺《疏》的缺失。此書未刻，有〈序〉一篇，收入段玉裁《戴東原文集》。自序說：「余竊謂儒者治經，宜自《爾雅》始。取而讀之，殫心於茲十年。」又說：「是書舊注散見，世所傳郭《注》，復刪節不全，邢氏《疏》尤多疏漏，夫援《爾雅》以釋《詩》《書》，據《詩》《書》以證《爾雅》，由是旁及先秦以上，凡古籍之存者，綜覈條貫，而又本之六書音聲，確然於故訓之原，庶幾可與於是學。」且說：「折衷前古，使《爾雅》萬七百九十一言，合之群經傳記，靡所扞格，則俟異日。」可知戴震對《爾雅》尚有許多計畫，此書尚非滿意之作。後邵晉涵有《爾雅正義》二十卷，郝懿行有《爾雅義疏》二十卷，都是繼續戴震之業的。

2. 《六書論》三卷

此書未刻，有序一篇，收入段玉裁刻《戴東原文集》及孔廣森刻《戴氏遺書》卷五。戴震自序說：「六書也者，文字之綱領，而治經津涉也。載籍極博，統之不外文字；文字雖廣，統之不越六書。綱領既違，譌謬日滋，故考自漢以來，迄於近代，各存其說，駁別得失，為《六書論》三卷。」此書今雖不存，但從序言中仍可見其文字學思想的大略。

3. 《聲韻考》四卷

《聲韻考》是論述中古音文獻的文章合集，其內容主要涉及等韻學、廣韻學和古音學，論述中古韻書的主要內容，以及前代韻書的版本源流情況，並對古今音的淵源關係，通過考古與審音相結合的方法加以考證，多為精審之作。（註16）

註16：徐道彬《戴震考據學研究》，安徽大學出版社，2007年，頁139。

　　此書共有四卷，卷一上半論反切之始、韻書之始、四聲之始；卷一下半及卷二，論隋陸法言《切韻》、宋祥符《廣韻》、宋景德《韻略》、宋景祐禮部《韻略》、宋寶元《集韻》；卷三全論古音。其論說之旨，主陸氏「古人韻緩，不煩改字」之說，分古韻為七類二十部；卷四則附以雜論音韻之文六篇。

4.《聲類表》九卷

　　此書分古音九類二十五部而為表，每類一卷，故有九卷。各詳其開口、合口、內轉、外轉、重聲、輕聲、等呼，參考聲紐與韻轉，是一部內容極為豐富的新韻圖。惜書成僅二十日而戴震歿，未及作例言。段玉裁為之作序，稱戴震集諸家之大成。

5.《轉語》二十章

　　戴震認為，昔人既作《爾雅》、《方言》、《釋名》，還缺一書，於是作《轉語》補闕，俾疑於義者，以聲求之；疑於聲者，以義正之。段玉裁以此為於聲音求訓詁之書，訓詁必出於聲音，可惜書未成。孔廣森《戴氏遺書總序》，也說未見。戴震有自序一篇，載錄於《戴震文集》中。

　　民國以來，許多學者指稱《聲類表》即《轉語》二十章，如曾廣源之《戴東原轉語釋補》、趙邦彥之《戴氏聲類表蠡測》。而陳新雄師的《古音學發微》，比合兩家之言，就《轉語序》及《聲類表》九卷，證明《轉語》二十章與《聲類表》九卷，為同一書無疑。後有鍾克昌《戴氏轉語索隱》，推闡陳師之說。近有山西大學中文系于靖嘉教授，發表〈轉語和古代語文教學〉一文，指稱《聲類表》就

是《轉語》的正文，《聲類表》的序，就是戴震自作的《轉語二十章序》。（註17）

6.《方言疏證》十三卷

《方言》，漢揚雄撰，晉郭璞注，是研究小學斷不可少之書，然到東漢之時，已斷爛訛誤，幾不可讀。戴震以是書與《爾雅》相為左右，學者以其古奧難讀，郭璞的《注》語焉不詳，少有研摩者。於是從《永樂大典》中得善本，廣搜群籍引用《方言》及《注》者，交互參訂，改正訛字二百八十一，補脫字二十七，刪衍字十七，逐條詳證之，庶幾漢人故訓之猶存於是，俾治經、讀史、博涉古文詞的人，得以考尋，蓋《方言疏證》，對別俗異言、古雅俗語，逐字考辨形體異同、聲音變化、意義之別。戴震首先訂正文字，其次解讀文字，然後才從文字中追尋經義。校《方言》時已得疾，足痿不能行，猶日夜勘定不倦。書未及上進，已卒。

7.《續方言手稿》二卷

此書諸家多未著錄，孔廣森《戴氏遺書》也未收。江陰劉半農於民國十七年冬，得於北平廠肆。羅常培疑為戴震輯而未定之稿，既睹杭世駿《續方言》，遂即中輟。（註18）

註17：于靖嘉教授文見《戴震學術思想論稿》，安徽人民出版社，1987 年，頁
　　　179-186。

註18：參鮑國順《戴震研究》，國立編譯館，1997 年，頁 90。杭世駿（1695-1725），
　　　浙江仁和人，乾隆元年（1736）舉博學鴻詞科。

三、天文曆算學

（一）自著者

1.《策算》一卷

我國古代算數用籌，初稱為策，算書多稱為算，漢唐以後則以籌、籌算、籌策、算籌諸名互用，而宋代以後，俗稱算子。（註19）

此書原名《籌算》，後經增改，而名《策算》，以別於古籌算。籌算就是用算籌作計算，是古代的一種計算方法。《漢書‧律曆志》說：「算法，用竹，徑一分，長六寸，二百七十一枚而成六觚，為一握。」每個用於計算的竹籤子叫做算，又叫做籌。運用乘法口訣時借助於算籌作計算，就是籌算的一種。

戴震《策算序》說：「算法雖多，乘除盡之矣，開方亦除也。平方用廣，立方罕用，故策算專為乘、除、開平方，舉其例，略取經史中資於算者，次成一卷，俾治《九章算術》者從事焉。」故知《策算》一卷，重點講乘法、除法和開平方。全書開頭有圖示，基本含義是變古代籌算為策算，甩掉那正反面都有數目的竹籌算子，圖示其數。（註20）

2.《句股割圜記》三卷

周中孚《鄭堂讀書記》（卷四十五）說：「西法三角八線，即古之句股弧矢，自西學盛行，而古法轉昧。東原乃取梅勿庵所著《平

註19：李人言《中國算學史》，台灣商務印書館，1990 年，頁 63。
註20：李開《戴震評傳》，南京大學出版社，2001 年，頁 26。

三角舉要》、《塹堵測量》、《環中黍尺》三書之法，易以新名，飾以
古義，凡為圖五十有五，為術四十有九，記二千四百一十七字，因
《周髀》首章之言，衍而極之，以備步算之大全，補六藝之逸簡，
又慮習今者未能驟通乎古，乃附注今之平三角弧、三角法於下，以
引申其義。」吳思孝《句股割圜記序》說：「其於古今步算之大全，
約以二千言而盡，可謂奇矣！」戴氏弟子汪灼說：「所著《句股割圜
記》，集《天官書》、梅氏、利瑪竇之大成。」（註21）章太炎也說：
「先戴《句股割圜記》，吐言成典，近古所未有。」

3. 《原象》一卷

　　孔廣森《戴氏遺書總序》說《原象》四篇，依次為《璿璣玉衡》、
《中星》、《土圭》、《五紀》，收錄於《戴震文集》卷五，段玉裁《戴
東原先生年譜》說：「《原象》凡八篇，一篇、二篇、三篇、四篇，
即先生之《釋天》也。初名《釋天》，以《堯典》璿璣玉衡、中星、
《周禮》土圭、《洪範》五紀四者命題，而天行之大致畢舉。璇璣玉
衡，漢後失傳，先生乃詳其體制於四篇之末。五篇、六篇、七篇，
即《句股割圜記》上中下三篇也。其八篇則為矩以準望之詳也。」
又《迎日推策記》一卷，為舊時所為，《戴東原集》卷五載錄，與《原
象》《五紀篇》複見。《原象》為戴震《七經小記》之一，孔廣森《戴
氏遺書》，《原象》與《迎日推策記》合為一冊。

4. 《續天文略》三卷

　　乾隆三十二年（1767），戴震奉敕撰《續通志》，館臣因以《天
文略》屬戴震撰定，故有此書。戴震更定為十目，即星見伏昏旦中、

註21：汪灼《四先生合傳》，載《戴震全書》七，頁42。

列宿十二次、星象、黃道宿度、七衡六間、晷景短長，北極高下、日月五步規法、儀象、漏刻。或補前書闕遺，或賡所未及，占變推步不在內，考自唐虞以來，下迄元明，見於六經史籍有關運行之體者，約而論之，著於篇。止有上中兩卷，而無下卷，《日月五步規法》以下三篇闕，或許戴震未及成書，為他人所補全，列入《續通志》後，所以孔廣森刻《戴氏遺書》，不取以補刻。段玉裁《戴東原先生年譜》、王昶《戴東原先生墓誌銘》、孔廣森《戴氏遺書總序》、江藩《漢學師承記》、戴中立《與段玉裁函》，別有《古曆考》二卷，又除《段譜》外，均不載《續天文略》。梁啟超說：「《古曆考》、《遺書》本名《續天文略》。」（註22）

5.《曆問》二卷

洪榜《戴先生行狀》及王昶《戴先生墓誌銘》，都說本書有四卷，而孔廣森《戴氏遺書總序》及戴震子中立〈與段玉裁札〉，都說只有二卷。未見刊本，《戴氏遺書》及北京清華版《戴震全集》均未收錄。

6.《古今歲實考》

北京清華大學出版的《戴震全集》第一冊，著錄《古今歲實考》，「附記」云：「《古今歲實考》輯自清人黃汝成《袖海樓文錄六卷》之《袖海樓雜著》。原文篇名後有『婺源戴震學・嘉定錢大昕補、嘉定後學黃汝成校補』字樣。」其文前黃汝成《歲實朔實考校補自序》載：「婺源戴翰林東原、嘉定錢詹事辛楣二先生，學術閎深，為海內碩哲，二家皆精推步，凡中西之異，理數之合，莫不洞達本末，殫

註22：梁啟超《戴東原》，台灣中華書局，1957年，頁69。

極幽渺。戴先生雖於算術陰用西法，而文以古名；錢先生《三統術衍》，亦未推原其所以創術者，然即其精闢言之，實亦圍範莫過也。戴先生嘗作《諸家歲實考》，錢先生既疏明之，補其未備，又別為《諸家朔實考》，詳列月分，相輔以行。綜覽二書，義蘊明邃，真學貫天人，言窮造化，思周天下之蹟，而智斷古今之疑者也。」（註23）

7. 《藏府算經論》四卷

此書並時學者說是戴震所著，唯僅洪榜《戴先生行狀》提及。

8. 《周髀北極璿璣四游解》二篇

段玉裁經韻樓本《戴東原集》著錄。

9. 《九章算術訂訛補圖》一卷

戴震在四庫館時校《九章算術》。《九章算術》為晉人劉徽撰，戴震以世人罕有其書，算學家如王寅旭、謝野臣、梅定九都未曾見。因曹君竹虛入翰林院觀《永樂大典》，知有本書，病其離散錯出，想重新綴集。後戴震奉召入館，於是盡心排纂成編，並考訂譌異，附加按語。該書注中所指朱實、青實、黃實之類，皆按圖而言，可是圖既不存，則注也不易曉，故推尋注意，為之補圖，以成完帙。

10. 《五經算術考證》一卷

戴震在四庫館中從《永樂大典》輯補《算經十書》時作。對《五經算術》所引經史中涉及算學的文字詳加甄別，運用對校、他校、

註23：《戴震全集》，北京清華大學出版社，1997 年，頁 444。

理校之法，酌情校正經籍史志的訛誤，對前後錯亂訛字衍文，脫落倒置，參互訂正。

（二）校定者

1.《周髀算經》三卷

《周髀算經》為最古的算學書，相傳周公或商高作，不可信，大約是周末或漢初相傳的古算書，是否必出於先秦，梁啟超也未斷言。此書漢趙君卿注，北周甄鸞重述，唐李淳風等奉勅注釋，為《算經十書》之首，附《周髀音義》一卷，宋李籍撰。戴震在四庫館時，悉心正其譌舛，校成並補圖，有〈提要〉一首。

2.《九章算術》十卷

《九章算術》魏劉徽撰，唐李淳風等奉勅注釋。附《九章算術音義》一卷，宋李籍撰，為《算經十書》之二。戴震在四庫館時校成並補圖，有〈提要〉一首。

3.《海島算經》六卷

《海島算經》，魏劉徽撰，唐李淳風等奉勅注釋，為《算經十書》之三。戴震在四庫館時校成，有〈提要〉一首。

4.《孫子算經》三卷

《孫子算經》未題撰者，唐李淳風等奉勅注釋，為《算經十書》之四。戴震在四庫館時校成，有〈提要〉一首。

5. 《五曹算經》五卷

　　《五曹算經》，未題撰者，唐李淳風等奉勅注釋，為《算經十書》之五。戴震在四庫館時校成，有〈提要〉一首。

6. 《夏侯陽算經》三卷

　　《夏侯陽算經》未題撰者及注者，為《算經十書》之六。《隋書·經籍志》及《舊唐書·經籍志》都有著錄。戴震在四庫館時校成，有〈提要〉一首。

7. 《張丘建算經》三卷

　　《張丘建算經》，北周甄鸞注經，唐李淳風等奉勅注釋，唐算學博士劉孝孫撰細草，為《算經十書》之七。戴震在四庫館時校成，有〈提要〉一首。

8. 《五經算術》二卷

　　《五經算術》北周漢中郡守甄鸞撰，唐李淳風等奉勅注釋，為《算經十書》之八。戴震在四庫館時校成，有〈提要〉一首。

9. 《緝古算經》一卷

　　《緝古算經》唐王孝通撰並注，為《算經十書》之九。戴震在四庫館時校成。

10. 《數術記遺》一卷

　　《數術記遺》漢徐岳撰，北周甄鸞注，為《算經十書》之十。戴震在四庫館時校成。

（三）散佚者

1. 《準望簡法》
2. 《割圓弧矢補論》
3. 《方圓比例數表》
4. 《句股割圓全義圖》

北京清華大學出版的《戴震全集》第六冊，著錄以上四篇。在《準望簡法》後「附記」說：「《準望簡法》及後面的《割圓弧矢補論》、《方圓比例數表》、《句股割圓全義圖》四篇數學專著，係據北京大學圖書館藏抄本整理，以前未見著錄，經考辨均係戴震散佚手稿。」（註24）《割圓弧矢補論》原稿本標題下有「戴震東原氏記」署名。標題上方有眉注：「弧三角法別見《句股割圓全義》。」（註25）

上四書又稱《算學初稿四種》。《準望簡法》用中國古數學之句股定理和西方幾何學之三角法來說明實際測量問題，並附三十幅幾何圖形；《割圓弧矢補論》論證如何利用句股定理計算圓的半徑、弦長。《方圓比例數表》列有十種圓徑關係的比例數據；《句股割圓全義圖》為七幅描述天體位置關係的幾何圖形。

註24：《戴震全集》，北京清華大學出版社，1999 年，頁 3205。
註25：《戴震全集》，北京清華大學出版社，1999 年，頁 3206。

四、地理方志學

（一）自著者

1.《氣穴記》一卷

洪榜《戴先生行狀》說戴震著《氣穴記》一卷，《戴氏遺書》未刻，北京清華大學版《戴震全集》也未著錄。

2.《水地記》一卷

《水地記》為戴震《七經小記》之一，洪榜《戴先生行狀》說此書有三十卷，而淩廷堪《東原先生事略狀》說一卷。今《戴氏遺書》中也只有一卷，北京清華大學版《戴震全集》第六冊，著錄有《水地記殘稿》、《水地記》三卷、《水地記初稿》。

3.《汾州府志》三十四卷

戴震乾隆三十四年（1769），客於山西布政司使朱珪署中，應汾州太守孫和相之聘，修成《汾州府志》，「博稽史籍，駁正舊志之譌」。段玉裁《戴東原先生年譜》中，以為「其書之詳核，自古地志所未有。」

4.《汾陽縣志》十四卷

戴震於乾隆三十六年（1771）會試不第後，應汾陽縣事李文起之請，修成《汾陽縣志》。前有汾州府事俞調元、胡邦盛、曹學閔，及汾陽縣事李文起等人的序，首卷有「例言」十三條。（註26）

註26：鮑國順《戴震研究》，國立編譯館，1997 年，頁 97-98。

5. 《金山志》十卷

戴震於乾隆二十二年（1757）客遊揚州，鹽運使盧雅雨屬他著此書，各家都說該書已佚。民國六十二年，善導寺住持兼金山分院住持釋悟一，覓得原刻本，遂交由新豐出版公司影印出版，作《金山寺志》。據書前盧見曾序，知此書是戴震與丹徒蔣宗海合著的。（註27）

（二）校定者

1. 《水經注》四十卷

《水經》一書，舊說漢桑欽撰，但上不逮漢，下不及晉初，實魏人纂敘。北魏酈道元注，至唐宋間，書已殘闕淆紊，經多誤入注內，而注亦誤為經。乾隆二十五年（1760），戴震就與沈大成在揚州一同校何義門手校《水經注》本。沈大成校本《水經注》，記有戴震校記十一條，均屬改定河水卷五經注的工作。但這十一條，無一不錯，所以到自刊本時都不採入。乾隆二十年（1755），戴震閱胡渭的《禹貢錐指》所引《水經注》，覺得懷疑，因檢酈氏書，展轉推求，方知胡渭致謬的原因。乾隆三十七年（1772），戴震主講浙東金華書院，刊自定《水經注》，至 1773 年，未及四分之一，就奉召入都，後在都繼續完成之。

戴震在進館以後，於《永樂大典》散篇內，得見酈道元自序，且又獲增益數事。乾隆三十九年（1774）校成刊行。乾隆中葉，同治《水經》者，除戴震外，尚有趙一清（東潛）、全祖望（謝山），

註27：鮑國順《戴震研究》，國立編譯館，1997 年，頁 97。

著作先後發表，三家精詣，同符者十而七八，於是有人說戴震蹈襲趙書，三家子弟及鄰里後學，各有所祖，成為近百年來學術界的一椿公案，本書學術篇有詳論。

2.《直隸河渠書》六十四卷

　　王昶《戴先生墓誌銘》、孔廣森《戴氏遺書總序》、段玉裁《戴東原先生年譜》、江藩《漢學師承記》，都說戴震曾著《真隸河渠書》，此書未刻。實則方觀承總督直隸時，頗留意稽考轄內水道，乾隆二十九年（1764）以前，請趙一清初成《直隸河渠水利書》。乾隆三十三年（1768），復請戴震加以刪定，改名《直隸河渠書》。戴震刪定未竟，方氏卒於官，周元理代為總督，請余蕭客足成之，而未及刻。嘉慶十四年（1809），吳江捐職通判王履泰得其稿，刪改戴書為《畿輔安瀾志》進呈，蒙恩賞錄，命武英殿刊行。翌年，杭州何夢華稱《直隸河渠書》原係趙作，與戴無涉。戴震嗣子中孚聞之，取原稿百十一卷入都，意欲辨正，沒有結果。

　　有人認為該書是戴震盜竊趙一清的，段玉裁有〈趙戴直隸河渠書辨〉一文，舉證證明此書為趙氏草創，經戴氏刪定，並評斷說：「今者二書固當並存，趙雖精於地理，而地理之學尚不及戴，文章之學亦不及戴，在今日而論，自當以戴為主，以趙書校勘其訛字。」論者以為段玉裁持論最允。梁啟超認為此書是趙草創，東原為之增訂，後為無賴子所盜，易名《畿輔安瀾志》，刻於聚珍板。（註28）胡適於民國三十七年九月，得見中央圖書館（即今國家圖書館）所藏《直隸河渠書》稿本 26 冊，才考出是書初為方觀承所自為，趙戴二氏不

註28：梁啟超《中國近三百年學術史》，華正書局，1994 年，頁 351。

過僅有考訂之功而已，況且戴震生前，絕無一言提到《直隸河渠書》是自己的作品。魏源、張穆都以為戴竊趙之說，就無意義了。

五、文學

（一）自著者

1.《屈原賦注初稿》三卷

本初稿只有《離騷經》、《九歌》、《天問》而已，餘闕。許承堯得於湖田草堂舊藏的「不疏園」寫本。北京清華大學出版的《戴震全集》第二冊著錄。

2.《屈原賦注》十二卷

《屈原賦注》含《離騷》、《九歌》、《天問》、《九章》等七卷，《通釋》二卷、《音義》三卷，有盧文弨〈序〉、汪梧鳳〈跋〉。戴震曾對段玉裁說：「其年家中乏食，與麵舖相約，日取麵為饔飧，閉戶成《屈原賦注》。」（註29）處困而苦注屈原之賦，其中自有深意在。戴震用考據來解釋屈意，批判了後人「皮傅」之論，彌失屈意。（註30）

3.《文集》十二卷

《戴震文集》有孔廣森《戴氏遺書》十卷本及段玉裁經韻樓十二卷本。遺書本計收戴震文 115 篇，並附孔廣森所撰〈吳太孺人墓

註29：段玉裁《戴東原先生年譜》。
註30：徐道彬《戴震考據學研究》，安徽大學出版社，2007 年，頁 36。

志銘〉，共 116 篇；凡文已附見《聲韻考》、《聲類表》、《孟子字義疏證》的，就不再見於《文集》中。而段玉裁以為「論音韻、論六書轉注、論義理之學諸大篇」，不可不見《文集》中，於是增加二十二篇，為十二卷。

4.《制義》一卷

《制義》乃專門為科舉應試而作。鄭虎文《汪梧鳳行狀》稱，戴震《制義》經方楘如手定，刻入新安三子課藝，三子就是汪梧鳳、鄭用牧和戴震，時方楘如主講紫陽書院。戴震子中立〈與段玉裁札〉中，稱舉其父著述，有《古文時文集》，疑即《制義》一書。戴震為科舉而作的應試文章，仍然不忘從語言文字去探尋聖賢經義，必然引經據典，辭簡義奧。（註31）

歷城周書昌選輯的《制義類編》，刊出時間約在嘉慶十三年（1808），收時文 753 篇，除戴震文章外，還收有劉大魁、汪梧鳳等文章，書分十八卷，一卷一本，其中三、四、五、六、七、十、十二、十三各卷已佚，現存十本。（註32）《制義類編》中有戴震兩文和兩條篇目，即：〈吾十有五〉，一章性理，〈季氏將伐〉，一章事迹，〈旅酬下為上〉，一句祭祀，〈菽粟如水火〉，一句物產。書內有〈吾十有五〉、〈旅酬下為上〉兩文，另兩文已佚。（註33）徐道彬稱「《旅酬下為上》一文更是詞約簡奧，遒穆精深，風格蒼古。」（註34）〈吾十有五〉及〈旅酬下為上〉二文，係目前所得戴震僅存之制義文章，茲特著錄於下：

註31：徐道彬《戴震考據研究》，安徽大學出版社，2007 年，頁 61。
註32：戴震研究會《戴震研究通訊》第六期，1987 年 3 月 15 日。
註33：戴震研究會《戴震研究通訊》第六期，1987 年 3 月 15 日。
註34：徐道彬《戴震考據研究》，安徽大學出版社，2007 年，頁 61。

吾十有五　一章　性理

聖心與學不已，其所至有自喻者焉，甚矣！聖如夫子，非學
所可幾也，乃必也學之久，而後漸有所至，惟自喻於心而自
道之。若曰久而無得者非學也，漸而不至者非學也，吾豈遂
定吾所止哉！吾能言吾所始矣。蓋十五入大學，人生共有之
期也，吾斯時恍若有所遇焉，而志於是乎在。繼而學既有年，
所遇者卓乎其在己也，則立也，吾三十而進此。如是者亦有
年，所遇者確乎斷於中也，則不惑也，吾四十而進此。幾忘
年之已長，而天實牖予前之所遇者，默默通之，本昭然不可
易者也，吾之知由窮理盡性以至於命，方未五十固不足以語
此。不知老之將至，而人盡啟予前之所遇者，時時接之，雖
紛然無或雜者也，吾之耳由多聞擇善以底於順，方未六十猶
不足以語此。乃今則七十矣，甫覺還吾之自然者心也，獲吾
之必然者矩也。心無精粗，以矩為精粗。遲之又久，或力行
有驗，或致知有驗。及是而根諸心者皆矩也，於所欲見之。
矩無淺深，以心為淺深。積而以漸，或閱十五年，或閱十年，
及是而所謂矩者即心也，於不踰見之。迴憶十有五時，昔之
若有所遇，洵為今之有所憑藉也。吾始終於學，如是而已矣。
（註35）

旅酬下為上　一句　祭祀

於旅也，有執事者，著其為而禮行焉。夫旅酬行乎上者也，
為之舉觶者誰乎？非下乎？入廟而秩序定，上下辨矣。其上

註35：《戴震全集》第六冊，北京清華大學出版社，1999年，頁3342。

也，得與於祭者也；其下也，得觀於祭者也。與於祭者，神事將終而人事於是乎繼；觀於祭者，神事雖隔而人事則與之通。是故獻以爵而酬以觶也，人事也。主人酬而賓與兄弟又旅也，全乎人事也，而有方在艸角肩隨於諸父諸兄之末者。夫夫也，為觀於禮者如之何？其洗觶而前也，蓋賓之欲酬乎主黨也，則取薦南奠觶，阼階前北面酬長兄弟，其觶即主人所以酬賓也者，固無俟夫賓弟子洗酌於西方之尊。長兄弟之欲酬乎賓黨也，則取薦北奠觶，西階前北面酬賓，其觶實弟子先為之發端也者，於是乎長兄弟乃拜受而奠於薦俎之右。然則主賓皆有弟子，其舉觶有異乎？不異也。旅酬之先，兄弟與長賓，獻酬文錯，必使神惠均於在庭，而後酬酢之禮終。旅酬之後，阼階與賓階，爵行無算，亦欲思好交於廟中，而後惠下之澤溥。於是乎二黨之弟子，皆得與其長脩導飲之儀，北面而舉觶於中庭；二黨之父兄，皆得與其幼行受觶之禮，並受而奠觶於坫下。此皆下為上焉耳。彼夫鄉飲、鄉射之屬，有一人舉觶以為之端，又有二人舉觶以為之繼，其諸有司之執事者歟？況禮尤嚴於宗廟，此時之弟子，正不必或殊於有司，而已執其為下之常，又觀內賓男婦之等。有西面行旅而舉觶之儀，又有既旅行爵而舉觶之儀，其諸季女之助奠者歟？夫禮無間於男女，此時之弟子正不必自別於季女，而已將其事上之敬。始也，兄弟之後生取一人，則凡列于昭穆之木者，皆得以觀威儀，而知周旋折旋如是也，夫亦有恪心矣。繼也，賓主之後生各取一人，則凡屬在執事之外者，皆得以嫻禮讓，而知致潔致敬如是也，夫亦有遜心矣。是夫也惡可使禮不逮之者。

旅酬實包無算爵，《章句》本鄭《注》，舉後以該前，舉全以該
偏，此處須與分明。若待綴之篇末，則賓弟子一邊遺漏多矣。（自記）
（註36）

5.《經義》十八首

此書未見，段玉裁《戴東原先生年譜》曾記說：「《經義》十八
首，吳江任上舍兆麟所抄贈也。此雖先生餘事，然名家未有能過之
者。江明經沅受而讀之，以為得未曾有。姚刑部姬傳〈與秦小硯書〉，
言《歸震川集》當附刻《經義》。余謂如震川及先生《經義》，皆當
附於《文集》也。」

6. 詩作二首

歙縣許承堯藏戴震詩作一首：「已有扁舟興，曾看過剡圖；翻思
名手盡，誰復費工夫。」（註37）

又《紅豆樹館書畫記》一書，卷七《國朝張雪鴻畫冊附彭門、
東原兩家作》條裡，發現有關於「東原作畫兩幅」的記載，其中說，
東原作畫兩幅，一幅畫面為翠竹數竿，小亭隱露其間，題目：「輞川
一角」，末書，下署「東原戲墨」；一幅用白陽山人法寫梅，畫面為
暗香疏影，如行孤山籬落間，並說此畫上有署名「東原嘉樂」的題
詩一首：「聞道梅花折曉風，雪堆遍野滿山中，何妨可化身千億，一
樹梅前一放翁。」（註38）

註36：《戴震全集》第六冊，北京清華大學出版社，1999 年，頁 3344-3345。

註37：戴震研究會《戴震研究通訊》第二期，1986 年 3 月 8 日。

註38：戴震研究會《戴震研究通訊》第十三期，1988 年 6 月 15 日。《紅豆樹館
　　　書畫記》編著者陶梁（1771-1857），字鳧薌，江蘇長洲人，嘉慶十三年

（二）校定者

1.《唐宋文知言集》二卷

此書今不見。據段玉裁《戴東原先生年譜》，本書分上下二冊，集上五十九篇，集下七十二篇，旋又有刪去及移下者，皆於宜興儲在陸《唐宋十家文》內摘取。段玉裁曾請問分上下的旨意，戴震說：「集上理與辭俱無憾，集下則不惟其理惟其辭也。」由此書可見戴震古文學之一斑。

六、器藝

1.《贏旋車記》

淩廷堪《東原先生事略狀》說：「因西人龍尾車法，作贏旋車記。」按此為製作農田汲水工具的說明書，對使用材料的質地、注意事項、使用方法，一一解說清楚。

進士，累官至內閣學士，禮部侍郎，曾從戴震好友王昶游，乾嘉文風鼎盛，耳濡目染，收藏清代自順治至道光六朝名家書畫真蹟不下三百餘種，……他收藏的這些真蹟却未能出版，所以其中的「東原戲墨」兩幅目前無法目睹，只有題畫詩一首被記載刊行。紅豆樹館主人稱「東原疏宕有逸氣，兼擅書法」，這和傳說的戴震兼擅書畫的情況相吻合。三十年代，歙縣許承堯曾獻所藏戴震五言詩墨蹟一首：「已有扁舟興，曾看過剡圖；翻思名手畫，誰復費功夫。」從這幅真蹟和他的一些手稿看，戴震「兼擅書法」，當屬不誣。

2.《自轉車記》

凌廷堪《東原先生事略狀》說:「因西人引重法作《自轉車記》。」按此為製作手推運輸車的方法、材料、尺度、結構問題的說明書。

3. 設計建造朱塘壩工程

《戴學新探》中〈戴震在徽州的學術生活遺迹的考察〉一文,及方利山《戴學縱橫》中,〈平渡碣與朱塘壩〉一文,稱戴震曾參與設計建造朱塘壩工程。方利山說:「以前屯溪後馬路一帶都是水田,洪水時節,朱塘大水沖出,總是淹沒稻田,漫上老街。自戴震設計建造朱塘壩以後,水患才得以解除。」(註39)

七、其他

1.《讀淮南洪保》一篇

戴震說:「盧編修弨弓,以其外王父馮山公先生《淮南洪保》示余。先生與閻百詩友善,此同在淮南時辨證《尚書古文》者也。為書之體,蓋即本閻百詩所撰《尚書古文疏證》。余讀其〈論古音〉篇,獨有疑焉。」是本文乃惜隋唐辨聲之法之失傳而作也。

2. 校《項氏家說》十卷附錄二卷

《項氏家說》為宋項安世撰,係讀經史條記,積以成編者。戴震檢《永樂大典》校之,有〈提要〉一首。

註39:徐道彬《戴震考據學研究》,安徽大學出版社,2007年,頁578。

肆、學術篇

　　戴震是一位考據學家，也是一位經學家、義理學家。其考據學以經學為中心，而衍及小學、音韻、史學、天算、水地、典章制度、金石、校勘、輯佚等。洪榜稱戴震「凡天文、曆算、推步之法、測望之方、宮室衣服之制、鳥獸、蟲魚、草木之名狀、音和、聲限古今之殊、山川、疆域、州鎮、郡縣相沿革之由、少廣旁要之率，鐘實、管律之術，靡不悉心討索。」（註1）而胡適以為「樸學」一詞，大要可分文字學、訓詁學、校勘學、考訂學四部分。（註2）是以戴學博大精深，包羅宏富。茲就經學、語言文字學、天文曆算學、地理方志學、文學、義理學、機械物理學等加以論述之。

一、經學

　　清代經學復興，學者大抵都能通經，經學著作極多，據阮元的《皇清經解》及王先謙的《續皇清經解》所載，作者有 157 家，書籍 389 種，2727 卷。（註3）

　　乾嘉學派是清學的核心，而戴震又是乾嘉學派中皖派的代表，自幼就「志乎聞道」，而道存乎經書及典章制度之中，所以戴震治學

註1： 洪榜〈戴先生行狀〉，《戴震文集》附錄，台北華正書局，1974 年，頁 253。
註2： 胡適〈清代學者的治學方法〉，載《胡適文存》，391 頁，遠東圖書公司。
註3： 據鮑國順《戴震研究》，國立編譯館，1997 年，頁 215。

必努力治經，自十七歲時，就盡通《十三經注疏》，對《經》、《注》都能背誦，功力極為深厚。戴震《與是仲明論學書》說；「僕聞事於經學，蓋有三難：淹博難，識斷難，精審難。三者，僕誠不足與於其間，其私自持，暨為書之大概，端在乎是。前人之博聞強識，如鄭漁仲、楊用修諸君子，著書滿家，淹博有之，精審未也。」（註4）許鄭漁仲、楊用修以淹博，而說自己三難皆俱，只是自謙之詞而已。盧文弨《屈原賦注序》說：「吾友戴君東原，自其少時，通聲音文字之學，以是而求之遺《經》，遂能探古人之心於千載之上……微言奧指，具見疏抉，其本顯者不復贅焉。指博而辭約，義觕而理確。」（註5）盧氏之言雖僅針對戴震《屈原賦注》而言，其實由此可見戴學的梗概了。章學誠說：「戴東原訓詁解經，得古人之大體，眾所推尊。其《原善》諸篇，雖先夫子亦所不取，其實精微醇邃，實有古人未發之旨。」（註6）茲論述戴震的《周易》學、《尚書》學、《詩經》學、《禮》學及《春秋》學。

（一）《周易》學

《周易》為六經之首，六藝之源。《易》學在中國經學史上一直占有極為顯赫的地位。在《易》學漫長的演變、發展過程中，曾經形成兩個不同的學術流派，即義理之學與象數之學。三國時期的玄學家王弼，宋代理學家程頤，是義理之學的代表人物；而

註4：　《戴震文集》，台北華正書局，1974年，頁141。

註5：　《戴震全集》第二冊，北京清華大學出版社，1992年，頁1103。

註6：　章學誠《又與朱少白書》，《戴震全書》七，頁163。

漢代孟喜、京房等人的卦氣學說，則被公認為象數之學的核心內容。（註7）

戴震的《易》學無專著，而他早期的《經考》和《經考附錄》，有讀《易》札記，且《戴震文集》中，也有極少數的《易》學論文，如《周易補注目錄後語》、《法象論》、《讀易繫辭論性》、《與丁升衢書》、《再與丁升衢書》等，從其中可探究戴震的《周易》學。茲舉要論述如下：

1.《易》取變易之義

胡瑗說：「《易繫辭》云：『易窮則變，變則通』，又云：『生生之謂易』。是《大易》之作，專取變易之義。」（註8）

程子說：「易，變易也，隨時變易以從道也。」（註9）

朱子說：「易，書名也。其卦本伏羲所畫，有交易、變易之義，故謂之《易》。」（註10）

《周易‧乾鑿度》說：「易者，變易也，不易也，管三成德，為道苞籥。易者，以言其德也；變易也者，其氣也；不易也者，其位也。」（註11）

鄭康成《易贊》：「易之為名也，一言而函三義：簡易，一也；變易，二也，不易，三也。」（註12）

註7：　張濤‧鄧聲國《錢大昕評傳》，南京大學出版社，2006 年，頁 184。

註8：　戴震《經考》引錄，見《戴震全集》第三冊，北京清華大學出版社，1994 年，頁 1258。

註9：　《戴震全集》第三冊，頁 1258。

註10：《戴震全集》第三冊，頁 1259。

註11：戴震《經考附錄》卷一引錄，見《戴震全集》第三冊，北京清華大學出版社，1994 年，頁 1417。

註12：《戴震全集》第三冊引錄，頁 1417。

　　戴震說：「《易》之名，惟取變易之義，故四營而成易謂之變也，變易之義足以盡之。朱子兼交易為言，就成卦以後圖位明之耳。變易中能兼交易，聖人命名祇歸於一，漢人謂一名而含三義者尤疏遠。」（註13）但是，戴震後來又贊成鄭康成「易一名而函三義」之說，其《經考附錄》卷一，有「易一名而函三義」條。

　　戴震認為張載「其字日月為易」及陸佃「《周易》之義出於『蜥易』之說，都是不對的，是不明假借而誤。其《經考附錄》卷一，有「易象象三字皆六書之假借」條。戴震說：「假借者，本無其字，而假他字以寄是名者也。（昭仁案：名即字也）或兩名聲同，則為同聲之假借；或兩名聲微異，則為轉聲之假借。上古但有語言，未有文字。語言每多於文字，亦先于文字。事物之變換遷移，謂之易，此一名也。蜥易之為物，以雙聲名之，此又一名也。未立蜥易字之前，不可謂無變易之語，專就蜥易傅會變易之語，可乎？易之為變易，象之為像，無涉於蟲獸。說者支離穿鑿，由六書不明，不知假借之說耳。日月為易尤謬。」（註14）是戴震認為易象象三字皆六書之假借，對張載以「日月」為易，陸佃取「蜥易之變」，羅泌以為「象知幾祥」而取義等，只追新奇，而不能從語言文字的關係上求其假借義的做法，予以辨析和批評，力求從語言文字的本質特徵上說明古今語異、古文多假借的事實。（註15）

註13：戴震《經考》卷一，《戴震全集》第三冊，北京清華大學出版社，1994年，頁1259。

註14：戴震《經考附錄》卷一，《戴震全集》第三冊，北京清華大學出版社，1994年，頁1419。

註15：徐道彬《戴震考據學研究》，安徽大學出版社，2007年，頁92。

2. 《易》為卜筮而作

戴震《經考》卷一，「易為卜筮而作」條，引錄朱子曰：「大抵《易》之書本為卜筮而作，其所勸戒，亦以施諸筮得此卦此爻之人。」又曰：「聖人作《易》，本是使人卜筮以決所行之可否，而因之以教人為善。」又曰：「卦爻之辭，本為卜筮者斷吉凶，而因以訓戒。」（註16）

3. 論重卦不始於文王

戴震《經考》卷一，有「重卦」條。引錄張懷瓘曰：「先賢說八卦非伏羲自重。」又引錄程大昌曰：「夏商之世，八卦固已別為六十四矣。」引錄王弘撰曰：「孔子言伏羲始作八卦，因而重之。其為伏羲重卦無疑。若復別有人，孔子豈得無一言乎？」引錄顧炎武曰：「重八卦為六十四者，不始於文王矣。」（註17）

而《經考附錄》卷一，「重卦有四說」條，引揚雄說文王重卦；引錄《漢書藝文志》，稱文王重《易》六爻，作上下篇；引錄淳于俊稱包羲制八卦，神農演為六十四；引錄孔穎達稱：王輔嗣等以為伏羲重卦，鄭玄之徒以為神農重卦，孫盛以為夏禹重卦。（註18）

4. 論理象數

戴震《經考》卷一「理象數」條，曰：「因竊論之：以為《易》之取象，固必有所自來，而其為說，必已具於大卜之官，顧今不可復考，則姑闕之，而直據辭中之象，以求象中之意，使足以為訓戒

註16：《戴震全集》第三冊，頁1266-1267。
註17：《戴震全集》第三冊，頁1257。
註18：《戴震全集》第三冊，頁1415。

而決吉凶，其亦可矣，固不必深求其象之所自來，然亦不可直謂假
設而遽欲忘之也。」（註19）

5. 《說卦》三篇本為一篇，原非孔子之言

　　《易傳》就是「十翼」，十翼之說不一，先儒多主張上彖、下彖、
上象、下象，上繫、下繫、文言、說卦、序卦、雜卦為十翼。世謂
伏羲畫卦，文王周公作卦辭、爻辭，孔子及其門弟子作十翼。

　　戴震論《易傳》，僅及《說卦》三篇。唐以前都認為「十翼」是
孔子所作，至宋代歐陽修才開始懷疑。戴震認為《說卦》、《序卦》、
《雜卦》本為一篇，原非孔子之言。戴震說：「據《史記・世家》已
有《說卦》之稱，則武帝時太史公已見之，不可謂漢初無《說卦》
也。《漢書》已明言《序卦》，鄭氏《易》有〈文言〉、〈說〉、〈序〉、
〈雜〉四篇，而俞琰謂《序卦》、《雜卦》之名始於韓康伯，亦考之
未詳。」（註20）又說：「考《說卦》、《序卦》、《雜卦》辭指，不類
孔子之言，或經師所記孔門餘論，或別有傳聞。漢武帝時博士集而
讀之，合於上、下《經》、《彖》、《象》、《繫辭》、《文言》，為《易經》
十二篇。猶以《太誓》合於伏生所傳二十八篇，為今文《尚書》二
十九篇也。《序卦》、《雜卦》雖各自為題，總而言之，固可謂之《說
卦》三篇。先儒合為十翼，遂一歸孔子，而無敢異議矣。」（註21）
蔣伯潛認為戴震的說法，在《易》學史上產生了巨大影響，為幾成
定論的重大發現。（註22）

註19：《戴震全集》第三冊，頁1268。
註20：《戴震全集》第三冊，頁1265。
註21：《戴震全集》第三冊，頁1266。
註22：蔣伯潛《十三經概論》，上海古籍出版社，1983年，頁43-45。

6. 論卦變

　　戴震《經考》卷一「卦變」條，引錄蘇軾曰：「《易》有剛柔、往來、上下相易之說，而其最著者，賁之《彖傳》也。凡《易》之所謂剛柔往來相易者，皆本諸乾坤也。」（註23）引錄朱子曰：「卦變，蓋《易》中之一義，非畫卦作《易》之本旨也。如剛來、柔進之類，是就卦已成後推說，非謂先有彼卦，而後方有此卦也。」（註24）又引錄顧炎武曰：「卦變之說，不始於孔子，周公繫損之六三已言之矣，曰：『三人行則損一人，一人行則得其友。』是六子之變皆出於乾坤，無所謂自復、姤、臨、遯而來者，當從程《傳》。」（註25）又引錄江永曰：「文王之《易》，以反對為次序，否反為泰，三陰往居外，三陽來居內，故曰『小往大來』；泰反為否，三陽往居外，三陰來居內，故曰『大往小來』。《彖傳》所謂剛來、柔來者本此。」（註26）

　　戴震按說：「李鼎祚《集解》引蜀才、虞翻、荀爽諸人，論卦變某卦本某卦者，近於穿鑿，而王弼、孔穎達之說，又虛而無據。蘇子瞻舉賁卦發其義，剛柔、往來、相易皆本諸乾坤，伊川《易傳》同此說。朱子專主相比之兩爻相易，江先生主《序卦》之反對相易，然損之六三爻辭云『三人行則損一人，一人行則得其友』，似指本卦上下體，而賁之《彖傳》『柔來而文剛』，『分剛上而文柔』，指上下體則分字尤明，主反對則不免費辭也。大致《繫辭》所稱『上下無常，剛柔相易』者，或兩卦反對相易，或卦之兩體上下相易，兼二說乃備。」（註27）

註23：《戴震全集》第三冊，頁 1268。
註24：《戴震全集》第三冊，頁 1268-1269。
註25：《戴震全集》第三冊，頁 1269。
註26：《戴震全集》第三冊，頁 1269。
註27：《戴震全集》第三冊，頁 1271。

7. 論互體

戴震《經考》卷一「互體」條，曰：「屯之六三『即鹿無虞』，應劭《風俗通義》論林屬於山，為麓引之。虞翻云：『即，就也，艮為山，山足稱鹿，蓋以三四五成艮取互象。凡言互卦類此。若《雜卦傳》末簡以韻協之不誤，而卦不反對，先儒因以互體為之說。則大過之初二三成巽，二三四成乾，是為姤；上初二成艮，初二三本成巽，是為漸；五上初成震，上初二成艮，是為頤；四五上本成兌，五上初成震，是為歸妹；三四五成乾，四五上成兌，是為夬。此自大過已下之次第也。別為互卦之一例，又自二至五互之，則復為乾矣。其說至巧，《雜卦傳》若信為孔子所作，竊疑聖人之言不如是之巧也。」（註28）胡師自逢以為，互是交合之義。互體者，以卦之二至四三爻互為一卦，三至五三爻又互為一卦之類是也。互體是漢儒言象之一，京房已立互體之名。（註29）

8. 論宋儒復《易》古本

戴震《經考》卷一，有「宋儒復《易》古本」條。古《易》篇第，為後儒所亂，宋儒想恢復《易》古本。戴震說：「呂微仲考定《古易》，在元豐五年，晁以道、呂伯恭之本俱出其後。微仲、伯恭所定，與唐孔沖遠言『鄭學之徒數十翼』者合，凡異此者，可以此斷其未盡，合乎古矣。」又曰：「宋寶祐中，克齋、董楷、正叔纂集《周易傳義附錄》，紛亂朱子《本義》之本，實始于此。」（註30）

註28：《戴震全集》第三冊，頁1273。

註29：胡師自逢《周易鄭氏學》，台北文史哲出版社，1990年，頁194、197。

註30：《戴震全集》第三冊，頁1274。

又戴震《經考附錄》卷一「言古易者各異」條，載下列各家之說：《宋志》：《古易》十二卷、邵雍《古周易》八卷、晁說之《錄古周易》、薛季宣《古文周易》十二卷、程氏《古易考》、李燾《周易古經》八篇、周燔《九江易傳》九卷、吳仁傑《古周易》十二卷、呂祖謙《古周易》十二卷。

戴震說：「宋儒復《易》古本，諸家不同。唐孔沖遠言，鄭學之徒數十翼：《上彖》一、《下彖》二、《上象》三、《下象》四、《上繫》五、《下繫》六、《文言》七、《說卦》八、《序卦》九、《雜卦》十。而《崇文總目》《鄭氏易》，《文言》、《說》、《序》、《雜》四篇合為一卷，則《彖》、《象》不隨《經》分上下及分《大象》、《小象》之目，又以《文言》先《繫辭》者，俱宋合於古矣。」（註31）

戴震以為鄭玄、孔穎達所分十二篇為古《周易》之舊。對於今本《易經》的經傳相合的體例及其形成的過程，戴震有明確的論斷，他說：「鄭康成始合彖、象于經，如今王弼本之，乾卦後加『彖曰』、『象曰』者是也。弼又分文言于乾、坤後，各加『文言曰』，而自坤卦以後彖及象之論兩體者，分屬卦詞。後解爻詞者，逐爻分屬其後。于是漢時所謂十二篇莫能言其舊。孔沖遠曰：《易經》本分上、下二篇，彖、象釋卦，亦當隨經而分。故上彖一，下彖二，上象三，下象四，上繫五、下繫六、文言七，說卦八，序卦九，雜卦十。鄭學之徒，並同此說，《漢書・藝文志》曰：『《易經》十二篇，施、孟、梁丘三家。』是十二篇，三家所同也。」（註32）

註31：《戴震全集》第三冊，頁1440。
註32：《周易補注目錄後語》，《戴震文集》，台北華正書局，1974年，頁2-3。

9. 論《周易》上下經

戴震《經考附錄》卷一「周易上下經」條，曰：「《易》分上下，先儒多主卦爻為說，推其原，始於《乾鑿度》託為孔子之言，蓋各以意巧合耳。朱子用晁氏說，只云以其簡策重大，故分為上下兩篇，似分上下全無意義者。如《序卦傳》所云，又就卦名起義。大致聖人序《易》，既因簡策分之，於分之中亦必各整之就序，不可謂盡無意，而無庸一一傅會為之解，非作《易》大指攸關，則異之可也。『經』字後人所加。」（註33）

10. 論先後天圖

戴震《經考附錄》卷一「先後天圖」條，曰：「朱子《易學啟蒙》載伏羲先天、文王後天諸圖，其圖傳自邵康節。先天云者，所以推原伏羲卦畫，故謂之先天而繫諸伏羲；後天云者，姑就其方位言之，如坤之彖曰『利西南得朋，東北喪朋』，蹇之彖曰『利西南，不利東北』，解之彖曰『利西南』之屬，此固文王所繫之辭，而《說卦傳》發明之，治經者因而為圖，故謂之後天而繫諸文王。凡圖特以釋經，使學者易尋者耳。不知者妄意伏羲曾為是圖，文王曾為是圖，而目《彖》、《象》、《說卦》若因圖為之說者，則大惑矣。」（註34）是戴震以為，朱子《易學啟蒙》中載邵雍所傳的先天、後天的圖說，不過是用釋《易》理的，朱熹並沒有說先天圖是伏羲造的，後天圖是文王造的。

註33：《戴震全集》第三冊，頁1422。

註34：《戴震全集》第三冊，頁1433。

11. 論九六七八

戴震《經考》卷一「九六七八」條，曰：「大衍之數五十，虛一而用四十九著。分而為二，掛一，揲之以四，歸奇於扐，凡四營成易，是為一變。掛、扐所得，非五則九，去其初掛之一，或四或八也，四者，一其四為奇；八者，兩其四為偶。除一變得數，復合見存之策，而四營掛、扐所得，非四則八，是為再變。除兩次得數，如前合見存之策而四營掛、扐，所得亦非四則八，是為三變。合三變乃成爻。三奇曰老陽，三偶曰老陰，一奇二偶曰少陽，二奇一偶曰少陰，此驗於掛、扐之數而知之者也。老陽數九，而其策三十六；老陰數六，而其策二十四；少陽數七，而其策二十八；少陰數八，而其策三十二，此驗於過揲之數而起之者也。陰陽老少，所以別其成爻之有變、有不變而已。說者假乾坤、六子以明之，言乾坤以喻老陽、老陰，言六子以喻少陽、少陰，其實奇偶未得成卦，泥於辭觀之，則惑矣。」（註35）

12. 費氏並未改經

朱子以為《易》之古經，始亂於費直，大亂於王弼。戴震認為費氏未嘗改《易》古經。《易經》本分為上下二篇，共十二篇，孔穎達、鄭玄及《漢志》都同此說。戴震引〈儒林傳〉曰：「費直治《易》，長於卦筮，無章句，徒以《彖》、《象》、《繫辭》十篇之言解說《上、下經》。」蓋費氏《易》不自立故訓章句，其解說《經》，即用十篇之言，明其當時之口講指畫如此。是十二篇，費氏未嘗改也。劉向以中古文《易經》校施、孟、梁丘經，或脫去無咎、悔亡，惟費氏

註35：《戴震全集》第三冊，頁 1262。

《經》與古文同，初不聞劉向、班固言其篇題與諸家異。後人誤讀〈儒林傳〉，乃贗作費氏《易》，省去《彖》、《象》、《繫辭》之目，總以一傳字加於《彖》、《象》之首，紛紛咎費氏改經，不察之論也。（註36）

13. 推崇程頤《易傳》

宋代程頤作《易傳》，不信邵雍的象數學，少談天道，多言人事，較王弼更近《易》理。戴震曾對程氏的《易傳》表示推崇，戴震說：「《周易》當讀程子《易傳》。」（註37）不過戴震後期以《易》和《易傳》作為批判程朱的武器，當另作別論。（註38）

（二）《尚書》學

《尚書》是中國古代最早的一部史書，彙載虞夏商周的文書號令。始於《堯典》，終於《秦誓》，大體上是我國上古時代一部歷史文獻彙編。《尚書》有所謂今文《尚書》和古文《尚書》之分，今文《尚書》為漢初伏生所傳，共二十八篇。伏生為秦故博士，以二十八篇的《尚書》在齊魯間傳授，後來又加上漢宣帝時河內女子所獻的《泰誓》，共二十九篇。《泰誓》其所載年月，不與序相符合，又與《左傳》、《國語》、《孟子》所引《泰誓》不同，故漢魏諸儒，咸知其謬，但仍附今文行世。今文《尚書》亡於西晉永嘉之亂。

註36：《周易補注目錄後語》，《戴震文集》，台北華正書局，1974 年，頁 2-3。
註37：李開《戴震評傳》，南京大學出版社，2001 年，頁 126 引。
註38：李開《戴震評傳》，南京大學出版社，2001 年，頁 130。

又漢景帝時，魯恭王壞孔子宅，得古文《尚書》及《論語》、《孝經》等凡數十篇，皆為古字，故為古文《尚書》。孔子十二世孫孔安國，悉得其書，以校伏生的二十九篇，得多十六篇。孔安國獻之武帝，以遭巫蠱事，未列於學官，故又稱中古文。孔氏古文《尚書》亡後，東晉元帝時，有豫章內史梅賾（一作枚賾），趁司馬氏廣求聖典之際，獻上偽古文《尚書》，計有經文五十八篇，還有各篇標為「孔安國傳」的注，及一篇〈孔安國序〉。這部偽古文《尚書》，一直被看作傳說中的漢代孔安國傳的真本，唐孔穎達為《尚書正義》，即以梅本之偽孔傳為宗。宋元明學者，如吳棫、吳澄、梅鷟等，頗疑梅本《尚書》為偽，直到清初閻若璩作《尚書古文疏證》八卷，列舉128條，證明梅本為偽作。閻氏以後，有毛奇齡作《古文尚書冤詞》，力反閻說，以駁辯求勝，不料引出更多的申閻非毛之著，其主要著作有惠棟《古文尚書考》、程廷祚《晚書訂疑》、段玉裁《古文尚書撰異》，徹底駁倒了毛奇齡之說，梅氏偽書已成定論。

戴震的《尚書》學，《尚書義考》是其專著，可惜未完成。今從《尚書義考》、《經考》、《經考附錄》，及戴震《文集》中有關《尚書》者，探究戴震的《尚書》學。

1. 《尚書義考》義例

《尚書義考》是戴震思想完全成熟以後的著作，原定《虞夏書》四篇、《商書》五篇、《周書》十九篇，而僅成《堯典》（包括偽古文之《舜典》兩卷。本書卷前有「義例」十四條，詳述此書作意及著書條例。梁啟超說：「先生所著書，未見有申明義例，鄭重如是者。殆其精心結構之作。」（註39）十四條「義例」，前四條為總論前人

關於《尚書》今古文發展史及篇卷分合，第一條論《今文尚書》；第二條論漢時所傳古文《尚書》；第三條論馬、鄭本《尚書》；第四條論東晉梅賾所上古文《尚書》，明確《尚書》源流，辨章是非，並提出自己所著《尚書義考》，「惟據二十八篇為本」；第五條言「今於案語內論其異同得失，而經文之下則云某當從古本作某。概稱古本，以明不必存今文、古文之見」；第六、七、八、九、十條以漢魏古注為依據，「詳考各本異同，訂其得失」，對於宋以後之說，「嚴加刪汰」，同時指明文字訓詁依《爾雅》，版本校勘重宋本；第十一條言其著述體例云「具列其說，加案語折衷之，以其人之先後為次。至轉相祖襲，則惟載其創是說者，或後人因前說引申，或後之特見與前人合，而語更詳明，皆作小字附前說之下」；第十二、十三、十四條，「折衷諸家，聊出所見，以明去取；或諸家說皆未及，則旁推交通以得其義。（註40）」

　　據鮑國順的研究，戴震作此書旨意有四點：辨經文之實、袪門戶之見、存古注之全、明經義之旨。（註41）李開則稱本書之特色為；(1)區分漢宋，儘量兼古文和今文《尚書》三家說，漢儒注釋，力致無一遺漏；(2)針對《尚書》古解古注缺乏，努力建設自己的注釋體系，他的基本思路是，從語言文字入手，從今文《尚書》的原著出發，「以詞通道」，作出他本人的、合乎古義的解釋，並以自己的解釋為判別標準來區分今古文義。（註42）這種從語言文字入手直取《尚書》原意，辨證漢唐以來的古注疏，可謂另闢蹊徑，創《尚書》學研究的新路，和江聲、王鳴盛、孫星衍《尚書》學名著相比，義例

註40：參見徐道彬《戴震考據學研究》，安徽大學出版社，2007 年，頁 513-514。
註41：鮑國順《戴震研究》，國立編譯館，1997 年，頁 229-233。
註42：李開《戴震評傳》，南京大學出版社，2001 年，頁 142。

之嚴，識見之深，辨證之細，極有可觀。（註43）《續四庫總目提要》曰：「是書主於發明經義，備列諸說而折衷之，漢儒訓詁各有師承，又去古未遠，故於各書所引歐陽、大小夏侯氏之說及賈馬鄭之注，詳略必載，宋以後之說嚴加刪汰，數義各異者，仿許慎《五經異義》之例，加按語以折衷之，或諸家說皆未得，則旁推交通以得其義，體例尚精善也。」（註44）

2.《尚書今文古文考》

《戴震文集》中《尚書今文古文考》一文，論今文、古文、偽古文《尚書》的篇目、流衍，並辯明有關《尚書》事。篇中論及伏生二十八篇，「非得之口誦，無女子傳言事」，引《史記》及《漢書》皆曰：「秦時燔書，伏生壁藏之，漢興，即以教於齊魯之間。」為證。又謂「〈大誓〉並序，為伏生書所無」，因「序與古文並出」，初非伏生所有甚明。又〈大誓〉一篇，劉向《別錄》以為武帝末得於民間，《史記・儒林傳》、《漢書・藝文志》都說伏生「得二十九篇」，所增一篇，向來儒者所論約有五端：其一，〈太誓〉後得而立於學官，於是並二十八為二十九，劉向父子、王充、馬融、鄭玄、趙歧、房宏等主之；其二，二十八篇並百篇之序為二十九篇，朱彝尊、陳壽祺等主之；其三，伏生之書，本有〈泰誓〉，無待民間之獻而已是二十九篇之數，王引之《經義述聞》曾舉十二證以證明之；其四，伏生壁藏之〈太誓〉，與後得之本原無二致；其五，伏生之書，〈顧命〉與〈康王之誥〉原分兩篇，故為

註43：李開《戴震評傳》，南京大學出版社，2001年，頁144。
註44：《續修四庫總目》頁227。

二十九篇，書序不足以當一篇，〈大誓〉乃偽作，均非其數，龔自珍、王先謙等主之。（註45）本文並論及《古文尚書》、《偽孔傳》之篇目整合、傳授淵源。李開認為戴震因篤信漢儒，尤其因篤信許慎，而相信古文《尚書》的真實性，又《尚書今文古文考》，把一部十分複雜的《尚書》今古文史說得十分透徹，成為《尚書學》的入門教材。（註46）

3. 論《尚書・顧命》

　　《戴震全集》第三冊〈書顧命後〉一文，戴震曰：「馬、鄭、王本分『王若曰』以下為〈康王之誥〉，東晉晚出之古文，分『王出在應門之內』以下為〈康王之誥〉，皆非也。（《全集》案：馬鄭王所傳真古文，不得並非之。）考此篇「狄設黼扆綴衣」至末，踰年即位事也。必曰前陳設，故不書日；踰年即位，禮之大常，不必書日而知也。『太保降收』，則受冊命畢，而『諸侯出廟門俟，王出在應門之內』，乃記即位之儀。」

　　又曰：「《顧命》之篇，其大端有三：群臣受顧命，一也；踰年即位，康王先受冊命，二也；適治朝，踐天子之位，三也。說者不察受冊命及出至路門外、應門內之治朝屬踰年，遂疑西方、東方諸侯為來問王疾者，則新喪內，天崩地坼之痛，而從容興答，必無是情，又不必論其他事之禮與非禮矣。」（註47）

註45：鮑國順《戴震研究》，國立編譯館，1997 年，頁 236。
註46：李開《戴震評傳》，南京大學出版社，2001 年，頁 135 及 140。
註47：《戴震全集》第三冊，北京清華大學出版社，1994 年，頁 1253。

4.《泰誓》非伏生所傳，亦非宣帝時始出

戴震以為《今文尚書》二十九篇，乃因司馬遷在武帝之世見《泰誓》出而得行，入於伏生所傳內，故為史總之，並云『伏生所出』，不復曲別分析。或云宣帝本始元年，河內女子有壞老屋得〈古文泰誓〉三篇，戴震以為今《史記》、《漢書》都說伏生所傳二十九篇，則司馬遷時已得《泰誓》，以並歸於伏生，不得說宣帝時始出。

戴震按曰：「伏生之《書》，初出屋壁；並民間得《泰誓》共二十九篇。武帝時，博士合以教授，用當時隸書寫之，故稱為今文。而孔壁所得者，即許氏《說文解字》所云『六體書』，一曰古文，孔子壁中書者是也。蓋如商周鼎彝之書，非科斗書。偽作孔安國《書序》者云：『濟南伏生年過九十，失其本經，口以傳授。』此襲東漢衛宏使女傳言教錯之說，儒者未深考，不知伏生所傳二十八篇，《史記》、《漢書》皆云伏生壁藏之，漢興即以教齊、魯之間，非徒得之記憶，亦無使女子傳言事。伏生《書》無《泰誓》，而史乃言二十九篇，必是時已於伏生所傳二十八篇益以《泰誓》，共為博士之業，故大小夏侯各二十九卷。以《泰誓》為武帝末始得，或云宣帝初並相傳，失實也。」（註48）

5.虞夏書同科

戴震《經考》卷二有「虞夏書同科」條。戴震認為西漢時未有別《虞書》、《夏書》而為二者，杜預《左傳注》：僖公二十七年引《夏書》「賦納以言，明試以功」三句注曰：「《尚書》、《虞夏書》也。」

註48：《戴震全集》第三冊，頁1280。

則可證西晉時未有別《虞書》、《夏書》而為二者，逮東晉梅氏書出，然後書題、卷數、篇名，盡亂其舊。（註49）

6. 璿璣玉衡以齊七政

　　戴震《經考》卷二「璿璣玉衡以齊七政」條，以為「為渾天者，依放古名，釋《帝典》者，援據漢製，故似同而異，似是而非。考諸《周髀》，有北極樞，及北極璿璣之名，有七衡六間、冬至日當外衡、夏至當內衡、春秋分當中衡之規法。所謂北極樞者，今之赤道極也，即《魯論》、《爾雅》之北辰。所謂北極璿璣者，今之黃道極也。……夫在天有赤道極為左旋之樞，又有黃道極為右旋之樞，自中土言之皆在北方，故通曰北極。赤道極不動，黃道極每晝夜左旋，環繞之而過一度，每一歲而周四遊，是赤道極者又為黃道極之樞也。惟其然，故《周髀》謂赤道極曰北極樞，而黃道極無其名，乃取諸測器之名以命之。用是知唐虞時，設璿璣動運於中，以擬夫黃道極者也。」（註50）

　　至於「七政」，鄭康成說是日月五星；伏生《尚書大傳》則說是春、秋、冬、夏、天文、地理、人道。司馬遷作《天官書》，馬季長注《尚書》，又以北斗七星為七政，三說參差，惟鄭說近是。然稽之於古，實無明證。舜攝位之初，而言「在璿璣玉衡，以齊七政，斯以見政無弗順天。在璿璣玉衡者，以審驗天行也。以齊七政者，齊人事合天也。庶績熙、凝之本也。至若五星之行，無關授時之大，在歷家積驗知之，豈所急哉！」（註51）

註49：《戴震全集》第三冊，頁1281。
註50：《戴震全集》第三冊，頁1285-1286。
註51：《戴震全集》第三冊，頁1285-1287。

7. 洪範五紀

戴震《經考》卷二「洪範五紀」條，以為《洪範》所陳，殷歷之大綱也。誠然《洪範篇》乃箕子向武王陳述夏商治天下之大法，其類有九，謂之九疇。而「協用五紀」，「五紀」是歲、月、日、星辰、曆數，這是敬授民時的天文曆數。（註52）

8.《康誥》、《酒誥》作於在商日

戴震《經考》卷二「康誥酒誥」條，引閻若璩曰：「武王往三十一日，回亦三十一日，共六十二日，仍餘五十七日在商。」以為蓋武王克商，留處三月而復反。封康叔意此時與最合，則《康誥》、《酒誥》兩篇並作於在商日。（註53）

9. 論《逸書》十六篇

《逸書》十六篇是指《虞夏書》七篇（《舜典》、《汩作》、《九共》、《大禹謨》、《棄稷》、《五子之歌》、《胤征》）《商書》六篇（《典寶》、《湯誥》、《咸有一德》、《伊訓》、《肆命》、《原命》）、《周書》三篇（《武成》、《旅獒》、《冏命》）。戴震說：「《古文尚書》增多之十六篇，不立學官，故當時只謂之『逸書』，如《禮古經》之三十九篇，當時只謂之『逸禮』，皆以不立于學官為逸。逸，非亡之謂也。所以不立於學官者，則由博士不治。故《泰誓》後得，博士集而讀之，遂增入今文，二十八篇為二十九。劉歆欲建立《左氏春秋》及《毛詩》、《逸禮》、《古文尚書》列於學官，而諸博士不肯置對，遂未得立。」（註54）

註52：《戴震全集》第三冊，頁 1287。
註53：《戴震全集》第三冊，頁 1288。
註54：《戴震全集》第三冊，頁 1291。

10. 中古文

　　戴震《經考》卷二「中古文」條，曰：「孔氏《古文尚書》，劉歆、班固皆言孔安國獻之，而遭巫蠱事，未及施行。是第獻其書而已，初無安國作傳之事也。其書既獻祕府，《藝文志》所謂『中古文』，《儒林傳》所謂『中書』者，是也。劉向、劉歆、班固、賈逵校理祕書，皆得見之，而馬融〈書序〉云：『逸十六篇，絕無師說』，融蓋曾見孔氏古文逸篇，但未聞有為逸篇解說者，故云爾。鄭康成云：『〈武成〉逸書，建武之際亡。』則《武成》而外，固見存矣。《隋志》言賈、馬、鄭所傳，惟二十九篇。說者謂雖全見古文，而只解其今文，所有立於學官者。逸篇未立於學官，則不之解，似為近之。朱彝尊乃以蓋、寬、杜林之書為非孔氏古文。然則東漢諸儒，顧舍見存之中古文，而別求一書以當之，豈昧昧若是耶？今人知東晉始出之古文為偽書，而不知安國所獻，祕府所藏，劉向、劉歆、班固、賈逵所見及馬、鄭所指之逸篇，乃別一真《古文尚書》也。惟閻百詩《尚書古文疏證》辨論最分明。」（註55）

11.《舜典》、《棄稷》二篇非分出

　　戴震《經考》卷二「逸書舜典棄稷」條，曰：「《舜典》、《棄稷》在逸書十六篇之數。孔沖遠言鄭於伏生二十九篇內分出《盤庚》二篇，《康王之誥》，又《太誓》三篇為三十四，則《舜典》、《棄稷》二篇非分出者，明矣。」（註56）

註55：《戴震全集》第三冊，頁1297。
註56：《戴震全集》第三冊，頁1298。

12. 逸書《武成》

戴震《經考》卷二「逸書武成」條，曰：「《漢志》三引《武成》逸篇，而東晉始出之。《武成》遺其二。孔沖遠直目《漢志》所引為偽書，顏師古則漫指為《今文尚書》，皆不察之論也。」（註57）

13. 贗孔安國書傳

戴震《經考附錄》卷二「贗孔安國書傳」條，曰：「孔沖遠引《晉書》，言梅賾所上孔氏《古文》出於鄭沖，必當時賾進書飾辭，而史錄之，非實能考得其源流也。至以為王肅似私見《古文》，而閻百詩證之為作偽者竊王肅是固然矣。錢編修曉徵嘗與予論及此，疑《古文尚書》乃肅私為之，故東晉始出。肅未見逸《書》十六篇，乃博採《傳》、《記》，所引書辭，為偽《書》二十五篇，假託於孔氏而為之《傳》。其意欲以證己之言而難鄭，蓋即偽作《孔子家語》之故智耳，非王肅無此淹博，亦不能如此善摹古也。肅既自為《今文》作解，又為偽古文《書傳》，使後人得之，服其解之精確與古人合。《家語》、《古文尚書》皆肅偽本，其近理處、摹古處及有時背道處，俱相類，斯言似得其實。」（註58）

14. 好古文的賈逵、馬融、鄭玄等，何以不注《古文尚書》，而注《今文尚書》？

戴震說：「古文非博士所治，是以謂之《逸書》，劉向、劉歆、班固、賈逵校理祕書，咸得見之。民間則有膠東庸生之遺學。建初、

註57：《戴震全集》第三冊，頁1301。
註58：戴震《經考附錄》，《戴震全集》第三冊，北京清華大學出版社，1994年，頁1506。

延光、光和中，嘗詔選高才生能通者，以扶微學、廣異義。而後漢之儒，如尹敏、周防、孔僖、杜林、衛宏、賈逵、馬融、鄭玄傳是學不一人。然賈、馬、鄭雖雅好古文，其作訓注，亦但解其今文所立于學官者，豈逸篇殘脫失次不可讀歟？」（註59）

15. 肯定《偽古文尚書》與漢古文尚書根本不同

梅賾所獻的《偽古文尚書》，計有經文五十八篇，這五十八篇，包括今文二十八篇。有人分《堯典》後半部為《舜典》，分《皋陶謨》下半部為《益稷》，成為三十三篇。等於說《今文尚書》未變，有人又另從百篇《書序》中採集了一些篇題，從當時已有的一些古籍中搜集文句掇集成篇，又另撰《泰誓》，總成二十五篇，從而湊足劉向、鄭玄所說的漢古文尚書五十八篇之數。至於卷數，偽作者也作了安排，湊成《藝文志》所錄數四十六卷。戴震指出：「是又今之《古文尚書》，而非漢時祕府所藏、經師所涉之十六篇矣。」（註60）

16. 《偽古文尚書》未可廢

今本《十三經注疏》，仍是《偽古文尚書》，故仍須了解《偽古文尚書》，換言之，《偽古文尚書》仍有其價值。因為：(1)偽書中有真，它包含了《今文尚書》二十九篇的內容；(2)唐人作疏是用梅賾本；(3)認識其偽，當作偽書讀，何況偽中有真，存此部分偽書亦無妨礙。故戴震考證了《偽古文尚書》。（註61）

註59：戴震《尚書今文古文考》，《戴震文集》，台北華正書局，1974 年，頁 3。
註60：戴震《尚書今文古文考》，《戴震文集》，台北華正書局，1974 年，頁 3。
註61：參李開《戴震評傳》，南京大學出版社，2001 年，頁 139。

（三）《詩經》學

《詩經》之學，傳自子夏。漢初傳《詩》者，有魯、齊、韓、毛四家。魯、齊、韓三家為今文，獨毛為古文。其後魯齊韓三家《詩》先後亡佚，而《毛詩》獨存。後漢鄭眾、賈逵、馬融傳《毛詩》，鄭玄作《毛詩箋》。唐孔穎達作《詩義疏》，兼宗毛鄭兩家之說。宋朱熹作《詩經集注》。清代乾隆年間，經學全盛，但除戴震外，卻沒有人專治《詩經》，戴震的《詩經》研究，可謂開乾嘉學派研究《詩經》之首。但在戴震之前，康熙時陳啟源作《毛詩稽古編》三十卷，朱鶴齡作《詩經通義》十二卷；戴震之後，嘉慶道光年間，胡承珙作《毛詩後箋》，馬瑞辰作《毛詩傳箋通釋》，陳奐作《詩毛氏傳疏》。

戴震的《詩經》學專著，有《毛鄭詩考正》四卷、《詩經補傳》二卷、《詩經考》三十六卷。而在《經考》、《經考附錄》及《戴震文集》中，也有有關《詩經》的論述。以下探究戴震的《詩經》學。

1. 論《詩》主毛鄭，但不偏一家

戴震《毛鄭詩考正》，正文四卷，卷首一卷，為鄭氏《詩譜》。正文四卷，分十五《國風》、《小雅》、《大雅》、三《頌》，以毛《傳》鄭《箋》為主要對象，考其訓詁、典章制度。周中孚說：「是書於毛傳、鄭箋無所專主，多自以己意考正。或兼摘傳箋考正之，或專摘一家考正之，或止摘經文考正之。大都俱本古訓古義，推求其是，而仍以輔翼傳箋為主，非若宋人說《詩》諸書，專以駁斥毛、鄭而別名一家也。」（註62）鮑國順分析其條例，得如下數項：(1)申毛鄭之義；

註62：周中孚《鄭堂讀書記》卷八，頁150。

(2)申毛傳之義；(3)申鄭箋之義；(4)申毛紐鄭；(5)申鄭紐毛；(6)訂毛《傳》之失；(7)訂鄭《箋》之失；(8)訂毛鄭之失；(9)明毛鄭之所本；(10)訂正經文之譌誤；(11)直釋詩意，考正故實。（註63）

2.《詩經補注》之體例

戴震《詩經補注》，初稿稱《毛詩補傳》，或《詩經補傳》，定稿改稱《詩經補注》，僅成二《南》而已。分上下二卷，上卷為《周南》，下卷為《召南》。其體例為：補正傳箋之缺失；考釋《詩》及傳箋中的一些關鍵詞語或名物；考釋時一般先引古代文獻依據，後判其義（詞語、名物義、句意）；歸納《詩》意。（註64）

3.《詩經考》論詩旨

戴震《詩經考》二十六卷，係其早年所著之未刊稿，北京清華大學出版的《戴震全集》第四冊，即著錄本書，其「附記」稱此篇即戴震《詩補傳》的書稿。此書稿「就全《詩》考其字義名物于各章之下，不以作詩之意衍其說」（註65）。實則戴震此書所錄解之詩，包括國風、召南、邶、鄘、衛、王、鄭、齊、魏、唐、秦、陳、檜、曹、豳、小雅、大雅、周頌、魯頌、商頌。對每一首詩引據毛《傳》、鄭《箋》、《爾雅》等，加以考釋，皆加按語，最後論述詩旨。其論述詩旨，專引《毛詩序》者 95 見，專引《集傳》者 20 見，自立己說者 50 見，自立己說後再引《毛詩序》者 25 見，先引《毛詩序》後再自立己說者 49 見，兼引《毛詩序》及《集傳》者 6 見，其他所

註63：鮑國順《戴震研究》，國立編譯館，1997 年，頁 238-244。
註64：李開《戴震評傳》，南京大學出版社，2001 年，頁 53。
註65：戴震《詩經考序》，《戴震全集》第四冊，1995 年，頁 1791。

引的書，有《禮》、《春秋傳》、《史記》、《漢志》、《禹貢》、《韓詩序》等；所引之人有金履祥、張子、孔子、孟子、嚴粲、朱子、陳鵬飛、郝敬、呂伯恭、應劭、李樗、黃震、范處義、韋昭、顧炎武等。有的先立己說再引據，有的先引據再論己說。茲錄戴震自立己說者數則：

《周南・葛覃》三章　　　思歸寧也。《禮》：后夫人蠶不親葛。蓋當服葛之時，猶念未嫁在父母家，曾任葛事之勤而追賦之，所以感而思歸寧者也。（註66）

《周南・卷耳》四章　　　思君子之勞於行邁也。是詩之興也，其當文王與紂之事乎？《卷耳》思者在上，《汝墳》思者在下，可以觀周德矣。（註67）

《召南・摽有梅》三章　　女子待禮而行也，未失正也。是女也，必孤弱無主者，是以時過而懼，在家無主，故思既嫁而得主有常也。孔子曰：「愆期之志，有待而行也。」此之謂與？（註68）

《邶・靜女》三章　　　　思賢媵也。一章，思其人之已至以俟迎者，然而迎之不見；二章，思其所秉持之物或來致貽，則說懌深

註66：《戴震全集》第四冊，北京清華大學出版社，1995年，頁1813。
註67：《戴震全集》第四冊，北京清華大學出版社，1995年，頁1814。
註68：《戴震全集》第四冊，北京清華大學出版社，1995年，頁1829。

	也；三章，思其至于郊外而歸之 萲，則物又以人美也。不見其人， 即思見其物，《靜女》之詩，所謂 賢賢易色矣。（註69）
《秦・小戎》三章	討西戎也。言其軍容之盛，乃後及 室家私情焉。（註70）

李開指出，毛《傳》、鄭《箋》、朱熹《集傳》解釋《詩》意時，總是在儒教禮義規範的前提下，幾乎千篇一律地指出與統治者的聯繫，把本來很有人民性的詩篇，說成了某國君、某侯妃、某卿大夫的自我寫狀或教諭。戴震解釋《詩》意，經常注意到儒家禮義規範的前提下，指出詩篇中的男女悅慕、民生心聲的本旨，和毛鄭解《詩》旨，朱熹《集傳》解《詩》旨，有很大區別。（註71）戴震是重視《詩》中的禮儀教化作用的，但也重視男女愛情生活，在具體詮釋《詩》旨時，往往先發現其中的愛情生活，進而指出，這應是合乎禮儀的愛情。（註72）

4. 論《毛詩大序》

鄭玄認為《大序》是子夏作的，《小序》是子夏毛公合作的，《後漢書》謂詩序是衛宏所作，《隋書・經籍志》謂詩序是子夏所創，毛公及敬仲（即衛宏）所潤益，迄無定論。宋朱熹作《詩經集註》，明胡廣《詩經大全》，多採用之。

註69：《戴震全集》第四冊，北京清華大學出版社，1995 年，頁 1853。
註70：《戴震全集》第四冊，北京清華大學出版社，1995 年，頁 1933。
註71：李開《戴震評傳》，南京大學出版社，2001 年，頁 54。
註72：李開《戴震評傳》，南京大學出版社，2001 年，頁 56。

　　陳啟源、朱鶴齡、胡承珙、馬瑞辰、陳奐等，都因「尊漢」、「好古」，而群守〈大序〉。但戴震的同鄉姚際恆（1647-1715）著《詩經通論》，堅決主張廢除《毛詩大序》。戴震對《毛詩大序》沒有表態，只是以自己的較為通達開明之見來詮釋詩意，在《毛鄭詩考正》、《杲溪詩經補注》，以及經韻樓本《戴震文集》收錄的論《詩》文章中，都沒有提到《毛詩大序》，推想戴震是想避開儒家傳統的詩旨說教，尋求《詩》的本意，以得「十分之見」。（註73）

　　戴震說：「《毛詩序》、《傳》，自毛公以為子夏之學，雖不子夏所為，要之師承當不誣。孟子譏高叟言詩，先儒以為子夏授詩高行子，即其人。是先師相傳，固已不能無失矣。鄭康成言眾篇之義合編，至毛公始分，未嘗一語及衛敬仲。康成去敬仲不遠，若〈序〉果敬仲附益，豈得不言？大抵〈序〉之首一句，所謂眾篇之義者，其下附益乃毛公發明。首一句之指，敬仲無與。獨《後漢書》言衛宏作〈毛詩序〉，不知其所作者為何？況范氏傳聞多失實，當以康成所未言斷〈詩序〉非宏作可也。」（註74）戴震以為，前人以《詩序》為後漢人所作而捨之以論詩，是錯誤的。

5. 論六詩

　　《詩》有六義之說，即風、雅、頌、賦、比、興是也，六義又稱為六詩，學者一般認為風雅頌是《詩》的體裁，賦比興是《詩》的作法。

註73：李開《戴震評傳》，南京大學出版社，2001 年，頁 58。
註74：《經考附錄》，《戴震全集》第三冊，北京清華大學出版社，1994 年，頁1554。

戴震《經考》卷三「六詩」條，按語曰：「《周禮》：大師『教六詩：曰風，曰賦，曰比，曰興，曰雅，曰頌。』風、雅、頌作詩，有此『三體』也；賦、比、興，詩之辭，有此『三義』也。賦者，指明而敷陳之也，如『窈窕淑女，君子好逑』即賦也；比者，託事比擬，不必明言而意自見也，如《鴟鴞》，通篇為鳥言是也；興者，假物引端也，如『關關雎鳩，在河之洲』之類是也。……先儒又有賦其事以起興之說，然則賦也、興也，特作詩者之立言置辭，不出此三者。若強析之，反自亂其例，蓋『情動於中而形於言』，何嘗以例拘。既有言矣，就其言觀之，非指明敷陳，則記事比擬，則假物引端。引端之辭，亦可寄意比擬；比擬之辭，亦可因以引端；敷陳之辭，又有虛實、淺深、反側，彼此之不同，而似于比疑、引端，往往有之，此三者，在《經》中不解自明，解之反滯於一偏矣。」（註75）

6. 論《詩》之編次

戴震《經考附錄》「詩之編次」條，先引據孔穎達、歐陽修、程子、張子、朱子、王應麟、盧格、顧炎武等之說，後加按語曰：「程子所論《詩》之先後與《易》之《序卦傳》相似，然要為空文附會於經，無當也。以大儒尚為此等議論，讀之若無甚阻礙，存此以見《易》《序卦傳》之不可深信，亦猶是也。」（註76）戴震顯然不同意程子的看法。（註77）

註75：《經考》卷三，《戴震全集》第三冊，北京清華大學出版社，1994 年，頁 1303-1304。

註76：《經考附錄》卷三，《戴震全集》第三冊，北京清華大學出版社，1994年，頁 1534。

註77：程子論《詩》之編次，見《戴震全集》第三冊，頁 1531-1532。

7. 論《小雅》、《大雅》

戴震《經考》卷三「小雅大雅」條，按語曰：「《小雅》陳說人事；《大雅》每言天道。觀乎《小雅》，可以知政，觀乎《大雅》，可以達天。《毛詩序》謂：『政有小大，故有《小雅》焉，有《大雅》焉。』蓋其所言之理，與樂章之體製俱因之而有別也。《小雅》猶近《風》，《大雅》則鄰於《頌》。」（註78）

8. 論王風魯頌

戴震《經考》卷三「王風魯頌」條，按語曰：「周興於岐，故西都之詩，分繫二公。其采邑則始興之地；其人則布政之大臣也。東都使諸侯朝覲於王之所，故曰『王城』，是以王名其地也。以王名其地，而其地所采詩謂之《王》，是亦以地繫詩也，又何疑乎？《魯頌》之體變矣，然不可謂之風，《其》始作之也，即以為《頌》而作之。《毛詩序》云：『季孫行父請命於周，而史克作是《頌》，未聞其所據。』」（註79）

9. 論四始

《史記‧孔子世家》云：「古者詩三千餘篇，及至孔子，去其重，取可施於禮義。上采契后稷，中述殷周之盛，至幽厲之缺。始於衽席，故曰：〈關雎〉之亂，以為《風》始；〈鹿鳴〉為《小雅》始，〈文王〉為《大雅》始，〈清廟〉為《頌》始。」

註78：《戴震全集》第三冊，頁 1304。
註79：《戴震全集》第三冊，頁 1306。

戴震《經考》卷三「四始」條，引《史記》、鄭康成、成伯瑜之說後，加按語曰：「『四始』，自《毛詩序》、《史記》已言之，蓋經師相傳之遺語，後儒因之，又有『風雅正變』之說。今考《周南》：《關雎》、《葛覃》、《卷耳》，《召南》：《鵲巢》、《采蘩》、《采蘋》、《騶虞》，《小雅》：《鹿鳴》、《四牡》、《皇皇者華》、《南陔》、《白華》、《華黍》、《魚麗》、《由庚》、《南有嘉魚》、《崇邱》、《南山有臺》、《由儀》，《頌》之《雝》、《酌》，及《豳詩》、《豳雅》、《豳頌》，逸篇之《九夏》、《貍首》、《采薺》、《新宮》之屬，見之於《禮經》者，皆周公所定之樂章，而太師教六詩，瞽矇掌六詩之歌，並定於周公制作《禮》、《樂》時矣。余竊謂《風》也、《小雅》也、《大雅》也、《頌》也，其定於周公者部分有四，周公以後之詩，後人所採入，因舊部而各隸其後，則周公初定之篇章，是為《詩》之『四始』可知也。……蓋孔子所定《詩》，不止逸其六，但篇次所在不可考，而今《詩》之次第，未必盡孔子所定之舊也。亡逸錯簡，篇名失傳，不可周知。然失亡之篇固不多，以加於三百十一篇，去三百大數未遠。『四始』之為『正經』，《豳》在其中，若顧炎武謂『《南》、《豳》、《雅》、《頌》為四詩』，則又異於『四始』之義矣。」（註80）

10. 論樂章

戴震《經考》卷三「樂章」條，按語曰：「《南》、《豳》、《雅》、《頌》，或作詩以為樂章，或采所有之詩定為樂章。漢儒有謂『《關雎》為畢公作者，當時或有《傳》、《書》，如《金縢》。《左傳》、《國語》言『周公作《鴟鴞》、《常棣》、《時邁》、《思文》之類，今不

註80：《戴震全集》第三冊，頁 1307-1308。

可考矣。』《周南》、《召南》所謂『房中之樂』，鄉樂也。儀、禮合樂，《周南》：《關雎》、《葛覃》、《卷耳》，《召南》：《鵲巢》、《采蘩》、《采蘋》，又，射節用《騶虞》、《貍首》、《采蘋》、《采蘩》，其《采蘋》則本為女子教成之祭而作。古人樂章，一詩而數用，有如此。』（註81）

11. 論《小雅》六亡篇

《小雅》六亡篇係指《南陔》、《白華》、《華黍》、《由庚》、《崇邱》、《由儀》，有其目而無其辭的六首《詩》。戴震《經考》卷三「小雅六亡篇」條，按語曰：「六亡詩之篇名，蓋取之辭中，亦猶《關雎》、《葛覃》、《卷耳》之類，必辭中有此字，然後有此名，非空名也，以是知其辭亡也。《儀禮》以其詩被之于笙，而曰『樂』、曰『奏』，猶《鄉射禮》樂正命太師曰『奏《騶虞》』，而《周禮》：《鐘師》、《騶虞》、《貍首》、《采蘋》、《采蘩》皆曰『奏籥章』，龡《豳詩》，龡《豳雅》，龡《豳頌》，則《豳》被于籥而曰『龡』。《燕禮》：『升歌《鹿鳴》；下管《新宮》。』《左傳》：宋公享昭子，賦《新宮》一詩，而或被于管，或賦其辭，以是知笙詩、籥詩、管詩之未嘗無辭也。其所以亡，或因別有笙譜，習者取詩簡合之，殘滅之餘，全詩不見矣。」（註82）

12. 論《商頌》《國風》

戴震《經考》卷三「商頌國風」條，按語曰：「《邶》、《鄘》、《衛》者，皆《衛風》，猶以舊名列在太師者，分繫之爾。據《國語》：鄭

註81：《戴震全集》第三冊，頁 1312-1313。
註82：《戴震全集》第三冊，頁 1314。

桓公有滅虢、鄶尋十邑之謀，武公卒取之，而鄭之名列在太師者，西鄭也。既滅虢、鄶尋十邑，遂居濟、洛、河、穎之間，以始受封之。鄭名之所謂新鄭，今所繫《詩》，新鄭之詩也。鄭之名不改，故太師所列亦不改也。唐後改曰晉，而唐之名列在太師者不改，從乎始封而已。周世之國，無豳，故繫《國風》之末，《商頌》列于《周》、《魯》後，猶《豳》列於《國風》後也。」（註83）

13. 論思無邪

《論語・為政》，子曰：「《詩》三百篇，一言以蔽之，曰思無邪。」

戴震《詩經考序》云：「《詩》三百，一言以蔽之曰：『思無邪』，夫子之言《詩》也。而《風》有貞淫，說者遂以『思無邪』為讀《詩》之事，謂《詩》不皆無邪思也。非夫子之言《詩》也。」（註84）

戴震歎說《詩》之難，因為「一詩而以為君臣朋友之辭者，又或以為夫婦男女之辭；以為刺譏之辭者，又或以為稱美之辭；以為他人代為辭者，又或以為己自為辭，其主漢者必攻宋，主宋者必攻漢。」（註85）

戴震認為《詩》之辭不可知，得其志則可通其辭。作《詩》之志愈不可知，蔽之以「思無邪」之一言則可通乎其志。《風》雖有貞淫，《詩》所以美貞而刺淫，則上之教化有時寖微，而作《詩》者猶欲挽救於萬一，故《詩》足貴。《三百》皆無邪，況乎有本非男女之詩，而說者也以淫奔之情類之，於是視其詩為褻狎戲謔之穢言，淫

註83：《戴震全集》第三冊，頁1319。
註84：《戴震全集》第四冊，頁1791。
註85：《戴震全集》第四冊，頁1791。

亂者作詩以自播，聖人又播其穢言於萬世，說是可以考見其國無政，可以使後人知所懲，可以與《南》、《豳》、《雅》、《頌》之章並列之為經，戴震極不以為然。宋後儒者求之不可通，至指為漢人雜入淫詩以足三百之數，欲舉而去之，其亦妄矣。（註86）

14. 論《豳雅》、《豳頌》

　　戴震《經考附錄》卷三「《豳雅》、《豳頌》」條，按語曰：「《周禮》所謂《豳》詩，則《七月》之篇是也，若《豳雅》、《豳頌》自宜別有詩章。鄭康成就《七月》一詩截之為《風》、為《雅》、為《頌》。王氏又謂以樂器合之而有不同，恐未然也。呂伯恭言『《豳雅》、《頌》恐逸』，其說最允。朱子欲以《楚茨》、《思文》等詩當之，於義亦近，但已經失傳之後，究難確指耳。」（註87）

15. 論《南》、《豳》

　　戴震《經考附錄》卷三「南豳」條，按語曰：「《周禮》『太師陳六詩』，有《風》而無《南》，則《周南》、《召南》列於《國風》，固不可謂非《風》之體矣，以其命之曰《南》。而《鼓鐘》之詩曰『以《雅》以《南》』，《禮記・文王世子》篇『胥鼓南』，《春秋傳》有『南籥』，先儒因謂南者樂章之名，則疑《毛詩序》所云『《南》言化自北而南』為非。考之《詩》辭，文王之化自豐岐被江、漢之域，此當為二《南》所以命名之故。《毛詩序》未可非。既以《周》、《召》統紀南國之詩而稱《周》、《召南》，列於《國風》之首，用之樂章，於是《南》、《雅》並奏，樂器亦因之以得稱耳。謂《南》、《豳》為

註86：《戴震全集》第四冊，頁1791。
註87：《戴震全集》第三冊，頁1519。

詩之正經則可，謂自《周南》至《豳》總謂之《國風》為誤，則未為確論也。」（註88）

16. 論變風變雅

　　鄭玄《詩譜》有正風、正雅、變風、變雅之分，正是歌頌西周先王盛世之作，變是怨刺衰亂之世之作，戴震反對鄭說，其《經考附錄》卷三「變風變雅」條，按語曰：「《風》、《雅》之有正變也，所言者治世之正事，則為正；所言者亂世之變事，則為變。先儒謂變風，有里巷狹邪之所作，則恐不然。今人於先儒之說不敢少異，而獨指聖賢『思無邪』之書為亂言邪辭，考其說之所據，以為如《春秋》書亂賊爾，存之可以識其國亂無政。然春秋時諸國燕享所賦，多今人所謂淫亂之辭者。鄭六卿餞宣子於郊，賦其本國之淫詩，豈亦播其國亂無政乎！若曰『賦詩斷章』，則亦有當辨者，五倫之理，本自相通，或朋友、兄弟、夫婦之詩用之於君臣，或男女之詩用之於好賢，然不可以小人之言加之君子，鄙褻之事誦之朝廷、接之賓客。以是斷之，變風止乎禮義，信矣。」（註89）變風變雅如正風正雅一樣，也是反映社會現實生活，與「里巷狹邪」、淫僻煩惑之事無關。戴震用「鄭六卿餞宣子」的反證法，證明變風變雅也「止乎禮義」，合於政教。風雅之正變，惟以政教之得失為分，政教誠失，雖作於盛時，非正也；政教誠得，雖作於衰時，非變也。

---

17. 論鄭衛之音

　　戴震《經考附錄》卷三「鄭衛之音」條，按語曰：「《論語》曰：『鄭聲淫』，《樂記》曰：『鄭、衛之音，亂世之音也。比於慢矣。桑間、濮上之音，亡國之音也。其政散，其民流，誣上行私而不可止也。』魏文侯曰：『吾端冕而聽古樂，則唯恐臥，聽鄭、衛之音，則不知倦。』子夏謂其所好者溺音。夫所謂聲、所謂音者，非謂其詩也，亦非方土音聲之謂也。此靡靡之樂，滌濫之音，作於鄭、衛、桑間、濮上者爾。他國之人奏之，而皆為淫聲溺音，雖《南》、《豳》、《雅》、《頌》之章，令奏而歌之，詩章自正，音聲自淫也。此夫子之所放、所惡而不可復御者也。鄭、衛之音非《鄭詩》、《衛詩》，桑間、濮上之音非《桑中》一詩，其義甚明。《南》、《豳》、《雅》、《頌》用之于樂，是謂樂章也。樂者，笙、簫、琴、鐘、鼓之屬也。器之所奏者，樂也；其發乎器者，樂章；固矢於口歌之，而發乎口音聲也。樂與音則有辨矣，而詩之與樂，與音聲，斷斷乎其不可溷淆言之者也。」（註90）

18. 詩函五際六情

　　戴震《經考附錄》卷三「詩函五際六情」條，只引錄前人之說而未加按語。翼奉以君臣、父子、兄弟、夫婦、朋友為五際；孟康以卯、酉、午、戌、亥為五際；孔穎達以「《大明》在亥，水始也；《四牡》在寅，木始也；《嘉魚》在巳，火始也；《鳴雁》在申，金始也。」鄭康成以亥為革命，一際也；亥又為天門入候聽，二際也；

卯為陰陽交際，三際也；午為陽謝陰興，四際也；酉為陰盛陽微，五際也。至於六情則是喜、怒、哀、樂、好、惡。（註91）

19. 論元以後刪詩謬妄

戴震《經考附錄》卷三「元以後刪詩謬妄」條，只引錄前人之說，而無按語。（註92）

20. 詩摽有梅解

《摽有梅》是《國風》《召南》的一首詩，歷來異解紛呈，戴震特為〈詩摽有梅解〉一文。（註93）戴震認為，毛鄭都以此詩「專為女子年二十當嫁者而言」為說，又皆以「梅之落喻年衰」；鄭玄又兼取「梅落，見已過春而至夏」，似乎迂曲難通。而朱子《集傳》以為「女子貞信自守，懼其嫁不及時，而有強暴之辱」，這些解法都是不對的。戴震說：「古人立中以定制，女子即過二十，亦未遽為年衰，則知梅落非喻年衰也。梅之落，蓋喻女子有離父母之道，及時當嫁耳。首章言十猶餘七，次章言十而餘三，卒章言皆在頃筐，喻待嫁者之先後畢嫁也。《周禮》所言者，實古人相承之治法，此《詩》所言，即其見之民事者也。錄之《召南》，所以見治法之修明，咸知從令歟！」（註94）

筆者按：《摽有梅》是一首戀歌，寫一個年輕的姑娘心中燃燒著愛情的火苗。她和一些姑娘一起歡聚，熱切地盼望能獲得愛情。摽

註91：《戴震全集》第三冊，頁1529。
註92：《戴震全集》第三冊，頁1554。
註93：《戴震文集》，台北華正書局，1974年，頁9-12。
註94：《戴震文集》，台北華正書局，1974年，頁11-12。

古「抛」字，投給人東西之意。姑娘將梅子投給男子，表示求愛。如果男子有意愛她，便以佩玉等物相贈，以訂終身。這是古代求婚的一種風俗。（註95）

（四）《禮》學

東漢許慎《說文解字》，釋「禮」的本義為「所以事神致福也」。禮日行於生活之中，禮所踐履的，是不可變易的道理。禮的儀文必須合乎道理，所以前人訓「禮」為「理」。禮是用來「經國家、定社稷、序人民，利後嗣者也」（註96），故國家的一切典章制度，也在禮的範圍之中。

古者《禮》有《周禮》、《儀禮》、《禮記》三書。《周禮》論周代建官分職，是中國第一部記載政治制度的專書。原有《天官》、《地官》、《春官》、《夏官》、《秋官》、《冬官》六篇，唯秦火以後，《冬官》亡，終不可得，乃取《考工記》補入。《儀禮》是《禮經》，乃說明送、迎、升、降、拜、奠、歌、哭的儀式程序。《禮記》本孔子七十子後學所記論《禮》的叢書，至漢初，戴德傳《記》八十五篇，是為《大戴禮記》，其侄戴聖，傳《記》四十九篇，是為《小戴禮記》，即今之《禮記》。自馬融、鄭玄傳戴聖之學，於是《大戴禮記》不在《十三經》之列。

《周禮》、《儀禮》、《禮記》是為「三禮」，有時加上《大戴禮記》，稱為「四禮」。《儀禮》相對於《禮記》而言，叫《禮經》，到晉代才稱為《儀禮》。有關「三禮」或「四禮」的研究，通常稱為「禮學」，

註95：參《中國文學欣賞全集》第一冊，台北莊嚴出版社，1981年，頁39-40。
註96：《左傳》隱公十一年。

而不稱為「禮經學」。(註97)禮學全是實學，繫於實事、實物、實情，是典章制度之學。東漢鄭玄為《三禮》作注，開禮學研究之端，於是「三禮學」、「禮學」和「鄭學」幾乎不可分割。戴震說：「鄭康成之學，盡在《三禮注》，當與《春秋三傳》並重。」(註98)

禮學是實學，名物通釋，似乎不應該有爭論，其實不然，因為任何概念內容的擴充與修正，是與歷史的演進和一定的階級利益相聯繫的，當名稱的含意與統治階級的利益相牴觸時，隨時會作出新的解釋和修正，所以自古以來「議禮之家紛如聚訟」。從孔門諸子起已有爭議，後來鄭玄注「三禮」，許慎作《五經異議》，與之鼎足，而晉皇侃撰《禮記義疏》，北周熊安生撰《周禮義疏》及《禮記義疏》，雖同出鄭學，也成為對壘。宋代習《禮》成風，王安石以《周禮》取士。《儀禮》有宋李如圭《集釋》、《釋宮》，宋張淳《儀禮識誤》，都被《四庫全書》收存。熙寧以後，文風學風漸變，理學興起，反對漢人之說，禮學往往取魏王肅的《聖證論》，力反鄭玄之說。到了朱熹提倡以訓詁、文獻考核等實學方法治「三禮」，著《儀禮經傳通解》未全。清代江永繼承朱熹，著《禮書綱目》八十五卷，終朱熹未竟之緒。(註99)

曾國藩《聖哲畫像記》說：「我朝學者，以顧亭林為宗，國史儒林傳，褒然冠首。吾讀其書，言及禮俗教化，則毅然有守先待後、舍我其誰之志，何其壯也。厥後張蒿庵作中庸論，及江慎修、戴東原輩，尤以禮為先務。」劉墨說：「無論顧炎武還是黃宗羲，他們有一個共同的學術遺產，就是重新開啟了研究經史典章名物禮制的先

註97：李開《戴震評傳》，南京大學出版社，2001年，頁102。
註98：見段玉裁《戴東原先生年譜》。
註99：李開《戴震評傳》，南京大學出版社，2001年，頁102。

河。像黃宗羲的學生萬斯大、萬斯同，關於訓詁方面的著作並不多，而關於禮制方面的卻很多，像惠氏父子、江永、戴震以及程瑤田、凌廷堪等人，在禮以及禮制方面的擅長，都是承這一路下來的。故支偉成《清代樸學大師列傳》，〈皖派經學家列傳第六‧敘目〉中說，自戴震崛起安徽，其同學及弟子「率長於禮」，而清人的音韻訓詁，也是以「禮」貫穿其間。」（註100）禮在清代的學術界受到前所未有的重視。

錢穆說：「徽學原於述朱而為格物，其精在《三禮》。」（註101）誠以戴學素重典章制度，戴震《題惠定宇先生授經圖》說：「賢人聖人之理義非它，存乎典章制度者是也。」《古經解鉤沉序》也說：「士生千載後，求道於典章制度。」戴震強調透過典章制度，以體現聖賢心志的求道途徑。在戴震看來，古代聖人的見解絕少空言玄理，泰半是依著具體的事物而發其議論；而古代的典章制度，則是凝塑了諸多聖賢的心力而成，所以能存在並流傳萬世。

戴震的禮學秉承江永，《七經小記》中的《學禮篇》，有志再作全面綜合研究，可惜未成書，不過《戴震文集》中的學禮「十三記」，是《學禮篇》的條例綱紀，實際上除「十三記」外，《文集》中〈周禮太史正歲年解〉一、二篇，〈大戴禮記目錄後語〉一、二篇，〈明堂考〉、〈三朝三門考〉、〈匠人溝洫之法考〉、〈樂器考〉連同「十三記」，共二十一篇，都可見戴震的禮學。又在秦蕙田主編的《五禮通考》中，也有戴震的手筆，只是未標名字，而難於確指。（註102）

註100：劉墨《乾嘉學術十論》，北京三聯書店，2006 年，頁 21。
註101：錢穆《中國近三百年學術史》。
註102：李開《戴震評傳》，南京大學出版社，2001 年，頁 102。

　　乾隆二十二年（1757）春，戴震與盧文弨同校《大戴禮記》，在《大戴禮記目錄後語》中說：「是書自漢迄今，注獨此一家，而脫誤特多。余嘗訪求各本，得舊本五，參互校正，今春正月，盧編修召弓以其校本示余，又得改正數事。盧編修本所失者，則余五本中或得之，若疑文闕句，無從考得，姑俟異日。」（註103）乾隆二十五年冬，修書給盧侍講論校《大戴禮記》事，糾正謬誤數處，又修書給任孝廉幼植，縱論治《禮》之難，信中就古代喪服制「小功」和「大功」之別，來區分《儀禮》等古代文獻中「兄弟」和「昆弟」所指內涵不同，《禮》學史上尚屬首次。翌年夏，再給盧侍講信，論校《大戴禮記》事。乾隆三十八年（1773）入四庫館後，取舊說和新知，悉心校核而成定本，並撰寫《提要》。後來孔廣森據此作《大戴禮記補注》。（註104）

　　乾隆三十一年（1766），戴震進京，在蘇州借得惠棟校出的《禮記注疏》七十卷，與六十三卷本相比勘。進入四庫館後，從《永樂大典》中錄存宋代李如圭《儀禮釋宮》，撰寫〈提要〉，還據李如圭的《儀禮集釋》，補充《儀禮注疏》（註105）中的脫字二十四字，改訛字十四字，刪衍字一百零六字。注疏本〈鄉射〉、〈大射〉二篇已闕，參取惠棟、沈大成二家藏本所校宋本，證以唐石經，以成《儀禮》完帙，還撰寫四庫全書的《儀禮注疏》的〈提要〉。以上是戴震治《禮》學的大要。

　　李開認為戴震在《禮》學上的貢獻有：辨明堂、考三朝三門、考證古代井田制的具體作法、論述古代一系列服飾名物制度、校訂

註103：《戴震文集》卷一，台北華正書局，1974年，頁17。
註104：參見李開《戴震評傳》，頁103-104。
註105：即《十三經注疏》本的《儀禮注疏》，唐賈公彥撰。

《大戴禮記》，使成善本、校補《儀禮》，使之成可讀之書。（註106）
茲詳論戴震的《禮》學。

1. 《小戴禮記》原本就有四十九篇

　　《隋書‧經籍志》論《禮記》的傳授說：「漢初，河間獻王又得
仲尼弟子及後學者所記一百三十一篇獻之，時亦無傳之者。至劉向
考校經籍，檢得一百三十篇，向因第而敘之。而又得《明堂陰陽》
三十三篇、《孔子三朝記》七篇、《王氏史氏記》二十一篇、《樂記》
二十三篇，凡五種，合二百十四篇。戴德刪其煩重，合而記之，為
八十五篇，謂之《大戴記》；而戴聖又刪大戴之書為四十六篇，謂之
《小戴記》。漢末，馬融遂傳小戴之學。融又增入〈月令〉一篇、〈明
堂位〉一篇、〈樂記〉一篇，合四十九篇。而鄭玄受業於馬融，又為
之注。」

　　此說雖甚為詳盡，但戴震以為不足據。《經考》卷四「禮記四十
九篇」條，按語說：「《禮記》四十九篇，據鄭《目錄》考之於劉向
《別錄》，屬制度者六：《曲禮》上、下，《王制》，《禮器》，《少儀》，
《深衣》是也；屬通論者十六：《檀弓》上、下，《禮運》，《玉藻》，
《大傳》，《學記》，《經解》，《哀公問》，《仲尼燕居》，《孔子閒居》，
《坊記》，《中庸》，《表記》，《緇衣》，《儒行》，《大學》是也；屬明
堂陰陽者二：《月令》，《明堂位》是也；屬喪禮者十一：《曾子問》，
《喪服小記》，《雜記》上、下，《喪大記》，《奔喪》，《問喪》，《服問》，
《閒傳》，《三年問》，《喪服四制》是也；屬世子法者一：《文王世子》
是也；屬子法者一：《內則》是也；屬祭祀者四：《郊特牲》，《祭法》，

《祭義》,《祭統》是也;屬樂者一:《樂記》是也;屬吉事者六:《投壺》,《冠義》,《昏義》,《鄉飲酒義》,《燕義》,《聘義》是也。孔仲遠於《樂記》下云:『按《別錄》:《禮記》四十九篇,《樂記》第十九,則《樂記》十一篇入《禮記》也,在劉向前矣。』據孔氏所云,《樂記》入《禮記》在劉向之前,是小戴定《禮記》,劉向《別錄》曾列其書也。《別錄》於諸篇既各以類從,而又列《小戴禮記》之目,故孔氏謂:『按《別錄》:《禮記》四十九篇,《樂記》第十九。』……」(註107)

戴震又考說:「《後漢書‧橋玄傳》:『七世祖仁,從同郡戴德學,著《禮記章句》四十九篇,號曰『橋君學』。……橋仁親受《禮》於小戴,其書已為四十九篇。劉向當成帝時校理祕書,橋仁亦成帝時為大鴻臚,而小戴定《禮記》必稍在前,故向得列之《別錄》,而仁又為《章句》也。《隋書‧經籍志序》之說,不知何所本。馬融遠在劉向、橋仁之後,劉向、橋仁所見,皆已四十九篇矣。鄭康成《六藝論》只云戴聖傳《禮》四十九篇,不言四十六及融所加。其於《目錄》,亦絕不及融。陸德明、孔沖遠皆隋末唐初之儒,猶不言融加三篇,《隋書》成於唐,去漢已遠,傳聞應有失實者,不足信也。」(註108)

高明對馬融加入三篇的看法是:《後漢書‧橋玄傳》說:七世祖仁,著《禮記章句》四十九篇。橋仁是小戴的弟子,他所傳的《禮記》明明是四十九篇。《後漢書‧曹褒傳》說:「父充,持慶氏禮,褒又傳《禮記》四十九篇,教授諸生。」可見西漢時與二戴同為后蒼弟子的慶普所傳的《禮記》也是四十九篇。孔穎達《禮記正義》

註107:《戴震全集》第三冊,北京清華大學出版社,1994 年,頁 1348。
註108:《戴震全集》第三冊,頁 1349。

〈樂記〉下說：「按《別錄》、《禮記》四十九篇。」〈月令〉、〈明堂位〉下引鄭玄《三禮目錄》說：「此於《別錄》屬明堂陰陽。」則劉向所校的本子也是四十九篇，這三篇本來就在《禮記》裡面，並不是馬融後來加進去的，那是很明顯的。（註109）

2. 小戴禮記非刪自大戴禮記

鄭康成《六藝論》稱「戴德傳記八十五篇」，而《隋書・經籍志》說：「《大戴禮記》十三卷。」戴震時《大戴禮記》卷數與《隋志》合，僅三十九篇，而亡者四十六篇。《隋志》言戴聖「刪大戴之書為四十六篇，謂之《小戴記》。」戴震不以為然，曰：「凡大小戴兩見者，文字多異。《隋志》以前，未有謂小戴刪大戴之書者，則《隋志》不足據也，所亡篇目不存或兩見實多耳。然因《隋志》而知隋唐間所存已僅三十九篇。」（註110）又史繩祖謂《大戴記》雜取《家語》之書，戴震也反對此說，以為《家語》襲《大戴》，而非《大戴》雜取《家語》。（註111）

3. 異晝夜漏

戴震《經考》卷四「異晝夜漏」條，按語曰：「晝夜永短，隨地之南北不同，漸北則夏永者益永，冬短者益短，以至於北極下，半年為晝，半年為夜矣。漸南則夏永者漸減，而冬短者漸增，以至於赤道下，一歲恆如春秋，分無復永短矣。言其近者，南北萬里而永短即殊，因其北極高下不同，可以推算知之也。……古漏刻之法，

註109：高明《禮學新探》，香港中文大學，1963年，頁29-30。
註110：《戴震全集》第三冊，頁1254。
註111：《戴震全集》第三冊，頁1254。

晝夜百刻，每一刻為六十分，以十分為一小刻，分隸十二辰，每一辰八大刻二小刻。梁天監中改用九十六刻，每一辰惟八刻，始變古法，旋廢不用。今歐羅巴以晝夜為二十四小時，一小時四刻合一，凡九十六刻，蓋本於梁天監中所改者耳。」（註112）

4. 論逸禮三十九篇

戴震《經考》卷四「逸禮三十九篇」條，按語曰：「《漢志》云：『與七十篇文相似，多三十九篇。』謂校高堂生所傳之十七篇，十七誤倒為七十。蓋《禮古經》五十六卷，篇各為卷，實五十六篇，內減十七篇，故多三十九篇。『學』即『校』也，又按：〈本命〉亦《大戴禮記》篇名，及〈聘禮志〉皆非逸《禮》。〈投壺〉、〈奔喪〉，鄭康成雖以為《禮》之正經，而不云在逸《禮》中。」（註113）

5. 論《禮記》

戴震《經考》卷四「禮記」條，按語曰：「成帝河平三年，命劉向校中祕書，至哀帝時，復使子歆卒父業。歆于是總群書，奏其《七略》。班固因《七略》以為《藝文志》。其《儒林傳》云：『戴聖號小戴，以博士論石渠，至九江太守』論石渠在宣帝甘露中，前於劉向校理祕書矣。大小戴刪定《禮記》在宣、成之間，而班《志》所載，但據《七略》，論列之舊不及二戴篇數，後人因《隋書經籍志》先言劉向考校經籍，次言《大、小戴記》，遂以為《二戴》因劉向校定者而刪其煩重，非也。」（註114）

註112：《戴震全集》第三冊，頁 1340-1341。
註113：《戴震全集》第三冊，頁 1339。
註114：《戴震全集》第三冊，頁 1340-1341。

6. 論《大戴禮記》八十五篇

戴震《經考》卷四「大戴禮記八十五篇」條，考校之精詳，無以復加。按語曰：「《大戴禮》，宋時曾列之《十四經》，余嘗考定其文，記於〈目錄〉後曰：右《太傳禮》見存三十有九篇，不題作注人姓名。朱子引〈明堂〉之說二、九、四、七、五、三、六、一、八。鄭注曰：『法龜文以注，為康成作也。』惟王伯厚指為盧辨之注。是書自漢迄今，注獨此一家，而脫誤特多，余嘗訪求各本，得宋本一，元、明本四。宋本亦有譌失。余合五本參互校正，今春正月（註115），盧編修弨弓以其校本示余，又得改正數事，盧編修本所失者，則余五本中或得之。若疑文闕句，無從考得，姑俟異日。鄭康成注〈學記〉引〈成王踐阼〉，孔沖遠以師尚父『亦端冕』及『西折而南』，皆為鄭所加，又丹書之言曰：『敬勝怠者強，怠勝敬者亡。』瑞書則云：『敬勝怠者吉，怠勝敬者滅；義勝欲者從，欲勝義者凶。』今各本不與沖遠所見同，殆俗儒未省照，徒據康成稱引竄改也。〈夏小正〉「緹縞」下忽云：『何以謂之『小正』？以小著名也。』朱子《儀禮經傳通解》移之於篇首，實《爾雅疏》語，校是書者所竄入。〈公冠篇〉，太子擬焉，各本譌作「天子」，吳幼清《儀禮》逸《經》亦然，幸盧注可考其〈公冠〉之譌為〈公符〉。王伯厚《困學記聞》已莫是正。許叔重《五經異義》論明堂稱：《戴記》、《禮說》、《盛德記》，《魏書·李謐傳》、《隋書·牛弘傳》，俱稱〈盛德〉篇，或稱〈泰山盛德記〉。蓋隋唐以前，故《書》無所謂〈明堂〉篇者。朱子引〈明堂〉不引〈盛德〉，於此知宋時之本已分合竄易，非復前人之舊矣。《書》有十三卷，凡五卷無注。卷之四、卷之五，〈立事〉至〈天圓〉十篇，

註115：按乾隆二十二年丁丑，西元 1757 年。

篇題並冠以《曾子》，即《漢藝文志》之《曾子》，書尚存於是。卷之九〈千乘〉、〈四代〉、〈虞戴德〉、〈誥志〉，卷之十一〈小辨〉、〈用兵〉、〈少間〉，王伯厚以為即《漢志》《孔子三朝》七篇，中隔以卷之十，篇帙淆亂也。篇目起三十九，迄八十一，中有兩七十四，晁公武亦云。然熊朋來、吳幼清皆云兩七十三，陳振孫云兩七十二，因竄入〈明堂〉篇，題為六十七，已下改者殊也。注中徵引漢、魏、晉之儒有：康成、譙周、孫炎、宋均、王肅、范寧、郭象及楊孚《異物志》，然則為景宣注甚明。」（註116）

7. 考《夏小正》

戴震《經考》卷四「夏小正」條，按語曰：「《隋志》『《大戴禮》十三卷』，而《夏小正》別為卷；今《夏小正》在十三卷中，為第四十七。朱子《儀禮經‧傳》採其篇，以此篇有經有傳，遂分別十二月之經，而以傳讓一字，分繫其下。」接著詳考是篇所記之星象，不續引錄。（註117）

8. 論《曾子》十篇

戴震《經考》卷四「曾子十篇」條，按語曰：「《曾子》書，《漢志》、《隋志》皆別行，今不復有傳本，惟《大戴禮》中〈曾子立事〉至〈曾子天圓〉十篇為兩卷，篇題皆冠以「曾子」二字，其即《漢志》《曾子》之尚存者無疑。」（註118）

註116：《戴震全集》第三冊，頁1341-1342。
註117：《戴震全集》第三冊，頁1344-1345。
註118：《戴震全集》第三冊，頁1345。

9. 論《月令》

　　戴震《經考》卷四「月令」條，按語略謂:《月令》昏旦中星，與《夏小正》大致差一次，此「歲差」之說。歲差者，以恆星每歲東移，積至二千一百餘年而差及一次，昏旦中星既變，則北斗所指亦殊。鄭康成《注》，於十二月之下，都說「斗建某之辰」，是不對的。戴震曾就《周髀》考之，而知月建之說由於北極，而作《璿璣四游解》。又作《月建解》(即《周髀北極璿璣四游解二》)，認為「月建之說，由來古矣。漢人據《逸周書》，以為斗杓移辰者，失其傳也，試以正北極為中，以北極璿璣環繞而成之規，均分十有二宮。」接著解析建子建丑至建亥。引祖沖之曰:「月位稱建，諒以氣之所本，名隨實著，非謂斗杓所指。今校漢時已差半次，審斗節時，其效安在?」戴震考北極璿璣四游，與日躔黃道發斂相應，而二十四氣因之。認為祖沖之所謂「諒以氣之所本」，雖未能確信，但甚有卓識。(註119)

　　高明先生說:「大抵《月令》這類文字，夏代已有，周人加以修正，收在《周書》裡;協助呂不韋的一些儒者又加以修正，收在《呂氏春秋》裡;劉安又加以修正，收在《淮南子》裡;而漢初禮學家又加以修正，收在《禮記》裡。這篇文字既然周代以前已有，周代以後又迭經修正改編，自不能盡合周法;如果因為它不能盡合周法，而即否定它和《周書》的關係，這是不對的。再說，這篇文字確是從《呂氏春秋》衍變來的，如果因為《周書》裡有這類文字，而即否定它和《呂氏春秋》的關係，這也是不對的」。(註120)

註119:《戴震全集》第三冊，頁 1341-1342。
註120: 高明《禮學新探》，香港中文大學聯合書院中文系，1963 年，頁 37。

10. 論《樂記》

戴震《經考》卷四「樂記」條,按語略曰:《樂記》十一篇,據皇侃所分,自首至「王道備矣」為《樂本》;自「樂者為同」,至「則此所與民同也」為《樂論》;自「王者功成作樂」,至「聖人曰禮樂云」為《樂禮》;自「昔者舜作五絃之琴」,至「先王著其教焉」為《樂施》;自「夫民有血氣心知之性」,至「是以君子賤之也」為《樂言》;自「凡姦聲感人」,至「則所以贈諸侯也」為《樂象》;自「樂也者,情之不可變者也」,至「然後可以有制於天下也」為《樂情》;自「魏文侯問於子夏曰」,至「彼亦有所合之也」為《魏文侯》;自「賓牟賈侍坐於孔子」,至「不亦宜乎」為《賓牟賈》;自「君子曰:禮樂不可斯須去身」,至「可謂盛矣」為《樂化》;自「子贛見師乙而問焉」至末為《師乙》。(註121)

11. 《周禮》周公之遺典

戴震《經考附錄》卷四「周禮周公之遺典」條,引錄朱子曰:「《周禮》乃周家盛時聖賢制作之書。」又曰:「胡氏父子以《周禮》為王莽令劉歆撰,此恐不然。《周禮》是周公遺典也。」(註122)

12. 宋已後變亂《周禮》

戴震《經考附錄》卷四「宋已後變亂《周禮》」條,意謂:宋俞庭椿作《復古編》,謂《冬官》不亡,錯簡五《官》之內,於是取其近似者別為一卷,以補《冬官》。從此五《官》大亂,以古本校之,

---

註121: 《戴震全集》第三冊,頁1359。
註122: 《戴震全集》第三冊,頁1561。

非復周公之舊。戴震贊同徐常吉的意見，引錄徐氏的話：「《周禮》闕《冬官》，漢儒以《考工記》補之。實則《周禮》一書，聖人用意深遠精密，設一官，分一職，即如府史胥徒之賤，酒醴鹽醬之微，好用匭頒之末，分布聯屬，無不各有意義，如任意割裂，以相補塞，此足而彼虧。昔只《冬官》闕，而今則五《官》都闕。昔《周禮》雖闕猶全，今則雖補而實亡，為害聖經至大。」（註123）

13. 《家語》贗本襲《大戴記》

戴震《經考附錄》卷四「家語贗本襲大戴記」條，首先引錄史繩祖之說，史氏以為《大戴記》大抵雜取《家語》，分析而為篇目。又引錄陸元輔之言，有《大戴禮》某篇，與《家語》某篇「大同小異」、「略同」、「同」、「大略多同」、「多不同」、「詳略不同」、「大抵相似」等斷語。戴震按語曰：「《大戴禮記》多同《家語》者，《家語》出於王肅竊取是書為之。史繩祖引《公冠篇》『陛下顯離先帝之光耀』以下，俱為成王冠辭。蓋讀書不審章句，遂謬加譏評。書中明言，孝昭冠辭，而史氏誤連成王冠辭讀之，何也？此誤要不始于繩祖，王肅竄改《大戴記》及諸書，以為《家語》已併，章句不辨矣。《家語》襲《大戴》，非《大戴》襲《家語》，就此一條，亦其明證。而史氏乃曰『當以《家語》為正』，豈不謬哉！」（註124）

14. 論二程子更定《大學》

戴震《經考附錄》卷四「二程子更定大學」條及「變亂大學」條，誠屬為程朱辯護。《大學》為《禮記》第四十二篇，原不單行，

註123：參《戴震全集》第三冊，頁1567-68。
註124：《戴震全集》第三冊，頁1577。

唐《開成石經》和宋刻《禮記注疏》中的《大學》，文字次序全同，是世所稱的「古本」。宋仁宗天聖八年，賜進士王拱辰《大學篇》一軸，司馬光著《大學廣義》一卷，又與他人合著《六家大學解義》一卷，《大學》才開始有單行本。戴震說明程朱更定《大學》的情形，曰：「明道改本自『大學之道』至『則近道矣』，下接『康誥曰：克明德』至『止於信』，下接『古之欲明明德於天下者』至『未之有也』，下接『此謂知本，此謂知之至也。』所謂『誠其意者』至『辟則為天下僇矣』，下接『《詩》云：瞻彼淇澳』至『大畏民志，此謂知本』，下接『《詩》云：殷之未喪師』至『以義為利也。』伊川改本自『大學之道』至『未之有也』，下接『子曰：聽訟，吾猶人也』至『此謂知之至也』，下接『《康誥曰：克明明德》』至『止於信』，下接『所謂誠其意者』至『辟則為天下僇矣』，下接『《詩》云：瞻彼淇澳』至『此以後世不忘也』，下接『生財有大道』至『以義為利也。』朱子改本，今《四書集注》是也。古本則《禮記》鄭康成《注》者是也。自程子發明『格物致知』之說，始知《大學》有闕文。凡後儒謂格物致知不必補，皆不深究聖賢為學之要而好為異端，其亦謬妄也矣。」（註125）

「變亂大學」條，戴震按語曰：「《大學》『明明德』、『新民』是為修己治人兩大端，然而析理有未精，則所以修己治人者，胥不免於差謬，故更言『止至善』。雖若為上二者要其終，實為上二者正其始也。必析理極精，知其至善而止之，然後能得止。而『明明德』、『新民』可以不至於或失，此三綱領下即接『知止』一節之故。若所以『知止』之功，此尚未言，待八條目中『格物』『致知』乃詳之。

註125：《戴震全集》第三冊，頁1578。

《大學》之『格物』『致知』，即《中庸》之『明善』『擇善』，《孟子》之『盡心』『知性』『知天』。古聖賢窮理精義實事也。其曰『知所先後』、曰『知本』者，則又為下學言之。欲其知先治己而後治人，先明善而後能誠身耳。此所『知』者止是為學次第，非如『格物致知』之『知』。主乎理精義明也。董氏諸人，於程子、朱子『格物致知』之說初未有得，遂謂《大學》無闕文，而欲以『知止』至『則近道矣』及『聽訟』節為『格物致知』之義，其亦謬矣。夫古人之書不必無殘闕，知有闕而未言者，則書雖闕而理可得而全。苟穿鑿附會，強謂之全書，害於理轉大。讀古人書，貴心通乎道。尋章摘句之儒，徒滋異說，以誤後學，非吾所聞也。」（註126）

　　自朱子以後，《大學》改本紛起，有不以朱子改補為然者，如宋之董槐著《大學記》一卷，謂《大學》本無闕文，只是錯簡釐正未盡而已。其後如葉夢鼎、車若水、黃震、王柏、吳澂、景星、王巽卿、王褘、宋濂、方孝孺、鄭濟、鄭濂、程敏政、蔡清、都穆、顧炎武、趙翼、袁枚等，都哄然響應。但陸、王學者持不同態度，象山高弟楊慈湖謂《大學》所言為學次第失之支離，疑非聖人之言，而王陽明又疑朱子《大學章句》非聖門本旨，「格物」一章亦無缺傳可補，力主恢復《大學》古本。（註127）而明末清初的陳確，認為明末士風衰敝敗壞的根源是《大學》，他說：「五百年來，學者大抵皆為《大學》所困。」甚至作《大學辨》，否定《大學》是聖賢之書。

　　戴震《經考附錄》附「羅更校記」，略謂：戴震所論，皆通儒遠識，非囿於漢宋門戶之見者所知。惟《經考》及《經考附錄》，是戴

註126：《戴震全集》第三冊，頁 1579-1580。
註127：參鮑國順《戴震研究》，國立編譯館，1997 年，頁 278-279。

震早年治經時的札記，在三十五歲以後寫定的，代表他早期的思想言論，但是，入都以後議論丕變，非早年服膺程朱的狀況，而以義理薄程朱了，他在癸未年（1763）前所作的《大學補注》，已改變《經考附錄》的想法了。段玉裁《年譜》程《大學補注》，其言理皆與《原善》、《孟子字義疏證》無纖微不合，此時戴震已捨程朱而從鄭《注》了。（註128）

15. 明堂考

　　《戴震文集》卷二有〈明堂考〉一文。明堂是中國古代帝王宣明政教的地方，也是古代王者的居所，凡朝會、祭祀、慶賞、選士、養老、教學、朝覲、耕耤、饗射、獻俘、治曆、望氣、告朔等大典，均在明堂舉行。三代明堂之制，見於《周禮‧考工記‧匠人》、《大戴禮記‧明堂》、《禮記‧月令》等。其後宮室漸備，另在近郊東南建明堂。古代明堂之說，歷代禮家眾說紛紜，漢代高誘、蔡邕，晉代紀瞻，都以明堂、清廟、太廟、太室、太學、辟雍為一事，對於明堂內部結構皆未詳考。漢以後講明堂者，有朱彝尊《經義考》、李謐《明堂制度論》、孔穎達《明堂議》、魏徵《明堂議》、顏師古《明堂議》、馮宗之《明堂大享議》、王方慶《明堂告朔議》、張大頤《明堂議》、姚璠之《明堂儀注》、李襲譽《明堂序》、郭山惲《大享明堂儀注》、無名氏《明堂記紀要》、李覯《明堂定制圖》、姚舜哲《明堂訓解》、姚舜仁《明堂定制圖序》、王炎《明堂議》、朱熹《明堂圖說》、陳藻《明堂問》，其書或存或佚。清人專考明堂者有十九家，二十三篇之多。（註129）

註128：《羅更校記》見《戴震全集》第三冊，頁 1652-53。
註129：林尹《大戴禮記今註今譯‧自序》。

　　清代惠棟《明堂大道錄》八卷，是清代第一本對中國古制度的考證專著，第一次闡明古代天子行政中心的「明堂」制度內容與變遷。由此引發清代中葉以禮為中心的典章制度研究風潮。（註130）

　　惠棟認為明堂為五室四堂，戴震則考出五室十二堂，比惠棟更精密。戴震認為明堂法天之宮，五室十二堂，故曰「明堂月令」。明堂的中央叫太室，是個正室。該正室是一室而四堂：東堂叫青陽太廟，南堂叫明堂太廟，西堂叫總章太廟，北堂叫玄堂太廟。

　　明堂的四角也有室，叫夾室。四角之室共四室而八堂：東北隅之室，是玄堂的右夾室，青陽的左夾室，有二堂，北堂叫玄堂右个，東堂叫青陽左个；東南隅之室，是青陽右夾室，明堂的左夾室，有二堂，東堂叫青陽右个，南堂叫明堂左个；西南隅之室，是明堂的右夾室，總章的左夾室，有二堂，南堂叫明堂右个，西堂叫總章左个；西北隅之室，是總章的右夾室，玄堂的左夾室，有二堂，西堂叫總章右个，北堂叫玄堂左个。（註131）

　　戴震說，凡夾室的前堂，或稱為「箱」，或稱為「个」。「个」是兩旁之名。戴震認為，明堂的結構沒有脫離古代宮室的一般建制。他還考釋了明堂之制的歷史發展：夏曰世室、殷曰重屋、周曰明堂。從明堂的內部構成看，「周人取天時方位以命之，東青陽，南明堂，西總章，北玄堂，而通曰明堂，舉南以該其三也。」（註132）如果說其正室而不言其旁支，戴震認為此不合古制。他說：「四正之堂，皆曰太廟，四正之室，共一太室，故曰太廟太室，明太室處四正堂中央爾。世之言明堂者，有室無堂，不分个夾，失其傳久矣。」（註133）

註130：參丘為君《戴震學的形成》，台北市聯經出版公司，2004 年，頁 175。
註131：李開《戴震評傳》，南京大學出版社，2001 年，頁 105-106。
註132：《戴震全集》第二冊〈明堂考〉，北京清華大學出版社，1992 年，頁 846。
註133：《戴震全集》第二冊，頁 846。

　　李開指出，戴震的這一考證，在文化史上有重要意義。近人王國維有《明堂廟寢通考》，與戴震結論庶幾一致，更可證實戴震的結論是可靠的。王國維說：「室者，宮室之始也，後世彌文，而擴其外而為堂，擴其旁而為房，或更擴堂之左右而為箱、為夾、為个（三者異名同實）。然堂後及左右房間之正室，必名之曰室，此名之不可易者也。故通言之，則宮謂之室，室謂之宮。析言之，則所謂室者，必指後之正室；而堂也、房也、箱也，均不得蒙此名也。《說文·宀部》：「室，實也。」以堂非人所常處，而室則無不實也。晝居于是。（《玉藻》：『君子之居，恆當戶。』戶謂室戶也）。夜息于是。賓客于是（《典禮》：『將入戶，視必下』。又，『戶外有二屨，言聞則入』。皆謂室戶）。其在庶人之祭於寢者，則詔祝於是，筵尸于是，其用如斯其重也。」（註134）《戴震全集》中《考工記圖》有〈明堂圖〉，茲附於下：

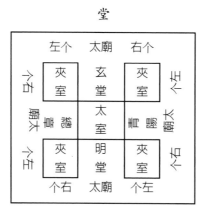

<hr />

註134：王國維《觀堂集林》，中華書局 1984 年版，第一冊卷三，頁 123-124。

16. 三朝三門考

　　《戴震全集》第二冊及《戴震文集》，都收錄〈三朝三門考〉一文。三朝是古代天子、諸侯處理政事的場所。朝和門是有聯繫的，通常認為三朝是指外朝、治朝、內朝（燕朝）；三門是指諸侯三門，有皋門、應門、路門。而古傳天子有五門（皋門、庫門、雉門、應門、路門）。戴震認為以上這些看法都「失其傳也」。戴震說，天子的宮門有皋門、應門、路門（又名虎門、畢門），無庫門和雉門。諸侯之宮門有庫門、雉門、路門，無皋門、應門。皋門是天子的外門，庫門是諸侯的外門；應門是天子的中門，雉門是諸侯的中門。這些名稱的區分是用來「殊其制、辨等威」的。

　　關於「朝」，戴震認為，天子有三朝，諸侯也有三朝，名稱相同。三朝之一是內朝，是君臣日見之朝，又叫治朝、正朝（《禮記》上還稱它外朝），設置在路門的外庭；之二叫外朝，是「斷獄蔽訟及詢非常之朝」，設置在中門的外庭；之三叫燕朝，是「以燕以射，及圖宗人嘉事之朝」，設在路寢庭。戴震還解釋《禮記‧大同‧禮運》上：「昔者仲尼與於蜡賓，事畢出游於觀之上。」為什麼用「出游」二字，那是因為諸侯的「蜡之饗亦祭宗廟，廟在雉門（即諸侯中門）內，故出而至觀（宮門前兩邊的望樓，又叫闕）」。戴震認為，魯國是諸侯，這裡的「觀」顯然是雉門前兩邊的望樓。戴震還解釋《左傳‧閔公二年》上一句話：「間於兩社為公室輔。」這句話是相對於朝廷執政、君臣相見之處而言，「在中門內明矣」。後來，清代經學家黃以周（1828-1899），在《禮書通故‧宮室二》中考證「三門」，說：「天子宮垣之門有三：路門為宮門之終，亦曰畢門；應門為宮門之中，亦曰中門；庫門為宮門之外，亦曰大

門。……諸侯三門當以雉、庫、路為次。」與戴震的說法庶幾相近。（註135）

17. 匠人溝洫之法考

《戴震全集》第二冊及《戴震文集》〈匠人溝洫之法考〉一文，係考證古代井田制度的具體做法。戴震說：「一夫百畝，田首有遂。（李開按：一般為廣深二尺的小溝），夫三為屋，遂端則溝。屋三為井，溝在井間也。（李開按：畝、夫、屋皆古代田制，古制六尺為步，步百為畝，畝百為夫，夫三為屋，屋三為井）。井十為通（李開按：土地面積單位），溝端則洫。通十為成，洫在成間也。十成為終，洫端則澮。十終為同（李開按：成、終、同皆土地面積單位），同薄於川，澮在同間也。」

至於古時候人們在這井田制的土地上勞動，戴震說：「南畝（李開按：土地向南開闢）而耕，畎縱遂橫，溝縱洫橫，澮縱川橫。東畝而耕，畎橫遂縱，溝橫洫縱，澮橫川縱。」他還用此古代田制解釋《詩經》，說：「《詩》曰：『南東其畝』，因川制田歟？」唐代的賈公彥說：「井田之法，畎縱遂橫，溝縱洫橫，澮縱自然川橫。」戴震認為賈說只據南畝而言，未及東畝。

18. 考古代服飾名物制度

《戴震全集》第二冊及《戴震文集》，載錄《記冕服》、《記皮弁服》、《記爵弁服》、《記朝服》、《記玄端》、《記深衣》、《記中衣褺衣襦褶之屬》、《記冕弁冠》、《記冠衰》、《記括髮免髺》、《記絰

註135：參見李開《戴震評傳》，南京大學出版社，2001 年，頁 107-108。

帶》、《記繶藉》、《記捍決極》等十三文，論述了古代的一系列服
飾名物制度。《記冕服》論述古代統治者的禮服，特別是舉行吉禮
時穿用的禮服。《記皮弁服》論述用白鹿皮製作的古冠，即視朝常
服皮弁冠。《記爵弁服》論述次於古代帝王、諸侯、卿大夫所戴的
禮帽「冕」之類的爵弁冠（又名雀弁冠）。《記朝服》論述君朝會
時所穿的禮服。《記玄端》論述古代諸侯、大夫、士等祭祀的緇布
衣。《記深衣》論述古代諸侯、大夫、士家居時所穿的衣服，也是
庶人的常禮服。《記中衣褐衣襦褶之屬》論述古時穿在祭服朝服裡
的衣服「中衣」，裘（皮衣）上復加的外衣「褐」，以及內外衣配
套的襦褶之屬。《記冕弁冠》論述古代禮冠中最尊貴的一種，即冕
旒，也叫冕弁冠。《記冠衰》論述不同的等級喪服之冠。《記括髮
免髽》論述服喪時以麻束髮的「括髮」，脫帽扎髮，用布纏頭的
「免」，麻髮合結的婦人喪髻「髽」。《記経帶》論述古代喪服期結
在頭上或腰間的麻帶「経帶」。《記繶藉》論述玉器的彩色墊板「繶」
及用「繶」承玉的「繶藉」。《記捍決極》論述古代射者所著的一
種革制袖套「捍」，用於弦的板指「決」，套在右手食指、中指、
無名指上便於引放弓弦的「極」。

　　後來孫詒讓（1848-1908）作《周禮正義》四十卷，對這些上古
禮服制度作進一步考證，許多看法都和戴震一致。這類名物制度的
考證，逮及孫詒讓、王國維，蔚為專學大業。章太炎說：「弁冕之制，
紳烏之度，今世為最微。而諸儒流沫討論，以存其梗概，亦當務之
用也。」（註136）

___

註136：以上參見李開《戴震評傳》，頁 109-112。章太炎之說，見章太炎《檢
　　　論》四《清儒》。

19. 校訂《大戴禮記》，使成善本

　　段玉裁《戴東原先生年譜》中說：「先生在四庫館《永樂大典》內散見者僅十篇，以與各本及古籍中摭引《大戴禮記》之文，參互考核，附按語於下方，是注乃可與《三禮》並讀，有〈提要〉一首。」戴震在《大戴禮記》的總目提要中，敘述了該書的流傳經過。他考證出書中《盛德篇》分出《明堂篇》是隋唐以後的事。而《夏小正》篇是書中最古的篇目，隋唐間流傳的該書或缺《夏小正》，其《諸侯遷廟》、《諸侯釁廟》、《投壺》、《公冠》，皆《禮古經》遺文。《漢書‧藝文志》有《曾子》十八篇，久逸。《大戴記》存十篇，自《立事》至《天圓》，均冠以「曾子」二字。關於本書的注，戴震確證北周盧辯注無疑，但盧辯注之書「正文並注，訛舛幾不可讀。」戴震認為宋代史繩祖《學齋佔畢》，把《大戴記》列之十四經中，令人耳目一新，然「其說今不可考」。《大戴禮記》一書，「先王舊制，時有徵焉，固亦禮經之羽翼爾。」（註137）

20. 校補《儀禮》

　　乾隆四十年（1775），戴震從《永樂大典》中校錄宋張淳《儀禮識誤》，並撰總目〈提要〉，校錄李如圭的《儀禮釋宮》，並撰總目〈提要〉。此外，還著《儀禮考證》一卷。今《四庫全書總目提要》中《儀禮注疏》提要、《儀禮識誤》提要、《儀禮釋宮》提要，均出戴震手筆，而推證戴震據以補充《儀禮注疏》的《儀禮集釋》（宋李如圭撰）的提要，也是戴震寫的。

註137：參考李開《戴震評傳》，頁 112-114。

　　《儀禮注疏》提要，列述該書的流傳經過，篇目及注疏亡佚甚多，至唐賈公彥作疏時僅據齊黃慶、隋李孟哲二家之疏定為今本。然賈疏本自明以來又「刻本訛舛殊甚」。顧炎武的《日知錄》早就提出：「萬曆北監本十三經中，《儀禮》脫誤尤多。」戴震據唐長安石經補證之。戴震慨然說：「《儀禮》文古義奧，傳習者少，注釋者亦代不數人，寫刻有訛，猝不能校，故紕漏至于如是也。今參考諸本，一一釐正，著於錄焉。」

　　《儀禮識誤》提要，重點在評述該書對校補《儀禮》的重要性。《儀禮集釋》的提要，也著重評述該書對校補《儀禮》的重要性。《儀禮釋宮》的提要，指出該書是考論古人宮室之制。

21. 傳世之作《考工記圖注》

　　科技史是文化史的重要組成部分，先秦時期是我國古代科學技術迅速發展的契機，《墨經》和《考工記》是點綴當年科苑星空的兩顆明珠。（註138）《墨經》中的純科學理論，當時的中國社會，一時接受消化不了，很少有人問津，一擱千百年。《考工記》則廣為流傳，其影響遠在《墨經》之上。（註139）現在我們要想打開先秦科技文明的門戶，了解東方巨龍首次騰飛的科技背景，進而把握中國古代科技成就的來龍去脈，《考工記》就是一本相當合適的「指南」。（註140）明代宋應星著有《天工開物》，如果說《天工開物》是古代技術傳統的成功總結，《考工記》則給古代技術傳統以光彩的開端。（註141）

註138：王錦先〈讀考工記導讀圖譯〉，閔人軍著《考工記導讀圖譯》，台北市明
　　　　文書局，1990 年，頁 1。
註139：閔人軍《考工記導讀圖譯》，台北市明文書局，1990 年，頁 2。
註140：閔人軍《考工記導讀圖譯》，頁 3。
註141：閔人軍《考工記導讀圖譯》，頁 12。

《考工記》一書，據清江永《周禮疑義舉要》中的考證，是春秋末齊國人記錄手工藝技術的官書，是先秦古籍中重要的科學技術著作。西漢河間獻王劉德，因《周官》缺少《冬官》篇，便以此書補入。劉歆校書時又改書名《周官》為《周禮》，故亦稱《周禮・考工記》。清儒對於這部書有幾種精深的著作，最著名為戴震的《考工記圖注》，阮芸臺的《考工記專制圖考》，乃其少作，亦精核。次則王宗涑的《考工記考辨》。（註142）

戴震二十歲時，作《贏旋車記》一文，完全是仿《考工記》的文風寫成的。二十四歲時作《考工記圖》初稿，乾隆二十年（1755）冬刊行，紀昀為其作序，讚為奇書，並將戴震的《補注》，與昔儒舊訓參互校核，在序中詳列《考工記圖》補正鄭《注》的精審之處，得十二例，對《考工記圖》諸方面的學術成就，亦有很高的評價。美國恆慕義（A.W. Hummel, 1884-1975）主編的《清代名人傳略・戴震傳》也說：「該書使戴震一舉成名」，洵非溢美之詞。（註143）

戴震《考工記圖注》的體例是，逐段注釋，概其大要，對各段中難懂的名物詞，尤其注重，引《爾雅》等著作詳加詮釋，凡注文以「注」出現者為引鄭司農注和鄭玄注，以「補注」字樣出現者為戴震自注，以小字直接注於原文之下亦為戴震注，對原文中重要難解的名物，繪圖並詳加說明，使數千年前的古物古器的尺寸大小、形狀構制一目了然，全書列圖五十八幅。戴震著《考工記圖注》的本意是為了治經。

註142：梁啟超《中國近三百年學術史》，台北華正書局，1994 年，頁 209。
註143：參聞人軍《考工記導讀圖譯》，頁 130。

　　據李開的研究，綜貫全書，戴震作出的有關名物、技術的考釋中，較突出的貢獻有以下二十四條：（註144）

(1) 車軸端「軹」當作「軝」。

(2) 解釋車輪輻條的粗細和車軸的「輥」形。

(3) 解釋車輪和車軸裝配中的綆和「蚤正」問題。

(4) 精確計算出車軸所穿之孔的直徑。

(5) 解釋《考工記》有關支撐車蓋弓形木架上的孔穴的說法。

(6) 正確解釋車軫的含義。

(7) 解釋了車件構造輢、軓、任木、任正、衡任等名稱，歸納了「輿人」和「輈人」的不同之處。

(8) 《考工記圖注》中繪圖之後，還沒有《釋車》專章，將原書中許多名物詞的句子摘錄出來詳加註釋考核，這一做法，為後世解釋三禮名物提供了完整體例。

(9) 《圖注》研究了戰國兵器戈、戟的構製尺寸，繪製了圖像，並詳加說明，明確了各部分的組成、功能和確切部位，糾正了漢代鄭玄對戰國兵器的誤釋，《圖注》是我國兵器史上的重要文獻。

(10) 糾正了鄭玄對戰國度量衡制鍰、鋝為同一制的誤釋，認為兩制異量。

(11) 正確解釋《考工記・桃氏》「中其莖設其後」，鄭玄訓「設」為大，謂從中以後稍大之。

(12) 繪製了戰國樂器鐘圖，已屬奇蹟，且對鐘之鉦間圓徑詳加考釋。戴震發現古鐘合於句股，是對古樂器史研究的重要

註144：李開《戴震評傳》，南京大學出版社，2001年，頁75-85。

貢獻。繪製的古鐘圖，一直是研究古樂器的重要依據。《考
工記圖注》著成後，乾隆年間江西發現一口大鐘，正與戴
說合。

(13) 繪製了戰國時代三種鼓的圖形，以明原書與注的敘述。

(14) 詳細說明了土圭之法。（土圭是古代用以測日影、長度的器
具）。

(15) 考證出古代承棗、栗的玉案有四周，下有曲腳。

(16) 繪製了古代容器甒鬲、簋、豆、勺、爵、觶，並說：「古銅
甒有存者，大勢類此」。後來的研究及考古發現，完全證實
了戴震《圖注》的正確性。

(17) 關於古代祭祀的時間、含義、參加對象的考證。

(18) 正確解釋《考工記・廬人》：「凡兵，勾兵欲無彈，刺兵欲
無蜎」一句。

(19) 詳細敘述了古代天文觀測中的「為規識（李開按：通
「志」，標記）日出之影與日入之影」的方法，和測量北
極星的方法。糾正了時人測量中的錯誤做法，成為保存、
重現古代天文觀測方法的完整的珍貴資料。戴震的補注
和圖像，起到提高「為規識影」和測北極高下的精確度的
作用。

(20) 考釋了先秦都城的建制，包括宗廟、宮廷共建等情形。

(21) 認為殷人世室、重屋建制皆如周代明堂。

(22) 對《考工記・匠人》中有關古代井田制的記述詳為考釋。

(23) 在考釋上古車制的基礎上，指出上古車同軌，這一考釋對
研究戰國車制和秦代車制有重要的意義，戰國車制是秦代
車制的前階。

(24) 在《弓人》圖注中，繪製了戰國的弓圖，標明了各部位的名稱。在補注文字中，解釋了弓的取材、製法、使用、部件名稱和構造尺寸大小、裝配等。是複製戰國弓的可靠依據。

戴震在《考工記圖‧後序》中說：「執吾圖以考之群經暨古人遺器，其必有合焉爾。」實際上，戴震的某些推測，已被考古實物所否定，而有些真知灼見則為考古發現所證實。（註145）

聞人軍以為，《考工記圖》中的大小諸圖，共五十九幅，對於理解《考工記》中的名物制度極為有用，歷來受人稱賞。但因成書年代較早，二百多年來，尤其是近幾十年來的考古發現和研究，已經顯示戴震的圖約有三分之一與考古實物不合，有些是明顯的誤解；其餘的三分之二也有不少需要修正和充實。（註146）

（五）《春秋》學

《春秋》本魯史記之名，記事者以事繫日，以日繫月，以月繫時，以時繫年。孔子因魯史以修二百四十餘年之事，故仍名《春秋》。漢初傳《春秋》者，有《公羊》、《穀梁》、《左》、《鄒》、《夾》五家，其後鄒氏無師，夾氏未有書，不顯於世。今所傳者，唯《公》、《穀》及《左氏》三傳。宋胡安國曰：「《左氏》敘事見本末，《公羊》、《穀梁》辭辯而義精。學經以傳為宗，則當閱《左氏》。玩辭以義為主，則當習《公》《穀》。」是以三傳各有所長，《左傳》以敘事為主；《公羊傳》、《穀梁傳》以解釋經文為主，敘事極少，不是歷史性質的書。

註145：聞人軍《考工記導讀圖譯》，頁2。
註146：聞人軍《考工記導讀圖譯》，頁2。

西漢時只有《公羊傳》設立博士，後來又有《穀梁傳》，但東漢時仍以《公羊傳》為盛。六朝以後，《公羊傳》、《穀梁傳》漸廢，獨行《左氏傳》。宋代胡安國的《春秋傳》最為盛行，元明兩代以胡《傳》取士，《春秋三傳》幾乎被廢。清儒復興古學，《春秋》及三傳之學恢復發展。顧棟高（1679-1759）作《春秋大事表》五十卷，輿圖一卷，附錄一卷，將春秋列國史事、天文曆法、世系官制、疆域地理等列表說明。劉文淇、劉毓崧父子用治經方法治《左傳》，作《左傳正義》。《公羊傳》的研究始於戴震的學生孔廣森，及與戴震同時代的莊存與（1719-1788），著有《春秋正辭》，發明《公羊》微言大義。莊氏的外甥劉逢祿，著《公羊經何氏釋例》，此後《公羊》學大昌，後來的龔自珍、魏源、戴望等，都是《公羊》學派。

戴震的《春秋》學，未有專著，集中體現在今本《戴震文集》中《春秋改元即位考》上中下三篇、《春秋究遺序》、《周之先世不窋已上闕代系考》等篇，及早年的《經考》卷五、《經考附錄》卷五有關《春秋》的札記。茲論述戴震的《春秋》學於後。

1. 三傳並重

宋元明三代以來，《春秋三傳》式微，然而戴震卻重視「三傳」的學術地位。他在例論鄭玄《三禮注》時說：「當與《春秋三傳》並重」。（註147）他責怪唐代孔穎達專取杜預《左氏傳注》，而不能通觀《春秋三傳》。在《春秋改元即位考》中，同時強調習《春秋》本經時，應重視《左傳》、《穀梁傳》，雖未提及今文經的《公羊傳》，其實戴震對《公羊傳》是同樣重視的，從《春秋改元即位考》中，

註147：段玉裁《戴東原先生年譜》。

可看出他從治經入手，推論史實，是要從經論中推求歷史，並不昧於治史，他多重《春秋》名分辭例的考索，與《公羊》、《穀梁》考《春秋》辭例「一字褒貶」的微言大義相類似。（註148）

2. 《春秋》的邏輯辭例是存客觀事實

《戴震全集》第三冊《經考》卷五有「史法書法」條及「書時事之變」條。「國史皆承告據實而書時事」，此為《春秋》的史法書法。「《春秋》大率所書事同則辭同，後人因謂之例；然有事同辭異者，蓋各有義，非可例拘也。」

《春秋》不管歷史現實多麼殘酷，史書《春秋》還是要突破原有的名分辭例，而在別處記載。雖弒君不書「即位」，但仍「不沒其即君位之事」，也就是說仍須直言。《周之先世不窋以上闕代系考》一文，仍然是在尋求歷史發展完整過程的考釋文章，不管統治者是怎樣的昏亂，歷史的記載仍然不可留存空白。（註149）

3. 《春秋》的即位和改元

即位就是天子就職，改元即改定始年。即位有即位之禮，一般是服喪一年後改元即位。戴震說：「即位之禮，先朝廟，明繼祖也；出適治朝，正君臣也；事畢返喪，服喪未終也。」又說：「逾年而後改元即位，《春秋》於內稱公，於外書爵，未逾年於內稱子，於外書某子。」（註150）但是，平王東遷以後僭越之事屢屢發生，陪臣也執國命，弒君之事常見，故改元即位的正常秩序遭到破壞，因而有

註148：參李開《戴震評傳》，南京大學出版社，2001 年，頁 146-147。
註149：參李開《戴震評傳》，頁 147-148。
註150：戴震《春秋改元即位考》。

了變例：先即位後改元。戴震考釋說：「世變相尋，未逾年，即葬卒哭而即位焉，逾年乃改元。」（註151）可見當時改定始年和即位已分開，即位掌權比改元更迫切。（註152）

4. 歸納出皇權陵替、權力分配的情況及相關的君臣名分

大體上說有：君臣名分定，君臣名分不定而不以國姓稱之，君臣名分尚未定而以國姓稱之。戴震說：「立子以正，君薨為喪主，《春秋》即正其為君，義素定也。世子雖在喪，未改元即位，不可謂君臣之分未定也。以篡返國者絕之，不以國氏，以有正也。公子爭國，分非君臣，不絕之，無正也，則以國氏。立子不以正，未即位不正，其為君義不素定也；雖有先君之命，私也。」（註153）

5. 繼正即君位、繼正變文、繼故即君位、繼故變文

《春秋》昭公元年：「春，王正月，公即位。」是繼正即君位。《春秋》隱公元年：「元年春，王正月。」為繼正變文。繼故指有僭越、弒君之類引起的提早即位。戴震說：「繼故即君位，經國之體，不可以已也，踐其位者，宜有深痛之情。《春秋》書春王正月，以存其事；不書即位，以見其情。」戴震又說：「繼故之變文，則書即位，繼故而書即位，以不書即位者，比事類情，是為忍於先君也。」（註154）

隱公元年「春，王正月」，《左傳》云「不書即位，攝也。」戴震說：「終隱之身，自以為攝，不忘先君之命，故《春秋》表微

註151：戴震《春秋改元即位考》。

註152：李開《戴震評傳》，頁149。

註153：戴震《春秋改元即位考》。

註154：戴震《春秋改元即位考》。

而不書。」而莊公、閔公、僖公同樣的說法是「繼故即位」。穀梁氏說：「先君不以其道終，則子弟不忍即位。」杜預注說：「雖不即君之位，而亦改元朝廟，與民更始。」戴震不以為然，他說：「君臣之位，不可不正，正君臣之位，不可不有始。即位者，正君位之始云爾。夫位命之天子，承之始封之君，非先君一人之位，雖先君不有其終，新君不可不有其始。不即君位於改元之初，及其視朝，將不正朝位乎？苟視朝然後即君位，豈得無深痛不忍之情？然則改元之初而即君位，於深痛不忍之情何傷？彼所謂不即君位者，迨至視朝，終不得避君位也。則初視朝，乃其即君位之始，何進退失據乎？不廢改元朝廟，與民更始，而廢正百官，非義也。」（註155）

李開以為戴震是想通過即位這樣的大典儀，促使新君成為一個有開始且又以道終的好皇帝。按杜預的看法，無即位大儀，但又改元，與民更始，廢正百官。戴震認為這樣做不合古之禮法，當然也不合《春秋》辭例謹嚴的本義。（註156）

6. 先君下葬與逾年改元

戴震歸納其例說：「先君雖未葬，既逾年則書爵。」例如桓公十三年書衛侯，成公三年書宋公、衛侯就是。而「書爵與國內稱公同」，例如文公、成公皆先君未葬，而《春秋》曰「公即位」，是逾年之故，既葬逾年，就不必書爵稱公了。又雖葬但未逾年，猶稱子，例如文公十八年書「子卒」。而未葬未逾年，更不必稱子了。可是沒有既葬而未逾年稱其爵位是有的，例如宣公十年書「齊侯」，成公四年書「鄭

註155：戴震《春秋改元即位考》。
註156：參李開《戴震評傳》，頁152-153。

伯」，戴震認為這是《春秋》重「逾年改元」的變體和特例。由此可知《春秋》還是主張重視人的。（註157）

7. 《春秋》稱君與否，完全視正其君臣名分而定

戴震認為，《文公十四年》「齊公子商人弒其君舍」一語，該年夏五月齊侯潘卒，九月舍被殺，先君潘未葬，舍未即位而書君，是因「義素定者也，書君與不與書爵同，不可以爵書者，可以正其君臣之分也。」又《桓公十五年》：「鄭世子忽復歸於鄭」，是忽在外五年，未即位而出奔，歸不得書爵，故不稱「鄭伯」；《昭公二十二年》：「王子猛卒」，戴震說此「王」字是「王畿」之義，非天王之號。不可曰周，故曰王，猶《詩經・王風》，不謂「周風」也。（註158）

8. 論周正朔

戴震《經考》卷五「周正朔」條，按語略謂：夏時周月，其說甚異，實由於程子「假天時以立義」一語，議論滋紛。程子曰「周正月，非春也」，謂「周正月」非夏時之春則可，謂「周正月」，周不謂之春，則不可。……正月不可不自春始。戴震更略舉事，以證周不惟改月，實改時矣。冬至於夏為十一月，於商為十二月，於周為正月，此改月之證，非不改月之證。戴震說：「後儒去古彌遠，古歷不可得見，又未能坐知千歲日至，徒以空說說《經》，往往失之。凡立言者，慎之又慎，有疑則闕，毋鑿說，毋改《經》，其斯為今日讀書之法律與？」（註159）

註157：參李開《戴震評傳》，頁 150-151。
註158：參李開《戴震評傳》，頁 151-152。
註159：《戴震全集》第三冊，北京清華大學出版社，1994 年，頁 1382-1384。

9. 論不書即位

　　戴震《經考》卷五「不書即位」條，按語略謂：古者有攝主之禮，上卿及長庶皆可為攝主。後儒考論不詳，幾不聞是名，而又見於俗之衰薄，一聞所謂「攝」，則以為禍亂之本。因王莽居攝篡漢，並疑周公必不居攝；實則周公為攝主，以奉成王，正古之禮也。黃澤說魯隱公必承父命為攝主以奉桓，此在古人原非異事。孔子與曾子論「君薨而世子生」之禮，是古者君薨，世子未生，猶有攝主而無所嫌疑。……趙汸《春秋屬辭》以為行即位之禮，則書「即位」，不行即位之禮，則不書「即位」。隱公為攝主奉桓，不行即位之禮也；繼弒不忍即位，亦不行即位之禮也。……《春秋》一裁以天理，天理所不忍言者，莫如繼弒而曰「即位」也。故推原臣子之情，不書「即位」，蓋雖告廟臨群臣，而當是際必有深痛難安者，不必書於策也。史或書之，「夫子必削之」，以見此理。（註160）

10. 宋人廢例之說不可從

　　宋人說《春秋》，有廢例之說。孫復《春秋尊王發微》，說《春秋》有貶無襃，宋代諸儒，遂喜苛刻之議，過於深求，反失《春秋》之本旨。戴震以為《春秋》固有義例，且與魯史記不同。魯史有史法在，為魯史官守之。而《春秋》筆削之法，又出其上。而後其書一傳再傳，筆削之意漸失。三家各自為例，以明書法，三傳之外，說《春秋》者數千百家，不得其書法。宋人求之不得，乃有廢義例之說，可謂疏矣。時桐城葉書山也有此感慨，作《春秋究遺》，請戴震作序，序見《戴震文集》卷第十。

註160：《戴震全集》第三冊，頁 1389-1391。

二、語言文字學

　　古之「小學」，原對「大學」而言，據《周禮・保氏》，小學授以「六藝」與「六儀」。「六藝」即禮、樂、射、御、書、數；「六儀」為祭祀、賓客、朝廷、喪紀、軍旅、車馬之容。《漢書・藝文志》於〈六藝略〉之後，特標「小學」一類，收列有關文字、訓詁之書四十五篇。清修《四庫全書》乃將有關「形體」、「音韻」、「訓詁」的著作，總編為「小學類」。是以「小學」包括文字學、聲韻學、訓詁學三者，文字學主字形，聲韻學主字音，訓詁學主字義。

　　在清代以前，小學一直是經學的附庸，音韻學又為小學的附庸，而訓詁學幾乎沒有游離於經學之外，但是清儒在這方面用力最勤，久已蔚為大國了，大多數的經學家，也都兼治文字、訓詁、聲韻和義理闡發。到了乾嘉時期，明代以來文字學、音韻學的研究日趨細化深化，帶動了文獻語詞訓詁的迅速發展，特別是古音學上有重大發現，更使語詞的訓詁出現了突破性的進展。紀昀等纂修《四庫全書》及其《總目》時，便特別將訓詁類著作從經學著作中分離出來，特別是原屬經書的《爾雅》，降為訓詁類著作。（註161）

　　支偉成《清代樸學大師列傳》〈小學大師列傳・敘目〉云：「清儒以小學治經之塗徑。學者窮經，必先識字，遂有訓詁之學。識字必先審音，遂有音韻之學。自顧炎武著《音論》、《古音表》、《唐韻正》，劉獻廷著《新韻譜》，江永著《音學辨微》、《古韻標準》，戴震著《聲韻考》、《聲類表》、《方言疏證》，段玉裁著《說文注》、《六書

註161：參考張濤・鄧聲國《錢大昕評傳》，南京大學出版社，2006 年，頁 172。

音韻表》，王念孫著《廣雅疏證》，王引之著《經傳釋詞》、《經義述聞》，皆為小學最初最精之著作，多發前人所未發。」（註162）

　　丘為君以為清代學術的精華不在文學，不在史學，也不在哲學，乃在具有一種近似宗教之神聖氣息的經學。就經學而言，清代學者的研究成績，總的來說，不在內部意義的知識內涵的探索，而在外部意義的知識形式的討論。就這一角度而言，具體於文字與聲韻學之重大突破的經學考證，無疑是清代學術精華中最耀眼的兩個面向，而最能彰顯清代經學考證不凡偉業的學者，又屬戴震為第一人。……而戴震的經學考證工作只是建立他大系統的手段，其終極目的，其實是在建立一個全新的、具革命性意義的社會理論或社會哲學體系。（註163）

　　在戴震看來，經之至者道，所以明道者辭，所以成辭者字，必由字以通辭，由辭以通道。戴震曾說：今人讀書，尚未識字，往往輕忽訓詁之學，文字未能通，而妄想通語言；語言未能通，而妄想通心志，令人大惑不解。於是考諸篆書，由《說文》以覘古聖人制書本始，更認為《爾雅》是承學的津筏，殫心鑽研，旁推交勘，盡得古書古義古音聲，有一字不準六書，一解不貫群經，就無稽者不信，不信者反復參證而後才安。戴震有關小學的著作，有《聲韻考》四卷、《聲類表》十卷、《方言疏證》十三卷。在戴震看來，字書以故訓為主，韻書以音聲為主，二者恆相因，有些音聲不隨故訓而變，而產生一音或數義；有些音聲隨故訓而變，而產生一字或數音，於是有的義由聲出，聲同而義不同，有的聲義都不同，必須洞究其旨，釋經論字，才不至於茫然失據。（註164）

註162：支偉成《清代樸學大師列傳》，台北藝文印書館，1970年，頁299。
註163：丘為君《戴震學的形成》，台北市，聯經出版公司，2004年，頁155-157。
註164：參梁啟超《戴東原》，台灣中華書局，1957年，頁5。

　　文字是語言的載體，戴震主張字學、故訓、聲音未始相離，缺一不可。徐道彬說：「就語言文字的歷史發展而言，純粹的文字學研究只是近代的事，此前皆以『小學』名之，它包括了涉及文字形體的字形學、聲音的音韻學和字義的訓詁學。」（註165）戴震的文字學研究，不是單純的文字形體研究，而是語文學的研究，即綜合文字形音義，並且在訓詁、校勘中訂譌深研，還涉及方言，故其小學宜稱為語言文字學。

（一）文字

1. 六書的名稱與次第

　　戴震有《六書論》三卷，今雖不存，但從序言中仍可見其文字學思想的大略。他說；「六書也者，文字之綱領，而治經之津涉也。載籍極榑，統之不外文字；文字雖廣，統之不越六書。綱領既違，訛謬日滋。故考自漢以來迄於近代，各存其說，駁別得失，為《六書論》三卷。凡所不載，智者以類推之，以拾遺補藝，將有取乎此也。」（註166）

　　六書的名稱與次第，東漢班固《漢志》、鄭眾《周禮解詁》、許慎《說文解字》及梁顧野王《玉篇》等各有異說。戴震從許慎之說，即象形、指事、形聲、會意、轉注、假借。戴震〈答江慎修先生論小學〉云：「《說文》於字體、字訓，罅漏不免，其論六書，則不失師承。」（註167）惟論六書名稱，間用鄭眾所立之「諧聲」一名，

似未取許慎「形聲」，以為形聲、諧聲無妨通用。後來段玉裁作《說
文解字注》，即從其師戴震之說，於劉歆、班固之異說，都加辯解，
對鄭眾之異說，則斥其非，而於許慎則無異辭。

　　高明先生說：「許君六書之名稱既優於班鄭，許君六書之次第既
優於鄭而略等於班，而許君所下之六書之定義及舉例，又為班鄭所
不及，然則吾人謂『六書』之說，大成於許君，不亦宜乎？今日言
『六書』者，又孰能捨許君之說而他求乎？」（註168）

　　惟當今學者蔡信發教授，則主假借先於轉注之論，說：「就用字
之法，假借先於轉注，轉注是多字一義，假借是一字多義；就文字
發展來論，轉注是各字發展成熟而互通，假借是文字不足而借用。
前者由博而約，後者由約而博，就此而論，應先有假借，後有轉注。」
（註169）蔡氏又就造字之法，以明假借先於轉注。實則陳顧野王《玉
篇》、北宋陳彭年《廣韻》、北宋張有《復古篇》、明趙古則《六書本
義》、明吳元滿《六書總要》、明楊慎《六書索隱》，皆已主假借先於
轉注。

2. 四體二用說

　　戴震對六書，有四體二用之說，以為象形、指事、會意、形聲，
字之體也；轉注、假借，字之用也。戴震說：「大致造字之始，無所
憑依，宇宙間事與形兩端而已，指其事之實曰指事，一二上下是也；
象其形之大體曰象形，日月水火是也；文字既立，則聲寄於字，而
字有可調之聲；意寄於字，而字有可通之意，是又文字之兩大端。
因而博衍之，取乎聲諧曰諧聲；聲不諧，而會合其意曰會意。四者

註168：高明〈許慎之六書說〉，載《高明文輯》中冊，頁1320。
註169：蔡信發《六書釋例》，欣德複印社，2006年，頁4。

書之體止此矣。由是之於用，數字共一用者，如初、哉、首、基之皆為始；卬、吾、台、予之皆為我，其義轉相為注，曰轉注；一字具數用者，依於義以引申，依於聲而旁寄，假此以施於彼，曰假借，所以用文字者，斯其兩大端也。」（註170）

戴震又謂：「考老二字屬諧聲、會意者，字之體；引之言轉注者，字之用。轉注之云，古人以其語言立為名類，通以今人語言，猶曰互訓云爾。轉相為注，互相為訓，古今語也。《說文》於「考」字訓之曰「老也」，於「老」字訓之曰「考也」，是以序中論轉注舉之。《爾雅·釋詁》有多至四十字共一義，其六書轉注之法歟？別俗異言，古雅殊語，轉注而可知。故曰『建類一首，同意相受』。」（註171）

段玉裁同意四體二用之說，說：「六書者，文字、聲音、義理之總滙也，有指事、象形、形聲、會意，而字形盡於此矣。字各有音，而聲音盡於此矣，有轉注、假借，而字義盡在此矣。異字同義曰轉注，異義同字曰假借，有轉注而百字可一義也；有假借而一字可數義也。……戴先生曰：指事、象形、形聲、會意四者，字之體也；轉注、假借二者，字之用也。聖人復起，不易斯言矣。」（註172）

朱駿聲《說文通訓定聲·自敘》中，也贊成戴說，云：「天地間有形而後有聲，有聲而後有意與事，四者文字之體也。意之所通而轉注起焉，聲之所比而假借生焉，二者文字之用也。」

註170：戴震《答江慎修先生論小學》、《戴震文集》，台北華正書局，1974年，頁64。

註171：戴震《答江慎修先生論小學》、《戴震文集》，台北華正書局，1974年，頁64。

註172：段玉裁《說文解字注》十五卷上。

　　章太炎說：「轉注、假借就字之關聯而言，指事、象形、會意、形聲就字之個體而言。雖一講個體，一講關聯，要皆與造字有關。如戴氏所云，則與造字無關，烏得廁六書之列哉？」（註173）

　　劉師培說：「轉注之說，解者紛如。戴段以互訓解之，此不易之說。」（註174）黃侃說：「戴東原云：『象形、指事、象聲、會意四者，字之體也；轉注、假借二者，字之用也。』察其立言，亦無迷誤。蓋考老為轉注之例，而一為形聲，一為會意。令長為假借之例，而所托之事，不別制字，則此二例已括於象形、指事、形聲、會意之中，體用之名，由斯起也。」（註175）

　　按六書體用，素有兩派意見，一主六書皆為造字之法，一主六書分體用，指事、象形、形聲、會意為體，轉注、假借為用。六書體用之說，緣於明楊慎《六書索隱》，楊慎云：「六書以十分計之：象形居其一，象事居其二，象意居其三，象聲居其四。假借，借此四者也；轉注，注此四者也。四象以為經，假借、轉注以為緯，四象之書有限，假借轉注無窮也。」（註176）

　　蔡信發教授以為六書皆造字之法，他說：「自清儒戴震首倡四體二用之說，繼由段玉裁推其波，王筠助其瀾（註177），影響後世至為深遠。」又說：「轉注、假借為造字之法，首由西漢劉向標舉，其說見於《漢書藝文志》，繼之者有孫雄、章炳麟、朱宗萊、楊樹達，而集大成者，當推魯（實先）先生。魯先生有《假借遡原》及

註173：章太炎《國學略說》，上海文藝出版社，2001年，頁15。
註174：《劉申叔遺書》，頁1232。
註175：黃侃《文字聲韻訓詁筆記》，上海古籍出版社，1983年，頁77。
註176：轉引自林尹《文字學概說》頁56。
註177：王筠著《說文釋例》卷一，〈六書總說〉，世界書局，頁6。

《轉注釋義》二書，旁搜遠紹，論證詳實，力言二者為造字之法。」
（註178）

徐道彬說：「戴氏所言『六書』完全從文字的整體動態的使用角
度論之，若以今日文字學概念評之，則戴說有失，其『二用』之說
近乎訓詁，混淆了文字與訓詁的界限。」（註179）也有學者認為戴
震的學說，使文字研究複雜起來，從而把漢字的研究引到一種形而
上的方法論上。（註180）

戴震以象形、指事、會意、形聲為造字四法，而轉注與假借是
游離於文字形體之外的用字方法，二者足可「造意」，不能「造形」。
其所定義的假借範圍較廣，其言『依於聲而旁寄，假此以施於彼』
和『聲近而義絕遠』為假借；而『依於義以引申』和『聲義相倚而
俱近』則為今之引申，其定義與今之語言學概念不同，其所言轉注
與假借的二用，在今則屬訓詁學了。而事實上，古代語文學中的文
字、音韻、訓詁是三位一體的，與今文字學、訓詁學明顯分隔，各
自為獨立學科不同。（註181）是以無怪乎戴震有四體二用之說。

3. 轉注、假借說

許慎《說文解字敘》說：「轉注者，建類一首，同意相受，考老
是也。」而後人對轉注的解說，卻駁雜紛歧，曹仁虎《轉注古義考》
之後，異說不知凡幾。歸納言之，或由形言，或由聲言，或由義言，
或同時由形義、音義或形音義言。

註178： 蔡信發《六書釋例》，欣德複印社，2006 年，頁 7-8。
註179： 徐道彬《戴震考據學研究》，安徽大學出版社，2007 年，頁 81。
註180： 參見《轉注論》，岳麓書社，1991。
註181： 徐道彬《戴震考據學研究》，頁 82。

　　清江永誤把轉注看作字義的引申，說假借也不甚明確，並混淆前四書（象形、指事、會意、形聲）和後兩書（轉注、假借）的界限。江永說：「本義外，展轉引申為他義，或變音，或不變音，皆為轉注。其無義而但借其音，或相似之音，則為假借。」（註182）戴震則以為轉注即互訓，其〈答江慎修先生論小學〉云：「震謂考老二字，屬諧聲、會意者，字之體也；引之言轉注者，字之用也。轉注之云，古人以其語言，立為名類，通以今人語言，猶言互訓云爾。轉相為注，互相為訓，古今語也。《說文》於『考』字訓之曰『老也』，於『老』字訓之曰『考』也，是以序中論轉注舉之，《爾雅‧釋詁》有多至四十字共一義，其六書轉注之法歟？別俗異言，古雅殊語，轉注而可知，故曰『建類一首，同意相受』。」（註183）

　　針對江永的誤解，戴震區分了字義引申和文字上的「六書」，區分前四書和後二書是體用關係。江永在得戴震〈答江慎修先生論小學〉書後，十分高興地說：「眾說紛紜，得此論定，誠無以易。」（註184）

　　戴震指出，自漢以來，轉注之說失傳，徐鉉、徐鍇、鄭樵等人，都穿鑿附會，不得其解，蕭楚、張有諸人，認為轉聲為轉注，尤謬。而顧炎武也不加以深省。戴震認為一字具數用者為假借，依於義以引申，依於聲而旁寄，假此以施於彼，數字共一用者為轉注。《說文》訓「考」為「老」，訓「老」為「考」，即為轉注。

　　段玉裁以為後人不得考老之義，以字形左回右轉釋之，最為紕謬。其他或分諧聲當之，或分假借當之，皆不可通。段氏注《說文

註182：戴震〈答江慎修先生論小學〉引。

註183：《戴震文集》，台北華正書局，1974年，頁64。

註184：見段玉裁《戴東原先生年譜》。

解字》，全本其師戴震之說，《說文解字敘》「轉注」下，段氏說：「建類一首，謂分立其義之類而一其首，如《爾雅‧釋詁》第一條說『始』是也。同意相受，謂無慮諸字意怡略同，義可互受，相灌注而歸於一首。如初、哉、首、基、肇、祖、元、胎、俶、落、權輿，其於義或近或遠，皆可互相訓釋，而同謂之始是也。」

　　梁啟超贊說：「六書之最難解而聚訟者莫如轉注，（戴）先生釋轉注為互訓，實千古創見。」（註185）劉師培說：「轉注之說，解者紛如。戴段以互訓解之，此不易之說。」（註186）

　　黃侃認為：轉注者，所以滋文字之孳乳；假借者，所以節文字之孳乳。章太炎《文始敘例》言：「轉注不空取同訓，又必聲韻相依」，「若本有其字，以聲近通用者，是乃借聲，非六書之假借；其有強為區別，倉卒未造其字者，雖借聲亦附假借之科。」（註187）

　　林尹師曰：「六書轉注一說，歷來說者最為紛歧。概括起來，可分為三派：一派以形體論轉注，或牽於字形，或拘於部首，若裴務齊、徐鍇、鄭樵、楊桓、劉泰、戴侗、周伯琦、江聲、曹仁虎、曾國藩、黃以周皆其人也。二派以音聲論轉注，或混於假借，或淆於形聲，則張有、趙古則、楊慎、趙宦光、顧炎武又其儔也。三派以互訓論轉注，則戴震倡之，段玉裁和之，許翰、劉師培振其波，劉台拱、章炳麟索其源。戴、段之說失之太廣，許、劉之說又略牽於形體，惟劉、章之說以互訓中之有音類關係者為轉注，最得轉注之正義。」（註188）

註185：梁啟超《戴東原著述書目考》。
註186：《劉申叔遺書》，頁1232。
註187：《章太炎全集》七，上海人民出版社，1999年，頁161。
註188：林尹師《訓詁學概要》，台北正中書局，1972年，頁31-32。

　　于省吾從古文字研究角度肯定戴震之說，于氏說：「我認為轉注的定義，許氏所說是狹義的，戴氏所說是廣義的。清代學者之論六書，以象形、指事、會意、形聲為四體，以轉注、假借為二用。凡文字之音近或音同均可互借，凡文字之義同者均可互注，必如是才能充分發揮二用的效能。因此可知，戴氏以文字為互訓為轉注是正確的。」（註189）

　　鮑國順認為，若依戴震轉注為互訓之說，則一部《爾雅》皆為轉注，必至氾濫無歸，故後世非之者甚多。（註190）蔡信發教授認為，轉注是多字一義，假借是一字多義。就文字發展來論，轉注是各字發展成熟而互通，假借是文字不足而借用。前者由博而約，後者由約而博。一字之用，從本義出發，由小而大，由近而遠，由專而廣，是引申義；以形相況，是比擬義；和本義無關，是假借義，全從本義發展起，至假借義止，也就是說，假借可自成系統，而轉注則是各個字義充分發展後相互為用的產物，不能單獨成立。（註191）

　　蔡信發教授又說：「魯實先師將『建類一首』，解為『造聲韻同類之字，出於一文』；『同意相受』解為『此聲韻同類之字，皆承一文之義而孳乳』。兼顧聲義二者來說，非常帖切，很能闡明許氏之義；同時，確認轉注是造字之法，上承漢朝劉向之論，而糾正清朝戴震『四體二用』之說，是很卓越高明的。接著，他將『轉注』二字解為『轉移』和『注釋』，言簡意賅，十分精到，頗能將轉注的意義表

註189：于省吾〈從古文字學方面判清代文字、聲韻、訓詁之學的得失〉，載《歷史研究》，1962 年 6 月。
註190：鮑國順《戴震研究》，國立編譯館，1997 年，頁 376。
註191：蔡信發《六書釋例》，欣德複印社，2006 年，頁 4。

示出來，讓人有個明確的概念，是非常難能可貴的。魯先生將轉注分為兩種：一是義轉，二是音轉。義轉又分兩類：一是存初義，二是明義訓。音轉也分兩類，一是雙聲，二是疊韻。」（註192）

至於假借，許慎《說文解字敘》曰：「假借者，本無其字，依聲託事，令長是也。」此後諸多爭議，假借究竟是指引申，還是假借？或兼引申與假借？

戴震論假借，在《毛鄭詩考正》，解釋《北山》詩「大夫不均，我從事獨賢」時云：「賢之本義多也。……凡字有本義，屬乎偏旁，其因而推廣之義，皆六書之假借，賢本物數相較而多之名，因謂多才為賢，又專謂多善行為賢，由是習而忘乎作字之初矣。」（註193）又〈論韻書中字義答秦尚書蕙田〉云：「大致一字既定其本義，則外此音義引申，咸六書之假借。其例：或義由聲出，如胡字，惟《詩》『狼跋其胡』，與《考工記》『戈胡、戟胡』用本義。至於『永受胡福』，義同『降爾遐福』，則因『胡』『遐』一聲之轉，而『胡』亦從『遐』為遠；『胡不萬年』『遐不眉壽』，又因『胡』『遐』『何』一聲之轉，而『胡』『遐』皆從為『何』。又如《詩》中曰『寧莫之知』，曰『胡寧忍予』，曰『寧莫我聽』，曰『寧丁我躬』，曰『寧俾我遜』，曰『胡寧瘨我以旱』。『寧』字之義，傳《詩》者失之。以轉語之法類推，寧之言乃也。凡故訓之失傳者，於此亦可因聲而知義矣。或聲同義別：如蜥易之『易』，借為變易之『易』；象犀之『象』，借為象形之『象』。或聲義各別：如戶關之『關』為關弓之『關』，燕燕之『燕』為燕國之『燕』。六書假借之法，舉例可推。」（註194）又

註192：蔡信發《六書釋例》，頁327-328。
註193：《戴震全集》第二冊，北京清華大學出版社，1992年，頁1201。
註194：《戴震文集》，台北華正書局，1974年，頁48。

〈答江慎修先生論小學〉云：「一字具數用者，依於義以引申，依於聲而旁寄，假此以施於彼，曰假借。」（註195）

又戴震《經考附錄》卷一，「易象象三字皆六書之假借」條，按語曰：「六書之假借，《說文序》云『本無其字，依聲託事』是也。凡六書之字，古人謂之名，名者聲之為也。既以聲名之從而為之字，假借者，本為其字而假他字以寄是名者也。或兩名聲同，則為同聲之假借；或兩名聲微異，則為轉聲之假借。上古但有語言，未有文字。語言每多於文字，亦先於文字。事物之變換遷移，謂之易，此一名也。蜥易之為物，以雙聲名之，此又一名也。未立蜥易之前，不可謂無變易之語，專就蜥易傅會變易之語，可乎？易之為變易，象之為像，無涉於蟲獸。說者支離穿鑿，由六書不明，不知假借之說耳。」（註196）

可知戴震對假借的界說極寬泛，以為一字之義，除其本義之外，其他有關音義之引申推廣，均可稱之為假借。從其所舉之例而言，實包括今日習稱的引申與假借，而假借之中，又包含後人所謂本無其字之假借與本有其字之通假在內。（註197）

其後段玉裁有假借三變之說，曰：「大氐假借之始，始於本無其字。及其後也，既有其字矣，而多為之假借。又其後也，且至後代，訛字亦得自冒於假借。博綜古今，有此三變。」（註198）段氏的假借之說，第一階段，重點在本無其字，依聲託事。實則包含引申與假借。第二階段的假借，重點在本有其字，依聲託事，即同音通假。第三階段訛字自冒於假借，亦指一般的同音通假。

註195：《戴震文集》，台北華正書局，1974 年，頁 64。

註196：《戴震全集》第三冊，北京清華大學出版社，1994 年，頁 1419。

註197：鮑國順《戴震研究》，國立編譯館，1997 年，頁 377。

註198：段玉裁《說文解字注》十五卷上。

經典用字，往往本字見存，古本乃不用本字，而用聲同聲近之字，所謂同音通假是也。必辨識通假，追溯本字，詮解古經，方能文義燦然，怡然理順。俞樾《群經平議‧敘》曰：「嘗試以為，治經之道，大要有三：正句讀、審字義、通古文假借，得此三者以治經，則思過半矣。」又曰：「三者之中，通假借為尤要，諸老先生，唯高郵王氏父子，發明故訓，是正文字，至為精當，所著《經義述聞》，用漢儒讀為讀曰之例居半焉。」（註199）

假借與轉注有別，蔡信發教授說：「假借是只取某字之音，不取某字之義。換言之，彼此只有聲音關係，而沒有意義關係。轉注是既取某字之音，又取某字之義。換言之，除彼此須聲音有關係，意義也須相同。這樣看來，假借和轉注的情形剛好相反。至於引申義不可視為假借和轉注的條件，倒是彼此一致的。」（註200）蔡氏又說：「假借分兩種：一是運用假借，二是造字假借。運用假借又分兩類：一是無本字的用字假借；二是有本字的用字假借。造字假借計分三類：一形符假借，二是聲符假借，三是形符、聲符都假借。」（註201）

4. 對金石文字的研究

清代因考據之風盛行，金石學中的考訂，亦受重視。因為金石考訂，可以證經典之異同，正諸史之謬誤，補典籍之闕佚，考文字之變遷，金石之學實與經史相表裡。

註199：轉引自胡楚生《清代學術史研究續編》，台灣學生書局，1994 年，頁 90。
註200：蔡信發《六書釋例》，欣德複印社，2006 年，頁 299。
註201：蔡信發《六書釋例》，頁 301。

　　錢大昕曰：「自宋以來，談金石刻者有兩家：或考稽史傳，證事蹟之異同；或研討書法，辨源流之升降。」（註202）戴震的金石學研究是屬於前者。戴震除了在古籍文獻中考訂文字，尋求六經真義外，還能運用金石材料，以參考佐證經籍傳注，其《經考附錄》卷七，對歷代石經文字的歷史變遷，都做細致的分析和研究，所列條目有：《漢一字石經》、《魏三字石經》、《晉唐後蜀宋嘉祐紹興石經合漢魏凡七例》。所列七刻為：《晉石經》、《北魏石經》、《唐國子學石經》、《後蜀石經》、《宋國子監石經》、《宋太學御書石經》、《金太學石經》。

　　戴震專門考訂石經之作，有《石經補字正非》，包括《開成石經補缺正非》、《穀梁石經改字》、《唐石經葛本春秋左氏傳校繆》、《石經孟子訛字錄》，對石經因自然及人為的破壞，進行修補正訛，詳明原因，一筆一畫，絲毫不苟，曾為孔繼涵作《重刊五經文字九字樣序》，表明拯救金石鼎銘、存復珍貴文獻的急切願望。（註203）戴震雖然沒有《金石錄》、《集古圖》之類的專著，亦無經濟能力專門搜集鐘鼎彝器，作古董摩玩式的研究，但在利用金石材料、辨點畫之正俗、察篆隸之繁省、考文字之正訛方面，為考核經籍做出了重要貢獻。（註204）戴震崇信金石，多採漢唐石經以證今之傳本文獻的文字真偽，故常言「依石經正之」之語。（註205）戴震對石經文字的考辨，體現了一個嚴謹學者一絲不苟、實事求是的治學態度。表現出「無徵不信」，不迷信權威的精神，並迫切要求後人珍愛彝鼎碑

註202：《潛研堂文集》卷二十五〈郭允伯金石史序〉。
註203：參徐道彬《戴震考據學研究》，安徽大學出版社，2007年，頁115。
註204：參徐道彬《戴震考據學研究》，頁116。
註205：參徐道彬《戴震考據學研究》，頁117。

碣，重視金石文字。戴震校勘石經，本之於《說文》，摒棄俗訛，一任正字，每字必本六書，合於經義為止。艾爾曼《從理學到樸學》中說：「戴震、錢大昕運用數學方法和古代遺物釋讀古典文獻，從而為累積性學科的發展鋪平了道路，該學科到十九、二十世紀，因使用金石學、考古學方法釋讀甲骨而取得突破，發展至頂點。戴震、臧庸、程瑤田復原古代銅鐘的嘗試證明，考證學開始把注意力從小學轉向古代文物，認識到它們的歷史價值。此後，不是西方訓練出來的學者，而是精通文字金石考證的儒家學者首先認識到甲骨文的重要性。」（註206）戴震為孔繼涵作《重刊五經文字九字樣序》中，表明拯救金石鼎銘、存復珍貴文獻的急切願望。

（二）聲韻

　　要尊崇儒學，復興古學，恢復儒家經典和歷代史籍的本來面目，首先就要弄懂古代文字的讀音和意義，了解古今語言文字的聯繫和它的變遷。所以傳統的語言文字學，始終是研究經史之學的前提和基礎。入清以後，小學隨著經學興盛而有了新的更大的發展，名家輩出，巨著迭現，堪稱小學發展史上的黃金時代。特別是乾嘉時期，無論是音韻之學，還是文字、訓詁之學，都取得了空前的成就。（註207）

　　自從明末陳第提出「時有古今，地有南北，字有更革，音有轉移」（註208）的主張，我國傳統的音韻學，尤其是古音學研究一時

註206：參徐道彬《戴震考據學研究》，頁122。
註207：張濤‧鄧聲國《錢大昕評傳》，南京大學出版社，2006年，頁225。
註208：陳第《毛詩古音考‧自序》。

蔚然成風，湧現出許多一流的研究者和研究成果。例如顧炎武撰《古音表》，分古韻為十部；江永作《古韻標準》，進一步考求古韻，分其為十三部；到了段玉裁，將《說文》諧聲與《詩經》用韻結合起來，作《六書音韻表》，分古韻為十七部；戴震則在他去世前一年寫的《答段若膺論韻書》中，將古韻定為九類二十五部。不過，當時人們研究古音學，大都集中在古韻部上，古聲紐問題則受到忽視。惟戴震論古音，不惟韻部，且重聲類，林尹師說：「在清儒中，首先對聲義相切的道理有所憬悟的，要推戴東原氏。他的『故訓音聲，相為表裡』，及『字書主於故訓，韻書主於音聲，然二者恆相因』，『字學、故訓、音聲未始相離』，這些獨到的見解，給後儒開闢了一條嶄新的樸學路子。」（註209）茲論述戴震的聲韻學。

1. 聲韻學著作

戴震的聲韻學專著，有《聲韻考》、《聲類表》二書及〈六書音韻表序〉一文。

（1）《聲韻考》

《聲韻考》是戴震考論聲韻的專著，全書分為四卷，卷一上半論反切之始、韻書之始、四聲之始。卷一下半及卷二，論隋陸法言《切韻》、宋祥符《廣韻》、宋景德《韻略》、宋景祐《禮部韻略》、宋寶元《集韻》。卷三全為論古音，首列徐蕆、戴侗、陳第、顧炎武諸家論古音之說以溯其源；又敘鄭庠、顧炎武、江永、段玉裁諸家古韻分部，以明其本，而其論韻之旨，猶主陸氏「古人韻緩，不煩

註209：林尹師《訓詁學概要》，台北正中書局，1972 年，頁 122-123。

改字」之說，分古韻為七類二十部。卷四附錄有《書玉篇卷末聲論反紐圖說》、《書劉鑑切韻指南後》、《顧氏音論跋》、《書盧侍講所藏舊本廣韻後》、《答江慎修先生論小學書》、《論韻書中字義答秦尚書蕙田》六篇文字。段玉裁將此六篇文字，輯入《戴震文集》中。

段玉裁《聲韻考序》曰：「（戴）先生之學，精於六書，論轉注『同意相受』，得自漢後不傳之怡。既一洗諸說之踏駁矣。而反語本原漢魏經師，匪始於釋氏字母，其言尤為雅馴。又考今韻二百六部，宋景祐中許附近通用之十三處，補崑山顧氏所未詳，而唐宋用韻功令沿革具見。學者得是書讀之，證諸宋時所存韻書，參考陳季立、顧炎武、江慎修，以及予所著古音之說，可與讀古經傳，知聖人六書之法矣。」（註210）

(2)《聲類表》

《聲類表》是戴震去世前二十日才完成的。戴震原考古韻為七類二十部，乾隆四十一年（1776）與段玉裁書，言上年（即1775）又改七類為九類，分二十五部。故《聲類表》九卷，每類為一卷。一曰歌魚鐸之類，二曰蒸之職之類，三曰東尤屋之類，四曰陽蕭藥之類，五曰庚支陌之類，六曰真脂質之類，七曰元祭月之類，八曰侵緝之類，九曰覃合之類。每類之中，各詳其開口、合口、內轉、外轉、重聲、輕聲、呼等之繁瑣，今音古音之轉移，綱領既張，纖悉畢舉。段玉裁說：「江氏之論顧氏也，曰考古之功多，審音之功少。吾師之論余亦云爾。江氏與師皆考古審音，均詣其極，而師集諸家大成，精研爛熟，故能五日而成此編。」（註211）

註210：《音韻學叢書》本〈聲韻考序〉。
註211：《音韻學叢書》本〈聲韻考序〉。

　　段玉裁承顧江二氏之後，著《六書音韻表》，創為十七部之說，較江永多出四部。戴震《聲韻考》，以入聲為樞紐，以與平上去之陰聲陽聲兩兩相配，而分為七類二十部。至《聲類表》，又自真至仙析出一類，侵至凡析出一類，脂微諸韻與之相配者，亦各分出，而得九類二十五部。據鮑國順研究，戴震九類二十五部之分，較之顧、江、段三家，有三特點：①二十五部改用喉音字標目，②入聲九部之獨立成部及其與平聲諸部之分配，③祭部獨立及脂微諸韻去入之分配。（註212）因此，徐道彬以為戴震音韻學成就有三，即入聲獨立、祭部獨立、確立了陰陽入三分法的上古韻部系統。（註213）

2. 考古與審音並重，故古韻分部更為合理

　　清代古音學有考古與審音兩種方法，考古側重於古文獻材料的客觀性類比歸納；審音則是利用中古音韻文獻資料，尤其是等韻圖的原理，而上溯到古音研究，側重於音韻原理分析。審音之法由江永首倡而確立於戴震。考古與審音各有特點利弊，如果將兩者結合起來，在以考古法分韻部時輔以審音，則更可能解決問題，使其結果更為完滿和準確。（註214）

　　戴震是考古與審音兩者並重的，先前論韻以入聲為樞紐，分為七類二十部，隨著審音研究的深入，改為九類二十五部。入聲獨立分部是戴震的創見之一，他認為入聲不僅是調類，也是韻類的一種，而其同時代學者，多將入聲作為陰聲和陽聲的附屬，而戴震發展江永「數韻共一入」的理論，仍沿用有入（指陽聲）與無入（指陰聲）

註212：鮑國順《戴震研究》，國立編譯館，1997 年，頁 389-390。
註213：徐道彬《戴震考據學研究》，安徽大學出版社，2007 年，頁 123。
註214：參徐道彬《戴震考據學研究》，頁 125。

的說法，而把陰陽概念留給了孔廣森做深入系統的研究。（註215）
戴震從審音角度出發，對前人的分部加上自己的見解，提高入聲在
韻部系統中的地位，加重入聲在韻類中的分量，形成陰陽入三分，
充分體現上古漢語韻類結構特點和語音的近似狀況。（註216）

　　凌廷堪針對戴震的古音研究，云：「自漢以來，古音浸微，學者
於六書諧聲之故，靡所從入。《廣韻》東、冬、鍾、江、真、諄、臻、
文、欣、元、魂、痕、寒、桓、刪、山、先、仙、陽、唐、庚、耕、
清、青、蒸、登、侵、覃、談、塩、添、咸、銜、嚴、凡，共三十
五韻有入聲，外此如支、脂等二十二韻無入聲。顧氏《古音表》反
是。先生則謂有入無入之韻，當兩兩相配，以入聲為之樞紐。真以
下十四韻與脂、微、齊、皆、灰五韻同入聲；東以下四韻及陽以下
八韻，與支、之、佳、咍、蕭、宵、肴、豪、尤、侯、幽十一韻同
入聲；侵以下九韻之入聲則從《廣韻》，無與之配；魚、虞、模、歌、
戈、麻六韻，《廣韻》無入聲，今同以鐸為入聲，不與唐相配，而古
音遞轉及六書諧聲之故，胥可由此得之，皆古人所未發也。」（註217）

　　趙邦彥說：「綜計九類二十五部，若網在綱，有條不紊矣，從來
考論古韻分部者多未采及戴氏斯篇。夏炘《古韻表集說》即不錄，
胡秉虔之《古韻考》亦惟取論韻書舉其大凡，未克詳為釐定。余特
考其分合，皆有根據，而戴氏古韻分部之細目皆可知焉。」（註218）

　　魏建功《古音系研究》云：「段氏法所生的影響還是在諧聲系統
方面的多。在段氏前，曾經與江慎修參定《古韻標準》而自闢途徑

註215：參徐道彬《戴震考據學研究》，頁129。
註216：參徐道彬《戴震考據學研究》，頁130。
註217：凌廷堪《校禮堂文集》頁314，轉引自徐道彬《戴震考據學研究》頁131。
註218：趙邦彥《戴氏聲類表蠡測》，載《戴震全書》七，頁532。

研究古音分部的是戴東原。……大約諧聲系統分部之法，段氏當有相當影響得之戴氏，然則說戴氏是這幾種方法的總代表未嘗不可。戴東原的方法是以審音之功定考古之事，他認定韻書的部目次第有音類相從的道理。」（註219）

　　而後本戴震之說，孔廣森作《詩聲類》，嚴可均作《說文聲類》，章太炎作《成均圖》，都標陰聲陽聲之名，只是論陰陽通轉之理略有異同而已。

3. 正轉、旁轉的韻轉理論

　　戴震分配韻部之法，有正轉旁轉二例，凡陰陽相配互轉，及同一聲類或聲類比近之韻部相轉，是為正轉；其餘隔類相轉是為旁轉，可明古今方國音讀流變之軌跡。戴震說：「其正轉之法有三：一為轉而不出其類，脂轉皆，之轉咍，支轉佳是也；一為相配互轉，真、文、魂、先轉脂、微、灰、齊，換轉泰，咍、海轉登等，侯轉東，厚轉講，模轉歌是也；一為聯貫遞轉，蒸、登轉東，之、咍轉尤，職、惪轉屋，東、冬轉江，尤、幽轉蕭，屋、燭轉覺，陽、唐轉庚，藥轉錫，真轉先，侵轉覃是也。以正轉知其相配及次序，而不以旁轉惑之，以正轉之同入相配，定其分合，不徒恃古人用韻為證。」（註220）第一法是其韻部併合的標準，第二法是其陰陽諸韻部相配的標準，第三法是其九類二十五部各類各部先後次序的標準。（註221）

　　至於旁轉，即隔類相轉。戴震說：「東韻字有從蒸、登流變者，而列為第六部，隔越七、八兩部，尤從之、咍流變，蕭從尤幽流變，

註219：魏建功《古音系研究》，中華書局，1996年，頁124。
註220：戴震《答段若膺論韻》，載《戴震文集》，華正書局，1974年，頁67-79。
註221：陳新雄師《古音學發微》，嘉新水泥文化基金會，1972年，頁241。

而以蕭、宵、肴、豪處之、咍後，尤、幽、侯前，未知音聲相配故耳。支、佳韻字，雖有從歌、戈流變者，虞韻字雖有從侯、幽流變者，皆屬旁轉，不必以例正轉。」（註222）

黃侃《音韻》所列對轉表，主要是參照戴震《聲類表》的，黃侃說：「江氏《四聲切韻》分合之律，並無定衡；其弟子戴氏東原，猶且因之以明異平同入之理。觀戴氏之所就，信已優於其師。」於是黃氏用戴震之理，列為今音七十二類對轉表。

《續四庫全書總目》評戴震三聲相配理論云：「此實陰陽對轉之先聲，一也。戴氏所分除阿、烏、堊三部合配不當，及音、醃二部無陰聲可配外，其餘皆陰、陽、入合為一類，既不以入聲一部專配陽聲，又不併合於陰聲而使之獨立，以為陰陽相轉之樞機，允為確論，二也。以影聲字為標目，最合音理，三也。脂、祭之分，雖王念孫、江有誥皆同於此，而戴氏首先發明，四也。此外論通轉之理亦甚精密。」（註223）

戴震最早提出陰陽入配合，而後許多音韻學家加以相互修正與補充。黃侃先生綜合前人的成果，將他的二十八部以陰陽入三類配合。實則今日音韻學之通轉、訓詁學之「因聲求義」法，莫不起自戴震。曾運乾論戴震古韻通轉法與章太炎《成均圖》的傳承關係云：「戴氏論韻轉有四：一、微轉而不出其類者，即古音本同部，《切韻》分為異部者；二、轉而軼出其類，遞相條貫者，即章氏旁轉說之所本；三、旁推交通者，即章氏次旁轉說之所本；四、共入互轉者，即章氏陰陽對轉說之所本。章氏之韻轉說，其《成均圖》之作大體

註222：戴震《答段若膺論韻》，載《戴震文集》，華正書局，1974 年，頁 67-79。
註223：《續修四庫全書總目》，中華書局，1993 年，頁 1221。

本於戴氏，惟分析排比，戴氏不如章君之整齊畫一耳。」（註224）
如眾所知，章氏的《成均圖》，除陰陽對轉之例以外，又列「旁轉」、
「次旁轉」、「旁對轉」等名目。黃侃說：「古音通轉之理，前人多立
對轉、旁轉之名；今謂對轉於音理實有，其餘名目皆可不立；以雙
聲、疊韻二理，可賅括而無餘也。」（註225）

　　黃侃曰：「爰逮清朝，有顧、江、戴、段諸人，畢世勤劬，各有
啟悟，而戴君所得為獨優。本師章氏論古韻二十三部，最為憭然。
余復益以戴君所明，成為二十八部。」（註226）

4. 中古音文獻研究及《廣韻》的釐定

　　《聲類考》是戴震論述中古音文獻的文章合集，其內容主要涉
及等韻學、廣韻學和古音學。論述中古韻書的主要內容，以及前代
韻書的版本源流情況，並且對古今音的淵源關係，以考古與審音法
並用加以考證，如《四聲之始》、《反切之始》的考辨，《考定廣韻獨
用同用四聲表》韻目次序的釐定等。

（1）四聲之始

　　清人對於上古聲調系統看法甚為紛歧，顧炎武主「四聲一貫」；
段玉裁主「古無去聲」；王念孫、江有誥主「古有四聲」。戴震之論，
與顧炎武「四聲一貫」說較近，認為上古有聲調，只是分別不嚴，
不可以平、上、去、入限定之。戴震《聲韻考》卷一「四聲之始」
條，按語曰：「周顒始作四聲，見於《南史》，而《南齊書》顒本傳

註224：曾運乾《音韻學講義》，中華書局，1996 年，頁 512。
註225：《黃侃學雜著》，台灣中華書局，1969 年，頁 63。
註226：《黃侃學雜著》，台灣中華書局，1969 年，頁 87。

不載。《隋書‧經籍志》有《四聲》一卷，梁太子少傅沈約撰。顯無書，梁武帝不解四聲，以問周舍，舍即顯之子。蓋周、沈諸人同時治聲韻，各有創識，議論互出，而約為尤盛。此四聲之說初起，故武帝不解，猶之反語初起，高貴鄉公不解也。」（註227）

　　其後章太炎曰：「四聲之說，起於齊梁，而雙聲疊韻，由來已久。」（註228）黃侃曰：「古用輕重音以表意義之所在，是為四聲之起源。否則惟有平、入二聲，上為平變，去為入變，古讀入聲輕，故可混陰聲，後世讀入聲重，故韻書皆以為陽聲之重聲。如嚴格言之，恐古人於平、入亦不甚分。」又曰：「音之輕重，本於自然，其結果則有四聲之分。」「永明以後始有四聲之名，……四聲之說，當時固已盛行，而梁武帝則不之信。若夫平上之分，東漢雖有模略，而儒生流俗，未能盡從，是無足怪矣。」（註229）章黃二氏之論同於戴震，然則四聲之名始於齊梁，已成定說。

（2）反切之始

　　反切是二字以為一字之音的方法，又稱反語，即今拼音法。據《顏氏家訓‧音辭篇》，反切始於魏之孫叔然，孫叔然創《爾雅音義》。陸德明《經典釋文‧敘錄》、張守節《史記正義‧論例》，都作此看法，但後人頗有異說，宋代鄭樵的《通志》和陳振孫的《直齋書錄解題》，以為反切始於西域傳入中國；宋元以來遂多沿其說。乾嘉時姚鼐、紀昀認為得自漢末隨梵文進入中國的一種拼音方法。

註227：《戴震全集》第五冊，北京清華大學出版社，1997年，頁2261。
註228：章太炎《國學略說》，頁31。
註229：黃侃《文字聲韻訓詁筆記》，頁199。

　　戴震《聲韻考》卷一「反切之始」條，排比前說，力辨其非，曰：
「漢末孫叔然創立反語，厥後考經論韻悉用之，釋氏之徒從而習其
法，因竊為己有，謂來自西域，儒者數典忘祖不能記憶也。」（註230）

　　戴震又考證說：「經傳字音，漢儒箋注但曰『讀如某』。魏孫炎
始作反語。厥後考經論韻，踵相師法。雖孫氏以前未嘗有，然言辭
緩急，矢口得聲，如『蒺藜』為『茨』，『奈何』為『那』，『之焉』
為『旃』，『者與』為『諸』、『之于』為『諸』之類，反語之法適與
此合。唐之季，避言『反』，而改曰『切』，其實一也。宋元以來，
競謂反切之學起於釋神珙，傳西域三十六字母於中土。珙之《反紐
圖》今具存，其人在唐憲宗元和以後，其圖祖述沈約，遠距反語之
興已六七百載，而字母三十六定於釋守溫，又在珙後，考論反切者
所宜知也。又按曰：「未有韻書，先有反切。反切散見於經傳古籍，
論韻者博考以成其書。反切在前，韻譜在後也。」（註231）

　　戴震認為把反切字母歸之西域，歸之釋神珙，「蓋由鄭樵、沈括
諸人論古疏漏，惑於釋氏一二窶劣之徒，眠婭誣欺，據其言以為言
也。……唐宋人論反切字音，咸溯原叔然也。迨乎末失，則謂出神
珙，出梵僧矣。反語之興，不啻七八百載，而後競傳守溫之字母，
近儒乃莫有能言叔然者。吾故書此，以見經史字音，儒生結髮從事，
勿迷失其師承也。」（註232）

　　戴震認為古代「徐言」、「疾言」、「雙聲」、「疊韻」就是反切的
雛形。既然神珙始用反切，而其《反紐圖》則在唐元和之後，其前
沒有用反切的韻書，反切是韻書的基礎，無反切就無韻書，所以特

註230：〈與是仲明論學書〉，《戴震文集》，台北華正書局，1974 年，頁 139-141。
註231：《戴震全集》第五冊，頁 2255。
註232：〈書玉篇卷末聲論反紐圖後〉，《戴震文集》頁 88-89。

別提出，雙聲疊韻即為反切之源。錢大昕反切之論與戴震同，其《十駕齋養新錄》卷五「字母」條云：「言字母不如言雙聲，知雙聲而後能為反語，孫叔然其先覺者矣。叔然，康成之徒，漢魏儒家未有讀柰門書者，謂聲音出於梵學，豈其然乎？」此後王筠《說文釋例》、陳澧《切韻考》，都從雙聲疊韻角度，證明「反切出於周秦時」。漢魏時已有規範的反切法，則其源頭定然在先秦兩漢時代。（註233）

梁啟超說：「切韻之學起於東漢孫炎。以兩字切成一字之音，實我國音學初祖。後來魏李登作《聲類》，始整齊而衍其緒。隋陸法言作《切韻》，為後此《廣韻》所自本。自梵語隨佛典入中國，中唐以後釋神珙、釋守溫仿之，創立字母，為斯學別創一蹊徑，即「見、溪、群、疑」等三十六字母是也。」（註234）

章太炎曰：「古人有『讀如』、『讀若』之例，即直音也。直音之道，有時而窮，蓋九州風土則剛柔有殊，輕重清濁，發音不齊。更有字止一音，別無他讀，非由面授，莫能矢口，於是反切之法應運而起。《顏氏家訓》以為反語始於孫叔然作《爾雅音義》，說殊未諦。蓋《漢書音義》已載服虔、應劭反切。不過釋經用反語，或始於叔然耳。反語之行，大約去孫不遠。」（註235）黃侃曰：「反切之興，本於俚俗常言，用聲音自然之理，此是真論。方俗語言多與反切相合，此亦無可詰難。獨以反切作音始於孫炎，此乃六朝唐人公佾之論，前所舉諸家異論，其癥結處，在自覩毛公以下，孫炎以前，確有反切之文，因是疑顧、陸諸人所說為非是。」（註236）

註233：參徐道彬《戴震考據學研究》，頁141。
註234：梁啟超《戴東原》，台灣中華書局，1957年，頁51。
註235：章太炎《國學略說》，頁31。
註236：《黃侃論學雜著》，台灣中華書局，1969年，頁130-131。

　　章氏以反切為直音有窮而起，論定大約去孫叔然不遠；黃氏以文獻資料考定反語起於東漢中葉。考論精密，可為戴震論反切淵源的力助。（註237）

（3）論韻書之始

　　戴震《聲韻考》卷一「韻書之始」條，按語曰：「古人用韻，未有平上去入之限，四聲通為一音，故〈帝舜歌〉以熙韻喜起，而《三百篇》通用平、上、去及通用去、入者甚多，各如其本音讀之，自成歌樂。韻書起於李登、呂靜諸人，雖其所為書不傳，無從知部分若何，然是時猶未聞有四聲之說。」（註238）按：魏時李登有《聲類》十卷，晉呂靜有《韻集》五卷。

（4）論陸法言《切韻》

　　戴震《聲韻考》卷一「隋陸法言切韻」條，按語曰：「法言書今不傳，《宋廣韻》卷首猶題云『陸法言撰本，長孫訥言箋注』。而《集韻韻例》曰：『先帝時令陳彭年、邱雍，因法言韻，就為刊益。』，然則《廣韻》之二百六韻殆法言舊目，與《廣韻》三鍾恭字下注云『陸以恭、蜙、縱等入冬韻，非也。』此錄唐人舊注，駁正法言韻處，隋唐韻書嚴於辨聲，不徒為屬文取韻，不然冬、鍾固同用，又何煩剖析及是與？」（註239）

註237：徐道彬《戴震考據學研究》，頁 142。
註238：《聲韻考》卷一，《戴震全集》第五冊，北京清華大學出版社，1997 年，頁 2260。
註239：《戴震全集》第五冊，頁 2262-63。

　　《切韻》今雖不存，然其大要見於《廣韻》。戴震深入《廣韻》，以求《切韻》。他說：「《切韻》之大要有三：雙聲一也，區別其洪細二也，聲類異同三也。所謂聲類異同者，就二百六韻之次第考之，亦不甚遠。……音之流變有古今，而聲類大限無古今。就一類分之為平上去入，又分之為內聲、外聲，又分之為一、二、三、四等列。雖同聲同等，而輕重舒促必嚴辨，此隋、唐撰韻之法也。」（註240）

（5）考訂《廣韻》

　　《廣韻》是在對《切韻》和《唐韻》增刪校訂基礎上，為作詩填詞選字用韻而重編的一部韻書，大體承襲隋陸法言以下《切韻》系統之韻書而來。其書宋景德四年（1007）校定，次年大中祥符元年（1008）改為《大宋重修廣韻》。初景德校定《廣韻》後，又頒行《韻略》一書，即《廣韻》的刪節本，專備禮部科試之用。至景祐年間，復令丁度等刊修《韻略》，改稱《禮部韻略》，刊修《廣韻》，改稱《集韻》。《集韻》之頒行，又在《禮部韻略》之後。《禮部韻略》之部目亦為二百六韻，惟丁度刊定時，依賈昌朝言，窄韻十三，許附近通用。即將《廣韻》十三處獨用者，改併為同用。此十三處之改併，已非復《切韻》之舊，即其次第亦稍有改移。《集韻》出後與《禮部韻略》並行，《廣韻》與《韻略》遂日就衰微。而景祐以後重刊《廣韻》者，常誤據《集韻》以校訂之，遂將原來部次及同用、獨用之注，加以竄改，故今存《廣韻》各本，皆非景德、祥符之舊，而離《切韻》的原貌亦遠。（註241）

註240：《戴震全集》第五冊，頁 2269。
註241：參鮑國順《戴震研究》，頁 395。

戴震《聲韻考》卷二有《考定《廣韻》獨用同用四聲表》一篇，對於《廣韻》韻目、韻部次第以及四聲相承之例，詳為考訂，並謂表中所注獨用同用之例，即「唐初許敬宗所評議：以其韻窄，奏合而用之者也。」（註242）

《續修四庫提要》曰：「江戴二氏皆以考古審音並重，書內《考定廣韻獨用同用四聲表》頗為精密。」（註243）周祖謨在《影印鉅宋廣韻》前言云：「清人戴震著《聲韻考》，曾據宋代徐鉉所訂《說文解字韻譜》和吳棫《韻補》，校定《廣韻》四聲韻目獨用同用例，抉發隱微，考案舊次，使有倫序。戴氏所論正與本書相合，戴氏所見《廣韻》傳本不過是明本棟亭五種本和澤存堂本，今有此本得與戴書相印證，足見此本之可貴。」（註244）

徐道彬說：「戴震《考定廣韻獨用同用四聲表》，釐定《廣韻》韻目，將今本《廣韻》中次第凌亂部分重新訂正編排，平上去入哪些有韻，哪些沒有，條別清晰，一目了然。對舊本同用、獨用情況，據前人之說結合自己考訂，增刪訂補，對韻部次第和四聲相承條例，敘述明確，有條不紊，使之成為今人考定《廣韻》所必須參照的善本。」（註245）

周中孚《鄭堂讀書記》云：「是編皆其考證聲韻源流本末，條例略仿顧氏《音論》，而精博則過之。蓋東原精於六書，論轉注同意相受，得自漢以後不傳之旨，即一洗諸說之舛駁矣。乃歷考反語本原於漢魏經師，非始於釋氏字母，其言尤為雅馴。又考今韻二百

註242：《戴震全集》第五冊，頁 2264。
註243：《續修四庫全書總目》，頁 1220。
註244：周祖謨《語言學論文集》，商務印書館 2001 年，頁 331，徐道彬《戴震考據學研究》，頁 152 引。
註245：徐道彬《戴震考據學研究》，頁 149。

六部，宋景祐中許附近通用之十三處，以補亭林所未詳，而唐宋用韻功令之沿革具見。故以是書證諸宋書所存韻書，參考陳季立、顧亭林、江慎修、段茂堂之說，斯可以讀古經傳而知聖人六書之法矣。」（註246）

　　何九盈認為戴震《考定廣韻獨用同用四聲表》的作用有五：①用表的形式把 206 韻依四聲排定，便於人們掌握《廣韻》四聲相承的全面情況，②《廣韻》上去二聲最後幾個韻目排列次序有誤，戴氏據徐鍇《說文解字韻譜》和吳棫《韻補》作了訂正，③對同用獨用的考訂，④對各韻的等呼進行分析，⑤考訂聲類異同，戴氏所謂的聲類並不是指聲母系統，而是指大的韻類。（註247）

5. 轉語

　　轉語又稱「聲轉」、「語之轉」、「一聲之轉」，是古今語音的歷時轉變和地域間方言語變的一種語言現象。漢代揚雄《方言》及晉代郭璞《方言注》，就有語轉音訓的說法，為「考九服之逸言，標六代之絕語」說明理由，但所涉皆為片言隻語，未明本始，不成系統。元代戴侗和明末方以智，能較為明確地使用轉語來考釋名物，也大多混雜於《六書故》和《通雅》之中，未成體系。轉語被理論化、系統化，大量運用於考據實踐，則始於戴震。（註248）

　　戴震作《轉語》二十章，或云未成，有《轉語二十章序》，載於《戴震文集》中。陳新雄師云：「戴氏有《轉語》之著，自謂補《爾

註246：《戴震全集》七，226 頁。
註247：何九盈《中國古代語言學史》頁 322-324，徐道彬《戴震考據學研究》頁 152 引。
註248：徐道彬《戴震考據學研究》，頁 155。

雅》、《方言》、《釋名》之闕，俾後人於詁訓疑於義者能以聲求之，疑於聲者能以義正之。惜其書不傳，僅存《敘》一篇，見於《文集》，又有《聲類表》之作，其書九卷，列為九表，書成二十日而卒，未及為例言，著書之怡，世罕有知之者。……然其書言古音而淆以今音，論韻部而不廢聲類，雜之以開合內外輕重之名；加之以字母清濁類位之稱，實兼賅紐韻，通載聲義之著。後世僅以論韻之書視之，故終不能明其著書之所以然之意也。甚且淺者謂為言等韻之書，又其等而下之者也。」（註249）

黃侃說：「戴震繼作，天誘其聰，其《轉語》一序，文字不過數百，而包舉無窮。學者得其隻言片語，光輝充實，足以名家。謂之為集中國語音學之大成，亦無不可。後來紹續，殆未有出其範圍者矣。」（註250）

戴震論音主張考古審音並行，聲紐韻部並重，悟聲轉之理係自然而成。其《轉語》之作，屬於訓詁學，也是語言學，因為它不僅論古韻，更從聲母上系聯雙聲語轉、聲近義通的關係，從發音部位和方法上探討古聲母系統，並擬定出依據聲母轉變來推求語詞通借的規律。（註251）

戴震論古音，不惟韻部，且重聲類，對聲母的清濁、唇舌變化已有察覺，他認為「清濁不同」、「重輕異位」、「古字服匐通用」，已兆「古無輕唇音」之迹，可惜沒有列出條例，提出具體的理論。在《轉語》二十章裡，戴震對聲母是按喉、吻、舌、齒、唇五類編排

註249：陳新雄師《古音學發微》，1972 年，頁 243。

註250：徐道彬《戴震考據學研究》，頁 155，引自殷孟倫《子雲鄉人類稿》，齊魯書社，1985 年，頁 238。。

註251：徐道彬《戴震考據學研究》，頁 155。

的,「按位以譜之,其為聲之大限五,小限各四,於是互相參伍,而聲之用蓋備矣。」(註252)可惜未把聲類和韻類理論條例分別列出,致後人誤以為他只研究韻部,不涉聲類。

民國以來,謂《聲類表》即《轉語》二十章的有曾廣源與趙邦彥二人,曾氏著《戴東原轉語釋補》,趙氏著《戴氏聲類表蠡測》,同聲直指《聲類表》九卷即《轉語》二十章。陳新雄師亦以為然,自謂「余既讀二家之書,乃反復紬繹戴氏《轉語》原敘,而與《聲類表》九卷勘對,深覺二家書言之有據,憬然有悟《聲類表》即《轉語二十章》也。」(註253)後有鍾克昌撰《戴氏轉語索隱》,推闡陳師之說。于靖嘉也說:「《聲類表》就是《轉語》的正文。」(註254)

曾廣源以為《轉語》二十章,「韻經聲緯,位以錯綜,《轉語》聲韻位三者並用,原敘所謂參伍之法,即位之用也。探原於《爾雅》、《方言》、《釋名》,而攬其樞要,六書之諧聲讀若,經子傳記之聲音通籍,皆一以貫之。學者通知其說,以詁詁言,解圍絹郭如也。」(註255)曾氏又認為《聲類表》就是《轉語》的圖表化,批評孔繼涵收刻遺書時,誤將《轉語二十章序》與《聲類表》割裂。所謂音,實含聲與韻,聲韻不可分。戴震的音學,能總攬聲與韻的縱向和橫向關係,故魏建功認定《聲類表》即是聲紐與韻部交錯排列的自然條理之表,就是戴震對古聲紐與韻部綜合研究的總結性成果。(註256)

註252: 戴震《轉語》二十章序。
註253: 陳新雄師《古音學發微》,1972 年,頁 243-244。
註254: 于靖嘉〈轉語和古代語文教學〉,載《戴震學術思想論稿》,安徽人民出版社,1987 年,頁 179-186。
註255: 曾廣源《戴東原轉語釋補敘》,載《戴震全書》七,頁 243。
註256: 參徐道彬《戴震考據學研究》,頁 160。

　　《轉語》側重對聲母轉變規律的探討，以求聲義相通，將繁亂的古聲母系統簡化條理為五類，即喉、舌、牙、齒、唇，每類又分出四個位（位兼指輔音的發音部位和發音方法），在類和位中，以類為經，以位為緯，縱橫相配，建構起轉語的理論框架。（註257）喉、牙、舌、齒、唇五類中，同位則正轉，位同則變轉而通。

　　曾廣源說：「《轉語》之要，固在聲韻並表，尤要在於聲類韻部而外，闡明音位，以綜聲類之轉變，凡同類同部相轉之訓，前人所已經證明而無所統者，惟《轉語》可以統之。其異類異部之相轉，說以雙聲疊韻，而不能通者，亦惟《轉語》為能通之。知其法者，百家皆無堅城。視惠段王郝諸家，局促於聲韻之間，遇變例而躓躓者，相去不可以道里計也。」（註258）

　　章太炎的《成均圖》是繼承戴震《轉語》發展而成的，其言正轉、旁轉，實遠承於戴震。黃侃又衍申戴震同位與位同的理論，在《聲韻通例》中，把雙聲條歸納為；「凡同紐者，為正紐雙聲；凡古音同類者，為旁紐雙聲；凡古音喉、牙有時為雙聲；舌齒有時為雙聲；舌齒唇有時與喉牙為雙聲。」「凡陰聲陽聲互相轉，曰對轉；陰聲陽聲同類音近相轉者，曰旁轉；由旁轉以得對轉者，曰旁對轉。」「凡古音同類者，互相變；凡古音同位者，或相變；凡清濁音同類者，亦互相變。」（註259）

　　李開說：「戴震對音轉理論的探索，是語言學史上最早的嘗試，現代則有王力《同源字典》中列出的聲紐表及聲轉情況的說明，一

註257：徐道彬《戴震考據學研究》，頁 161。
註258：《戴震全書》七，頁 244。
註259：《黃侃論學雜著》，頁 138-144。所謂同類，指發聲部位（喉牙舌齒唇）
　　　　相同者；同位，指發聲方法（清濁發送收）相同者。

目了然，而戴震是探索這一重大課題的先驅。從戴震到王力，其間探索這一課題的人，沒有一個不是遵循戴震前行的。」（註260）

　　魏建功說：「清儒如戴東原有序無書的《轉語》，實在是講連綿字聲音組織的一部書。前面附錄的程易疇《果臝轉語記》，想來是戴氏有相當影響，而其名篇為《轉語》，顯然啟示我們連綿字就是前人所謂的轉語了。」（註261）

　　戴震稱為「轉語」，而王力稱為「同源字」，其實是一樣的。黃侃說：「聲轉之變，由於方言；韻轉之變，本乎方音。故聲轉、韻轉變易，易於孳乳相混。惟孳乳之字之變，或不能與本義相通；而聲轉、韻轉之字，則百變而不離其宗也。」又說：「文字意義之增多，訓詁之繁衍，不外分化語與轉語二途；又不外以雙聲、疊韻為其變化之軌轍也。」（註262）

　　依王力《同源字典》觀點，「凡音義皆近，音近義同，或義近音同的字，叫做同源字。」戴震《方言疏證》所列詞間的音義關係，啟示後人探求同源字的門徑。魏建功說：「清代學者考古音兼重審音的莫過於江永、戴震，而戴氏《轉語》一書尤其是有極密合音律學的創造精神。我們應該了解他著作的原理，而不必泥守他的排列，因為音理上的實在知識，現在比他那時要進步得多。」（註263）然則黃侃仍說：「戴氏之於小學，可謂能集其成。其《轉語序》一書，實可攀古括今，後戴氏之學人無能出其範圍者。」（註264）

註260：李開《戴震評傳》，南京大學出版社，2001 年，頁 303。

註261：魏建功《古音系研究》，頁 61。徐道彬《戴震考據學研究》頁 175 引。

註262：黃侃《文字聲韻訓詁筆記》，頁 206。

註263：魏建功《古音系研究》，頁 314。

註264：黃侃《文字聲韻訓詁筆記》，頁 4。

（三）訓詁

　　為了解決語言的時空差異，訓詁便應運而生。陳澧《東塾讀書記》說：「蓋時有古今，猶地之有東西、南北，相隔遠則言語不通矣。地遠則有翻譯，時遠則有訓詁，有翻譯則能使別國如鄉鄰，有訓詁則能使古今如旦暮，訓詁之功大矣哉！」林尹師論訓詁之功有：溝通名詞的不同、明瞭語意的變遷、探究語言的根源、通曉聲韻的變轉、明辨文字的異形、窮究假借的關係、曉悟古今的異制、瞭解師說的不一、校勘古書的訛奪、考求古義的是非、明曉語法的改易、辨析語詞的作用等十二端。（註265）

　　今傳諸經之傳，如《周易・繫辭傳》、《春秋》三傳、《禮記》，大抵為詁經而作，可謂訓詁之始。秦漢之際，大抵僅有「訓詁」，而無「訓詁學」，《爾雅》、《說文》、《方言》、《釋名》，即為漢儒訓詁之書。真正的訓詁學，必至清代才成立，戴震即是促成訓詁學成立的主要人物。

　　在傳統小學中，文字學、音韻學最終是要為各種文化典籍的訓詁服務的。乾嘉之時，傳統的文字、音韻之學取得了很大的成績，出現了許多前所未有的高水準、高質量的精品力作，從而奠定古籍訓詁工作的堅實基礎，提供了正確的路向，使訓詁學在一定程度上擺脫空發義理的弊端而迅速發展。

　　胡樸安云：「訓詁之方法，至清朝漢學家，始能有條理、有系統之發現，戴氏震開其始。戴氏之言曰：『經之至者道也，所以明道者詞也，所以成詞者字也。由字以通其詞，由詞以通其道。』又曰：『搜考異文，以為訂經之助，廣攬漢儒箋注之存者，以為綜核故訓之功。』

註265：林尹師《訓詁學概要》，台北正中書局，1972 年，頁 10-26。

戴氏真能以經傳注疏為中心，而為有條理有統緒之訓詁也。」（註266）戴震認為文字考證是通經致道的津梁，批駁宋儒譏訓詁之學，輕語言文字，是猶渡江河而棄舟楫，欲登高而無階梯。

　　戴震訓詁學的著作，計有《爾雅文字考》、《方言疏證》、《續方言》、《轉語》等。《爾雅文字考》今不傳，存書序；《轉語》已詳述於前節。其《七經小記》中，原擬以《詁訓篇》為首篇，惜未成書。

1. 對《爾雅》之研究

　　清代真正開始研究《爾雅》的，戴震當為第一人，其《爾雅文字考》云：本書原是他讀書時的隨手札記，大約對鍵為舍人、劉歆、樊光、李巡、鄭玄、孫炎的舊注多所搜輯，以補郭璞注的遺漏和正邢昺疏的缺失。此書在清代雅學史上有重要意義，那就是它是一部奠基之作，此後邵晉涵有《爾雅正義》二十卷，錢坫有《爾雅釋義》十卷，《釋地》以下四篇注四卷，郝懿行有《爾雅義疏》二十卷。

　　戴震認為，古故訓之書，其傳者莫先於《爾雅》，六藝賴是以明，所以通古今之異言，然後能諷誦章句，以求適於至道。他說：「《爾雅》六經之通釋也。援《爾雅》附經而經明，證《爾雅》以經而《爾雅》明。」又說：「夫今人讀書，尚未識字，輒目故訓之學不足為。其究也，文字之鮮能通，妄謂通其語言；語言之鮮能通，妄謂通其心志，而曰傳合不謬，吾不敢知也。」（註267）故戴震認為儒者治經，宜自《爾雅》始。

註266：胡樸安《中國訓詁學史‧自敘》。
註267：戴震〈爾雅注疏箋補序〉，載《戴震文集》，台北華正書局，1974 年，頁 45-46。

在清代,《爾雅》是訓詁學研究的主體內容,正如《說文》研究是文字學的主幹一樣。根據目前學術界的一般看法,《爾雅》最後成書大約是在西漢初年,由當時的儒生綴輯周秦舊文,遞相增益而成,具有故訓彙編的性質。就辭書學角度而論,在內容上,《爾雅》中既有普通語詞,也有反映當時社會生活的各種用語及自然界各種事物的名稱,可謂我國的第一部百科全書。由於收集的詞彙非常豐富,而且具有溝通儒家經典和諸子著作等古代典籍的橋樑作用,有助於我們準確地研讀古籍,因而在中國傳統社會,地位很高,是十三經中的一部重要著作,學者們對它多有關注研究,從而形成了源遠流長的《雅學》,並在訓詁研究中居於主體地位,有大量的相關著作傳世。(註268)

戴震的《毛鄭詩考正》、《詩經補注》等,主要皆以《爾雅》為據。黃侃論清儒《爾雅》學,對戴震《爾雅文字考》備致推崇。其《爾雅略說》中,舉譚吉璁《爾雅廣義》、《爾雅綱目》、姜兆錫《爾雅補注》、翟灝《爾雅補郭》、戴震《爾雅文字考》、任基振《爾雅注疏箋補》、邵晉函《爾雅正義》諸書,作總評曰:「此中諸書,以戴氏為最懿。……案自戴氏後治《爾雅》諸人,雖所得有淺深,皆循戴氏之塗轍者也。展闢門戶之功,亦可云偉矣。」(註269)

2. 對《小爾雅》之研究

《小爾雅》是最早出現的仿照《爾雅》體例並對其內容進行補充的訓詁學著作,《漢書‧藝文志》有《小爾雅》一篇,不著作者名氏。《隋書‧經籍志》、《新唐書‧經籍志》,並有《小爾雅》一卷,

---

註268：參考張濤‧鄧聲國《錢大昕評傳》,南京大學出版社,2006年,頁278。
註269：《黃侃論學雜著》,台灣中華書局,1969年,頁385。

亦不言作者何人，至宋晁公武《郡齋讀書志》、陳振孫《直齋書錄解題》、王應麟《玉海》等，始言其作者為孔子九世孫孔鮒。然而其書名、作者，一直都有爭論。《史記・孔子世家》，並無孔鮒著《小爾雅》的記載，且《小爾雅》附在今本《孔叢子》中，《孔叢子》一書，舊題孔鮒傳，實為偽書。戴震有《書小爾雅後》一文，認定《小爾雅》是後人掇拾王肅、杜預之說而成，今本入於《孔叢子》，亦是後世所為，非古小學遺書，故漢世大儒不取以說經。後孫志祖、臧庸更認定《小爾雅》及《孔叢子》，都是王肅所偽作。（註270）

　　戴震雖以《小爾雅》為偽，卻能以客觀的態度和歷史的眼光對待之，不將它完全棄而不用。作《書小爾雅後》一文，輯入《文集》中。

3. 對《方言》之研究

　　《方言》十三卷，東漢揚雄撰，晉郭璞注。是書與《爾雅》相為左右，學者以其古奧難讀，郭景純注，語焉不詳，少有研讀者。戴震五十一歲入四庫館，於《永樂大典》中得揚雄《方言》散篇，即以平時所校訂，遍稽經史諸子之義訓相合，及諸家之引用《方言》者，詳為疏證。至乾隆四十二年（1777）五月間成《方言疏證》一書，而同月二十七日即因病去世了。

　　戴震《方言疏證》，首辨《方言》作者問題，斷為漢揚雄作，以定群疑。（註271）又稱其改正訛字二百八十一，補脫字二十七，刪衍字十七，使其神明煥然，頗還舊觀，並逐條援引諸書，一一疏通證明，具列按語。對《方言》和郭《注》，進行體例的闡述，文字的糾謬，詞語的刊定，並運用音義互求之法破除假借，疏通雅俗，開

註270：參考張濤・鄧聲國《錢大昕評傳》，南京大學出版社，2006年，頁279。
註271：宋洪邁以為《方言》斷非揚雄作。

清代的《方言》學研究之風。鮑國順指出，戴震校定《方言》之法例有五端：①以他本校，②以群籍之引《方言》校，③以本書校，④以他書校，⑤以六書條例校。至於疏證之例有四端：①疏證文義，②明古字之通轉，③明同字之異體，④明後世字書之所本。（註272）又徐道彬稱，戴震校勘《方言》之特點有五：①依據聲訓，辨識通假，②比對異文，校正訛字，③覓求佐證，勘訂衍脫，④鉤提歸納，研求古義，⑤推求文義，判斷事理。（註273）

其後盧文弨作《重校方言》，錢繹作《方言箋注》，劉台拱作《方言補校》，王念孫作《方言疏證補》，均踵戴震之跡而繼起，尤其王念孫《方言疏證補》，即依戴震《方言疏證》之例，附補案語，循聲求義，規模可觀。（註274）

又戴震有《續方言》之作，但不見於諸家所作戴震傳記內，乃民國十七年冬，江陰劉半農得於北平廠肆，共二卷，十四葉，葉二十行，行二十一字。所採之書凡四種，二百十四條。據羅常培考證，此書是戴震原輯而未定之稿，本欲補苴揚雄之書，既睹杭世駿《續方言》書，因而中輟。

4. 訓詁之法

（1）以形索義

以形索義或稱「形訓」，即通過對漢字形體的分析來探明其意義，因為象形、指事、會意和形聲字，都可以從形體上來考察其含

註272：鮑國順《戴震研究》，國立編譯館，1997 年，頁 414-418。
註273：徐道彬《戴震考據學研究》，頁 297。
註274：鮑國順《戴震研究》，頁 418。

義。戴震在訓詁中以形索義，窮源溯委，詞必有徵。這種形、音、義多方面的綜合參證，因聲而析形，以形而證義，言不空發，論不虛作，於考明經義，庶少差失。（註275）李建國云：「清初顧炎武首先將音學施於經學，開闢了以聲求義的大道。戴震繼起，更將音韻、訓詁、文字融會貫通，為通經明道服務，奠定了語言文字學的基礎。乾嘉學者應用戴氏的研究方法來研究《說文》，開闢了《說文》研究的新領域。《說文》學進入全面復興的階段。」（註276）

（2）音義互求

文字的發展，出現假借、轉注、引申、轉折、擴大、縮小等情況，以聲求義才合乎訓詁的要求。故段玉裁說：「聖人之制字，有義而後有音，有音而後有形。學者之考字，因形以得其音，因音以得其義。」（註277）黃侃說：「音韻之學，最忌空談音理，而必求施之於文字、訓詁，則音韻不為虛設。而文字訓詁亦非以音韻為之貫串鈐鍵不可。二者有一不明，則不足論小學，讀古籍。」（註278）

如果說《轉語二十章》是戴震因聲求義的理論大綱，那麼，《聲類表》、《與王內翰鳳喈書》、《答段若膺論韻》、《論韻書中字義答秦尚書》，則是戴震訓詁思想的具體應用和全面發揮，這些文章要義在於揭示音與義的統一性，充分體現字義寓於音聲。（註279）戴震說：「字書主於訓詁，韻書主於音聲，然二者恆相因。音聲有不隨詁訓變者，音聲有隨詁訓而變者，則一字或數音。大致一字既定其本義，

註275：徐道彬《戴震考據學研究》，頁 189-190。

註276：李建國《漢語訓詁學史》，上海辭書出版社，2002 年，頁 243。

註277：段玉裁《廣雅疏證序》。

註278：徐道彬《戴震考據學研究》頁 191，引自《子雲鄉人類稿》248 頁。

註279：參徐道彬《戴震考據學研究》頁 191。

則外此音義引申，咸六書之假借。」（註280）雖今古懸隔，訓詁失傳，文字變異，惟古音可證，因聲而知其義。

　　運用聲轉規律，詮釋古文疑難，是戴震訓詁學的重要方法，他十分強調「義由聲出」，不囿於形體而比次於聲音。對於古代方言的研究是歷代語言學的重點和難點，因為方言名物因時地差異，雖物為同一，而聲變名異，後人紛紜莫斷。戴震對此，能跳出形體之囿，而從聲音求釋，往往一聲之轉，便使長期疑惑，犁然於心。在歷史地理考證中對古今異域地名、物名的變化，戴震亦從音譯和聲轉的角度求其原委，不為字形所困。在草木蟲魚鳥獸的考證上，更是善於由聲知義。戴震認為「雙聲疊韻字，其義即存乎聲」，故因聲求義，不限形體，直以聲訓為手段而探得字詞真義。《方言疏證》所解語詞多為古今雅語、方言俗詞，故因聲求義之法於此更為切要。戴震能夠自覺而靈活地把古音學與方言研究結合起來，突破了方言文字形體的外殼而系聯出聯綿詞、同源詞等一系列古詞語間的關係，以聲音繫於文字而後知假借、引申與本字之間的界限，由聲韻貫穿訓詁，而後知文字訓詁渾然為一物。（註281）

　　其後王念孫《廣雅疏證》，有「就古音以求古義，引申觸類，不限形體」之論（註282）；段玉裁有「治經莫重於得義，得義莫切於得音」之說（註283），段氏《說文解字注》，自謂竊取戴氏「以字考經，以經考字」二語而成。徐道彬認為，高郵王氏四種的成績，主要來自戴震《轉語》之功，王引之《經義述聞》，申戴之語，承父之

註280：戴震《論韻書中字義答秦尚書》。
註281：參考徐道彬《戴震考據學研究》，安徽大學出版社，2007年，頁194、199、200、204、205。。
註282：王念孫《經義述聞序》。
註283：段玉裁《廣雅疏證序》。

語，云：「大人曰：詁訓之指存乎聲音，字之聲同聲近者，經傳往往假借，學者以聲求義，破其假借之字，而讀以本字，則渙然冰釋。如其假借之字而強為之解，則詰鞫為病矣。」

戴震說：「疑於義者，以聲求之，疑於聲者，以義正之。」是即「以義正音」、「因音明義」。既可由聲音求字義，又可由字義推考字音。王念孫之《廣雅疏證》，郝懿行之治《爾雅》，阮元之輯《經籍纂詁》，朱駿聲之《說文通訓定聲》，章太炎之作《文始》，無不取法於戴震。

（3）比較互證

戴震之訓詁方法，還以文獻資料為證據，把語言文字和經學及其他學科資料貫通起來，故注經之作務實而創新，綜核而精審。徵引古文獻資料來考證古代名物，稽考典制，知類通達，信而有據。對《詩經》、《楚辭》的研究，在訓詁釋義、考證名物時，多《詩》《騷》互證，詮釋古人屬辭比意。治經雖依重古經注，但不落窠臼，往往自創新解，求得其自謂的「十分之見」。

（4）運用語法修辭

徐道彬云：「戴震在考證經籍時，辨文字，明詞義，博稽綜核，識斷精審，並能自覺地運用語法和修辭手段，解決訓詁疑難，對典籍文獻的字句注意審度辭氣，辨析辭例，考論虛實，推闡文意，把握住古人文章的思想性和藝術性，真正體現了『義理、考據、辭章』相結合的治學特色。」（註284）

註284：徐道彬《戴震考據學研究》，頁228。

　　戴震已注意虛實詞性在訓詁中的重要性，主張首先辨別名、字的「虛實」，在訓詁中解詞釋句，也充分體現出語法修辭意識，正確地加以辨別，避免望詞生訓。戴震的虛詞觀承襲古代語言文法思想，稱名為辭、語辭、語助詞或發語詞等，在研討群經、比勘字書時，已清楚地知道，古人在屬辭造句時為了聯結語言單位，或表達某種語氣，需要加上沒有實在意義的語助詞。（註285）戴震也知道《詩經》「變文以合韻」、「倒語以就韻」的道理。徐道彬指出：戴震即使在嚴謹的哲理著作中，也不廢以文法修辭來表情達意，常以生動的比喻、排比的句式、虛實詞的辨別、章法的安排等手段，達到由下學而上達，觸類以發明的論辯效果。（註286）所以，楊向奎說：「戴東原治哲學善用文義分析的方法，以了解經典中的本義，開清人文法學的先河。」（註287）

　　徐道彬云：「戴氏訓詞釋文不但能就文字形音以求義，而且能從章句修辭著眼，比照詩人之情、經文之意，得『古人行文之法』。其體悟《詩》、《騷》等文學作品的能力，絕不亞於桐城派、性靈派，而又能將義理、辭章融入考據，博綜而貫通，理富而辭達，表現了卓越超群的學術旨趣，拓展了學術研究的廣度與深度。」（註288）

　　蕭一山說：「清代學者之最大貢獻，校勘訓詁而已，戴氏提倡之功實居多也。使清代而無戴震，充其量由惠派學者之發展，不過漢學復興耳，其何與於經學之進步哉。」（註289）

註285：參徐道彬《戴震考據學研究》，頁 232。
註286：徐道彬《戴震考據學研究》，頁 242。
註287：《清儒學案新編》第五卷，齊魯書社，1994，頁 313。
註288：徐道彬《戴震考據學研究》，頁 244。
註289：《清代通史》二，台灣商務印書館，1967 年，頁 482。

　　總之，戴震的訓詁之學，以形索義，因聲求義，比較參證，語法修辭等方法的綜合運用，使當時的訓詁學能真正做到推原文字根柢，歸納古書條例，總結聲訓規律，破除疑難和謬誤，以求經義本真。（註290）

三、天文曆算學

　　中國傳統學術中，有許多內容涉及天文曆算，只有將相關問題解決好了，才能對經史之學有更加精深準確的把握。（註291）

　　中國古代數學，核心是算數，算數之術，就是算術；算術之學，就是算學。禮樂射御書數為「六藝」，知周代小學即學書計，故曆算學在中國發達甚早。戴震《九數通考序》云：「古者九數，司徒掌之，以教萬民；保氏掌之，以教國子。與五禮、六樂、五射、五御、六書之倫，合而謂之道藝。夫德行以為之體，道藝以為之用。故司諫巡問民間，則以時書其德，行道藝辨其能，而可任於國事者。由是言之，士有國事之責，期在體用賅備有如是。」（註292）研天文曆法，是離不開數學推算的，即古人所謂「九九之數」。在《周髀算經》中，已經運用了大量的分數運算和等差數列，以解決天文曆法方面的問題。（註293）

註290：參徐道彬《戴震考據學研究》，頁 245-246。
註291：張濤・鄧聲國《錢大昕評傳》，南京大學出版社，2006 年，頁 20。
註292：《戴震全集》第六冊，北京清華大學出版社，1997 年，頁 3232。按：《九數通考》，常熟屈省園作。屈曾發，字魯傳，號省園，清代著名數學家。
註293：張濤・鄧聲國《錢大昕評傳》，頁 403。

　　六朝以來，學校以曆算課士，隋代國子設有算學博士，唐代科舉取士，則有明算一科，與明經、進士等並列。學者對曆算的理與法，從童子就開始學習。宋元兩朝，名家輩出，此學稱盛。明代心宗與文士交鬨，實學備受鄙夷。到明代末葉，西方天算理論，由利瑪竇等傳教士帶入中國，一些中國士大夫修習其說，並加以介紹推廣，使之逐漸融入中國的傳統學術當中，其間比較著名的人物有徐光啟、李之藻等人。清朝初期，從西方傳來的科學技術依然受到重視，康熙皇帝還曾向當時來華的傳教士南懷仁、白晉等，學習數學、天文等西學。當時學術界對於西法的態度有兩種，一是以梅文鼎（宣城）為代表，細心辨析中西學術的差異，主張在吸收、借鑑西法的同時，結合中國歷代文獻中的天文曆算成果，綜合比較，融會貫通，可以稱為中西融合派；一是以江永（慎修）為代表，更注意西方科技的價值和意義，強調治學應該一宗西法，可以稱為宗治西法派。江永曾撰《翼梅》一書，對梅文鼎的曆算成果多有修訂，而戴震也盛讚江氏推步之學，認為其不在梅文鼎之下。（註294）

　　乾嘉時期，在復興漢學的活動中，隨著歷代典籍挖掘和研究的深入展開，周秦以來有關天文曆法數學等方面的文化遺產，逐漸進入學者們的視域，而且由於考論經史的需要，一些學者開始從事天算曆法的研究，並且取得傲人的成績。從事天算曆法研究的學者，古來被稱為「疇人」。清代的「疇人」為數眾多，僅名列阮元編撰的《疇人傳》和羅士琳編撰的《疇人傳續》的，就已經超過了二百人。這些「疇人」，一則注意發掘整理和研究我國歷代史籍中的天算曆法文獻，一則充分吸收由西方傳教士輸入的自然科學知識，從而使天

註294：張濤・鄧聲國《錢大昕評傳》，頁412。

文曆算之學獲得新的生機，發展到新的高度，同時也為經史研究拓展了新的領域。(註295)

　　戴震服膺江永的曆算學，受到錢大昕的批評，但是，戴震在天文曆算方面的成就還是很大的。戴震早年的學術興趣儘管體現在研究儒家經典注疏以及音韻訓詁方面，但依其著作編年，就可以發現，最先讓世人熟知他的是在名物禮制與天文曆算方面的成就。他在中年以前就已經寫出《原象》、《曆問》、《古曆考》、《策算》、《句股割圜記》等著作，並且把數學、天文方面的知識與精湛的小學研究融為一體。(註296)

　　從總體上來說，戴震同屬中西融合派，「以中學為論證對象之體，西學為說明、注釋之用；以中學為本，西學為附」(註297)，因此，錢大昕對戴震在天文曆算方面的造詣和貢獻評價極高，甚至說：「予少與海內士大夫游，所見習於數者，無如戴東原氏。東原歿，其學無傳。」(註298)而在為戴震作傳時，錢氏又特別介紹、彰揚戴震天文曆算學成就。(註299)清人李斗曾經研論說：「本朝推步之術，王（錫闡）、梅（文鼎）之後，則有歙縣江慎修永、休寧戴東原震、嘉定錢曉徵大昕，錢視二家尤精。」(註300)後來張之洞撰《書目答問》及其附《國朝著述諸家姓名略》，其中天文算法分為「中法」、「西法」和「兼用中西法」三類，江永等人被列入「西法」，錢大昕

註295：張濤‧鄧聲國《錢大昕評傳》，頁379。

註296：參考劉墨《乾嘉學術十論》，北京生活、讀書、新知三聯書店，2006年，頁272。

註297：李開《戴震評傳》，南京大學出版社，2001年，頁232。

註298：〈贈談階平序〉，《潛研堂文集》卷二十三。

註299：張濤‧鄧聲國《錢大昕評傳》，頁413。

註300：李斗《揚州畫舫錄》卷十三，張濤‧鄧聲國《錢大昕評傳》，頁413引。

與梅文鼎、梅瑴成、何國家、戴震以及李銳、焦循、阮元等人一起被歸入「兼用中西法」。（註301）王力說：「清人的樸學的研究方法，實際上受了近代自然科學的深刻影響，西方的天文曆算等自然科學知識傳入中國以後，不少中國學者精於此道，錢大昕等樸學家更是在天文曆算領域多有貢獻，並經過近代科學的天文曆算的訓練，逐漸養成了縝密的思維和絲毫不苟的精神，無形中也養成了一套科學方法。」（註302）

　　的確，乾嘉學派的實學治學方法，對數學、科學知識活動也產生了直接影響。梁啟超《中國近三百年學術史》中〈清代學者整理舊學之總成績〉，歸納出十一種學術研究類別，第十項便是「曆算學」。算學在當時之所以受到如此重視，與作為治經的工具有密切的相關性，而這相關性，正是乾嘉學者精於考據的影響。梁啟超將治算的人分為臺官、經師與專門算學家三類，他說：「經師者，初非欲以算學名家，因治經或治史有待於學算，因此算學為其副業者也。……其餘考證家，殆無一人不有算學上常識，殆一時風尚然矣。」（註303）閻若璩即利用曆算來辨古文《尚書》之真偽。

　　清代乾隆間，四庫館開館，戴震奉召為纂修官，算學部分由他董理，子部天文算學類的提要，幾乎全出其手，用力最勤的，是在輯校所謂的《算經十書》。《算經十書》的提要，也都是戴震撰的。

　　戴震校成後，官局以聚珍版印行，而曲阜孔廣森又將它們彙刻。阮元說：「九數為六藝之一，古之小學也。……後世言數者，或雜以

註301：張濤‧鄧聲國《錢大昕評傳》，頁416。
註302：王力《中國語言學的繼承和發展》，見《王力文集》第十六卷，《錢大昕評傳》頁416引。
註303：梁啟超《中國近三百年學術史》，台北華正書局，1994年，頁377。

太一、三式、占候、卦氣之說，由是儒林實學，下與方技同科，是可慨矣！戴庶常……網羅算氏，綴輯遺經，以紹前哲，用遺來學，天下學者乃不敢輕言算數，而其道始尊。然則戴氏之功，又豈在宣城（梅氏）下哉？」（註304）梁啟超說：「讀阮元此論，戴震雖徧校古算經，但是他自著的曆算書，則仍宗西法，而專以提倡中法聞者則推錢大昕，錢氏著有《元史朔潤表》、《三統術衍算經答問》等書。自戴錢二君以經學大師篤嗜曆算，乾嘉以降，曆算遂成經生副業，而專門算家，也隨之而出，其影響豈不鉅大嗎？」（註305）當時秦蕙田主管國子監的算學，正在到處尋找精於推步之學的學者，他所遇到的難題，幾乎都在戴震那裡得到了解決。秦氏將戴震的說法採入於《五禮通考》中，戴震也向秦氏推薦江永的著作。（註306）茲析論戴震自著及校訂的天文曆算書，以明其天文曆算學。

（一）自著天文曆算書

戴震天文曆算之著作，今存者有《原象》、《續天文略》、《策算》、《句股割圜記》、《九章算術訂訛補圖》等。

1.《原象》

《原象》為戴震《七經小記》之一，原為八篇，前四篇初名《釋天》，以《堯典》「璇璣玉衡」、「中星」、《周禮》「土圭」、《洪範》「五紀」四者命題，而天行之大致畢舉。五、六、七篇即《句股割圜記》

註304：阮元《疇人傳》四十二卷。
註305：參梁啟超《中國近三百年學術史》，頁375。
註306：參劉墨《乾嘉學術十論》，頁110。

上中下三篇。第八篇即為矩以準望之詳也。至晚年合《迎日推策記》為九篇，而成《原象》一書。

（1）璿璣玉衡

戴震有《周髀北極璿璣四游解》兩篇，《璿璣玉衡解》一篇，均載於《戴震全集》第一冊。璿璣玉衡論日月運行軌道以明歲月更替、四季成歲、日食月食形成之理。《虞夏書》有「在璿璣玉衡以齊七政」之記載。戴震認為「璿璣玉衡」就是堯舜時代的測天儀器，正如後世渾天儀之類。《經考》卷二「在璿璣玉衡以齊七政」條，曰：「古測天之器，其製不傳，後世渾天儀設璣衡以擬其名，未有能實得古製者也。」（註307）《原象》第四篇載其器之制曰：「古寫天之器，莫善於璇機玉衡，漢以降失其傳也久，可徵而復也。……天行之大致舉矣。」（註308）

戴震自作此器，段玉裁記說：「璇機玉衡，《虞夏書》觀天之器，自漢以後失其傳，而先生神晤於四千年之下，即詳其制於《原象》第四章，令善讀者可構造矣。曾自指點巧匠為之，藏於孔戶部家，戶部又曾命工仿造，將來有讀遺書而作儀器者，當知法物之尚存也。」（註309）

《原象一》說：「《虞夏書》以璇機玉衡寫天，逸文猶見《周髀》之書。《論語》北辰，《周髀》所謂正北極，是為左旋之樞。日躔黃道，其極曰黃道極，《周髀》所謂北極璇機，環正北極者也；月道之極，又環璇機者也；是為右旋之樞。璇機之環正北極而成

註307：《戴震全集》第一冊，北京清華大學出版社，1994年，頁1285。
註308：《戴震全集》第一冊，北京清華大學出版社，1994年，頁253。
註309：段玉裁《戴東原先生年譜》附錄。

規也，冬至夜漏中起正北極之下，日加卯在正北極左，日加午在正北極上，日加酉在正北極右，晝夜一周而過一度。均分其規位十有二子：春分夜漏中則起正北極之左，是為建卯；夏至起正北極之上，是為建午；秋分起正北極之右，是為建酉；冬至而復起於正北極下，是為建子；中氣十有二皆中其建，如是終古不變，以與日躔黃道相應，凡三百六十有五日小餘不滿四分之一日，發斂一終。」（註310）

《原象二》說中星，以明歲差，引《堯典》曰：「日中星鳥以殷仲春」，「日永星火以正仲夏」，「宵中星虛以殷中秋」，「日短星昴以正仲冬」。戴震曰：「日夜分暨永短，終古不變者也。星鳥之屬，列星之舉目可見，大小有差，闊狹有常，相距不移徙者也。終古不變者，因乎地而生里差；相距不移徙者，以考日躔而生歲差。」（註311）

《原象三》說土圭，言測影之法，以明里差。《周禮》曰：「土圭之法，測土深，正日景，以求地中。」戴震曰：「日南景短，日北景長，取中而得尺有五寸，以是求南北之中。日東景夕，日西景朝，時刻相差比，以是求東西之中。蓋所謂測土深者，以南北言也。聖人南面而聽天下，以法天，故南北為經，東西為緯；南北為深為輪，東西為廣。表景短長，即南北遠近，必測之而得，故曰測土深。所謂正日景者，以東西言也。地中景正，日加午，東方已過午後而為景夕，西方尚在午前而為景朝。……必正其日中之景，以審時之相差，故曰正日景。」（註312）

註310：《戴震全集》第一冊，頁247-248。
註311：《戴震全集》第一冊，頁249。
註312：《戴震全集》第一冊，頁251。

　　《原象四》論《洪範》五紀，以明歷法之宜，隨時測驗。五紀即歲、月、日、星辰、歷數。戴震曰：「分、至、啟、閉，紀於歲者也；朔、望、朒、霸，紀於月者也；永、短、昏、昕，紀於日者也；列星見、伏、昏、旦中，日躔月逡，紀於星辰者也；贏縮經緯，終始相差，紀於歷數者也。紀於歲者，察之日行發斂；紀於月者，察之日月之會，交道表裡；紀於日者，察之晝夜刻漏，出入里差；紀於星辰者，察之十有二次；紀於歷數者，隨時測驗，積微成著，修正而不失。」（註313）

　　是以在天文學上，戴震最基本的看法是：天體是實在的客體，這一客體處於不斷的運動之中，他認為，習天文的目的是適應農業生產的需要，他相信：宏觀宇宙的實體的客觀存在與實體的自身的運動是不可分割的，雖然他描述的只是天體運動的投影即天體的視運動，但這視運動研究已足以表明：實體的自身運動是客觀存在著的。（註314）他又認為日月星辰有它自身的運行規律，特別研究歲差的法則。一部《續天文略》，自始至終講天體視運動及其法則，且歲差問題幾乎無處不在。他還反思了對運動及其規則的量度問題。他認為量度天體視運動是人類自身就客觀對象作出的主觀設定，但其設定仍然有客觀標準的。（註315）戴震在研究古天文時，對歲差的闡述及其應用是最主要的成就。他認為歲差是祖沖之發現並精確測定的，在《續天文略》中，則進一步認為是晉虞喜發現的，對歲差產生的原因，他僅從視運動給予解釋，沒有觸及地繞日公轉中日月對地球的引力攝動這一實質。他認為

註313：《戴震全集》第一冊，頁252。
註314：李開《戴震評傳》，南京大學出版社，2001年，頁223。
註315：參李開《戴震評傳》，頁224、225。

天行本無差，但要是沒有歲差，日循黃道，一年之數三百六十五日亦難以成為一年，有了歲差，才成為一年，有了歲差之差，一年之歲才幸得圓滿。（註316）歲差是戴震解決天體視運動諸多問題的思想方法上的邏輯契機和手段。現代科學證明，歲差對天體運動的影響是普遍的，戴震對歲差的設定是正確的。歲差是地球繞日運動因日月的引力而引起的，承認歲差，即承認地球繞日公轉，他事實上仍然堅持地心說，因為其一，他是從《周髀》出發研究天體運動的，《周髀》主蓋天說，他對蓋天說，作了很大的修正，在《原象》中已明確地說出地圓說；其二，他是信從第谷天文學說的。（註317）借本輪、均輪之說注釋天體視運動，就是信從第谷的表現。第谷是持地心說的。（註318）

(2)《句股割圜記》

至於《句股割圜記》，書成於乾隆二十年（1755）。戴震說：「總三篇，凡為圖五十有五，為術四十有九，記二千四百一十七字。因《周髀》首章之言，衍而極之，以備步算之全，補六藝之逸簡，治經之士，於博見洽聞，或有涉乎此也。」（註319）

《句股割圜記》一書，乃取梅文鼎所著《平三角舉要》、《塹堵測量》、《環中黍尺》三書，易以新名，飾以古義而成。如書中稱角為觚、正弦為次內矩分、餘弦為內矩分、正切為次矩分、餘切為矩

註316：參李開《戴震評傳》，頁226。
註317：李開《戴震評傳》，頁228-229。
註318：第谷（1546-1601），是丹麥天文學家，十分崇敬哥白尼，提出行星與太陽運行，太陽又統率著行星繞地球運行，太陽連同整個恆星天穹又一起圍繞地球作晝日旋轉。
註319：戴震《句股割圜記序》。

分、正割為內引數、餘割為徑引數、相似形為同限，實即西人之三角形。所以迂迴其說的原因，不過在證明「今人所用三角八線之法，本出於《周髀》句股。」（註320）

「句股割圜」實際上是指直角三角形與圓面（即過圓直徑的圓內接直角三角形）的同一性關係的處理。（註321）今人算術用三角八線之法，本出於句股，而尊信西術者，往往說句股不能御三角。戴震則認為《周髀》云圓出於方，方出於矩，矩出於九九八十一，三角中無直角，則不應乎矩，無例可比矣，必以法御之，使成句股而止，八線比例之術，都是句股法。戴震分別以平面直角三角形句股弦、球面直角三角形句股和球面斜三角形為研究對象，以球面直角三角形的句股定天球的經緯度。在《句股割圜記》中卷，戴震將天體視運動軌道黃道、赤道及其交角、經度、緯度問題化作球面句股弦問題，即西法的球面三角。中卷的割圜術全部是解球面直角三角形，經用解球面直角三角形公式驗證，戴震球面句股弦解法完全正確。《句股割圜記》下卷，全部是球面三角形的句股弦解法，經驗證，全部合乎球面斜三角形的三角函數解法。（註322）

戴震《與是仲明論學書》說：「中土測天用句股，今西人易名三角八線，其三角即句股，八線即綴術。然而三角之法窮，必以句股御之，用知句股者法之盡備，名之至當也。」（註323）可知戴震雖明西算，但仍然推崇中法。吳思孝《句股割圜記序》云：「其於古今步算之大全，約以二千言而盡，可謂奇矣。」章太炎說：「先戴《句

註320：參鮑國順《戴震研究》，國立編譯館，1997 年，頁 442。
註321：李開《戴震評傳》，頁 209。
註322：李開《戴震評傳》，頁 221、222。
註323：《戴震文集》，台北華正書局，1974 年，頁 140。

股割圓記》，吐言成典，近古所未有。」（註324）秦蕙田《五禮通考》全載《句股割圓記》三篇，以為古今算法大全之範。

李儼說：「戴震雅意嗜古，……作《句股割圓記》三篇……而務為簡奧，雖以焦循之好古，而《釋弧》卷上亦謂戴氏變易舊名，恆不易了，故戴氏此種反動，在學術界影響至微。」（註325）惟李開說：「戴震的《句股割圓記》，以特有的方式系統推廣了平面三角形和球面三角形的句股原理，大大發展了自《周髀》以來的句股弦求法，其句股學達到了同時代的平面三角和球面三角函數學的水平，是一了不起的奇蹟。他在數學史上弘揚民族文化。」（註326）又說：「戴震的句股原理及五十一術在數學史上是個了不起的貢獻。一般認為，句股弦及其和差互求問題總計有三十六種之多，三國的趙爽著《句股圓方圖注》，解出二十四種，被認為是了不起的貢獻。戴震的句股原理及五十一術，可謂取得了突破性進展，在數學史上是應大書一筆的。」（註327）

徐道彬認為；「《句股割圓記》三卷，意欲用中國傳統的句股弧矢和割圓術為古數學的立法根據，推衍三角學的基本公式，以求算學「西學中原」或「中體西用」及融會貫通的理由。上卷論平面三角的基本概念、公式及解法，也包括正弦和正切定理；中卷論球面直角三角形解法及其他立體模型的用法；下卷論球面斜三角形的解法，包括球面三角正弦定理和正矢定理，其內容主要以句股弦概念和句股應用割圓術來解決算學問題，貫通了自《周髀算經》至近代的球面三角函數，並把經學與算學結合起來。」（註328）

註324：章太炎《文錄》〈說林下〉，頁 704。
註325：見〈三角術及三角函數表之東來〉，收入《中算史論叢》第三冊，頁 333。
註326：李開《戴震評傳》，頁 222。
註327：李開《戴震評傳》，頁 242。
註328：參徐道彬《戴震考據學研究》，安徽大學出版社，2007 年，頁 471。

（3）《迎日推策記》

《迎日推策記》是用中國古代傳統天文學中的右旋學說，來解釋天體運行規律，其大意是指：帶有眾多星辰的宇宙整個地向左旋轉，而日月和五大行星則在各自的圓形軌道上向右旋轉，所以我們所看到的日月五星的視運動，便是左旋和右旋兩種運動的合成，左旋之軌慢，右旋之軌快，由此而產生歲差。（註329）

2.《續天文略》

此書乃乾隆三十二年（1767），詔諭撰《續通志》，館臣因以《天文略》屬戴震撰定，戴震乃撰《續天文略》，原為三卷，而《遺書》本只有上中兩卷，無下卷，致星見、伏、昏、旦、中，列宿十二次，星象，黃道宿度、七衡六間、晷景短長、北極高下、日月五步規法、儀象、漏刻等十目之中，自〈日月五步規法〉以下三篇都闕。或以為戴震未及成書，後為他人所補全，以列入《續通志》後，孔繼涵刊遺書，遂亦不取以補刻。（註330）

據所存七篇，大抵每篇皆先列正文，而未加疏解，綴以「臣等謹按」、「臣等又按」字樣。戴震對鄭樵《通志》〈天文略〉，甚為不滿，因鄭樵考證疏漏，並剿襲舊文，故《續天文略》之作，就是在補鄭樵之闕遺，正其疏誤。

此書在體例上為分類輯錄古代典籍中有關天算的論述，用按語形式加以辯證是非，襲續補苴，實際上是一部古天文資料的彙編。（註331）

註329：參徐道彬《戴震考據學研究》，頁 471。
註330：參見周中孚《鄭堂讀書記》卷四十四，頁 837。
註331：徐道彬《戴震考據學研究》，頁 472。

3. 《策算》

我國古代算數用籌，初稱為策，算書多稱為算。漢唐以後則以籌、籌算、籌策、算籌諸名互用，而宋以後俗稱為算子。至其形式，《方言》謂：「木細枝為策」，《說文》竹部，稱：「算長六寸，計曆數者」，《前漢書‧律曆志》曰：「其算法用竹徑一分，長六寸，二百七十一枚，而成六觚為一握。」（註332）

籌算對古代數學概念的發展和數系的擴充，產生過積極的影響，分數與正負數的引進和表示法，很大程度上得力於策算。戴震很早就從事算學研究，因為他出身商賈，少從稗販之事。二十二歲時就著有《策算》一書，是為初學《九章算術》者而作的。其內容主要為介紹乘法、除法、開平方、句股定理、天文曆法等，所舉例都取自《周易》、《呂氏春秋》、《儀禮注》、《皇極經世》、《論語》、《考工記》和《漢書‧律曆志》等經疏史注，並且涉及較多的日常生活中的普通數學運算的具體步驟和算式，既為研治算學的人提供資料，也為研治經史的人提供參考。（註333）

4. 《九章補圖》九卷

即《九章算術訂訛補圖》九卷。是戴震在四庫館時從《永樂大典》輯補《算經十書》所作的考證，今微波榭算經十書《九章算術》末，孔繼涵跋云：「《九章》之術，乃算術之鼻祖。……舊有圖，今缺，余友休寧東原戴先生補之，今分附諸篇之末，亦猶劉徽之綴重差於句股焉。」戴震推導古算書中不合幾何數理之處，並附加幾何圖形，指明傳寫訛混的原因，恢復了《九章算術》的本來面目。

註332：李人言《中國算學史》，台灣商務印書館，1990 年，頁 63。
註333：參徐道彬《戴震考據學研究》，頁 473。

5. 《五經算術考證》一卷

此書也是戴震在四庫館中從《永樂大典》輯補《算經十書》時所作的考證，與《九章算術》一樣，原古書之圖全部失傳，戴震訂訛補缺，依注補圖。對《五經算術》所引經史中涉及算學的文字詳加甄別，運用對校、他校、本校、理校的方法，酌情校正經籍史志的訛誤，對前後錯亂訛字衍文、脫落倒置，參互訂正。

6. 《算學初稿四種》

此為戴震手稿，是乾隆九年（1744）前後寫定的未成熟之作，內容顯然是《句股割圜記》的成書基礎，所涉資料豐富。包括《準望簡法》、《割圜弧矢補論》、《句股割圜全義圖》、《方圜比例數表》。當中《準望簡法》的內容，主要是討論中國傳統句股測量法。他說：「余考《周髀》之言，欲補古者準望之法，儗而作器，名之曰矩，從古所志也。矩者，準望器也。有方度，以句股為用；有圜度，以徑隅為用。」（註334）《割圜弧矢補論》，主要論證如何利用句股定理計算圓的半徑、弦長等問題；《句股割圜全義圖》，為七幅描述天體位置關係的幾何圖形；《方圜比例數表》，列有十種圓徑關係的比例數據。

戴震於同書圖六及圖十八分別繪有〈矩方度圖〉及〈矩圜度圖〉。馮錦榮以為戴震的為矩之法，只是把明末傳教士譯介入中國的西洋測量儀器——「矩度」（geometric-square）和「象限儀」（quadrant）兩者加以合成罷了，並非其新創。而把兩種儀器合在一起使用，當

註334：準望即測量。《算學初稿四種・準望簡法》，收入陳秉才・張玉範主編：《稿本叢書》（天津：天津古籍出版社，1996 年，影印北京大學圖書館藏戴震《準望簡法四種稿本》第四冊），頁 237-274。

以明末陳藎謨《度測》的「矩度」為最早。……戴震在應用算題的校算，在陳藎謨以下直至梅文鼎諸人的研究基礎上所取得的成就，仍不失是乾嘉時期的大家。（註335）

（二）校訂《算經十書》

中國古代數學，核心是算數；算數之術，即是算術；算術之學，即是算學。中國最早的數學著作，有《許商算術》、《杜忠算術》、《九章算術》等。（註336）

禮、樂、射、御、書、數為六藝，知周代小學即「學書計」。隋代國學設有算學博士，唐代取士，則有明算一科，與明經、進士等並列。唐高宗時令天文曆算名家李淳風，帶領國子監算學博士梁述、太學助教王真儒等，注十部算經，書成，即頒由國學行用，計有：《周髀算經》、《九章算術》、《海島算經》、《孫子算經》、《張丘建算經》、《五曹算經》、《五經算術》、《綴術》、《夏侯陽算經》、《緝古算經（術）》，是為《算經十書》。

據清程大位《算法統宗》，宋版《算經十書》為：《孫子算經》二卷、《張丘建算經》三卷、《九章算經》九卷、《五曹算經》五卷、《夏侯陽算經》三卷、《周髀算經》二卷、《緝古算經》一卷、《數術記遺》一卷、《五經算術》二卷、《海島算經》一卷等十種。（註337）南宋重版以後，至明流傳甚少，《永樂大典》收有《周髀算經》二卷、

註335：香港大學中文系馮錦榮〈乾嘉時期考據學與曆算研究的一些問題〉，載中央研究院《乾嘉學者的義理學》下冊，2004 年，頁 733-766。

註336：王渝生《中國算學史》，上海人民出版社，2006 年，頁 1。

註337：李人言《中國算學史》，頁 166。

音義一卷，《九章算術》九卷、《孫子算經》二卷、《海島算經》一卷、《五曹算經》五卷、《夏侯陽算經》三卷、《五經算術》二卷。（註338）入清後，毛晉搜得南宋本《孫子》、《五曹》、《張丘建》、《夏侯陽》、《周髀》、《緝古》、《九章》七部算經，而《九章》有部分殘缺，已非全本。（註339）

　　《清儒學案・勿菴學案》云：「天算之學，測量推步，事事皆可指實，特非篤志嗜古之儒，好學深思，心知其意，無以發其精微。」戴震以算在六藝，古者以賓興賢能，教習國子，治經之士所當知，故自早歲研習而成名家，論多前人所未發。曾說：「唐取士有明算科，其算經十種，《道藏》攘而有之，儒者或嘆其書亡，非亡也，不知寶貴也。」（註340）乾隆三十八年（1773）入四庫館後，戮力輯校古算書，主要是從《永樂大典》中搜集，共輯出《周髀》、《九章》、《海島》、《孫子》、《五經》、《五曹》、《夏侯陽》七部，而《張丘建》、《緝古》二書，則依毛晉所得南宋本，《數術記遺》又另據兩江總督採進本，均為十書作提要。梁啟超謂戴震喚起學者研究算術之興味，實非淺尠。（註341）又云：「自王錫闡、梅文鼎提倡斯學之後，許多古算書漸漸復活，經學大師率兼治算，戴東原校算經十種，大闢町畦。」（註342）

1. 《周髀算經》二卷，音義一卷

　　《周髀算經》為我國最古算書，相傳周公或商高作，當然不可信，大約是周末或漢初的古算書。王渝生以為至遲成書於公元前二

註338：李人言《中國算學史》，頁166。
註339：鮑國順《戴震研究》，國立編譯館，1997年，頁444。
註340：〈戴童子壙銘序〉，《戴震文集》，台北華正書局，1974年，頁204。
註341：梁啟超《中國近三百年學術史》，台北華正書局，1994年，頁290。
註342：梁啟超《中國近三百年學術史》，頁165。

世紀至前一世紀的西漢時期。（註343）其言蓋天，初見於揚雄
（BC53-AD18）《法言‧重黎篇》。《晉書‧天文志》稱：「漢靈帝時
蔡邕於朔方上書，言：『《周髀》術數具存』」；《隋書‧經籍志》云：
「《周髀》一卷，趙嬰註」；宋本《周髀算經》題漢趙君卿撰，宋鮑
澣之《周髀算經跋》稱：「趙君卿名爽，君卿其字也。」趙嬰、趙爽
是同一人，因《周髀算經》「八節二十四氣」，經文中有「此爽新術」
一語。但是否確為漢人，則尚乏明證。（註344）

　　《周髀算經》所述算術，歸納言之，則以 $\pi=3$，以正三角形句
股弦之比為 3：4：5，又屢屢言及等差級數。（註345）北周甄鸞重
述，唐李淳風釋。舊本津逮祕書刻本，但譌脫甚多。戴震據《永樂
大典》詳校，補脫字百四十七，正誤字百十三，刪衍字十八，補圖
二，自是此書才可讀。

　　《四庫全書》評《周髀算經》說：「西法出於《周髀》，⋯⋯特
後來測驗增修，愈推愈密耳。明史曆志，謂堯時宅西居昧谷，疇人
子弟散入遐方，因而傳為西學者，固有由矣。」劉師培〈戴震傳〉
說：「嘗謂《周體算經》即古蓋天之法，自漢迄明，皆主渾天，惟歐
羅巴人入中國，始稱別立新法。」（註346）

　　戴震以為《周髀》之書，雖傳於今，曆家不能通其用。有正北極
及北極璇機之名，有七衡六間，冬至日當外衡、夏至當內衡、春秋分
當中衡之規法。釋《周髀》者數家，未解北極璇機何指，而《虞夏書》
之璇機注，徒以為可旋轉曰機，不得其本象。在戴震看來，所謂正北

註343：王渝生《中國算學史》，頁 13。
註344：李人言《中國算學史》，頁 15。
註345：李人言《中國算學史》，頁 15。
註346：《戴震全書》第七冊，附錄之二，黃山書社，1994 年，頁 84。

極者，今之赤道極也；所謂北極璇機者，今之黃道極也。赤道極為左旋之樞，黃道極為右旋之樞。自中土言之，皆在北方，故通曰北極。赤道極不動，黃道極每晝夜左旋環繞之而過一度，每歲而周曰游。故《周髀》謂赤道極曰正北極，而黃道極無其名，取諸測器之名命之。用是知唐虞時，設旋機環轉於中，擬夫黃道極者也。戴震此論，不但得《周髀》之解，並以見古璇機玉衡之遺制，他在四庫館屬校《周髀》書，悉心正其譌舛，補圖以進，得旨刊行。（註347）

王昶《戴東原先生墓誌銘》：「中土準望用句股，蓋肇於《周髀》，西法易名三角八線，而正弦比例之根，生於句股，則句股能御三角，三角不能御句股，雖深明西法者，咸昧其由來也。於是日夜孳孳，蒐集比勘，靡不悉心討索，雷同勦說，悉掃而除之。」（註348）

戴震《周髀算經》提要云：「此書刻本脫誤，多不可通。今據《永樂大典》內所載，詳加校訂。書內凡為圖有五，而失傳者三，訛舛者一，謹據正文及注為之補訂。古者九數，惟《九章》、《周髀》二書流傳最古，故訛誤亦特甚。然溯委窮源，得其端緒，固術數家之鴻寶也。」（註349）

大陸中科院自然科學史研究所郭書春說：「清中葉修《四庫全書》以來，人們重視對《周髀算經》的研究，首先是戴震。他對《周髀算經》進行了全面校勘，後來道光間顧觀光、光緒間孫詒讓也作了校勘。近人對《周髀算經》的研究首推錢寶琮，他發表了多篇論文，並作了全面校勘。」（註350）

註347：參洪榜《戴先生行狀》，《戴震全集》第六冊，北京清華大學出版社，1999年，頁3385。

註348：《戴震全集》第六冊，北京清華大學出版社，1999年，頁3437-38。

註349：提要見《戴震全集》第六冊，頁3365-66。

註350：《算經十書》前言，遼寧教育出版社，1998年。徐道彬《戴震考據學

2.《九章算術》

《九章算術》是中國古代最重要的數學經典著作，西漢張蒼、耿壽昌編撰。它對先秦中國的算學內容，進行了歸納和總結。全書以計算為中心，列出二百四十六個應用問題，分別隸屬於方田、粟米、衰分、少廣、商功、均輸、盈不足、方程、句股等九章（註351），基本上採取算法統率應用問題的形式，提出了九十多條抽象性解法和公式，在分數、四則運算、各種幾何圖形面積和立體體積計算、多位數開平方開立方程序、線性方程組解法和正負數加減法則等方面的許多成就，居世界領先地位，奠定了此後中國數學領先世界千餘年的基礎。（註352）

《九章算術》之研究，以漢代為盛。魏晉時期劉徽有《九章算術注》十卷。唐李淳風釋，宋李籍音義。明時已佚，戴震從《永樂大典》輯成九卷，後經李雲門（潢）作《細草圖說》九卷。戴震以世人罕有其書，近時以算名者如王寅旭、謝野臣、梅定九諸子，咸未之見。丁亥歲（按乾隆三十二年，1767），因曹君竹虛入翰林院觀《永樂大典》，知有是書，病其離散錯出，思綴集之而不能。癸巳（按乾隆三十八年，1773）奉召，乃盡心排纂成編，並改訂譌異，附按

研究》，頁 301 引。

註351： 方田：專講各種形狀地畝面積的計算；粟米：專講各種穀物之間的換算；衰分：專講分配問題的解決；少廣：專講長方形面積或長方體體積求其邊長的方法，涉及開平方、開立方；商功：講開渠作堤、堆糧築城等工程的計算和用工多少的確立；均輸：講按人口多少、路途遠近、穀物貴賤，推求賦稅及徭役的方法；盈不足：專講盈不足問題的算法，（包括兩盈、盈適足、不足適足等）；方程：講列置和演算「方程」的方法；句股：有關直角三角形的理論，主要是句股定理及其應用。（王渝生《中國算學史》頁 18-19。）

註352： 王渝生《中國算學史》，上海人民出版社，2006 年，頁 4。

語。其《注》中所謂朱實、青實、黃實之類，皆按圖而言。圖既不存，則《注》猝不易曉，因推尋《注》意，為之補圖，以成完帙。純皇帝御製詩冠於端首，命聚珍板刊行，而古九數之學大顯。（註353）戴震撰有《九章算術》提要。（註354）

3. 《海島算經》

《海島算經》，晉劉徽撰，唐李淳風注，久佚。原題為《重差》，劉徽把它作為《九章算術注》的第十卷。唐代初年，這一卷被作為單篇刊出，題名為《海島算經》。這是一部關於測高望遠之術的專著，因第一題是個測量海島的問題，故名《海島算經》。書散見《永樂大典》中，戴震與《九章》同為表章，以見算數源流之本。有提要一首。（註355）

4. 《孫子算經》三卷

李人言《中國算學史》云：「孫子著《孫子算經》三卷，《隋書經籍志》作二卷，未詳何代人。清戴震以書中有長安洛陽相去，及佛書二十九章語，斷為漢明帝以後人。阮元以書中有棊局十九道，亦擬為漢以後人。其言籌位，詳縱橫布算之義，九九則始九九，終一一，下卷記物不知數題，為大衍求一術之起源，並為他書所未及。古算書中《周髀算經》、《九章算術》以外，當以《孫子算經》為最古。」（註356）

註353：參段玉裁《戴東原先生年譜》，《戴震全集》清華版第六冊，頁3410。
註354：提要見北京清華大學版《戴震全集》第六冊，頁3363。
註355：提要見北京清華大學版《戴震全集》第六冊，頁3362。
註356：李人言《中國算學史》，頁25。

　　王渝生《中國算學史》云：「《孫子算經》約成書於四、五世紀，作者履歷和編寫年代都不清楚，現在傳本的《孫子算經》共三卷。卷上敘述算籌記數的縱橫相間制度和籌算乘除法則；卷中舉例說明籌算分數算法和籌算開平方法，都是考證的絕好資料。」（註357）

　　戴震從《永樂大典》所載，裒集編次，仍為三卷，冠以原序。認為甄、李二家之注不可復考，是姚廣孝等割裂刊削之過。有提要一首。（註358）

5.《五曹算經》五卷

　　梁啟超稱：「不著撰人名氏，刻本久佚，汲古閣有影鈔宋本，訛舛不能成讀。舊有甄鸞、韓延、李淳風諸家注，已不見。惟經文散在《大典》各條下。戴震補綴鉤稽，輯為五卷，極費苦心。」（註359）

　　王渝生云為北周甄鸞作。（註360）李人言云：「至後來之演其說者，《宋史》題有：甄鸞《五曹算經》二卷，李淳風注；甄鸞《五曹算法》二卷；程柔《五曹算經求一法》三卷；魯靖《五曹時要算術》三卷；《五曹乘除見一捷例算法》一卷；《五曹算經》五卷，李淳風注。」並考其書或在後魏北周間。（註361）《唐書‧藝文志》有甄鸞注和韓延注各五卷本，但不知作者為誰。清朱彝尊以為出自孫武。戴震整理考證後，認為雖作者不明，要之當在北齊之前，有甄鸞為之作注。戴震由史志、書跋及算書內證材料，推論《五曹算經》不在漢時，《孫子算經》也是東漢以後的書。戴震《五曹算經提要》云：

註357：王渝生《中國算學史》，頁58。
註358：提要見北京清華大學版《戴震全集》第六冊，頁3367-68。
註359：梁啟超《中國近三百年學術史》，頁374。
註360：王渝生《中國算學史》，上海人民出版社，2006年，頁5。
註361：李人言《中國算學史》，頁28。

「《隋書‧經籍志》有《九章》、《六曹算經》一卷，而無《五曹》之目。其《六曹》篇題亦不傳。今散見《永樂大典》內者，甄鸞、韓延、李淳風之注雖亦散佚，而經文則逐條完善。」（註362）

6.《五經算術》

梁啟超云：「北周甄鸞撰，唐李淳風注。久無傳本，惟散見《大典》中，割裂失次。戴震循其義例，以各經之敘推之，輯成完書。」（註363）唐代算科之《五經算》，即指是書。戴震舉《尚書》、《孝經》、《詩》、《易》、《論語》、《三禮》、《春秋》之待算乃明者列之，而推算之術，悉加「甄鸞按」三字於上，校成恭上，有提要一首。（註364）

7.《夏侯陽算經》三卷

梁啟超云：「著者時代無考，舊有甄鸞、韓延注，傳本久佚，惟《大典》有之，然割裂分附《九章算術》之下，紊其端緒，幸原書目尚存，戴震悉心尋繹排比，還其舊觀，為三卷十二門。」（註365）李人言云：「夏侯陽著《夏侯陽算經》二卷，本乃韓延所傳，而以己說纂入之，序亦當為延所作。清戴震擬韓延為隋初人，茲擬夏侯陽為後魏時人。……書中所記，視古略有更革；定位之法，以本位為身，他位為外；相乘之辨，謂單位為因，多位為乘；又以倍折代乘除；以添、減之誼，致用於身外，隔位，故有隔位加幾，身外減幾之說。」（註366）戴震校成，有提要一首。（註367）

註362：提要見北京清華大學版《戴震全集》第六冊，頁 3372。
註363：梁啟超《中國近三百年學術史》，頁 374。
註364：提要見北京清華大學版《戴震全集》第六冊，頁 3360。
註365：梁啟超《中國近三百年學術史》，頁 375。
註366：李人言《中國算學史》，頁 26-27。

8. 《張丘建算經》三卷

梁啟超云：「著者年代無考，甄李注及劉孝孫細草此書，舊有汲古閣影鈔宋槧，然譌舛不少，戴震校正之及為補五圖，蓋原書所無而其理非圖不明也。」（註368）

李人言說：「張丘建，清河人。宋傳本《張丘建算經》三卷，甄鸞注，李淳風注釋，劉孝孫細草，其雞翁母雛題一問三答，……實開不等式方程、一問數答之制，其分數除法，及平面形與高線為比例，亦為前人所未論。」（註369）

王渝生說：「五世紀下半葉出現的《張丘建算經》，是繼《九章算術》之後一部有突出成就的算學著作，在最大公約數、最小公倍數、等差數列和不定方程等方面超過了《九章算術》的水平。」（註370）又說：「這也是公元四五世紀寫成的一本算書。錢寶琮先生考證它成書於 484 年以後。傳本《張丘建算經》三卷是依據南宋刻本輾轉翻印的。……比較突出的成就有最大公約數與最小公倍數的計算；各種等差數列問題的解法；某些不定方程問題求解等。」（註371）戴震校成，有提要一首。（註372）

9. 《輯古算經》

梁啟超云：「唐王孝通撰，並自注，舊尚有李淳風注，已佚。此書亦毛氏藏本，戴震校正附加圖說，後經李雲門作考注以《九章》

註367：提要見北京清華大學版《戴震全集》第六冊，頁3371。
註368：梁啟超《中國近三百年學術史》，頁375。
註369：李人言《中國算學史》，頁26。
註370：王渝生《中國算學史》，頁5。
註371：王渝生《中國算學史》，頁61。
註372：提要見北京清華大學版《戴震全集》第六冊，頁3369-70。

釋之，張古餘作細草，以天元釋之，皆多發明。」（註373）王孝通生於隋唐之際（公元六世紀下半葉至七世紀上半葉）。《緝古算經》全書凡二十術，原作四卷，宋後合為一卷。唐顯慶元年（656）被納入李淳風等整理的《算經十書》，改稱為《緝古算經》，成為中國古算的經典之一。是中國數學史上首次論述開帶從立方的著作，關於已知句、股、弦三事二者之積或差，求句、股、弦的問題，或者需要開帶從立方解三次方程，或者需要開帶從平方再開平方解四次方程，才能得以解決。這類句股問題在中國數學史上首次提出來。（註374）

10. 《數術記遺》

梁啟超說：「舊題漢徐岳撰，周甄鸞注。東原亦校定之，但辨為唐以後偽書。」（註375）戴震校成，有提要一首。

錢寶琮對戴震考定《數術記遺》不是舊題漢徐岳所撰，持贊成態度。《四庫全書總目‧數術記遺提要》云：「舊本皆題漢徐岳撰，據《晉書》所載：岳魏黃初中與太史丞韓翊論難日月食五事，則岳已仕於魏，不得繫之於漢矣，考古尤為疏謬。至天門金虎等語，乃道家詭誕之說，尤為隱僻不經。注所言算式數位，按之正文，多不相蒙。唐代選舉之制，算學《九章》、《五曹》之外兼習此書，此必當時購求古算，好事者因托為之，而嫁名於岳耳。」（註376）

註373：梁啟超《中國近三百年學術史》，頁375。
註374：參王渝生《中國算學史》，頁70。
註375：梁啟超《中國近三百年學術史》，頁375。
註376：《四庫全書總目》上，頁903。

（三）貢獻與影響

　　梁啟超以為中國學術史，科學史料異常貧乏，只有算術和曆法方面可記述。（註377）自王寅旭、梅定九提倡曆算之學後，許多古算書漸漸復活，經學大師大率兼治算。戴震校算經十種，大關町畦。（註378）

　　戴震早年的學術興趣，儘管體現在研究儒家經典注疏以及音韻訓詁方面，但看其著作的編年就可以發現，最先讓世人熟知他的是名物禮制與天文曆算方面所取得的成就。他在中年以前就已經寫出《原象》、《歷間》、《古曆考》、《策算》、《句股割圜記》等著作，從而把數學、天文方面的知識，與精湛的小學研究融為一體。梁啟超以為《四庫全書》子部天文算學類的提要，全部出戴震之手，因為他發現，沒有精湛的天文曆算造詣，就不可能理解六經裡面與天文、工藝、曆法有關的章節與內容，因此也不能正確地理解經典中的重要內容與準確含義。他利用數學知識計算和測定了《考工記》中提到的古代禮器銅鐘的形狀和尺寸，並且準確地恢復了銅鐘的原形。這由在江西出土的一件古代銅鐘所證實。程瑤田受他的啟發，也開始運用數學知識以恢復古代文獻的真實面目到底是什麼。（註379）

　　對戴震校輯《算經十書》的這一貢獻，阮元說：「九數為六藝之一，古之小學也……後世言數者，或雜以太一、三式、占候、卦氣之說，由是儒林實學，下與方技同科，是可慨矣！戴庶常以天文、

註377：《中國近三百年學術史》，頁153。
註378：《中國近三百年學術史》，頁165。
註379：劉墨《乾嘉學術十論》，生活讀書新知三聯書店，2006年，頁272-273。

輿地、聲音、訓詁數大端，為治經之本，故所為步算諸書，類皆以經義潤色，縝密簡要，準古作者，又網羅算氏，綴輯遺經，以紹前哲，用遺來學。蓋自有戴氏，天下學者，乃不敢輕言算數，而其道始尊。然則戴氏之功，又豈在宣城下哉！」（註380）誠然自戴震校成《算經十書》後，經學家十九兼治天算學。

劉墨說：「戴震等人運用數學知識和古代文獻來恢復古代遺物和古代文化的努力，為現代知識學術如考古學、歷史學的建立與發展鋪平了道路。在二十世紀，一些學者如王國維、郭沫若等人試圖用出土文物、古代文獻、文字學和考古學解讀中國古代社會的一些奧秘，不能不說是沿著這一道路繼續前進的。」（註381）

梁啟超說：「先生（東原）於天文學，所言不能與今世科學家吻合，此自時代所限，不容苛求，先生之功，則在能考古術，知吾國二千年前（《周髀》時代）之天文學如是而已。其在數學上所創造，上不逮王（寅旭）、梅（定九），下不逮汪（孝嬰）、李（尚之），然搜校諸遺籍於闇昏既久之後，能理棼正紊而復其舊，使人知三國六朝間此學之若何發達，而因以引起研究興味以促成斯學之獨立，則先生之功也。」（註382）

鮑國順也以為戴震在天文算術學上的成績，在當時有其局限，以今日眼光來看，不夠進步，尚且見解還有錯誤，但對我國天文算術學的研究發展，其影響與貢獻有二端，即影響學者對天算學的重視和促成中算學的復興。（註383）

註380：阮元《疇人傳》卷四十二，頁543。
註381：劉墨《乾嘉學術十論》，頁276。
註382：梁啟超《戴東原》，台灣中華書局，1957年，頁7。
註383：鮑國順《戴震研究》，國立編譯館，1997年，頁445。

　　李開詳細析論戴震天文學研究的主要成就有：①對天球視運動的完整敘述，從運動的投影體現了宇宙運動的基本狀況。戴震總結古人的說法，指出：太陽在循黃道右旋，在天球赤道的南北由西向東移動，（李開按：實際上地球繞太陽由西向東轉動），引起一年四季的變化。至於晝夜變化似乎用「周年視運動」難以說明，戴震明確指出：「其（太陽）隨大氣而左準赤道為出沒者，晝夜之故也。」（見《原象》）②研究歲實和朔實。戴震著有《古今歲實考》，其天文學，是以曆法家的立場，推算日月星辰運行的，對歲實和朔實的研究，是從天體視運動入手，依據《周髀》中關於右旋和左旋的提法。歲實是太陽循黃道運行形成的，即太陽年、周天、歲周，通常稱回歸年；朔實是月循月道運行周期累計形成的，戴震將黃道看作太陽周年視運動軌道，並考慮到歲差對回歸年的影響，他從天體視動本身的實際運動情形，來說明歲實和朔實的關係。③對古曆法「九道八行說」的批判和繼承。「九道」是指月球繞地球公轉軌道的投影軌道，又稱白道，戴震把它稱作「月道」；「八行」是指八個節氣（春分、立春、冬至、立冬、秋分、立秋、夏至、立夏）來命名九道。「九道八行」之說，宋人疑之，元人廢之。戴震認為「九道八行」之說是有錯誤，但它的前提是承認黃道、月道有交點，日月運行到該交點的某一相同範圍內是有可能的。而這個交點不是固定不變的。④對古代天文，尤其是《周髀》中的「北極璇璣四游」作出合乎近代科學的解釋和術語的對應。《周髀》中的北極璇璣是黃道極，璇璣繞北極與日循黃道是相應的，日循黃道的不同時刻的太陽的位置，形成璇璣「一日四游」。過去對璇璣四游的解釋，殊說紛紜，莫衷一是。戴震把北斗繞北極和日循黃道看作同一問題，「璇璣四游」得到了正確的解釋。⑤對月建的解釋，也是以古證今的典例。古代天文中把

農曆每月所置之辰稱為月建。月建的依據為何？戴震認為，璇璣繞北極運動為一年四季變化依據，將北斗繞北極的運行軌道均分之有十二宮，或稱十二辰，冬至夜半北斗轉到正北極的子位，是謂建子，小寒過丑宮，太寒正當丑位，謂建丑；如此等等，並非北斗星的斗杓所指。⑥以歲差來解釋古今星象的變化。（表現在其《記夏小正星象》一文）⑦對西方天文學成就的吸收。戴震和江永都引用西方天文學中的本輪、均輪之說，但戴震在古天文學和外來天文學之間，立足於傳統古天文學，而以當時的外來說為之補充注釋。⑧對傳統天文學的改造，為創建近代古天文學和天文學史的研究作了巨大努力。（註384）

戴震的古算書辨偽多由前人著錄和本書內證詳加辨析，確乎信而有徵，但其論說也有可商榷處，後人多有指正，如段玉裁評其師《夏侯陽算經提要》云：「夏侯陽者，先生《提要》云：『隋人，蓋無可疑。』而跋孔體生所得影鈔元豐監本云：『據《宋史・禮志》載算學祀典，封晉張丘建信成男，夏侯陽平陸男。』又《張丘建算經序》云：『夏侯陽之方倉』，實為晉人。《新唐書・藝文志》云『韓延《夏侯陽算經》一卷』，謂韓延所注本也。韓延傳其學，而以己說纂入之，所定皆隋制，延蓋隋人，此本即延本，非甄鸞注本也。」段氏所論為是，後之錢寶琮、李儼、郭書春也有辯駁戴震之說者。（註385）雖然戴震校古算經有疏漏和強改之處，但其開闢草萊，使成完帙之功，終不可沒。

郭書春《關於算經十書的校勘》評價說：「戴震的貢獻是無與倫比的，倘無他的工作，有的算經，我們就會永遠看不到了，而

註384：參李開《戴震評傳》，頁 189-206。
註385：參徐道彬《戴震考據學研究》，安徽大學出版社，2007 年，頁 430。

且他提出了若干正確的校勘，對人們能通讀被冷落四百餘年的這些算經，理解其數學內容，表彰其數學成就起了極大的作用。戴震的工作掀起了乾嘉學派研究中國傳統數學的高潮。微波榭本《算經十書》，在有清一代被奉為圭臬，研究十部算經者大都以此為底本。」（註386）郭書春總結錢寶琮點校《算經十書》和對戴輯本的評價說：「戴震首先見到的大典本《九章》，誤字奪字很多，有連續十幾字甚至百字的段落不可讀，他的校勘工作十分艱巨，可想而知。他從乾隆三十八年秋進入四庫館到完成《周髀》、《九章》、《海島》等算經的輯錄校勘工作僅一年半的時間，其中光為《九章》就寫了 350 餘條按語（包括 13 幅圖及說明），同時還承擔了經部大量著作的校勘任務，非博學通才是不可能完成的。錢先生在他為《九章》寫的 468 條校勘記中，說明從戴校者 140 餘條，約占錢先生校點總數的十分之三，占錢先生所採用前人校勘總數的二分之一強。錢先生批判戴校不合理者近 80 條，在所引用戴校中約占三分之一，就是說，戴震的校勘大部分是站得住腳的，對恢復古籍的本來面目起了巨大作用。……即使戴震校勘失當的地方，對後人正確理解《九章》和劉徽、李淳風注亦可起借鑒作用。」（註387）

註386：《文史》，中華書局，2000 年第四輯，徐道彬《戴震考據學研究》，頁 302 引。

註387：《明清數學史論文集》，江蘇教育出版社，1990 年，頁 285。徐道彬《戴震考據學研究》，頁 319 引。

四、地理方志學

　　《尚書・禹貢》記方域、山川、地質、物產、貢賦、政治，實為我國地理學的源始。自《漢書・地理志》後，由附史之作而衍為獨立的方志學。或云地方志是記載一方之事的綜合性著作，起源於兩漢之地記，但直到清代才形成為一門專門的學問。（註388）我國方志之學，始與輿地之書雜糅，至宋始具體，自元以下，纂述及體例日臻完善，入清則方志學者輩出，形成風氣。長期以來，方志歸屬於地理類，不為史家所重視。清初有方志為地理或為歷史之辨，《四庫全書》總裁紀昀，主方志入地理類，而章學誠提出「志屬信史」的主張，主入歷史類。而清初的地理學書，有顧炎武《天下郡國利病書》、《肇域志》，顧祖禹的《讀史方輿記要》，大略皆言山川形勢阨塞，不失經世致用精神，而胡胐明的《禹貢錐指》、閻若璩的《四書釋地》，則傾向於考古。（註389）

　　清代是我國方志發展的全盛時期，這一時期徽州出現了編修方志的熱潮，不但府縣鄉鎮產生了一批體例成熟、內容豐富、影響深遠的志書，而且當時徽州學者還競相撰寫各類專志，涉及範圍廣、門類全、數量多。（註390）康乾嘉道四朝是清代徽州府縣方志編修的興盛期。（註391）

　　戴震一生清貧，故屢應志局之聘，修有《金山志》（1762年）、《汾州府志》（1769年）、《汾陽縣志》（1771年）。而《文集》中〈答

註388：鮑永軍《史學大學章學誠傳》，浙江人民出版社，2007年，頁287。
註389：鮑國順《戴震研究》，國立編譯館，1997年，頁449。
註390：劉道勝〈論清代徽州方志的發展〉，載《徽學》第三卷，頁199。
註391：劉道勝〈論清代徽州方志的發展〉，載《徽學》第三卷，頁202。

曹給事書〉、〈應州續志序〉、〈重修孝義縣志序〉、〈永寧州志序〉、〈寧
鄉縣志序〉、〈壽陽縣志序〉、〈與段若膺論縣志〉等,都與方志有關。
至於地理學著作,有《水經注》、《水地記》(未成),而《直隸河渠
書》,段玉裁力辨為趙一清草創,戴震刪定,但近人考證,原作者是
直隸總督方觀承,趙戴只是校訂而已。

　　戴震謂方志當重地理沿革,他治《水經注》有年,即移治《水
經注》的方法於方志之纂修。戴震〈答曹給事書〉及〈應州續志序〉
兩文,皆論修志首重古今地理沿革之意,且明以《水經注》為典範。
又段氏《戴東原先生年譜》,乾隆三十四年修下,論及東原所修《汾
州府志》,亦以「志莫難於辨沿革」為言。(註392)

　　洪榜《戴先生行狀》云:「先生精於輿地之學,嘗謂:『今古遷
移,不可究詰。治斯學者,因川原之派別,知山勢之逶迤;由山鎮
之陰陽,水行之逕過,知州郡之沿革遷徙,大凡水之上流,川出於
兩山之間,歷千百年如其故道,至於委流,地平衍而土疏斥,不數
歲輒遷徙不常,是以滹、沱、桑乾、漳水之流為難考。』先生屢應
志局之聘,文書圖冊,雜錯糾紛於前。先生批圖覽冊,有謬誤,即
圖上批示,令再圖以進。戶吏始不服,及親履其地,果如先生言,
無不驚嘆以為神。」(註393)戴震是一位地理學家,對水文地理、
山川地理、古代地理尤有研究。傳說青年時代居家自礪時,曾修珠
塘壩,攔洪蓄水,治當地水患。

註392:余英時《論戴震與章學誠》,台北東大圖書公司,1996 年,頁 38 註 2。
註393:《戴震全集》第六冊,北京清華大學出版社,1992 年,頁 3384。

（一）修《汾州府志》三十四卷

　　乾隆三十四年（1769）夏，戴震與主講壽陽書院的段玉裁，往訪山西布政司使朱文正珪，客文正署中。已而汾州太守孫和相聘修府志，是年成《汾州府志》三十四卷。體例完備，敘述簡括，考證詳核，歷來被推為方志上品。由於志銜名未列戴震，曾引起一些人的猜疑，認為該志並非戴震所纂。實則，乾隆汾州府轄縣所修志書均為知縣銜名纂修。（註394）山西布政司使朱珪的序文稱：「孫君重其事，不以所知自多，復質諸休寧戴東原氏，勒成一書，於舊志既無有仍襲。」冀寧道徐浩的序文說：「孫君……慨舊志久而未續，因追王君意，臚列而次第之，又獨力難勝，更聘戴東原先生襄其事。東原名士也，博覽群書，考訂精核，寰海文人皆知之。相與丹黃甲乙，首沿革，終藝文，為例三十，為卷三十又四，使閱者雙眸炯炯如白圭振鷺焉。」故知戴震不僅參與此志體例的制定，而且從事資料的考證和全文的修改定稿。（註395）

　　《汾州府志》卷前例言、圖。卷一沿革，卷二星野、疆域，卷三山川上，卷四山川下，卷五城池、官署、倉廒、學校、壇壝，卷六關隘、營汛、驛舖，卷七戶口、田賦、鹽稅，卷八職官上，卷九職官下，卷十宦績上，卷十一宦績下，卷十二食封、流寓，卷十三至十六，分為人物一至四，卷十七義行，卷十八科目上，卷十九科目下，卷二十仕實，卷二十一列女上，卷二十二列女下，卷二十三古蹟、塚墓，卷二十四祠廟，卷二十五事考，卷二十六雜識，卷二十七至三十四分別為藝文一至八。

註394：瞿屯建《戴震與方志學》，載《戴震學術思想論稿》，安徽人民出版社，1987年，頁270-277。

註395：參瞿屯建《戴震與方志學》，載《戴震學術思想論稿》，頁270-277。

　　戴震認為，方志的作用主要在於「知民之所苦，及旱潦之不常，以達其情」（註396），因此，把「利民」作為自己修志的宗旨。從《汾州府志例言》，可知其修志體例及編纂方法。（註397）就此《例言》分析言之，沿革、疆域、山川是全志的總綱，在門類排列順序上，很注意輕重緩急及其內在的聯繫。城池、官署、倉廒、學校、壇壝，關隘、營汛、驛舖、戶口、田賦、鹽稅有關國計民生，居首；人物是一方歷史的縮影，次之；古蹟、雜考「備稽古者之檢之也」，列人物之後，「藝文繫之志末」。在表述形式上，圖、表、志、傳、考、錄諸體具備，靈活運用，準確表達全書的內容。圖定疆域範圍、山川方向；表牽沿革線索；志敘事實原委；傳列人物生平；考辨事實真偽；錄收文獻考證。（註398）

　　戴震從《元和志》中關於「汾州」一條，考出六大錯誤，都是關於地理的歷史沿革方面的，茲分述於下：

　　(1)《元和志》敘汾州沿革云：「後屬魏，謂之西河，子夏居西
　　　　河，吳起為西河守，皆謂此也。」戴震考之《魏書》，太和
　　　　八年（484）置西河郡，治所在茲氏城。酈道元注《水經》
　　　　時，西河郡新治所仍在此地。茲氏城在謁泉山及文水、改水，
　　　　與子夏設教西河（在黃河的龍門西河）無任何聯繫。戴震幽
　　　　默地說：「以此地（按：茲氏城的西河郡）近汾遠河（按：
　　　　黃河），西河（按：龍門西河）之上不得移而虛加之汾上耳。」
　　　　（註399）至於史載魏武侯浮西河而下，中流顧謂吳起曰：「美

註396：《汾陽縣志·例言》。
註397：《汾州府志·例言》見《戴震全集》第一冊，北京清華大學版，1991
　　　　年，頁488-492。
註398：瞿屯建《戴震與方志學》，載《戴震學術思想論稿》，頁270-277。
註399：戴震《答曹給事書》、《戴震文集》，台北華正書局，1974年，頁44。

哉乎山河之固」，戴震說，那是在黃河裡漂浮，不是在汾水中漂浮，故酈道元以浮河之事繫之夏陽，子夏卜商陵及廟室繫之郃陽（今陝西合陽），皆離戰國魏都安邑不遠。再說古代稱西河，未以名郡，吳起為西河守，決不是後世之郡守。（註400）

(2) 《元和志》云「武帝（漢武帝）置西河郡，理富昌縣。」戴震考之傳為漢代班固、劉珍等著《東觀漢記》云：「西河郡治平定縣，離石在郡南五百九里。」《元和志》言西河郡治富昌縣，純係不明《漢書‧地理志》未固定的體例致誤。《後漢書》凡縣名按「郡治所＋郡治縣名」體例言之，如汝南郡先書平輿而治上蔡（平輿＋上蔡），但班固著《漢書》時未有此例，對此，閻若璩曾深論之。因《漢書‧地理志》首列富昌，故李吉甫以為西河郡治縣為富昌縣，誤甚。（註401）

(3) 《元和志》云「黃初二年（221 年）乃於漢茲氏縣置西河郡，即今州理」。戴震指出，《元和志》因《水經注》誤而致誤。……從黃初二年到郡治設於茲氏城，相隔二百六十多年，《元和志》卻誤作同時。（註402）

(4) 《元和志》云「高齊又於此城（按：汾州）置南朔州」。戴震指出，這是《元和志》雜集群書，不加辨別，尤以《隋書》之誤而致誤。……戴震說：「凡以南朔州，繫之高齊，繫之汾州者謬也。」（註403）

註400：李開《戴震評傳》，南京大學出版社，2001 年，頁 249。
註401：李開《戴震評傳》，頁 249。
註402：李開《戴震評傳》，頁 249-250。
註403：李開《戴震評傳》，頁 250。

(5)《元和志》云「周宣帝於此置汾州」。

(6)《元和志》云「大業三年廢汾州」。戴震考證說：北周、隋的汾州都不在西河郡境內。而《元和志》含糊地說周宣帝在西河郡置汾州，又說隋煬帝大業三年（606）廢汾州，那是不對的。（註404）

李開認為戴震駁正《元和志》涉及汾州府的六大謬誤，及訂正《水經注》中陽不濱於河，指滮水為鄔水，混同昭余祁、大陸、嘔夷，訂正《讀史方輿記要》誤指虎澤於群山岩谷之中，指出段干墓有四處之說，是戴震參修《汾州府志》和縣志作文獻考訂和實地考察的主要收穫。（註405）

修《汾州府志》後，戴震乾隆三十五年（1770）有《答曹給事書》。按曹給事即曹學閔（1719-1792），山西汾陽人，字孝如，號慕堂，曾被乾隆帝賜進士出身，歷任光祿寺少卿，通政使司參議等，官至內閣侍讀學士，為官清慎，著有《紫雲山房詩文稿》。曹氏為《汾州府志》寫序說：「復延休寧戴孝廉東原，考證古今，筆削成書，……閱一年而告成，體大思精，文約義贍，追常璩之審，匹劉炳（按：劉知幾）之該博，所稱傳世行遠，而有益於史家者，其在斯乎！」（註406）段玉裁稱該志「其書之詳核，自古地志所未有。」曾節抄《府志例言》、圖表、沿革、星野、疆域、山川、古蹟等，以為他修《富陽縣志》的楷模。而近人王葆心認為：「此乃戴氏一家之學說，存其議，深有益於方志。」（註407）

註404：李開《戴震評傳》，頁250-251。
註405：李開《戴震評傳》，頁253。
註406：《汾州府志》曹學閔《序》。
註407：《戴震全集》第一冊，北京清華大學版，1991年，頁492。

（二）修《汾陽縣志》十四卷

　　乾隆三十六年（1771），戴震又應汾陽縣令李文起的邀請，參修《汾陽縣志》，全書十四卷，內容為：卷前例言、圖，卷一沿革、疆域，卷二山川、城池、官署，卷三賦稅、學校，卷四名宦，卷五職官、食封、流寓，卷六人物、孝義，卷七科目，卷八文苑、仕實、列女，卷九古蹟、壇廟，卷十事考、雜識，第十一至十四，分別為藝文一至四。《汾陽縣志例言》略謂：

(1) 志首沿革，以星野附之，何也？沿革不明，則志中述古，未有能免於謬悠者，故考沿革為撰志首事。

(2) 疆域次沿革後，以村市戶口風俗附之，何也？積古以來，既本本原原，確然無惑，則考今之土地人民，切要不可或緩。

(3) 山川次疆域後，以渠堰附之。因疆域辨，而後山川之在疆域中者，可得而紀。

(4) 城池次山川後，以關隘營汛附之。因山川是天地自然的形勢，城池關隘，因形勢而設以衛民；營汛也是衛民所重，故以類相屬。

(5) 官署次城池後，以驛舖附之。因城池是一境之所會歸，而設官治民，官署是其治所，驛鋪是官事往來所由通，道路因驛舖連及之。

(6) 賦稅次官署後，因政之大體，民之利病所繫，胥役豪右，其滋弊不可窮詰。

(7) 學校次賦稅後，因富教之序，坊表以事類相從。

(8) 名宦職官，志其官斯土者也，凡有惠政可稽，列在名宦中，各為一傳。而職官題名，僅書姓名、時代而已。

(9) 人物、孝義、科目、文苑、仕實、列女六者，表其人，正以
　　彰風教。人物必卓然可傳者；孝義即一節亦取，善善從長，
　　凡舊志所有，悉仍之。新有增補，固核實無敢濫。列女非專
　　屬節烈，而賢婦僅偶及一二者，庸德之行，其事本無所表襮，
　　加以閨門之內，雖美弗彰。封廕因科目連及之，附見其後。

(10) 古蹟、壇廟、事考、雜識，存以備稽，而藝文終焉。塚墓
　　附古蹟後，例得載之。

(11) 山川圖為地志大節目，作圖無法，則失其實，檢圖考地適
　　足滋惑。（註408）

（三）修《金山志》十卷

　　《金山志》是乾隆二十七年（1762），戴震四十歲時，偕丹徒
蔣宗海共同為兩淮都轉鹽運使司運使盧見曾所作。因非全屬戴震自
作，故北京清華大學版《戴震全集》未著錄。全志十卷，內容為：
卷前例言、宸翰、圖，卷一山水、建置，卷二碑刻，卷三方外，卷
四雜識，卷五藝文一：賦，卷六藝文二：詩一，卷七藝文三：詩二，
卷八藝文四：詩三、詩餘，卷九藝文五：文一，卷十藝文六：文二。

　　此志《例言》略記如下：

(1) 金山舊未有志，明正德進士京口張萊始合焦與北顧為《三山
　　志》，筆殊雅潔，而失之太簡。後廬陵胡經輯《金山志》，則
　　加蕪焉。我朝有《釋行海志》，詳於釋而已，無所發明也。
　　近閩人劉名芳亦為志，務在增廣，而訛舛愈多。今取裁諸志，
　　核證群書，補缺訂訛，俾歸雅正。

註408：詳請見《戴震全集》第一冊，北京清華大學版，1991 年，頁 521-524。

(2) 金山自我聖祖仁皇帝暨皇上巡狩駐蹕，詩文聯額，翰藻輝煌，恭錄卷首，俾海內人士，均得誦讀瞻仰。碑刻所在，及收藏御書，欽賜上方珍玩，並詳悉證記，永為名山光寵。

(3) 金山屹立中流，景分四面，往來舟楫，仰瞻峰巒，臺榭巍若仙居，今每面各繪一圖，先南，次西、次北、次東，而山境備矣。行宮恭繪全圖，從《盤山志》之例也。

(4) 名山最重古蹟，然勝地顯晦有時，寺宇之建置，尤今昔改易，即山僧亦多迷失其處，今詳加證驗，備考興廢之由，遺址確據則載明其地，地未詳者散錄本卷之末，以不沒其名。敘名勝以路為次，自西而北，便遊覽也。

(5) 碑刻所以徵信，雖剝蝕殘闕，好古者必辨晰不遺，文之工拙，有不必深論者。金山碑刻，向逾千數，歷年已久，存者寥寥，今極力搜剔，奮朽壤梯懸崖，仍得三百有奇，倣顧炎武《金石文字記》體例，編為一卷，舊存今佚而典故攸關者，亦仍登載，分別註明，佳者選入藝文。

(6) 方外高僧，資以點綴名山，自不可少，然志山別於志寺，有事蹟可傳者乃登之。梵書僧錄各載原文，舊志所載上堂語錄及酬應之什，概行屏落。

(7) 方言、詩話、佚事、異聞，既博洽所不廢，亦吟詠所兼資，今總編雜識一卷。上稽史乘，旁采說部，亦各據原文采錄。舊志不引用書名者補之，傳寫訛誤者更之，荒誕已甚者刪之。

(8) 各志內題詠記序，多分註於山水建置之下，其無所專屬者，始彙為藝文一門。然詩有兩勝對舉為一聯者，則分屬為難，記有一文而盡諸勝者，則割裂不免。今總編藝文一卷，先賦後詩，及詩餘、雜文，各以類從，又各以時代先後為序。

(9) 舊文藝文有無關金山濫收者，如黃庭堅〈落星寺詩〉，元好問〈忻口南金山詩〉之類。有時代誤者，如不知明之史遷即史良臣，元之趙文昌即西皋，俱誤作宋人。不知宋之陳軒即陳元輿，誤作元人之類。有名姓誤者，如趙葵〈贈石牛上人詩〉誤作秦觀。張耒〈寄即休長老詩〉誤作薩都剌之類，難更僕數。大抵舊志或書名、或書號、或書諡，不從一律，沿襲即久，則舛錯益多，志本史餘，概從書名之例。

(10) 金、焦並峙，而前賢題詠，必先金而次焦，亦多有遊金而不及焦者，從水程之便爾。今各為一志，如〈金焦行〉、〈金焦遊記〉，《金志》已收、《焦志》即不重錄。如〈金山望焦山詩〉亦收《金志》，自〈金山放舟至焦山詩〉，則收《焦志》，庶免繁複。

(11) 遊覽諸公與山僧贈答之作，例應採錄，然有一僧前後主數山者，如宋之佛印，元初主廬山，歸宗時蘇軾官黃州，往來諸札，及〈怪石供〉等篇，皆與金山無涉，元之即休了初主鶴林寺時，薩都剌官鎮江錄事，酬答最夥，舊志於題中增入金山字者謬也，今悉詳考年月先後，以分去留。

(12) 唐宋元人題詠無多，今悉據專集及諸家選本搜錄，雖載舊志而專集未見，非姓名時代確有依據，則闕之。明代及國朝諸家題詠益富，未見本集者，即就舊志石刻選入。至近時名作，其人尚存者，概不登錄，從《昭明文選》之例也。

戴震相關地方志的單篇文章，有：

(1) 《重修李義縣志序》，代撰。見北京清華大學版《戴震全集》第六冊，頁 3150，係據北大圖書館收藏的李氏鬱嘉館藏書〈戴東原先生文〉抄本整理。

(2) 《永寧州志序》，乾隆三十五年（1770），代知永寧州事金山王興毅撰。按：從序中知該志係請戴震總輯者。《戴震全集》第六冊，頁 3152-3153 著錄。

(3) 《汾州府志序一、二》代朱藩臺（朱珪）撰。時朱珪任山西布政司布政使。文見《戴震全集》第六冊，頁 3155。

(4) 《寧鄉縣志序》，代知縣事江源朱懋炳選，文中有云：「適休寧戴君東原，受纂修府志之聘，尚未南轅，遂兼質焉，得覈訂為八卷，洵乎可資證實無惑矣。」《戴震全集》第六冊，頁 3158 著錄。

(5) 《壽陽縣志序》，代巡撫鄂寶撰（於庚寅（1710）十二月新春日），《戴震全集》第六冊，頁 3160 著錄。

(6) 《與段若膺論縣志》：戴震說：「至若志之俗體，湊合八景十景，繪圖卷首，近來名手頗有知為陋習宜刪去者。星野之載，《步天歌》及星圖，均屬陋習，又如每篇有小序，序皆通套語，近來亦有刪去不用者矣。」《戴震全集》第一冊頁 486 著錄。

據鮑國順之研究，戴震方志之條例，舉要有五：①方志首重沿革，②地圖繪製宜精覈，③方志人物詳善略惡，④俗志陋習宜去之，⑤門類編次宜講求。（註409）甚為簡明扼要。

註409：鮑國順《戴震研究》，頁 486-488。

（四）與章學誠辯論修志

　　清代方志學家分新舊兩派，新派重文獻，舊派詳地理，各有所長。兩派除在體例安排、資料運用和纂著筆法等方面不同外，新派全書由一人獨撰，舊派全書出自眾人之手，銜名往往不夠明確，一般都由朝廷命官銜名纂修。當時，新派觀點為舊派所不容，大部分志書都是按舊派觀點纂成，所以用朝廷命官銜名纂修極為普遍。（註410）

　　乾隆三十八年（1773）夏，戴震與章學誠相遇於寧波道署，那時，戴震寓居浙東，主講金華書院，年五十，章學誠年三十六。時戴震已於乾隆三十四年（1769）和三十六年（1771）修撰《汾州府志》和《汾陽縣志》，章學誠首撰《和州志》剛開始，始作體例。戴看了章的《和州志例》，很不以為然，說：「夫志以考地理，但悉心於地理沿革，則志事已竟。侈言文獻，豈所謂急務哉？」章學誠當即反駁，認為：「方志如古國史，本非地理專門，如云『但重沿革，而文獻非其所急』，則但作沿革考一篇足矣，何為集眾啟館，斂費以數千金，卑辭厚幣，邀君遠赴，曠日持久，成書且累函哉？且古今沿革，非我臆測所能為也。考沿革者，取資載籍，載籍具在，人人得而考之。雖我今日有失，後人猶得而更正也。若夫一方文獻，及時不與搜羅，編次不得其法，去取或失其宜，則他日將有放失難稽，湮沒無聞者矣。」（註411）戴震隨即說道：「沿革苟誤，是通部之書皆誤矣。名為此府若州之志，實非此府若州也，而可乎？」章學誠答道：「所謂沿革誤而通部之書皆誤者，亦止能誤入載籍可稽之古事爾。古事誤人，亦可憑古書而正之，事與沿革等耳。至若三數百年

註410：瞿屯建《戴震與方志學》，載《戴震學術思想論稿》，頁272。
註411：《文史通義新編新注》外篇四《記與戴東原論修志》。

之內，遺文逸獻之散見旁出，與夫口耳流傳，未能必後人之不湮沒者；以及興舉利弊，切於一方實用者，則皆核實可稽，斷無誤於沿革之失考，而不切合於此府若州者也。」

如前所言，清代方志學家分新舊兩派，新派重文獻，舊派詳地理。戴震屬舊派而章學誠屬新派。按照傳統觀念，方志屬地理範疇，《隋書・經籍志》、《崇文總目》、《郡齋讀書志》、《國史經籍志》、《四庫全書總目》等歷代公私書目，都將方志歸入地理書類。許多方志纂修者和研究者，也把方志認作地理書。（註412）

戴章爭論的焦點或分歧點，是志書中「地理」和「文獻」孰輕孰重的問題。戴震主張重在地理沿革，章學誠重在文獻。雙方所持似乎各有其理，但是府、州、縣志最基本的特徵是區域性，戴震重沿革實際上就是重歷史和現實的實際情況，詳觀戴震的《汾州府志例言》、《汾陽縣志例言》及此兩志的內容，戴震重地理沿革外，依然沒有放棄文獻搜羅研討；而章學誠提出重文獻，是以一般歷史科學的文獻要求來要求地方志，未免不合方志需實情的體例。（註413）戴震修志主「從俗」，不貴古雅，章學誠說：「如云但須從俗，則世俗人皆可為之，又何須擇人而後與哉？」殊不知戴震的「從俗」，是說從當地實情出發，從地方俗文化的特點出發，即使是通俗、淺俗，深入方能淺出。（註414）章學誠《答甄秀才論修志第一書》，意謂史志之書，要宣傳三綱五常，表彰忠孝節義，以維護封建道德、封建秩序和封建統治。而戴震以「利民」作為自己修志的宗旨，這也是戴章論修志不同之點。

註412：瞿屯建《戴震與方志學》，載《戴震學術思想論稿》，頁273-274。
註413：參李開《戴震評傳》，南京大學出版社，2001年，頁256。
註414：參李開《戴震評傳》頁260。

（五）《水地記》

　　《水地記》為戴震《七經小記》之一，全書未成。今《安徽叢書》本按微波榭本刊印，共一卷。北京清華大學版《戴震全集》第六冊，著錄有《水地記殘稿》，據北京大學圖書館藏戴東原《水地記殘稿》整理；而《水地記》三卷，據北京大學收藏的戴震未刊稿著錄，原稿三大部分，未曾編次，有孔繼涵序及《水地記初稿》。

　　《水地記》全書共記二十四條，是寫自崑崙山至太行山的中國大地。段玉裁指出，戴震是「以山川為主而求其郡縣」，而不是過去的「以郡國為主而求其山川。」換言之，戴震是用以水領山的方法。治水地先辨析水次，依山川而論地望，貫穴鉤稽，昭然若揭，這也是他編定方志，撰寫河渠書，以及考訂《水經注》的精良之法。（註415）這種地理學思想，在《水經注》及《汾州府志例言》中說得更清楚，戴震敘《水經注》說：「因川源之派別，知山勢之逶迤，高高下下，不失地防（按即地的脈理）。」在《汾州府志例言》中說：「今以水辨山之脈絡，而汾之東西山，為幹為枝，為來為去，俾井然就序。水則以經水統其注入之枝水，因而遍及澤、泊、隄、堰、井、泉，……令眾山如一山，群川如一川，府境雖廣，山川雖繁，按文而稽，各歸條貫。」

　　李開認為，《水地記》是敘述中華史地的教科書，內容之博大，規模之宏偉，前無古人，李氏說：「全書是以中華歷史文化為貫串來敘述中華大地的山川水流的。」「《水地記》也是清代史地學史上以水為主的奠基之作。」（註416）誠然戴震是以水考山，進而知郡縣

註415：徐道彬《戴震考據學研究》，安徽大學出版社，2007年，頁344。
註416：李開《戴震評傳》頁124。

遷徙沿革的，故徐道彬也認為，從著述體例及其內在邏輯來看，《水地記》一卷，全書是以歷史地理文化為主線，貫穿敘述山川大地，體現出以水領山的地理學思想。（註417）至於《七經小記》中的《水地記》，則是一項大計畫，將合天下之山為一山，合天下之川為一川，而使自《尚書》、《周官》、《春秋》中的地名，以及戰國至今，歷代史志建置沿革之紛錯，無不依山川之左右曲折，安置妥帖，至賾而不亂。《水地記》之作，旨在明經與經國濟世，體現戴震的史地學思想。

（六）校《水經注》

　　《水經》是中國第一部記述河道水系的專著。在中國歷史上，《水經》和《水經注》，就各有兩種。據《隋書・經籍志》、《舊唐書・經籍志》、《新唐書・藝文志》、《通志・藝文略》四書著錄，《水經》和《水經注》各有兩種：一種是《水經》三卷，漢桑欽撰，晉郭璞注；另一種是三國佚名撰，北魏酈道元注，四十卷。前者經注均亡佚。（註418）戴震考證為三國人撰。

　　酈道元（?-527），字善長，范陽涿州酈亭人（今河北省涿縣）。一生在北魏任官，歷任太尉掾、治書侍御史、冀州鎮東府長史、潁川太守、魯陽太守、東荊州刺史、河南尹、黃門侍郎、侍中兼攝行台尚書、御史中尉等，於孝昌三年（527）在關右大使任上遇難，朝廷追贈吏部尚書冀州刺史。（註419）《水經注》是一部以水道為綱的

註417：徐道彬《戴震考據學研究》，頁 463。
註418：陳橋驛《酈道元評傳》，南京大學出版社，2206 年，頁 18。
註419：陳橋驛《酈道元評傳》，頁 31。

區域地理著作，在每一個區域中，重視自然地理和人文地理的綜合性，是我國地理學史上無出其右的河流水文地理名著，描寫每條河流流域，文字生動，內容多變，使人百讀不厭。它也是我國沿革地理的嚆矢，它所記錄的漢代郡縣沿革，是很寶貴的資料，曾對《漢書‧地理志》的沿革紀錄作了不少糾謬和補充。（註420）日本著名地理學家米倉二郎說：「酈道元和他的傑出名著《水經注》，不僅是你們中國人的光榮，也是國際地理學史上的光榮。」（註421）因為他是「中世紀時代世界上最偉大的地理學家。」（註422）

明代《水經注》的研究始盛，嘉靖、萬曆以後尤盛。治此學者稱之為「酈學」。酈學家朱謀瑋著有《水經注箋》，萬曆四十二年（1614）刊行，是明代刊印的所有酈注版本中的翹楚。清顧炎武推崇此書為「三百年來一部書」。朱謀瑋屬我國酈學研究的第一個學派──考據學派。而明代張岱、劉獻廷等對《水經注》注重在景物描寫的評價，作文學的欣賞，是為詞章學派，萬曆年間鍾惺、譚元春曾評點《水經注》，屬於詞章學派。

清初酈學研究之風大盛，康熙時的孫潛（潛夫）、何焯（義門）；雍正時的沈炳巽（繹旃），有《水經注集釋訂訛》，而此後的全祖望、趙一清、戴震，都屬酈學考據學派。趙有《水經注釋》，校勘精密，注疏詳盡，又廣輯散佚，加以增補。戴震於乾隆三十七年（1772）完成由孔繼涵整理付刊的微波榭本《水經注》，翌年秋入四庫館，主校《水經注》，次年（1774）竣事刊行，是為武英殿聚珍版本，以前所有酈注版本均無法與之抗衡。另有地理學派，起自明末清初學者

註420：陳橋驛《酈道元評傳》，頁 75 及 54。。
註421：陳橋驛《酈道元評傳》，頁 23。
註422：陳橋驛《酈道元評傳》，頁 52。

黃宗羲、顧炎武、顧祖禹、胡渭、閻若璩等，其地理著作如《肇域志》、《天下郡國利病書》、《讀史方輿紀要》、《禹貢錐指》、《古文尚書疏證》等書，都密切結合《水經注》的研究。光緒三十年（1904）楊守敬及其門人熊會貞，著有《水經注疏》、《水經注圖》，也屬地理學派。以上所述，是明清酈學研究的梗概。（註423）

　　戴震校《水經注》，據段玉裁《戴東原先生年譜》記載，開始於乾隆三十年（1765）。這一年夏六月，戴震讀到胡渭《禹貢錐指》中所引的《水經注》，引起懷疑，便檢閱酈注原書。展轉推求，方知胡渭致誤的原因，正是唐宋間《水經注》在傳鈔過程中「殘闕溷紊，經多誤入注內，而注誤為經，校者往往以意增改」。其實，戴震研究《水經注》，早在乾隆二十五年（1760），時年三十六歲。其《水地記初稿》中附有《水經考次》，這是他早年研究《水經注》的見證。五年後寫成《自定水經》一卷，再七年（1772）所校《水經注》刊於浙東，未及四分之一，次年（1773）即奉召入都，與修《四庫全書》。現藏於中國社科院考古所的項絪刻本《水經注》，有戴震手校批語 97 條，時間是乾隆二十五年（1760），戴震 36 歲。

　　戴震入四庫館後，又詳加校訂，「以《永樂大典》所引，各按水名，逐條參校」，發現「非惟字句之訛，層出疊見，其中脫簡有自數十字至四百餘字者。」（註424）於是「謹排比原文，與近本鉤稽校勘，凡補其闕漏者二千一百二十八字，刪其妄增者一千四百四十八字，正其脫改者三千七百一十五字。神明煥然，頓還舊觀，三四百

註423：參陳橋驛《酈道元評傳》頁 202-211。
註424：《戴震全集》第一冊，〈殿本水經注卷首案語〉，北京清華大學版，1991年，頁 526。

年之疑竇，一旦曠若發蒙。」（註425）校成進呈，乾隆帝獎詩一首，並將該書編入官方武英殿聚珍叢書中刊行。詩曰：「悉心編纂誠宜獎，觸目研磨信可親，設以春秋素臣例，足稱中尉繼功人。」

戴震自校《水經注》時，確定文例，就酈注考定經文，使經注真正分開，別立經文為一卷，訂正注文，附於經文後，以還酈注的本來面目。後來入四庫館，在官修校正《水經注》時，綱領文例不外乎乾隆三十年校錄一卷時的辦法，僅在討論字句加詳。（註426）

戴震自校本（即曲阜孔氏微波榭刊本）有〈水經酈道元注序〉一文，收在《戴震文集》中。序文中歸納《水經注》的義例有三：一是經文中首云某水所出，以下不另再舉水名；但注文內詳及所納群川，加以採摭故實，彼此相雜，則一水之名，不得不屢為另行再舉之；二是經文敘次各水所經過的州縣，僅說出某縣，而注文因時代的更迭，舊縣或湮或移，固常稱「某故城」，而經文沒有稱「某故城」的；三是經文云「過」，而注文云「逕」。這三條，撥開了重重迷霧，打了酈注的機緘，使經注相混的酈注歸於純粹。（註427）梁啟超評述這三條義例說：「此三例戴氏所獨創，發蒙振落，其他小節，或襲趙氏，不足為輕重。」（註428）段玉裁說：「得此三例，迎刃分解，如庖丁之解牛，故能正千年經注之互訛，俾言地理者有最適於用之書。」（註429）

朱筠《戴氏校訂水經注書後》曰：「其刻本混淆者大抵自宋以後，於是博考唐以前人撰著，若《通典》、《初學記》諸書所引，輒與東

註425：《戴震全集》第一冊，頁526。
註426：李開《戴震評傳》，頁267。
註427：參李開《戴震評傳》，頁268。
註428：梁啟超《中國近三百年學術史》，台北華正書局，1994年，頁269。
註429：段玉裁《戴東原先生年譜》。

原所意斷是非符合，用是益以自信，而條理秩然，余謂其所校有功於酈氏良多。」（註430）

　　李開認為戴震校《水經注》的最大貢獻有三：一是發現經文和注文相混以後，把酈注全書，從中概括出離析經注的三大條例；二是發掘內證，證明《水經》係三國魏人所著；三是撇開今本四十卷分歸舊本四十卷中僅存的三十五卷中去的問題，將實地與文獻相結合，以實地水脈為準，列123水為酈注全書篇目次第，合全書為一卷，或稱不分卷。（註431）

　　梁啟超說：「乾隆中葉，趙東潛一清、戴東原震、全謝山祖望同時治此書，其著作先後發表。東原在四庫館，實手校此書，校成首由聚珍板印行，自是酈氏本來面目，鑿然大明，學者稱快。然而三家精詣，同符者十而七八，於是發生蹈襲問題——即著述家道德問題。三家子弟及鄉里後學各有所祖，成為近百年來學界一樁公案，至今未決。」（註432）

　　其實，自從乾隆四十五年（1780）孫瀷鼎在《武英殿校本水經注跋》中提到：「吾友朱上舍文藻（杭州仁和人，是趙一清同鄉）自四庫王少宰（即王傑，曾任四庫副總裁，當時任吏部侍郎，故稱「少宰」）所歸，為予言，此書參用同里趙一清校本，然戴太史無一言及之。」此跋已開啟戴書襲趙的議論。以後戴震的學生段玉裁提出趙書襲戴，而魏源、張穆又先後撰文揭發戴書襲趙，於是論戰大開。（註433）此後王國維、楊守敬、孟森等學者，皆謂「戴竊趙書，確然無疑」。

註430：《戴震全書》七，頁205。
註431：李開《戴震評傳》，頁270。
註432：梁啟超《中國近三百年學術史》，頁267。
註433：參陳橋驛《酈道元評傳》，頁212。

　　然則乾隆三十七年（1772）戴震在浙江金華校訂的《水經注》
是為自校本，與入館後由他領銜，經集體校定的官刻本（即武英殿
聚珍版本）有很大的區別。四庫館中《水經注》，是戴震主校的，戴
震用他的三體例，又用《永樂大典》本，也可能引用趙一清校注本
的抄本。（註434）據四館誰校某書誰寫定提要的定規，《四庫全書》
《水經注》四十卷的提要是戴震寫的。

　　對於這樁學術的公案，梁啟超的看法是：

> 三君皆好學深思，治此書各數十年，所根據資料又大略相
> 同，則閉門造車，出門合轍，並非不可能之事。東原覃精既
> 久，入館後覩趙著先得我心。即便采用，當屬事實。其所校
> 本屬官書，不一一稱引趙名，亦體例宜爾。此不足為戴病也。
> 趙氏子弟承制府垂盼，欲益榮其親，曜北兄弟以同里後學董
> 其事，亦欲令趙書盡美無復加。趙全本世交，則購采全稿潤
> 益之。時戴本既出，則亦從而擷采，凡此恐皆屬事實。全氏
> 本為斯學開山之祖，然趙戴本既盛行，全本乃黯沒百餘年，
> 其同里後學王董輩深為不平。及得遺稿，亦欲表章之使盡
> 美，其間不免采彼兩本以附益其所未備，恐亦屬事實。要而
> 論之，三家書皆不免互相勦而皆不足為深病，三家門下，各
> 尊其先輩，務欲使天下之美盡歸於我所崇敬之人，攘臂迭
> 爭，甚無謂也。（註435）

　　胡適起初信從戴襲趙說，後來化了二十多年的功夫研究《水經
注》的各種版本。他自言從民國三十二年（1943）十一月開始研究

註434：李開《戴震評傳》，頁271。
註435：梁啟超《中國近三百年學術史》，頁268-269。

一百多年來的「趙戴水經注案」，他一生中的最後二十年時間，在學術研究方面，主要的精力都花在《水經注》研究上面，但是他的研究目的，不是去治地理學，而是重審趙戴《水經注》案，辨別戴震竊書的是非。（註436）他最後的結論是：這根本不是什麼抄襲，而是「學術史上所謂獨立研究，而先後約略同時得到同樣結果的一種好例子。」（註437）

　　依胡適的看法，戴震根本就沒有見過趙一清本。乾隆開四庫館時，校書分東西兩院，各成門戶，互不相通。戴震以舉人入東院，而趙的《水經注》校本被浙江進呈後置西院，故戴震不可能見到趙注本。1944 年胡適還寫成《戴震未見趙一清《水經注》校本的十組證據》。（註438）蔡尚思說：

> 戴震的被看做剽竊卻似冤枉。據天津藏的一個趙一清校本的抄本，可以證明在乾隆的殿本中，全祖望、趙一清、戴震三人的研究成果都有，實無所謂誰是剽竊者。（註439）

　　近有李開認為，戴震等人的殿校本所據的另一底本，可能是由浙江巡撫採進的清趙一清《水經注釋》四十卷和《水經注箋刊誤》十二卷。後者是趙為訂正明朱謀㙔的《水經注箋》而寫的。殿校本與趙注本有相近之處，乃因殿校本與趙注本同以朱箋本為依據之故，當然不排斥可能直接引用趙注本，但只是具體說法和資料的引用，並未採用趙注本的體例。（註440）

註436：參陳橋驛《酈道元評傳》，頁 230。
註437：《胡適手稿》第一集卷四，台北胡適紀念館 1960 年 2 月影印本。
註438：參李開《戴震評傳》，頁 277。
註439：蔡尚思《中國文化的優良傳統》，湖南人民出版社，1983 年，頁 62。
註440：參李開《戴震評傳》，頁 273。

　　趙注本是吸收全祖望七校本《水經注》成果的，趙一清與全祖望本同鄉摯友，相約同治《水經注》，朝夕商榷，全曾為趙書作序，趙書引全說甚多，兩書相符者十之八九。全祖望除校勘和疏證上有不少功績，在區分經注上也有成就，提出酈注原係雙行夾寫，注中有注，今混作大寫，幾不可辨，這是一種創見。全祖望七校本四十卷，乾隆十七年（1752）定稿，但未等刻書全已死（按：乾隆二十年（1755）全氏卒），直到光緒十四年（1888），薛福成、董沛方刻印於寧波，故全氏書最先成而最晚出。趙校本成書於乾隆十九年（1754），但一直到乾隆五十一年（1786）才由畢沅從趙一清之子趙載元處購得原稿刻印行世。（註441）

　　在體例上及細節、個別說法上，殿校本和趙注本相近，而與戴震自校本相遠，後來有人將殿校說成戴校本，又視殿校本近同於趙注本，因而說戴校本殿本是抄襲趙注本的。（註442）

　　戴趙這樁學術公案，已略釐清如上。陳橋驛不無感慨地說：「論戰幾乎代替了正常的酈學研究，造成了酈學研究的很大損失。」（註443）於 1990 年在上海古籍出版社排印出版的由他單獨點校的武英殿本《水經注》卷首《前言》說：

> 總之，從酈學發展史的觀點來看，殿本是目前存在的最完整和標準的版本；從一般閱讀和科學研究的實用觀點來看，殿本是酈注問世以來的最普及和通行的版本。因此，儘管殿本的問世已有二百多年，但現在對它重加點校和排印，仍然是

註441：參李開《戴震評傳》，頁274。
註442：參李開《戴震評傳》，頁274。
註443：陳橋驛《酈道元評傳》，頁213。

具有現實意義的，也是廣大讀者和科學工作者所十分盼望
的。（註444）

最近余英時作了這樣的論斷：「這樁通常被利用來反戴的學術公
案，僅僅基於某一被曲解的間接的證據。值得注意的是，指控戴剽
竊的現代學者孟森與王國維等，無視戴反對新儒家義理學的觀點。
每一個總想對戴提出指控的治學嚴謹的學者，必須充分吸收胡適的
成果，方為公允。」（註445）

五、文學

徽州有以朱熹學術思想為依歸的「新安理學」，號稱「東南鄒
魯」，斯文昌盛。故徽州地區的文人，幾乎無不與理學有所聯繫，有
些詩文作家本身就是理學家，有的則與理學家有父子、師徒或其他
淵源關係。（註446）

在徽州地區的文壇上，幾乎沒有一位真正意義上的文學家，散
文家往往都是理學家的兼職，詩人也只是理學家的附庸。理學的彌
漫嚴重地滯塞了文學的發展，無論是文學批評還是文學創作，都呈
現極端保守的傾向。詩文是徽州作家的全部樣式，作品大量充斥封
建倫理的說教與歌功頌德的文字。（註447）後來富商大賈有了雄厚
堅實的經濟實力，積極鼓勵子弟習詩文，以競逐科第，博取功名富

註444：陳橋驛《酈道元評傳》，頁 220。
註445：余英時《人文與理性的中國》，台北聯經出版公司，2008 年，頁 243。
註446：韓結根《明代徽州文學研究》，復旦大學出版社，2006 年，頁 2。
註447：參韓結根《明代徽州文學研究》，頁 3。

貴，因而影響了文學潮流、文學思想與風格。在詩歌創作方面，張揚人的個性與自然欲望成為新時尚。就散文來說，大量為商人烈女樹碑立傳，而通俗文學也得以發展，出現一些小說家和戲曲作家。（註448）

如眾所周知，戴震是一個考據學家，也是一個哲學家，然而王德中卻曾說：「哲學家戴震是位文章家」，是當之無愧的文章魁首。（註449）其原因容後補述。

戴震《與方希原書》云：「古今學問之途，其大致有三：或事於義理，或事於制數，或事於文章。事於文章者，等而末者也。」（註450）段玉裁說：「始玉裁聞先生之緒論矣。其言曰：有義理之學，有文章之學，有考覈之學。」（註451）乾隆十五年（1750），戴震《答鄭丈用牧書》云：「是以君子務在聞道也。今之博雅能文章、善考覈者，皆未志乎聞道。」（註452）戴震中年入都後，與諸考證大師如朱筠、紀昀、錢大昕等遊，論學又稍有變。段玉裁《年譜》記其言曰：「天下有義理之源，有考覈之源，有文章之源。吾三皆庶得其源。」此時戴震已將義理、考覈、文章三者平列，等量齊觀了。其後他則說：「義理即考覈文章二者之源，義理又何源哉，吾前言過矣。」他到底還是以義理為重。

戴震早年志乎聞道，而道在六經，故致力於經書與典章制度的考核；而晚年更戮力於新義理的建立，故在文學方面的著作較少，

註448：參韓結根《明代徽州文學研究》，頁8。
註449：王德中《戴震文章面面觀》，載《戴震學術思想論稿》，安徽人民出版社，
　　　　1987年，頁248-254。
註450：《戴震文集》，台北華正書局，1974年，頁143。
註451：段玉裁《戴東原文集序》。
註452：《戴震文集》，台北華正書局，1974年，頁143。

僅有《屈原賦注》十三卷、《制義》一卷、《經義》十八首，編有《唐宋文知言集》二卷，以及《文集》中的散篇文章。《制義》、《經義》、《唐宋文知言集》，今均不存。

　　徐道彬說：「學術界一般認為，考據學家與文學家的治學異途，各有長短，無人能兼而善之。事實上，清代考據學大師戴震主張義理、考核、文章的統一，就充分體現了他對文學的重視。（註453）而戴震之作《毛詩補傳》、《屈原賦注》，從文學的角度來說，就是對文學作品的闡釋，且其注《方言》，多引用漢魏詩文，可知他深通漢魏詩文。茲析論戴震的文學。

（一）屈原賦注

　　《楚辭》是兩千多年前生於我國南楚文化土壤中的一枝奇葩，屈原作品的浪漫主義，是繼先秦理性現實主義之後的又一偉大藝術形式，其中充滿了浪漫的激情，保留著燦爛鮮麗的南方遠古神話傳說，是我國文學藝術寶庫中的奇珍異寶。（註454）

　　《楚辭》是一偉大的文學作品，其流傳之廣與影響之大不言而喻，可是版本歧出，其中的文字詩句、卷篇秩序皆有異。《楚辭》研究自漢代始，歷經兩千多年而蔚為大觀，王逸《楚辭章句》、朱熹《楚辭集注》、戴震《屈原賦注》，分別代表了兩漢經學、宋明理學、清代考據學在《楚辭》研究中的最高成就。（註455）

註453：徐道彬《戴震屈原賦注的文學成就》，載《徽學》第三卷，2004 年，頁278。

註454：徐道彬《戴震屈原賦注的文學成就》，載《徽學》第三卷，頁280。

註455：徐道彬《戴震屈原賦注的文學成就》，載《徽學》第三卷，頁279。

　　據段玉裁《戴東原先生年譜》載：乾隆十七年（1752）「注《屈原賦》成」，是年戴震三十歲。其時，戴震家境非常貧困，家中乏食，與麵鋪相約，日取麵為饔飧，閉戶而成《屈原賦注》。戴震《屈原賦注》，現存有初稿與定稿兩種，初稿成於乾隆十七年（1752），改定於乾隆二十五年（1760）。北京清華大學版《戴震全集》第二冊，《屈原賦注初稿》三卷、《屈原賦注》十二卷，均著錄。另有《通釋》二卷、《音義》三卷附於書後。《通釋》上卷專記「山川地名」，下卷專釋「草木鳥獸蟲魚」。

　　戴震作《屈原賦注》，意欲還屈原詩文之舊，對俗本之誤能夠從文法句例、羨奪錯訛方面，一一指明，認為古本如王逸本和《文選》本較為精善，無掇拾錯文，而流俗本不校，故「錯糅不成辭」。（註456）《屈原賦注》只取《漢志》所錄二十五篇，名叫《屈原賦》，不以《楚辭》為名，是因為不取宋玉以下之賦，戴震認為二十五篇之書，才是「經之亞」也。又不取前人稱「離騷經」之說，是因為他把屈賦當作宜乎諷誦的詩歌來欣賞，深刻領悟到「詩人之賦麗以則，辭人之賦麗以淫」的文學評論思想，自覺運用唯物主義文學批評原則，進行評析屈賦的思想和藝術。（註457）是以能夠透過神話傳說和巫術神祭的表層，洞察其背面所蘊藏著的現實意義和絢麗多彩的浪漫主義風格，讀之不覺其為神話，而愈覺屈原志潔行芳。（註458）戴震認為屈賦的最大價值，在於寫出「純真的人心」。

　　清代研究《楚辭》者眾多，但在乾嘉學派中研究《楚辭》者，只有戴震一人。清代《楚辭》研究著述眾多，戴震的《屈原賦注》，

註456：徐道彬《戴震考據學研究》，安徽大學出版社，2007 年，頁 376。
註457：徐道彬《戴震屈原賦注的文學成就》，載《徽學》第三卷，頁 281。
註458：徐道彬《戴震屈原賦注的文學成就》，載《徽學》第三卷，頁 283。

則是其中最受推崇的一部。盧文弨對此書極為推重，以為此書的最
大長處，在於能利用考據知識，去解讀屈原作品，才能上探古人之
心於千載之下。盧氏曰：

> 吾友戴君東原，自其少時，通聲音文字之學，以是而求之遺
> 經，遂能探古人之心於千載之上。既著《詩補傳》、《考工記
> 圖》、《句股割圜記》、《七經小記》諸書，又以餘力為《屈原
> 賦》二十五篇作注，微言奧指，具見疏抉。其本顯者，不復
> 贅焉，指博而辭約，義創而理確。（註459）

盧文弨並且認為戴震關於《屈原賦》的識力，可與班固、顏之
推、劉彥和相媲美，甚至超過他們。

李詳《致馬通伯先生書》，稱讚馬其昶的《屈賦微》時說：「國
朝注屈者，蒲城屈悔翁，休寧戴東原，並此而三。」（註460）姜
亮夫《楚辭書目五種》中指出：「清人《楚辭》之作，以戴東原之
平允，王闓運之奇邃，獨步當時，突過前人，為不可多得云。」（註
461）在評述蔣驥《山帶閣注楚辭》中說：「蔣氏此書，論其造詣，
在清代《楚辭》研究著作中，可與王夫之《楚辭通釋》、戴震《屈
原賦注》鼎足而三，王氏多發明屈賦微旨，戴氏以簡明見長，而
蔣氏特為翔實。」（註462）後人也多以《楚辭通釋》、《山帶閣注
楚辭》、《屈原賦注》，為清代《楚辭》研究中較好的注本，頗為通
行。（註463）

註459：盧文弨《屈原賦注序》。
註460：洪湛侯《楚辭要籍解題》，湖北人民出版社，1984 年，頁 258。
註461：洪湛侯《楚辭要籍解題》，頁 258。
註462：洪湛侯《楚辭要籍解題》，頁 161。
註463：徐道彬《戴震屈原賦注的文學成就》，載《徽學》第三卷，頁 279。

　　徐道彬以為，戴震注本「實事求是，不偏主一家」，較之其他注本有獨特之處。它不僅表現了考據學家從文字訓詁、名物考訂的角度對《楚辭》的深入研究，祛疑解惑，撥正前非；而且著力從作品的思想內容和藝術形式方面進行詳盡的闡釋，以實事求是和知人論世的正確方法，探討屈原的懷疑批判精神和唯物主義思想，讚揚詩人屈原心純、學純、立言至純，以及對真善美的熱烈追求，揭示出詩篇的美學特質和時代風貌。（註464）

　　劉永濟評戴震《屈原賦注》說：「其說大抵發明屈子言外之志，獨較諸家為長。」（註465）

　　再者，戴震《屈原賦注》反對朱熹《楚辭集注》附會風雅頌而作賦比興，對鴻篇巨制的屈賦整體形象，運用綜合的藝術手法評析，較為合乎屈原及詩篇的真意和藝術規律。（註466）戴震能夠遵循藝術規律，正確運用文學評析注釋《楚辭》，擺脫了傳統儒家經典闡釋方法的局囿而充分展現藝術作品的藝術風貌，其思想和方法都是比較科學的。（註467）

（二）《戴震文集》

　　今所見《戴震文集》有二本，一是孔繼涵之微波榭十卷本，一是段玉裁輯之經韻樓十二卷本。《戴氏遺書》之二十三，所收者為十卷本。

註464：徐道彬《戴震屈原賦注的文學成就》，載《徽學》第三卷，頁279-280。
註465：劉永濟《屈賦通箋》，鼎文書局，1974年，頁65。
註466：徐道彬《戴震屈原賦注的文學成就》，載《徽學》第三卷，頁285。
註467：徐道彬《戴震屈原賦注的文學成就》，載《徽學》第三卷，頁286。

　　戴震之文，古樸雋永，鉤貫經史，閎麗淵雅，陶熔漢魏。淩廷堪《戴先生事略狀》說：「先生所著書，文辭淵奧，兼多微見，其端留以俟學者之自悟，……非造其境者，亦無由知其是非也。」章太炎說：

> 戴君在樸學家，號為能文，其成一家言者，則信善矣。造次筆札酬對之辭，顧反與宋文相似。故知世人所謂文者，非其最至，言椎少文，特以匪色不足，短于馳驟曲折云爾。

> 先戴《句股割圜記》，吐言成典，近古所未有。（註468）

蔣湘南云：

> 戴先生覃思於三代之上，析藝於《六經》之內，精誠所積，幽微畢豁，故其文簡而奧，醇而腴，雅而奇，道而穆。（註469）

　　章蔣二氏之言，頗能道出戴震為文之風格。在徐道彬看來，《戴震文集》吐言成典，修辭立誠，其風格言簡義明，力避繁瑣，絕禁空談而不置藝文於不顧。其中的書傳序跋、詩聯頌贊、哲理散文，皆清新流暢，引人入勝。（註470）

　　北京清華大學版《戴震全集》第六冊，有《記洞過水》一文。按此文係段玉裁代龔導江所寫，原稿 488 字，戴震增刪修改成 408 字，批註 345 字。篇末批語是戴震所寫，批語說：

註468：章太炎《章太炎學術史論集》，中國社會科學出版社，1997 年，頁 324。
註469：蔣湘南：《與田叔子論古文第三書》載《中國文論選》，江蘇文藝出版社，1996 年，頁 103。
註470：徐道彬《戴震屈原賦注的文學成就》，載《徽學》第三卷，頁 293。

辭意清婉，味之不盡，為增入考覈更覺於讀史有會心，善補
古人之缺。中間清濁不相入，利民有遲速，及名之隱顯，皆
與人品施政學問相關，非尋常筆墨事入志書中，洵傑作也。
燈下凍筆。（註471）
批語雖在讚美段玉裁，實則夫子自道也。

　　本章前言王德中稱「哲學家戴震是位文章家」，「是當之無愧的
文章魁首。」其原因，觀上所論，亦可思過半矣。而王氏自己析論，
第一，為文選材精當。如《沈學子文集序》，全篇僅五百零幾個字，
而不僅講述沈學子的治學態度和特點，而且評價了沈先生的治學成
就、學業影響和文章特色。《戴震文集》裡的幾十篇序、跋、傳、碑、
銘之類文章，往往只寫幾時幾事，卻能反映出一書一人的全貌，或
只寫一事，就把一個人的品性活現了出來。第二，為文旨趣鮮明。
如在辭世前一個月所寫的《答彭進士允初書》，其立場、態度、感情
何等鮮明。第三，為文表達真切。用精確的語言表達實事真情，不
以嬌艷虛浮之詞為文，即使是頌贊類文章也如此。第三，為文運思
獨到。如《沂川王君祠碑》，把主人公及其功業，放到一個廣闊的背
景中展示，收到了激起讀者心潮的效果，僅就開篇技巧，就可見運
思功力。又《孟子字義疏證》充分體現運思之精善，其運思之重點，
是：①力圖開宗明義，綱舉目張；②力圖對準理學，針砭時弊；③
力圖表達明晰，顯豁文旨。（註472）

　　戴震的文章精善，何故六應會試都不及第？蓋戴震之文，以六經
為法，形成「古奧」的特色。他四十歲時舉於鄉，同考官韓介屏曾向

段玉裁說：「闈戶閱東原卷，文筆古奧，定為讀書之士，榜發，竊自喜藻鑑不謬。」（註473）余英時認為段玉裁記錄其師口語，為其師諱，不免有保留之處。其實「古奧」就是「詰屈難解」之意。據胡虔《柿葉軒筆記》，介屏語人曰，闈中閱東原卷「詰屈幾不可句讀」。（註474）故戴震四十歲後，六應會試不第，應與其文「古奧」有關。段玉裁《年譜‧附輯要》云戴震文章「厚積薄發，純樸高古，如造化之生物，官骸畢具，枝葉並茂。」文風自然與八股文格格不入。戴震認為科舉取士任官，應以所學為國為民興利除弊，以道德躬行為民表率。他在《鳳儀書院碑》中說：「夫士不通經，則材不純，識不粹，不足以適於化理。故用經義選士者，欲其通經，通經欲純粹其材識，然後可俾之化理斯民，克敬其事，供其職。」（註475）任兆麟《戴東原制義序》云：

> 君於學靡所不通，為世儒宗。制義抑其末也，顧識趣體格並臻極至。言性諸篇，與所著《原善》相表裡，蒙嘗憾近世考古家，於時藝多不屑為，或為之不工，工矣又不盡傳。東原數藝倖長留天壤間，詎不幸與！他日有傳其別集者宜採焉。（註476）

　　徐道彬認為，戴震作文，以《史記》為標準，不作一句空文，純樸高古，吐辭為經，熔義理、考核而自鑄偉辭，其文章思想內容和形式，已遠超八股時文，卓越超俗，不同凡響。然而，不合時俗，不合庸師之意，故學問雖然深厚，科場結局必是屢敗。（註477）

註473：段玉裁《戴東原先生年譜》。
註474：參余英時《論戴震與章學誠》，台北東大圖書公司，1996 年，頁 123。
註475：《戴震文集》，台北華正書局，1974 年，頁 174。
註476：任兆麟《戴東原制義序》，《戴震全書》七，219 頁。
註477：參考徐道彬《戴震考據學研究》，安徽大學出版社，2007 年，頁 57-62。

戴震的文學理論又如何？且看戴震自道。戴震說：

> 夫文無古今之異，聞道之君子，其見於言也，皆足以羽翼經傳，此存乎識趣者也。而詞不純樸高古亦不貴，此存乎行文之氣體格律者也。因題成文，如造化之生物，官骸畢具，根葉並茂，少闕則非完物，此存乎冶鑄之法者也。（註478）

戴震又說：

> 故為詩愈就平淡，而其味愈永，斂其光華以歸醇樸，而發諸情性，諧於律呂者，備體而底於化。（註479）

戴震又說：

> 然自子長、孟堅、退之、子厚諸君子之為之，曰：「是道也，非藝也。」以云道，道固有存焉者矣，如諸君子之文，亦惡覩其非藝歟？夫以藝為末，以道為本，諸君子不願據其末，畢力以求據其本，本既得矣，然後曰：「是道也，非藝也。」循本末之說，有一末必有一本。譬諸草木，彼其所見之本與其末同，一株而根、枝殊爾，根固者枝茂。世人事其枝，得朝露而榮，失朝露而瘁，其為榮不久。諸君子事其根，朝露不足以榮瘁之，彼又有所得而榮、所失而瘁者矣。且不廢浸灌之資，而露之潤，此固學問功深，而不已於其道也，而卒不能有榮瘁。故文章有至有未至，至者得於聖人之道則榮，未至者不得於聖人之道則瘁。以聖人之道被乎文，猶造化之

註478：《與某書》，《戴震全集》第一冊，北京清華大學版，1991 年，頁 211。
註479：《董愚亭詩序》，《戴震文集》，台北華正書局，1974 年，頁 166。

終始萬物也。非曲盡物情，游心物之先，不易解此。然則如
諸君子之文，惡覩其非藝歟？（註480）

綜上引文，知戴震的文學理論，主文無古今之異，必能羽翼經
傳，才有識趣；文詞貴乎純樸高古，注意氣體格律；為詩要平淡醇
樸，發諸情性，諧於律呂。只要合乎「文以載道」、「文以明道」、「文
道合一」，則文章就是「道」，也就是「藝」了。這種觀念和做法，
異於時俗，故「淺學讀之茫如，或相與非笑之」，無足怪也。

基於文學美學的優良傳統，賦、比、興每存乎章句之間。戴震
認為賦比興三者之間，是互相區別又有聯繫的。他說：「非直賦其事，
則或比方，或托物。賦直而比曲，比邇而興遠。興既會其意矣，則
何異於比？比如見其事矣，則何異於賦？」又說：「賦者，比之實也；
興者，比之推也。得比義於興不待言，即賦之中復有比義。」（註481）

戴震主張詩文要直抒胸臆，平易近人，反對做作、雕琢，要文
如其人，從平淡中顯出美來，用純樸的思想、感情來打動讀者。自
然純樸是追求文學美學的標準，他寫的人物傳記是這樣，山水小品
也是如此。傳記中詳者如《江慎修先生事略狀》、《于清端傳》、《范
忠貞傳》，略者如《張義士傳》、《王廉士傳》、《養浩毛先生傳》，都
質樸無華，寥寥數筆而人物形象躍然紙上。（註482）

戴震的山水小品則在描繪之中，寄寓情感，顯得平淡無華而又
生意盎然。在《屏山石室記》中寫道：「山故在人境，而幽冷之致，
若忘乎人。」在《樂山記》中寫道：「是山幸未入於浮屠，故予得築

註480：《與方希原書》，《戴震文集》，台北華正書局，1974 年，頁 143-144。
註481：以上均見戴震《詩比義述序》。
註482：參許紹雄《略論戴震的美學思想》，載《戴震學術思想論稿》，安徽人民
　　　　出版社，1987 年，頁 260。

室於茲，易其名曰樂山，抑亦冀後之人之樂學焉，而於山之靈能見怪物者無媿也。夫苟知樂學，將以尋吾孔顏之樂不遠矣。」段玉裁《年譜》稱：「蓋先生合義理、考核、文章為一事，知無所蔽，行無少私，浩氣同盛於孟子，精義上駕乎康成程朱，修辭俯視乎韓歐焉。」

戴震曾說：「文有二種：一則題如大堅石，作者用大於石之鐵椎，一椎粉碎，此一奇也。一則用口氣一吹噓，便使大石頓如綿，飛舞空中，飄墮無迹，如吾此作是也。」（註483）

戴震有《制義》之作，今不傳，惟歷城周書昌（即周永年）選刊於嘉慶十三年（1808）的《制義類編》，收時文 753 篇，除戴震文章外，還收有劉大櫆、汪梧鳳等人的文章，書分十八卷，一卷一本，其中三、四、五、六、七、十、十二、十三各卷已佚，現存十本。該書中有戴震《吾十有五》及《旅酬下為上》兩文，及《季氏將伐》、《菽粟如水火》兩條篇目。（註484）該兩文輯入北京清華大學版《戴震全集》第六冊。

任兆麟《戴東原制義序》說：「君於學靡所不通，為世儒宗。制義抑其末也，顧識趣體格並臻極至。言性諸篇，與所著《原善》相表裡，蒙嘗憾近世考古家，於時藝多不屑為，或為之不工，工矣，又不盡傳。東原數藝俾長留天壤間，詎不幸與！他日有傳其別集者宜采焉。」（註485）

《紅豆樹館書畫記》（註486）卷七《國朝張雪鴻畫冊、附彭門、東原兩家作》條裡，發現有關於「東原作畫兩幅」的記載，其中說，

註483：段玉裁《戴東原先生年譜》。
註484：《戴震研究通訊》第六期，戴震研究會，1987 年 3 月 15 日。
註485：《戴震全書》七，頁 219。
註486：《紅豆樹館書畫記》，陶梁（1771-1857）編著，陶氏字鳬薌，江蘇長洲
　　　人，嘉慶十三年（1808）進士，累官至內閣學士，禮部侍郎，曾從戴震

東原作畫兩幅，一幅畫面為翠竹數竿，小亭隱露其間，題目：「輞川一角」，下署「東原戲墨」；一幅用白陽山人法寫梅，畫面為暗香疏影，如行孤山籬落間，並說此畫上有署名「東原嘉樂」的題詩一首：

> 聞道梅花折曉風，
> 雪堆遍野滿山中。
> 何妨可化身千億，
> 一樹梅前一放翁。

「東原戲墨」兩幅目前無法目睹，只有題畫詩一首被記載刊行。紅豆樹館主人稱：「東原疏宕有逸氣，兼擅書法」，這和傳說中的戴震兼擅書畫的情況相吻合。三十年代，歙縣許承堯獻以所藏戴震五言詩墨蹟一首：「已有扁舟興，曾看過剡圖；翻思名手盡，誰復費功夫。」從這幅墨蹟和他的一些手稿看，戴震「兼擅書法」當屬不訛。（註487）

六、義理學

義理一詞，初見於《禮記‧禮器》：「義理，禮之文也。」漢晉時指經義名理。宋以後則把講求儒學經義，探究名理的學問，稱為「義理之學」。北宋張載說：「義理之學，亦須深沉方有造，非淺易輕浮之可得也。」（註488）也就是說，義理之學是指較深的思維理

好友王昶游，乾嘉文風鼎盛，耳濡目染，收藏清順治至道光六朝名家書畫真蹟不下三百餘種，卻未出版。
註487：《戴震研究通訊》第十三期，戴震研究會，1988年6月15日。
註488：《經學理窟‧義理》。

論，具有較高的哲理性，若不經過潛思苦慮是難能達到的。宋代學者所稱的義理之學，亦即指哲學。宋人注重以義理治經，在解釋儒家經義中，系統闡述自己的哲學思想並自成體系，它不同於漢唐以來的章句注疏之學和篤守師說。（註489）

　　義理之學簡稱理學，又稱道學。宋明理學是宋明儒家學說在新的歷史條件下發展出來的，是融自然觀、人生觀、認識論、歷史觀和社會政治道德思想為一體的思想體系，是儒學的哲學化，亦即儒道佛思想的融合。故胡適說：「理學掛著儒家的招牌，其實是禪宗道家道教儒教的混合產品，其中有先天太極等等，是道教的分子；又說心說性，是佛教留下的問題；也信災異感應，是漢朝儒教的遺跡。但其中的主要觀念，卻是古來道家的自然哲學裡的天道觀念，又叫做『天理』觀念，故名為道學，又名為理學。」（註490）

　　狹義的理學，指程朱理學，以程顥、程頤和朱熹為代表。朱熹所提倡的「義理之學」，是以其思辨的、精緻的理論形態取代了以往粗糙、淺薄的「天命論」。明代薛瑄評論說：「朱子萃群賢之言儀，而折衷以義理之權衡，至廣至大，至精至密，發揮先聖賢之心，殆無餘蘊。」（註491）廣義的理學，包括理學和心學，心學指陸九淵、王守仁心學，以陸王為代表。理學的成立在宋代，二程、朱、陸是理學的祖師。

　　北宋是理學形成初步發展的階段，理學創始人是周敦頤、邵雍、張載、程顥、程頤；南宋是理學進一步發展和朱學確立統治地位的階段，朱熹集理學之大成；而陸九淵是心學的宗師，在理學營壘中

註489：夏乃儒主編《中國哲學三百題》，上海古籍出版社，2007 年，頁 490-491。
註490：胡適《幾個反理學的思想家》，《胡適文存》三卷二，頁 113。
註491：《讀書錄》卷一。

另張一幟。元代至明代中葉，是程朱理學的極盛時期，程朱學說成為欽定的官方哲學，也是科舉取士的重要依據。明代中葉以後，心學突起，王守仁上承陸九淵、陳獻章的餘緒，創立主觀唯心論哲學，成為理學發展史上的又一次高潮。然而理學盛行之後，高明者玩世不恭，卑陋者媚世無恥，「心學」的弊端日顯，王學末流的禪化，使整個理學由於空疏而趨於衰敗。學者開始對理學進行全面的總結批判，到明代後期蔚然而成為實學思潮，提倡恢復和發揚儒家經世致用的傳統。

　　胡適認為，接近朱熹一脈的學者，如顧炎武、閻若璩，都成了考證學的開山祖師；接近王守仁一派的，如黃宗羲，自命是劉宗周的傳人，如毛奇齡自命為得王學別傳，也都專注史學與經學上去了。而北方的顏元、李塨一派，起了反玄學的運動，顧炎武、黃宗羲、黃宗炎、閻若璩、毛奇齡、姚際恆、胡渭等，都是這個大運動的一分子。反玄學運動有兩大趨勢，一是注重實用，一是注重經學，用實用來補救空疏，用經學來代替理學。前者可用顏李學派作代表，後者可用顧炎武等作代表，而戴震的義理學，是這兩方面的結婚的產兒。（註492）

　　清廷在清初以至乾嘉時代政權鞏固以後，便以程朱理學的捍衛者、道統的繼承者自居，嚴斥明代王學，遂其用「道統」做為「治統」的後盾，故大力表彰朱學。戴震是清代中葉最著名的考據學家、思想家，不僅以其在文字、音韻、訓詁、考據等方面的輝煌成就為世所重，而且以其系統又深邃的義理學說，在學術思想界獨樹一幟，成為漢學家中為數不多的既講考據又有思想的學者之一。然而，戴

註492：胡適《戴東原的哲學》，台灣商務印書館，1996 年，頁 1-4。

震的思想分前期和後期，從乾隆七年（1742）課學童於邵武、從師江永，至乾隆二十二年（1757）結識惠棟為前期，其思想特徵是不批宋學，同時褒揚漢學和宋學；從乾隆二十二年到乾隆四十二年（1777）為後期，其思想特徵是批判程朱，強調新理學。他在形式上以漢唐訓詁考據之學，與宋儒的「義理之學」相抗衡，並以自己的「義理」，與程朱理學家的「義理」相對立。戴震是以《孟子字義疏證》為反程朱理學的思想武器的，在程朱理學著為功令，大力提倡的乾嘉時代，《孟子字義疏證》這一反理學的煌煌巨著，真是空谷絕響。

　　我們由徽州的地域關係，也可考察戴震思想的變化。徽州本是「程朱闕里」、「桑梓之邦」，號稱「東南鄒魯」。朱熹的思想影響徽州一地非常大，宋元明清四朝信奉傳授者不計其數，形成「新安理學派」。朱熹本人被奉為「徽國宗主」，徽州的書院私塾也無不以朱子之學為宗，徽州的風俗是「一以先師朱子為歸。凡六經傳注，諸子百家之書，非經朱子論定者，父兄不以為教，子弟不以為學。人人一言一動必宗朱子，不敢有片言之違。」「讀朱子之書，取朱子之教，秉朱子之禮」，滲透到安徽的各方面。（註493）

　　戴震從學於江永，江永一生篤信朱子，曾撰《近思錄集注》以表彰朱學。戴震起初也崇敬程朱，對程朱理學未絲毫懷疑，談及《周易》，戴震認為當以程子《易傳》為圭臬，在《詩補傳》中，也多採朱熹《詩集傳》之說，對程朱皆以「程子」（或程伯子）、「朱子」（或「朱文公」）相稱呼，視程朱理學為「理明義精之學」。故章學誠《文史通義‧朱陸》指出，戴震學術「實朱子數傳之後起也」、「戴君學術，實自朱子『道問學』而得之。」胡適《戴東原的哲學》認為：

註493：參劉墨《乾嘉學術十論》，三聯書店，2006年，頁121-122。

戴氏三十二歲入京之時還不曾排斥宋儒的義理，可以推知他在那時候還不曾脫離江永的影響，還不曾接受顏李一派排斥程朱的學說。（註494）

　　從 44 歲到 55 歲逝世的十年，是戴震思想的成熟期，他放棄了程朱理學，並加以否定而對立。在戴震看來，在漫長的時間裡，那種世俗化的理學就像陰霾、烏雲一樣遮住了上空的太陽。必須站出來正本清源。（註495）

　　生於徽州的戴震，看到了程朱理學在家鄉的負效應，看到了徽州大批貞節牌坊後面的罪惡，看到了各個家族祠堂屋簷下的血淚，看到了理學副作用給人們帶來的精神枷鎖。那種自以為是、自以為真理在手、並且隨便賦予一些理解以真理的名義，而後來束縛人們欲望的行為，是對於人性的壓制，對於生命的戕害。（註496）於是戴震從考據訓詁的角度出發，重新闡發「理」、「天道」、「性」、「才」、「道」、「仁義禮智」、「誠」、「權」的本意，強烈批駁程朱理學。

　　趙焰認為，戴震的義理思想，開啟了 18 世紀的一線人文曙光，甚至具有人文復興的意義。同為徽州驕子的朱熹與戴震，無疑在各自的時代裡，代表著時代思想的高峰。而他們之間的論戰，與其看做是一種思想的分歧，還不如看做是一種時代的進步。前者，意味著一個紛亂的時代要求思想的統一，要求重建道德秩序；而後者，又意味著時代在更廣闊的意義上要求解放，要求思想的多元，要求對人身的尊重。戴震對於朱熹是沒有思想成見的，有的只是時代的

註494：參劉墨《乾嘉學術十論》，三聯書店，2006 年，頁 122-123。
註495：趙焰《千年徽州夢》，東方出版中心，2007 年，頁 187。
註496：趙焰《千年徽州夢》，東方出版中心，2007 年，頁 191-192。

要求，以及人類自身進步與解放的呼籲。（註497）趙說持平，具折衷性與前瞻性。

（一）義理學是戴震的終極目的

戴震早期致力於考據學，而晚期則致力於新義理學的建構，建構新義理學是他學術的終極目標。乾嘉兩朝是考據學的天下，經史考據是學術的主流，一般學者在古籍整理和語言文字研究方面，取得巨大的成就，但是埋首故紙堆中，只重訓詁，而輕視義理，將義理的闡發斥為「虛學」，不談顧炎武的經世致用。但是，戴震則不然，他視訓詁考據只是闡發義理的工具而已，義理學才是治學的目的。戴震的義理之路是十分寂寞的，只有王鳴盛與他同調。王鳴盛說：「義理，其根也；考據，其幹也；詞章乃其萌葉也。」；「義理，其源也，考據，其委也。」（註498）把義理、考據、詞章三者的關係，比做根與幹、葉或水之源與委。

在考據極盛的學術潮流下，戴震晚年著《孟子字義疏證》，以建構新義理學，但是，仍須無奈地披著考據學的外衣，以訓詁的形式，借疏證《孟子》來闡發自己的義理，抨擊程朱理學和當時的封建統治者。因此，他所解釋的《孟子》，已不是古代《孟子》的真面目，而只是利用《孟子》來闡發自己的思想，所以從未引起當時人們的重視，連他的兒子中立和學生，都把《孟子字義疏證》排除在他的重要著作之外。

註497：趙焰《千年徽州夢》，東方出版中心，2007 年，頁 193。
註498：《西莊居士始存稿》卷二十五〈王慧愚先生文集序〉。

　　一般人認為宋學重「義理」，漢學重「考據」，並不是說宋學就不談考據，漢學就不談義理。一般人又似乎認為乾嘉漢學只有考據而沒有義理，而且考據煩瑣，脫離現實，無補於世，無益於國計民生。甚至有人說漢學家，「在專業方面是巨人，在思想領域是個侏儒」。其實，做為乾嘉考據學大師的戴震，在考據與義理兩方面都是一個巨人。

　　戴震自謂自十七歲即「有志聞道」，何謂道？戴震說：「六經者，道義之宗，而神明之府也。古聖哲往矣，其心志與天地之心協而為斯民道義之心，是之謂道。」（註499）簡而言之，道就是往古聖哲的道義、義理。

　　戴震認為，古今學問之途，其大致有三：或事於理義（即義理），或事於制數（即考核），或事於文章。而「義理」是考核、文章二者之源。戴震治學的目的，在聞道成聖，有利民生，造福社會。他說：

> 經之至者道也，所以明道者其詞也，所以成詞者字也。由字以通其詞，由詞以通其道，必有漸。（註500）

> 治經先考字義，次通文理，志存聞道。（註501）是以凡學，始乎離詞，中乎辨言，終乎聞道。（註502）

> 是以君子務在聞道也。今之博雅能文章、善考覈者，皆未志乎聞道。徒株守先儒而信之篤，如南北朝人所譏：『寧言周孔誤，莫道鄭服非』，亦未志乎聞道者也。（註503）

註499：〈古經解鉤沈序〉，《戴震文集》，台北華正書局，1974年，頁145。
註500：〈與是仲明論學書〉。
註501：〈與某書〉。
註502：〈沈學子文集序〉。

> 君子於書，懼其不博也；既博矣，懼其不審也；既博且審矣，懼其不聞道也。（註504）

> 二三好古之儒，知此學之不僅在故訓，則以志乎聞道也，或庶幾焉。（註505）

> 經之至者道也，所以明道者其詞也，所以成詞者，未有能外小學文字者也。由文字以通乎語言，由語言以通乎古聖賢之心志，譬之適堂壇之必循其階，而不可以躐等。（註506）

> 六書九數等事，如轎夫然，所以舁轎中人也，以六書九數等事盡我，是猶誤認轎夫為轎中人也。（註507）

戴震以轎夫喻考據，以轎中人喻義理。故戴震論學，實以義理為第一要義，聞道乃治經治學的目的，治學未能聞道，儒者引以為恥。而治小學與典章制度為通經之鑰，聞道的舟楫、階梯，通經為明道之資。戴震嘗言，他生平著述，最大者為《孟子字義疏證》一書，該書乃是義理之書。戴震的義理，表面來看，似以孟子為依歸，從他的著作來說，他的義理著作，除零篇散簡及與友朋論學書函以外，最要者為《原善》、《緒言》、《孟子私淑錄》、《孟子字義疏證》四書。《原善》旨在論性、論情、論仁義禮智，大抵不脫孟子性善之意。《緒言》意即「聖人之緒言」，而《孟子字義疏證》自序，以韓愈「故求觀聖人之道，必自孟子始」一語為歸宿。其實，我們如果

註503：〈答鄭丈用牧書〉。
註504：〈序劍〉。
註505：〈古經解鉤沉序〉。
註506：〈古經解鉤沉序〉。
註507：段玉裁〈戴東原集序〉引。

細審其義理內容，實際上是近於荀子而遠於孟子的，當時他的摯友程瑤田已經看出來了。程瑤田說：

> 今之言學者，動曰去私去蔽。余以為道問學，其第一義不在去私，致知之第一義，亦非去蔽。蓋本不知者，非有物以蔽之，本未行者，非必有所私也。……崇德，明明德之事也，道問學以尊德性，所以明明德也。脩慝，去蔽去私之謂也。……問學之事，崇德一大端，大之大者也，脩慝亦一大端，所以輔其崇德，大之次者也。今之言學者，但知脩慝為大端，認脩慝為即以崇德，其根由於不知性善之精義，遂以未治之身，為叢尤集怨之身，雖亦頗疑於性善，及其著於錄也，不能不與荀子性惡為相表裡，此說之所以不能無歧也。（註508）

（二）戴震的義理學

1.「道」論

「道」的本義是人所行走的道路，《說文解字》說：「道，所行道也。」道具有確定的指向，是人往返必經的道路，引申為事物運動變化的規律；道具有修直不屈的特點，人們必須沿著道路直行，才可到達目的地，引申為人們必遵守的原則方向；道聯繫著出發點與終點，有一定的距離，引申為事物運動變化的過程；道通達無礙，

引申為社會人事的通達；道為人所行，走路叫做行，誘人入道是為道（導）。（註509）

我國自先秦以來，便將道分為天道、地道和人道。天道指陰陽，地道是剛柔，人道是仁義。天道與地道是從宇宙自然萬物而言，人道是從社會倫理道德而言。

戴震把「道」解釋為「行」，而以為有「天道」、「人道」之別。他說：

> 道猶行也，氣化流行，生生不息，是故謂之道。《易》曰：「一陰一陽之謂道。」《洪範》：「五行：一曰水，二曰火，三曰木，四曰金，五曰土。」行亦道之通稱。（註510）

又說：

> 古人稱名，道也、行也、路也，三名而一實，惟路字專屬途路，《詩》三百篇多以行字當道字。大致在天地，則氣化流行，生生不息，是謂道；在人物，則人倫日用，凡生生所有事，亦如氣化之不可已，是謂道。故《易》曰：「一陰一陽之謂道」，此言天道也；《中庸》曰：「率性之謂道」，此言人道也。（註511）

又說：

註509：張立文主編《中國哲學範疇精選叢書─道》，台北漢興書局，1994年，頁21。
註510：《孟子字義疏證》卷中「天道」條。
註511：《緒言》卷上。

道有天道人道。天道，陰陽五行是也；人道，人倫日用是也。
（註512）

又說：

經傳中或言天道，或言人道。天道，氣化流行，生生不息是
也；人道，以生以養，行之乎君臣、父子、夫婦、昆弟、朋
友之交是也。（註513）

是以在戴震看來，道即陰陽實體實事，天道的實體是陰陽五行；
人道的道體，是人倫日用，不可離事而言理言道。道是一個實體範
疇，不是脫離客觀事物的幻相。道的實體不同於程朱的精神實體，
而是物質性的陰陽之氣。故宋儒以為「所以陰陽之理」為道，「陰陽
不得謂之道」，是戴震所反對的。程朱以理論道，是抽掉了道的物質
基礎，把道視為超越於事物之上的精神實體，與佛、道的真如、真
宰沒有本質上的區別，只是「老莊、釋氏尊其神為超乎陰陽氣化，
此尊理為超乎陰陽氣化」而已。戴震反對朱熹以道為形而上之理，
而認為道不是超越氣的形而上之理，氣也並非全是形而下的存在。
陰陽之氣化生萬物，已形形質即是形而下的器，未成形質之前則是
形而上的道。（註514）
　　道與器是中國古代哲學概念，唯物主義思想家和唯心主義思想家
對此有不同的理解。戴震認為陰陽五行的流行不已、生生不息便是道，
是一種唯物論，與宋儒的理氣二元論不同，宋儒依據《易‧繫辭》：「形

註512：《緒言》卷上。
註513：《中庸補注》。
註514：參考張立文主編《中國哲學範疇精選叢書─道》，台北漢興書局，1994
　　　　年，頁340-341。

而上者謂之道，形而下者謂之器」，而主張理氣二元論，朱子曰：「陰陽，氣也，形而下者也。所以一陰一陽者理也，形而上者也，道即理之謂也。」於是顛倒道與器的關係，認為形而上之「道」產生形而下的「器」，即把無形抽象的道，看作宇宙萬物的本體。黃宗羲不同意此說，主張「道」只能存在「器」中，道只是事物內在的規律，不能脫離具體的事物而獨立存在。王夫之也主張「道器合一」，「無其器則無其道」，不可離器而言道，以陷於空寂，也不可離道而言器，致陷於無本。戴震認為那形而上和形而下的都是氣，這是一元的唯物論。

顏習齋以為「道」是人所由之路；李恕谷也認為「路」字從「足」造字，「道」字從「辵」造字，都是指人所共由的義理，好像人所走的街衢一樣。《中庸》說「行道」，《論語》說「適道」，《尚書》說「遵道」，都和孟子所說的「由道」、「由路」同意，於是小人所行的路，可以說「小人之道」、只是它不合乎義理的正道。至於把「道」作為一個專有名詞，一件專門的東西，那是老莊說的道了。（註515）然而顏李學派論道，不言天道，只言人道。

（1）天道

我國古代傳統的天道觀，認為天是有人格有意志、能賞善罰惡的主宰者。戴震並不以為然，認為天道只是宇宙自然現象的流行不停、變化不息而已，天是無知無識的物質體，不能賞善罰惡，只是遵循永恆不變的自然定律，發揮它的自然作用。所以《易經》說「一陰一陽之謂道」，春夏秋冬，周而復始，很有規律在運行，這就是天道。（註516）

註515：參《恕谷年譜》卷五。
註516：劉昭仁《戴震》，載《中國歷代思想家》十六，台灣商務印書館，1999

　　天道具有陰陽五行的氣，人或物都稟受這個氣而有形體和實質，這叫做氣化，在自然界中，萬物的生長和變化，都是氣化的自然結果，也就是陰陽五行的氣相感相生的結果。因此，天道就是陰陽五行氣化流行、生生不息的原理。陰陽五行是「道」的實體，是「道」生化不息的材料。太極是氣化的陰陽，陰陽並不是兩儀，兩儀乃是畫卦的人察見天道一陰一陽是萬物生化的原理，而畫下奇偶兩種符號，來儀象和徵意罷了。舉陰陽可以包括五行，因為陰陽各自具有五行；舉五行也可以包含陰陽，因為五行各有陰陽。就道的實體來說，一陰一陽叫做「道」；就「道」的生化不息的狀態來說，「道」和「行」是同義的，「行」是「道」的通稱。萬物在還未具備形體和實質以前，只是氣，是形而上的，形而上是說「成形以前」；具備形體和實質以後，就是品物，是形而下的，形而下是說「成形之後」。朱子以為陰陽是「氣」，是形而下的，所以一陰一陽的錯綜變化是「理」，因此，是主張「理氣二元論」的，這是戴震所反對的。（註517）

　　戴震所主張的是「氣本論」，是繼承王充、張載以來的唯物主義的傳統的。「氣本論」的哲學，在明末清初有長足的發展，劉宗周開此思潮的先河。劉宗周明確提出「盈天地間一氣而已」，以「氣」為宇宙萬物統一的物質基礎，堅持「理不離氣，理寓於氣中」，又主張理是氣的主宰，最後通過強調心為理之本而把氣統率於心之下。劉宗周的高足黃宗羲，同樣以氣為世界統一的物質基礎，並以氣規定太極，肯定理非獨立的實體，而是氣的固有屬性。雖然仍以理為氣

年，頁 209。

註517：參劉昭仁《戴震》，載《中國歷代思想家》十六，台灣商務印書館，1999年，頁 209。

的主宰，但強調理對氣的主宰，實質上是氣自我主宰的表現。方以智肯定「無始兩間皆氣」，虛空和實形都是氣的不同表現形式。王夫之是古代氣本論的集大成者，對氣的陰陽、聚散及動靜的性質與功能，作詳盡而深刻的分析。顏元、李塨則批判明代空談心性義理的學風，主張「理氣融為一片」，認為氣與理同為萬物的本原，一氣凝之形，一理賦之性。李塨還主張「氣外無理」，把理作為氣固有的條理、屬性。從劉宗周到戴震，氣論中都貫穿著氣本論哲學的精髓。戴震是此一思潮的殿軍，除糾正被程朱道學顛倒的理氣關係外，還對氣範疇作了不少正面的論述，認為形而上的本體和形而下的器物皆氣的表現形式，是氣化運動的不同階段，從而肯定氣即是形而上的存在，論證了宇宙萬物氣的統一性。（註518）

　　胡適認為戴震的天道論，是一種自然主義。他的宇宙觀有三個要點：（一）天道即是氣化流行；（二）氣化生生不已；（三）氣化的流行與生生是有條理的，不是亂七八糟的。最奇特的是戴震的宇宙觀完全是動的，流行的，不已的。這一點和宋儒雖兼說動靜，而實偏重靜的宇宙觀大不相同。（註519）

（2）人道

　　戴震說：「人所行即道，威儀言動皆道也。」（註520）「道，謂用其心知之明，行乎人倫日用而不失。」（註521）他在解釋《中庸》「修道以仁」時說：「此由修身而言修道之方，故舉仁義禮智以為準

註518：參張立文主編《中國哲學範疇精選叢書（三）——氣》，台北漢興書局，
　　　　1994 年，頁 228-229。

註519：胡適《戴東原的哲學》，台灣商務印書館，1996 年，頁 30-33。

註520：《中庸補注》。

註521：《孟子私淑錄》。

則。」（註522）他又說：「古賢聖之所謂道，人倫日用而已。於是而求其無失，則仁義禮之名因之而生。非仁義禮有加於道也，於人倫日用行之無失，如是之謂仁，如是之謂義，如是之謂禮而矣。」（註523）

在戴震看來，人道不是高遠玄妙、深不可測之物，只不過是人倫日用的當然法則而已，吾人居處、飲食、一言一動都遵循著人倫關係而行，不悖逆倫常，進而使周遭的人，也都能依照人倫行事，就是人道。人倫就是《中庸》所說的君臣、父子、夫婦、昆弟、朋友五倫，是天下的達道。做國君的行國君應做之事，對臣民要恩義；做臣民的行臣民應做之事，對長官要忠貞；做父親的要慈愛子女；做子女的要孝敬父母；做兄長的要友愛弟妹；做弟妹的要對兄長謙恭有禮；夫婦要相敬如賓，朋友之間要以誠相對待。因此，人道不必從身外去求，只要多做自我反省的工夫，努力去實踐，就可以盡行人道了。

又人道是從人性中來，人性又是從天道中來，人的血氣心知，來自天地的生化，我們要以聲色臭味等種種慾望來資養血氣。人有了心知，就可以知道人倫關係，產生喜怒哀樂的情感。喜怒哀樂的情感和聲色臭味的欲望，互相密切而合理的配合，那麼人道就相當完備了。人道既然出於我們本身，所以不可以片刻離身。人道從天性中來，但是人性中的「心知」，時明時闇，明時不爽失，闇時則有差錯。因此，道不可不修，唯有修道才能修身。戴震主張修道以仁，而仁義禮是修道的準則，也是人道至真至善至美的境地。（註524）

註522：《孟子字義疏證》。
註523：《孟子字義疏證》。
註524：參劉昭仁《戴震》，《中國歷代思想家》十六，台灣商務印書館，1999

戴震既以人倫日用、仁義禮等為人道的具體內容，故反對程朱把道僅僅當作日常行為的準則，認為他們「求道字太過，又以日用事物當行之理始可云道」（註525），抽掉了人道的客觀內容。（註526）

（3）天道、人道合一

天人合一是我國的傳統思想之一，儒家一向很重視人事，也十分尊重天道。

戴震以為「道」雖然有天道、人道之別，然而人道實以天道為根源。天道因生生而有自然的條理，故能氣化流行、生生不息，而後成就天下萬物的品類；人道的施為就是天道生生而成的條理的反映，才能使人的行為沒有絲毫爽失，而合乎仁義禮智。人道以天性為本源，而天性又以天道為根源，人道的極致，就是達到仁義禮智的境地。天地的至德為仁，人心和天心都是仁。從人道推溯到天道，從人德推溯到天德都是仁，天道和人道的氣化流行、生生不息，就是仁的表現。人德和天德、人道和天道兩者都是合而為一的。

宇宙萬物都被天覆地載，離開天地之氣就無法生生，如植物的葉子受風日雨露的暴曬沾潤，和天氣相通；根在土壤中吸收養料和水分，和地氣相通。又如動物，呼吸則和天氣相通，飲食便和地氣相通。古往今來，萬物同稟受天地之氣而生，可是唯獨人的血氣心知，能使情和欲都合於理而歸於仁義禮智，故與天地並稱三才或是三極。（註527）

年更新版，頁 211-212。

註525：《緒言》下。

註526：參張立文主編《中國哲學範疇精選叢書（一）──道》，台北漢興書局，1994 年，頁 343。

註527：以上參考劉昭仁《戴震》，《中國歷代思想家》十六，台灣商務印書館，

2.「命」論

　　一般人所謂的運命或命數是一種宗教的信仰，戴震說的「命」，並不是這種運命或命數。在他看來，天地因「道」的生息而成化萬物，萬物也因「道」的分限而各個不同。陰陽五行是「道」的實體，而人性以天道為本源，受陰陽五行氣化的分限叫做「命」。萬物品質的優劣，人類才智的高下，都是命定的，「命」只是「分限」之意，並無神祕的宗教色彩。戴震曾打兩個比方來說明，其一是：天地間的各種樹木，葉子、花、果都不同，而且即在同一棵樹上，花、葉、果都受到樹形的大小、色臭的濃淡、氣味的厚薄所分限，致使葉子、花果各異。其二是：用罍、缾、缶等器皿從河中取水，因各受容器形狀的局限，各有大小不同的體積，而且水雖然取自同一條河，可是它的清濁、臭味，也因時因地而異。因此，「道」的分限有二，一是遺傳的分限，另一是環境的分限。

　　吾人的心知稟賦，材質偏全，也受遺傳與環境兩種分限，太過於重視遺傳分限的人，或以為人生的一切活動和努力，最終都受到命數的限定，而畢竟是枉費了，命好的人持矯命而沉醉於快樂之中；命壞者不免持賤命而聽天由命，甚至自暴自棄。

　　戴震並不是一個宿命論者，他的「命」論，不但沒有一點消極悲觀的意味，反而更富有積極的精神。他以為人都有各種欲求，但常受到種種分限，而無法達情遂欲。但是父子間要講仁孝，君臣間要講忠義，賓主間要講禮節，聖賢要修己安民，這些是命定的，而都是人性中必須踐履的。有修養的君子，不會藉口說它是命而委棄不為。孔門弟子說「命」，是針對一般人篤信先天命數，而加以因勢

利導，灌輸道德理念，使這種神道信仰，轉化為合理的倫理觀念，目的在鼓勵吾人為善去惡，盡人事而後聽天命。人事未盡而一味委過於命運，在戴震看來是大錯特錯的。（註528）

3.「理」論

（1）「理」的意義

「理」字的本義是「治玉」，見於《說文解字》。玉質雖然非常堅硬，但是順其理，極易琢磨，製成各種器物。天下的事物，必定要剖析尋求其實情，沒有絲毫爽失，才能心安理得。戴震《孟子字義疏證》卷上，論「理」十五條，開宗明義即界定「理」義。大意說：「理」就是事物的條理、分理，能剖析明察萬事萬物，有所區別，所以叫分理，在物的質方面，是為肌理、腠理、文理，能夠分析得十分清楚，有條不紊，就是所謂的條理。這個定義，和顏元、李塨、程廷祚的見解相同。

在戴震看來，「理」有物理和事理兩類。宇宙間每一物有每一物之理，而每一事也有每一事之理，不可爽失差錯。事物之理都客觀存於具體的事物中，而不是主觀存在於事物之先或吾人的心。心不是理，心只不過是判斷事之理的官能而已，存在於吾人心中的，只是個人的「意見」而已。戴震以為宋以後的儒者，雜襲老莊釋氏的思想，說「理」都不合六經孔孟的宗旨，因為宋儒把「理」視為一物，為上天所秉賦，而藏具於心中，而陸九淵與王守仁，直接主張「心即理」，這和戴震的見解是截然不同的。

註528：以上參考劉昭仁《戴震》，《中國歷代思想家》十六，台灣商務印書館，1999年更新版，頁214-216。

　　古書上「理」字並不多見，常以「則」字替代。戴震曾經引用《詩經》「天生烝民，有物有則」，證明「理」與「則」同義，都在事物之中。禮是天理的節文，人事的儀則，古今一切禮節度數，都以理為根源，戴震又認為條理的秩然有序就是禮。其後凌廷堪繼承戴說，直接主張「以禮代理」，成為一代禮宗。

　　「理」與「義」是相互涵攝的，因為兩者都是人心所同然，故孟子理義相提並論，戴震也理義並稱，以為截然不可亂的條理就是義，「理」表示心能區分，「義」表示心能裁斷，心能裁斷事物的是非曲直，合乎標準法則，才是合理合義。

　　物理與事理都在具體的事物中，但是，物理剖析較易，事理剖析為難。因為「情」和「欲」是「理」的根源，「理」不可離開情和欲，剖析事理也要根據情和欲。戴震認為人情無絲毫差錯，無過情也無不及情，而欲無私之失，知無蔽之失，才是合理的。(註529)

（2）理氣一元

　　茫茫宇宙，生物吐納，有一種有形無形而存在的東西，中國人稱之為「氣」。「氣」在中國哲學範疇系統中，和「理」一樣，都是一個重要的範疇。在中國傳統哲學中，「氣」具多層涵義，諸如：氣為煙或雲氣、氣是浩然之氣和精氣、氣為元氣、氣為無或有、氣為識所現之境、氣為導引神氣、氣為太虛、氣為電氣質點或以太。（註530）

註529：以上大致參劉昭仁《戴震》,《中國歷代思想家》十六,台灣商務印書館,
　　　　1999 年更新版, 頁 196-199。
註530：譚嗣同認為氣是充塞宇宙之間的一種物質媒介, 亦是光與聲傳播的媒
　　　　體, 把它稱為「以太」。

　　張立文綜合而說：氣是自然萬物的本原或本體、氣是客觀存在的質料或元素、氣是具有動態功能的客觀實體、氣是充塞宇宙的物質媒介或媒體、氣是人生性命、氣是道德境界（是集義所生的一種道德理想）。（註531）張麗珠說：「氣是構成宇宙萬物和生命精神的本原，日月星辰，品物萬類，皆氣之運動變化所化生，所以『氣』除了指具體的物質形態，可用直觀性、經驗性的聽覺、視覺等感官覺知的有限存在以外，它同時也具有抽象邏輯範疇意義的概念。」（註532）

　　「理」與「氣」的關係，言人人殊，有人持唯物論有人持唯心論立場，致有氣一元論及理氣二元論之異。

　　先說氣一元論，或稱為氣本論，始自東漢王充（27-97）。其《論衡》一書，以「元氣自然論」為邏輯起點，來建構哲學思想體系，他以為「元氣」，其一是指產生和構成人與天地萬物的物質元素，其二是指陰陽二氣渾沌未開的物質實體。他認為天地是物質實體，是一種客觀存在，不是有意志主賞罰的天神上帝。天體和日月星辰之所以運行不止，是因它們作為物質實體在自然施氣的緣故，是沒有意識的。萬物都是由元氣構成，各種物類之別，是由於稟承的元氣不同所致。（註533）

　　北宋的張載（1020-1077），是唯物主義哲學家，提出「太虛即氣」的唯物命題，「太虛」就是看不到的「氣」，故「太虛」不是「無」，而是「有」。太虛與氣二者本質上是一致的，無先後之分，主從之別。

註531：張立文主編《中國哲學範疇精選叢書（三）——氣》，台北漢興書局，1994年，頁1-4。

註532：張麗珠《清代的義理學轉型》，台北里仁書局，2006年，頁368。

註533：參蔡鎮楚注譯《新譯論衡讀本·導讀》，台北三民書局，1997年。

他把「氣」作為宇宙的本體，認為有形有象可見的萬物以及無形無象而不可見的「太虛」，都是「氣」所構成的。「氣」作為世界的物質實體而存在，氣聚則形成有形有象的萬物，氣散則化為無形無象的「太虛」。萬物的生滅變化只是形式的改變，都是一氣運行的結果，氣是運動變化的，永不靜止，而萬物的運動變化有一定的規律。他批判佛老本體論上的唯心主義觀點，認為佛教宣揚的世界虛幻、空寂之說，失去物質依據。老子宣揚無中生有，犯了「體用殊絕」的錯誤。

明代初年的薛瑄（1389-1464），強調理氣渾淪一體，不分先後，認為理只在氣中，決不可分先後，如太極動而生陽，動前便是靜，靜便是氣，豈可說理先而氣後？理與氣不分先後，理在氣即在，氣在理即在，氣中有理，理在氣中。在未有天地之先，天地之形未形成以前，就已經存在著渾渾乎的無形之氣，氣未聚而成形之時，理就涵乎氣之中。理與氣始終「渾然無間」、「無須臾之相離也」，道與器也是不相離的，所以「理先氣後」之說是不對的。

羅欽順（1465-1547）繼承張載氣一元論，是明代持氣本論觀點的第一位學者，也是明代對陸王心學進行批評的第一人。他具有以「氣」為本和「氣之理」的宇宙觀（以氣為本，以理為氣之理），認為宇宙萬物的本原是「氣」，「理」依附於「氣」而立而行，一反程朱「理」為本和「理先氣後」之說，也批評陸九淵、楊簡等人的「宇宙便是吾心」和王陽明的「心外無物」、「心外無理」的心學觀點。（註534）

王廷相（1474-1544），是明代中期唯物主義哲學家，當陸王心學開始風靡思想界之際，堅持並發展張載的元氣本體論，對程朱理

註534：參張安奇‧步近智《中國學術思想史稿》，中國社會科學出版社，2007年，頁414。

學和陸王心學持批評態度，主「元氣之上無物、無道、無理」和「理根於氣」、「理布氣中」的氣本論，還提出「離氣無道」的命題，其人性論也是以「氣」為本為主，提出氣與性「相資而不得離」的命題，反對把人性分「氣質之性」和「本然之性」（天地之性）。（註535）

劉宗周（1578-1645），主「離氣無理」、「道不離器」的自然觀，以「氣」為構成天地萬物的本原，「氣」又是產生精神「理」的根據，「理」不能生「氣」，和張載同認為世界上一切有形的物體和無形的虛空，均為「氣」的不同形態的表現，堅持「氣一元論」，其「道不離器」的道器論，認為具體事物的「器」，是一般原理「道」的根本，與程朱理學「道本器末」、「理在氣先」之論截然不同。

方以智（1611-1671），繼承元氣一元論思想，認為宇宙萬物都是氣的不同存在形態的表現，氣是物質本原，萬物始基，是永恆存在的，不能消滅，是「不死」、「不壞」的，物質的各種存在形態，都是氣的不同變化所表現出來的，肯定理在氣中，理是物之理，離物則無理可尋，反對「離氣執理」的程朱理學，又反對「掃物尊心」的陸王心學。

顧炎武（1613-1682）在理氣（道器）之辨上，有明顯的唯物主義傾向，繼承張載「太虛即氣」的觀點，說「盈天地之間者氣也」（註536）又說「非器則道無所寓」。（註537）認為充滿天地之間的無非是氣，氣聚而為萬物，散而為太虛，氣之聚散必有規律可循，這就是道，也就是理，道或理都不在氣之上、氣之下，而在氣之中。

註535：參張安奇‧步近智《中國學術思想史稿》，中國社會科學出版社，2007年，頁416-417。

註536：《日知錄》卷一「游魂為變」條。

註537：《日知錄》卷一「形而下者謂之器」條。

顏元（1635-1704）肯定「氣」是宇宙萬物的本原，宇宙萬物都由氣生成的，「理」是宇宙萬物所以然的規律，理是氣之理。沒有離開氣而孤立存在的理，理與氣融為一體，氣為本體，而理為功用。他極力反對「理在氣先」、「理為氣主」和「心外無理」、「心外無物」之論。

黃宗羲（1610-1695），繼承其師劉宗周「離氣無所為理」之說，認為天地之間，都由一氣充塞，人和萬物都由氣流行變化而產生，在氣本論的基礎上，闡發理與氣的統一關係。他以為萬事萬物雖變化多端，循環往復，但卻變而不亂，不失其序，就因為「理」在其中。「理」就是「氣」之「流行而不失其序，是即理也」，理與氣不可分離，但「氣」是基礎的、根本的，理為氣之理，氣外則無理。

王夫之（1619-1692），認為整個宇宙都是由元氣構成的，氣是唯一存在的宇宙實體，太虛充物質的氣，有形的萬物是氣之聚，無形的太虛即是氣之散，不論聚而為明顯，散而為幽隱，都是氣的不同存在表現。他針對理學家「理先氣後」、「理為氣主」、「理與氣各一物」的觀點，提出「理與氣元不可分作兩截」的思想，堅持「理不離氣」、「理氣相依」、「理即氣之理」的觀點。他也堅持道器統一論，反對道器分離論，提出「出天下惟器」、「道在器中」的思想。

再論理氣二元論。宋代二程認為天地萬物都是「氣化」形成的，但又借用《周易》「形而上者謂之道，形而下者謂之器」，區分「理」（道）和「氣」的高下，把「氣」作為「理」的具體表現形態，氣是物質性的器，是形而上的「理」的產物。是二程認為「氣」是形而下的，「理」是形而上的，理氣是二元的。

朱熹（1130-1200）理學思學體系的核心是天理論，認為宇宙的本體與天地萬物的根源是「理」或「天理」，「理」是不依賴天地萬

物而獨立存在的，它無始無終，永恆不滅，不僅是宇宙的本體，還是社會道德規範的鴻泉，一切封建道德的準則和禮儀，都是「理」或「天理」的體現。

朱子認為作為本體的「理」具有絕對性，「理」主宰「氣」。他說：「天地之間，有理有氣。理也者，形而上之道也，生物之本也。氣也者，形而下之器也，生物之具也。」（註538）人與一切物，都是稟形上之理與形下之氣而生，由氣稟的不齊，人有賢愚之異，物有禽獸草木之別。氣稟雖各有不同，但理則無不在，遍天下一切物都有理，因萬物的氣稟不同，但「以其分之殊，則其理之在是者不能不異」，即所謂「理一分殊」，或「一理多相」，如「月印萬川」。朱熹在闡述「理」生萬物的過程時，雖然也強調離不了「氣」，甚至主張「理」「氣」相依，但卻明確主張「理本氣末」、「理先氣後」的觀點。

陸九淵（1139-1193），是宋明理學中「心學」一派的開創者，在繼承孟子思想的基礎上，吸取佛教禪宗的思想，又接受程顥「天即理、天即心」的思想影響，提出「心即理」的心本論學說。他雖以「心」為本，但並不排斥客觀天理的存在，認為「心」是宇宙萬物的本原，提出「宇宙便是吾心，吾心即是宇宙」的觀點，把宇宙和心等同起來，把「心」看成是無所不包的實體，心還是倫理性的實體，人的道德行為乃是「心」的外在表現，其所講的「心」具備了「理」或「天理」的基本特徵。他認為充滿宇宙之「理」，和我們心中之「理」完全相同，人心之理不但與宇宙之理息息相通，而且是宇宙之理的最完滿的顯見。

註538：《朱文公文集・答黃道夫》。

　　由上所述，很明顯地可以知道當宋明理學走過發展的高峰，尤其在理學末流呈現欲振乏力之後，學術界瀰漫一股「以氣為本」的宇宙論新走向，從羅欽順、劉宗周、方以智、顧炎武、顏元、王夫之、黃宗羲到戴震，都主張求理義於氣中，理氣一元。

　　戴震在繼承唯物主義思想家張載至黃宗羲「氣本論」的基礎上，進一步提出「氣化即道」的唯物論的自然觀。認為陰陽五行之氣乃是宇宙萬物的本原，而「道」字的本義，乃指陰陽五行之氣的物質變化過程。他採取漢人以「行」訓「道」的說法，肯定「氣化即道」，從而反對理學家以「道」為「理」、「理」在「氣」先的唯心論觀點。

　　戴震指出，「理」就是氣化過程中的條理，是分析具體事物相互區別的質的概念。認為事物之間的細微區別就是理，不同的事物有不同的規律。他批評程朱「理在氣先」、「理為氣主」的理氣觀，提出「氣化即道」、「理在氣中」的自然觀，認為元氣是宇宙萬物化生的本原，自然萬物的發生、發展、變化，都根源於氣，氣產生和構成宇宙的物質實體，「道」是陰陽五行生生不息、變化不已的運動過程，堅持氣一元論的自然觀。他對程朱以道為理，理是「形而上」者，氣是「形而下」者觀點，也加以批判，認為程朱把理與道等同起來，說成是「形而上」者，是氣的主宰者，理氣分離，有違《周易》的原意。其實，「形而上」是陰陽氣化流行渾淪未分之時，就是「道」，形成具體事物以後，就是「形而下」，就是「器」，形而上及形而下，都是氣化流行的不同狀態，都是實實在在的物質存在。戴震從《原善》到《緒言》，再到《孟子私淑錄》、《孟子字義疏證》，攻擊理學最力的地方，就在批判理學「理氣二分」的形而上本體論，故必「發狂打破宋儒太極圖」。

（3）理存於欲

戴震的義理思想中，最具有價值的，是對理學理欲二元的批判。

張載並不一概排斥物質欲望，認為人欲並非全惡，在一定的限度內還是合理的，因為這是人的生存本能之需要，但是過分追求欲望的滿足，就會危害「天理」。程朱理學把「理」視為「如有物焉，得於天而具於心」，基於這種唯心主義的本體論，用天道來論證人道，以天理推之於人倫日用，把理欲截然對立起來，強調「不出於理則出於欲，不出於欲則出於理」，提出「存天理，滅人欲」之論，成為封建統治階段「以理殺人」的理論依據和束縛廣大民眾的精神枷鎖。就二程來說，使理欲絕對對立，說「不是天理，便是人欲」、「無人欲，即皆天理」，認為天理與人欲是不相容的。程顥在解釋「十六字心傳」時，認為「人心惟危」，是指人欲，「道心惟微」，是指天理。二程都認為欲是惡的淵藪，是禍害的根源，但未否定宮室飲食等人類社會所必需，其所指的欲，是過分的奢欲。至朱熹的「理欲之辨」，卻主張嚴格區分天理、人欲，說：「學者須是革盡人欲，復盡天理，方始是學」、「人之一心，天理存則人欲亡；人欲勝則天理滅。未有天理人欲夾雜者，學者須要於此體認省察之。」（註539）是以朱子的理欲觀，不僅是理欲絕對對立，而且幾近於禁欲。

戴震對此強烈批評，認為理學家的「理欲之辨，適成忍而殘殺之具」（註540）他說：

> 今之治人者，視古賢聖體民之情，遂民之欲，多出於鄙細隱曲，不措諸意，不足為怪；而及其責以理也，不難舉曠世之

註539：《語類》卷十三。
註540：《孟子字義疏證》卷下。

高節，著於義而罪之。尊者以理責卑，長者以理責幼，貴者
以理責賤，雖失，謂之順；卑者幼者賤者以理爭之，雖得，
謂之逆。於是天下之人不能以天下之同情，天下所同欲達之
於上。上以理責下，而在下之罪，人人不勝指數。人死於法，
猶有憐之者；死於理，其誰憐之！（註541）

又說：

後儒不知情之至於纖微無憾，是謂理；而其所謂理者，同於
酷吏之所謂法。酷吏以法殺人，後儒以理殺人，浸浸乎舍法
而論理，死矣，更無可救矣。（註542）

戴震如此痛切陳述，難道沒有原因嗎？且看朱熹給皇帝上奏書：

臣伏願陛下深詔中外司政典獄之官。凡有獄訟，必先論其
尊卑、上下、長幼、親疏之分，而後聽其曲直之辭。凡以
下犯上，以卑凌尊者，雖直不右；其不直者，罪加凡人之
坐。（註543）

再看《大清律例》的規定：

凡子孫告祖父母父母，妻妾告夫及告夫之祖父母父母者，
雖得實亦杖一百，徒三年；但誣告者不必全誣，但一事誣，
即絞。

註541：《孟子字義疏證》卷上。

註542：《與某書》。

註543：《戊申延和奏札一》。

　　卑者幼者賤者，即使理直，絕不能上告尊者長者貴者，否則就算干名犯義，要受鞭杖甚至死罪的刑罰。（註544）戴震在三十二歲時，為躲避族豪侵占祖墳的迫害，遠走北京，淪落異鄉，此後未曾還歸故里，不就是親身經歷一樁「以理殺人」的嚴酷事實？

　　「以理殺人」是戴震之前未曾有的揭露和控訴，實「開二千年不能開之口，下二千年不敢下之筆」，真是石破天驚，振聾發瞶。當封建統治者競相將程朱理學作為官方哲學後，「存天理，滅人欲」就成了統治者欺壓殘害人民的工具。（註545）戴震親見封建統治者將理學當作奴化百姓的思想工具，推行封建文化專制，大興文字之獄，人們搖手觸禁，動輒得咎。他的故鄉又稱「程朱桑梓」，理學倡導的封建宗法和禮教，對百姓特別是婦女毒害尤甚。據《休寧縣志》所記，休寧一地，從清初至道光被封為「節婦」、「烈女」者，遂達二千餘人，其中不乏因丈夫死亡而懸縊、自刃、鴆死、絕食而殉死的女性，實在慘烈。就全古徽州來說，「節婦」、「烈女」最多，「一邑當他省之半」，徽州府城一座「孝貞烈坊」，竟載節烈婦女有「六萬五千零七十八口」。戴震對於程朱理學在哲學本體上的失誤和理學末流禍民害政的本質，自有深刻的認識，於是以大無畏的勇氣，本著人道主義的精神，著作《孟子私淑錄》、《緒言》、《孟子字義疏證》等，用疏證《孟子》的形式，闡述自己氣一元論的唯物主義自然觀、「就事求理」的唯物主義認識論、「理存於欲」的倫理主義自然觀、「理存於欲」的倫理思想、「體民之情、遂民之欲」

註544：以上參《戴震學術思想論稿》，安徽人民出版社，1987 年，頁 59。

註545：明初朱元璋詔令民間寡婦三十以前亡夫守節，五十以後不肯改節者，旌表門閭，除免本家差役。（《明會典》）；清統治者規定，孀婦守節至六年以上身故，未婚貞女在夫家守節病故，女子拒辱被害及自盡者均得旌表、立牌坊，並按口給銀 30 兩。（《光緒會典事例》）

的政治思想。痛責「後儒具心求理，其繩以理，嚴於商韓之法。」
（註546）

　　對程朱理學的倫理價值觀和封建綱常名教的質疑，對人的個體價值的肯定和個性解放的追求，乃至對婦女命運的關注，是十八世紀知識界先驅者所作的獨立思考中最為閃亮的思想火花。（註547）當時的知識界或思想界，除戴震之外，如錢大昕、紀昀、汪中、吳敬梓、袁枚、曹雪芹、陳端生、李汝珍等，從哲學或文學藝術的角度，批判理學的謬誤，或揭露禮教的罪惡；或闡發性靈，或獨標個性，無不反映出對人的自然本性強烈關注，對人生價值的理想追求，對個性自由的熱切嚮往，以及對人倫日用、世俗人欲的熱情謳歌。（註548）

　　汪中（1745-1794）援據古禮，極力反對一紙聘書即定女子終身，主張夫死婦不必從死，也不必守節，還主張在一定條件下，男女有自由結合的權利。袁枚的三妹素文，被丈夫折磨幾年，又被出賣；鄭虎文的一個婢女，被丈夫逼迫，服毒而死。針對此二事，汪中寫了《女子許嫁而婿死從死及守志議》一文，對被程朱理學強化到極端的節烈觀，給予尖銳的批評。（註549）

　　錢大昕（1728-1804）也反對女子從一而終，主張夫死婦可再嫁，並不失節。

　　紀昀（1724-1805）推重情感，對婦女迫於倫理綱常而不得不守節的痛苦深表關切，對封建禮教的摧殘人性，發出嘆息與質疑。其

註546：以上參考《諸子百家名篇鑒賞辭典》，上海辭書出版社，2007 年，頁 1057-1058。
註547：王俊義‧黃愛平《清代學術文化史論》，台北文津出版社，1999 年，頁 65。
註548：參王俊義‧黃愛平《清代學術文化史論》， 1999 年，頁 67。
註549：《述學內篇》卷一。

《閱微草堂筆記》，主要記述鬼狐怪故事，不少作品用辛辣痛切的語言，對吏治的黑暗、腐敗，以及官員的貪贓枉法的醜行進行抨擊；對社會的種種弊病，以及世態人情的澆薄、奸詐，作了有力的嘲諷和指斥。有些作品則對道學家的拘迂、虛偽，作了深刻的揭露。（註550）其中也大膽地控訴理學「以理殺人」的罪惡，藉著醫生不賣給人墮胎藥，來批評宋儒「以理殺人」的禍害，如果醫生不執著「理」字，婦人也不會喪命。紀昀的情欲觀是和戴震相互呼應的。

出生於安徽全椒的吳敬梓（1701-1754），其《儒林外史》，展示了封建科舉制度下士大夫的種種心態，進而諷刺士人的醜惡靈魂，深刻揭露封建制度的腐朽糜爛，不堪救藥，官吏的招搖撞騙，營私舞弊，豪紳的武斷鄉曲，翻雲覆雨的卑污靈魂和醜惡嘴臉。（註551）小說中描敘的王玉輝堅決鼓勵自己的女兒絕食殉夫的悲劇，便是對程朱理學有力的鞭撻。

袁枚（1716-1797），以標舉性靈為核心的文學思想，尊重人欲，肯定情欲的合理性，尤把理學家諱言的「男女之性」，提到首要地位，十分痛恨虛偽的假道學，衝決封建禮教的大防，追求個性解放，與同時代的作家、藝術家、思想家、史學家，如吳敬梓、曹雪芹、鄭燮、戴震、章學誠等人的文學、哲學、史學思潮相呼應。他贊成寡婦再嫁，其所作《子不語》，以鬼神怪異故事作為軀殼，內涵衝破封建禮教、反對禁欲主義、抨擊科舉弊端、揭露吏治腐敗、世風澆薄的社會現實。（註552）其妹自幼許聘他人，明知夫婿是浪蕩子弟，仍一聘即定終身，結果「嫁數年，備受箠楚，後竟賣之」。儘管由父

註550：參《中國古代小說百科全書》，中國大百科全書出版社，1993 年，頁 722。
註551：參《中國古代小說百科全書》，頁 423-427。
註552：參《中國古代小說百科全書》，頁 717-719。

兄之助，逃離虎口，但已了無生趣，終日鬱鬱寡歡，而在四十歲時去世，而其長女的命運同樣悲慘，十七歲出嫁，不到半年丈夫去世，守寡三年，也抑鬱早逝。故袁枚在《祭妹文》中，痛切揭露封建禮教。（註553）

　　曹雪芹（1715?~1763?），長篇巨著《紅樓夢》的主題解題，雖然見仁見智，但是學者們基本認同的，就是它以賈寶玉、林黛玉、薛寶釵的愛情婚姻悲劇為主線，以賈、王、史、薛四大家族的盛衰為背景，集中描寫大觀園內一群生性純潔美好的青年女性的悲劇命運，形象地揭露、控訴了封建禮教和封建制度的罪惡。（註554）

　　十八世紀晚期的文學作品《再生緣》，作者陳端生，續補者梁德繩，均為女性。小說通過雲南昆明孟氏、皇甫氏、劉氏三大家族間的矛盾糾葛，塑造一個美貌無雙、才華蓋世的巾幗奇女子孟麗君的形象，她抗婚出逃，女扮男裝，改名應考，連中三元，位登卿相。作者以孟麗君的形象，寄託自己的身世之感，並有力挑戰傳統的「女子無才便是德」的封建倫理。（註555）

　　又十九世紀初的長篇小說《鏡花緣》，作者李汝珍（1763-1830），對封建社日益卑污的世風，盡情揶揄嘲諷，充滿對封建社會受壓迫的婦女的同情和不平。（註556）

　　宋明理學猶如沉重的精神枷鎖，套在廣大民眾的身上，流毒數百年，造成無數的人間悲劇，明末清初，「天崩地解」，批判理學思

註553：參王俊義‧黃愛平《清代學術文化史論》，台北文津出版社，1999年，頁68-69。
註554：王俊義‧黃愛平《清代學術文化史論》，台北文津出版社，1999年，頁170-171。
註555：參王俊義‧黃愛平《清代學術文化史論》，1999年，頁69-70。
註556：《中國古代小說百科全書》，1993年，頁235-237。

潮興起了，理學家的理欲觀遭到唾棄和否定。乾隆年間處在全盛時期，加強文化思想的控制，知識分子察覺到「以理殺人」的慘酷，戴震也好，曹雪芹等文學家也罷，都起而批判理學「天理」唯心主義實質，闡明「理存乎欲」之理，揭示理學「以理殺人」的面目，喚醒民眾，要設法解脫封建制度和封建禮教的束縛和桎梏。在十八世紀的中或思想界，都是猶如交相輝映的星座，不僅在當時劃破了夜空的黑暗，而且隨著歷史的發展和社會的進步，更加放射出奪目的光彩。（註557）

　　方利山說：「戴震控訴『後儒以理殺人』，不僅僅是針對當時社會現實的憤激之詞，它是戴震一生探尋社會治亂之源的長期積澱蘊蓄和思考，是在『發狂打破儒家心中的太極圖』，建構『新理學』哲學過程中思想火花的最終聚焦，是其一生哲理思辨的結晶。」（註558）方利山又說：「戴震對後儒理學的審視和批判，是中國社會由古代邁入近前夜，迸發出的世紀曙光，戴震代表新興平民階層對理想和諧社會的憧憬和追求，上承孔孟「大同世界」的美好理想，讓後來許多站在時代變革門檻上的資產階級革命家為之振奮。戴東原的近代啟蒙之力『不在禹下』。」（註559）

4.「欲」論

　　「欲」是人生哲學道德論的基本問題，關乎世道人心至鉅。《禮記・樂記》說：「飲食男女，人之大欲存焉」；《詩經》也說：「民之

註557：參王俊義・黃愛平《清代學術文化史論》，台北文津出版社，1999年，頁182。
註558：《諸子百家名篇鑒賞辭典》，上海辭書出版社，2007年，頁1059。
註559：方利山〈朱熹思想和古徽州〉，載《孔孟月刊》第46卷第七、八期，2008年4月28日，頁28-30。

質矣，日用飲食」。有飲食男女的大欲，個人才能生存，天地才能生生不息。

在戴震看來，人生而欲、情、知三者，都是血氣心知之自然。耳目鼻口的嗜欲，根於血氣，而不是根於心，血氣之於嗜欲，都是天性使然，血氣資飲食以養，血氣得養，才能生存。凡有血氣的生物，是不能無欲的。欲是人類奮發向上的動力，是社會文明進步的泉源，如果沒有欲望，就個人來說，便無進取的心志，如枯木死灰，了無生意；就全體人類來說，便不會有日新月異的文明，而退處在茹毛飲血、洞居野處的洪荒時代。古聖先王之治天下，在體恤民情，使人人的欲望都能實現、滿足。

然而，老子主張「虛靜」，莊子主張「逍遙」，釋氏主張「空」，都是主「無欲」。宋儒雜襲老莊釋氏，嚴辨理欲為二元，於是主「存天理，去人欲」，以為務必人欲淨盡，天理才能流行。周敦頤以無欲為學聖的要道，程頤《明道先生墓表》說：「人欲肆而天理滅矣」；朱熹的哲學，以「理」為核心，而「理欲之辨」，又是其核心論題，他將張載開其端，二程絕對化了的「理欲對立」觀，作了理論的規範，融入他自己的「理學」體系，指出「人之一心，天理存，則人欲亡；人欲勝，則天理滅」。（註560）呼籲人們要「革盡人欲，復盡天理」，使「人欲淨盡，天理流行」。清儒因紛紛主張「氣本論」，從宋明理學「理」的哲學，轉變到「氣」的哲學，對宋儒的「欲」論，重新加以思考釐正。

陳確（1604-1677），主張「天理存在人欲之中」，他說：

註560：《朱子語類》卷一三。

> 周子（周敦頤）無欲之教，不禪而禪，吾儒只言寡欲，不言
> 無欲，聖人之心，無異常人之心；常人之所欲，亦即聖人之
> 所欲也。人心本無所謂天理，天理正從人欲中見；人欲恰好
> 處，即天理也。向無人欲則亦並無王理之可言矣。（註561）

又說：

> 學者只時從人欲中體驗天理，則人欲即天理矣。不必將天理
> 人欲判然分作兩件也。（註562）

在陳確看來，「欲」乃人所必有，否則便是死人，欲只可說過或不足，不能說有欲無欲。欲是人所同具，聖凡之欲是相同的。原來陳確受教於劉宗周，而劉宗周的天理人欲觀，是受胡宏（五峰）的啟發的，胡宏是南宋初名儒，其師楊時，是二程高足；其父胡安國，治程氏學。胡宏是二程私淑弟子。胡五峰《知言》云：「天理人欲，同體而異用，同行而異情，進修君子，宜深別焉。」（註563）劉宗周說：「天理人欲，同行而異情，故即欲可以還理，為善為惡，毫釐而千里，故知其不善，所以明善。」（註564）在劉氏看來，飲食男女之欲，能不溺於流，表現自然理中。溺與不溺，在一念之間。天理人欲，本無定名，在公私之間，恰如其分，無過不及，則「聲色貨利亦見天理。」

黃宗羲亦為劉宗周的弟子，認為「欲」是道德修養的基礎。晚年深好陳確之學，同意陳確的天理人欲觀。王夫之也持理欲統一論，

註561：《陳確集·瞽言四·無欲作聖辨》，頁461。
註562：《陳確集·瞽言一·近言集》，頁425。
註563：胡宏《名言》卷一，《四庫全書珍本別輯》。
註564：《劉子全書及遺編·學言上》卷十，頁154下。

認為天理與人欲並非截然對立的，強調「天理」就是「人欲」之中，離開「人欲」，就無所謂「天理」，理欲都是人性。顏元以「見理於欲」，批評宋明理學「天理」、「人欲」相對立的倫理觀，認為「理在欲中」、「日用飲食即道之所在」。（註565）

戴震對宋儒把人欲看成罪惡和邪逆，諱莫如深，極力駁斥和辨正。他認為欲是自然，而理是必然，必然是自然的完成，理欲是統一的，不能離開人欲而空談道德義理。他引孟子「養心莫善於寡欲」之言，明指欲不可無，寡之而已。他認為「達情遂欲」，不僅是合乎人的自然本性，也是一種道德觀念。「體民之情，遂民之欲」，王道才備，才能平治天下。他又指出人欲之失在於私，如果為了要滿足己欲，利令智昏，有悖逆詐偽之心，作淫佚作亂之事，則為道德天理所不容。欲出天性，性好像是水，「欲」就像水流，如堵塞水流，遏欲如截流，必使水氾濫；然從欲而詐偽淫佚，更如洪水橫流，氾濫於中國。所以人欲不可遏抑，不可放縱，而須加以節制、導引，使其歸於理義，歸於至善。

5.「性論」

（1）中國性論史簡述

中國的文化傳統是人本主義，是以人生問題就成哲人關懷的中心，人性論自然是哲學的核心思想之一。《老子》一書中未曾出現「性」字，但有實質的人性論。老子以帶有宇宙論、存有學意涵的「德」來討論人性。（註566）老子的「德」並非「德行」，而是萬物受之於

註565：《習齋記餘・閱張氏王學質疑詳》。
註566：台大哲學系主編《中國人性論》，2000年，頁5。

「道」、分享於「道」的內在能力，也就是人與宇宙萬物秉承自「道」而本有的自發能力。（註567）孔子有「性相近，習相遠」及「唯上智與下愚不移」之說。孟子主性善，荀子主性惡，告子主性無善無不善；董仲舒論「性」，以禾為喻，以為米善，善出於性，好像米出於禾，禾非即是米，故性不可說是善，米和善都是人為的。揚雄採取自然主義的宇宙觀和人生觀，認為人性善惡混，「修其善則為善人，修其惡則為惡人」。王充主性有善有惡，「其善者自因善矣，其惡者故可教告率勉使之為善」。（註568）韓愈分人性為上中下三品，上品純善，中品善惡混，下品純惡。宋儒程朱論「性」，本其理氣二元論，把性分「本然之性」（即天地之性）與氣質之性，天地之性無不善，氣質之性則有善有惡。明末清初的劉宗周，認為有「氣」才有性，不能離開「氣」談「性」，也不能離開人心談性，否定張載二程朱熹的先天人性論，義理之性與氣質之性是統一的。劉宗周的弟子陳確，反對天命之性與氣質之性說，贊同孔子「性相近也，習相遠也」和孟子「性善論」，認為氣質性非惡，氣、情、才皆善，人性只有一個善性，沒有惡性，也無善惡混之性，人應盡心於善，強調後天環境培養性、保全善性的重要。顏元認為「人性」即人的「氣質之性」，不分天命（義理）之性與氣質之性；氣質之性並非惡，所謂惡，皆起於「引蔽習染」。黃宗羲認為「離氣無所謂理，離心無所謂性，不能離氣求理，也不能離心求性；性情是統一不可分離的，人性只有一個「氣質之性」，根本無「義理之性」，而氣質也不是惡的根源。

註567：參台大哲學系主編《中國人性論》，2000 年，頁 7 和 9。

註568：《論衡》卷二。

（2）戴震對「性」的詮釋

　　氣本論是明末清初的哲學思潮，戴震是主張氣本論的，他以氣化流行來論「道」，也以血氣心知的流行來釋「性」。他說：「性，言乎本天地之化，分而為品物者也，限於所分曰命，成其氣類曰性。」（註569）意謂：性是來源於陰陽二氣的運動變化，分而為各種具體事物的屬性，其中受自然界所分得的那一部分限制叫做命，由於分得那一部分物質的不同形式、不同本質的種類，這種本質叫性。（註570）人性就是人不同於物的特點，就是人存在的根本屬性，這些屬性來自陰陽五行，來自自然，來自於陰陽五行的形體知覺就是人的本性。

　　命、性、才三者本為一事，「命」是人的自然規定和限制；「性」是人的本性、本質；「才」是表現出來的形體氣質，是「性」的表現。「情」也是性從本體走向外在現象的具體表現，是與外物接觸、聯繫以後才產生的情感經驗。戴震所謂的「情」，指人們的思想感情、生活情況，也指社會上一切有關「人倫日用」的實際情況。（註571）他把社會上各種象都納入「情」中，把情作為情況、事情的意義來理解。（註572）而王國維以為戴震的「情」，僅指情欲而已，那是不對的。

　　由於「情」與「欲」往往被聯繫一體，所以宋明理學一向持「性體情用」的「尊性黜情」的立場；但是，從宋明到清，儒學在「性、情、欲」觀念上出現很大的思想變遷。從理學「以性約

註569：《原善》。
註570：《戴震學術思想論稿》，安徽人民出版社，1987年，頁176。
註571：《戴震學術思想論稿》，1987年，頁3。
註572：《戴震學術思想論稿》，頁4。

情」的「性其情」,到乾嘉儒者「理原諸情」的「以情論性」;故戴震主張「通情遂欲」,反對「存理滅欲」,情與欲已經不再被卑視、貶抑了。(註573)乾嘉儒者肯定形下氣化,對「情」持正面肯定態度,相較於道家「非情」、佛家「反情」、理學家「黜情」,乾嘉儒者是「尊情」的。(註574)

戴震對「性」下定義說:「性者,分於陰陽五行以為血氣心知,品物區以別焉。」(註575)他以陰陽五行為道的實體,以血氣心知為性的實體,而血氣心知又是陰陽五行分出來的。他根據人體的器官功能,將性分血氣之性與心知之性。血氣之性即人所共具的口嗜味、耳聽聲、目悅色的能力和作用;心知之性即人所共具的辨識「物則」和「理義」的能力,心知之性不能取代血氣之性。「性」就是所有血氣心知等自然現象,凡形質中所見一切都是性,人的性雖然因陰陽五行氣化的秉性不齊,有偏全、厚薄、清濁、昏明等不同,但是,凡有血氣流行自然散見於日用事為之間者,當然也包括欲,都是性的呈現,故情欲都是性。

(3)主性善

善是人類社會的重要道德,也是中國封建社會格外重視的美德。戴震根據自己的自然觀、社會歷史觀和政治觀,作《原善》來闡發對對的基本見解,認為善的內容是仁義禮,善是符合自然規律的行為,是人類的最高行為準則,人道是天道在人類日常生活和社會政治生活中的表現,道德標準應當符合人類自然本能的欲望,要

註573:參張麗珠《清代的義理學轉型》,台北里仁書局,2006年,頁24。
註574:張麗珠《清代的義理學轉型》,2006年,頁24。
註575:《孟子字義疏證》十八。

「遂己之欲，亦思遂人之欲」；分析了人性與物性的關係，肯定人具有認識和掌握善的能力。戴震認為，所謂善，就是仁、義、禮三種道德行為規範。這三種行為規範，是社會治理和個人安身立命的根本。善顯現為自然規律就叫命，具體體現為發展變化的規律就叫道，遵循善的要求去做而掌握具體規律就叫理。（註576）

　　戴震指出，「血氣心知」之性，人皆有之，它取決於人的材質；血氣心知之性形成於陰陽五行的變化運動，屬於道；天之性與命相通，屬於德。天之性完全合乎善，故主性善論。這種人性見解，遠承孔孟，是儒學的正統。他以為孔孟都主性善的。《論語》說「性相近」，正可見人性無不善，如有不善，就不可說「相近」。他舉出人有血氣心知，心知能辨明理義，猶如人的耳目口鼻能辨別聲色臭味而資養血氣，都根源於天性，不是後天產生的，也不是外鑠的，所以性是善的。

　　戴震又根據才質而確然斷定人性本善。所謂「才」，就是人和百物的形質，表現在貌色聲和知覺方面，譬如眼力的強弱、耳朵的聰鈍、知覺的精爽、貌色的秀俗等等，都是呈現性的形質，便是「才」。「才」是「性」的表現，人物承受於氣稟的全部是「性」，體質的全部是「才」。猶如：桃杏的「性」全都潛藏在核仁中，形色臭味具在，只是表面上看不見。等到它萌芽甲坼，根幹枝葉，桃杏各有不同，花果形色臭味也都不同。雖說其「性」本來如此，但都要靠「才」來呈現。因「性」可見「才」，因「才」也可見「性」，「才」是美的，「性」也就是善的。

註576：參《諸子百家名篇鑒賞辭典》，上海世紀出版公司，上海辭書出版社，2007年，頁1054。

戴震主張性善的另一個證據，就是人的知覺，遠超萬物之上，其他動物不足以明天地中正的大義，不能節制內在的情欲，只知任其自然發展。但是，人類知道天德，使一切行為都合乎天地的常理。人有情欲，不足以為性惡的論據，情欲是血氣之自然，是人性所固有，情欲之失是私，只要情欲都合乎理義，就是善。戴震認為，血氣之失為私，主張強恕來去私；心知之失為蔽，主張問學來解蔽。

（4）對前哲性論的評述

戴震自以為其性論遠承孔孟，故肯定孔孟的性說。直謂「《論語》言『相近』，正見人無有不善，若不善，與善相反，其遠已懸絕，何近之有？分別性與習，然後有不善，而不可以不善歸性。」（註577）

戴震以「血氣心知」來解釋孟子的性善說。孟子誠然以耳目、口、鼻、四肢等自然感官，於聲色臭味、好逸惡勞，人類皆有所同，以論性善，猶如戴震所說的「血氣」；以仁義禮智四端之心論性善，猶如戴震說的「心知」。但是，孟子講的心，是仁義禮智四端之心，為吾人天生所固有，非外鑠的；戴震說的心是認知之心，謂吾人的心能認識仁義禮智四端。孟子是唯心主義的先驗論者；戴震認為自然賦予人的是比動物優越的認識事物的能力，而不是現成的知識和道德觀念。人性善是對「飛潛動植」而言，人之性比其他動物為全；人性善也指仁義禮智方面，人能認識這些美德，而不是人生來就具有這些美德。人能自知過失，能控制自己的行為，不為外界迷惑，所以性善。（註578）

註577：《孟子字義疏證》卷中，「性」字條。
註578：參《戴震學術思想論稿》，安徽人民出版社，1987 年，頁 177-178。

　　荀子主張「人之性惡，其善者偽也」，如欲去惡成善，必須靠聖人「化性而起偽，偽起而生禮義」。戴震同意荀子「尊聖人」、「重學」的主張，但對荀子以禮義為生於聖人之偽，而非人性所本有，則不認同。

　　戴震認為：荀子強調學習的重要性，是偏向由外而內的取徑，孟子則採取由內而外的途徑，是就人本身內有的既成部分加以擴充。荀子是「舉其小而遺其大」，而孟子是「明其大而非舍其小」（註579），高下判然有別。

　　告子論性，以為「生之謂性」、「性無善無不善」，所以說「性猶湍水也，決諸東方則東流，決諸西方則西流」，又說「性猶杞柳也，義猶桮棬也，以人性為仁義，猶以杞柳為桮棬」。（註580）戴震認為此說「貴性而外理義，異說之害道」，「其指歸與老莊釋氏不異也」。（註581）

　　宋儒張載認為「太虛」與陰陽二氣的結合，便構成人性，每個人都具有「太虛」本性，即「天地之性」，但由於人生成以後，稟受陰陽二氣不同，有清有濁，就具有不同的本性，即「氣質之性」。因為「天地之性」，是「太虛之氣」的本性，清澈純一，是至善至美的；而「氣質之性」卻雜而不純，有善有惡。

　　張載「天地之性」、「氣質之性」的性論，被二程繼承和發展。關於「天地之性」，二程認為，「性即理也」，性是天理在人身上的體現，是天賦予人的。理、性、命三者是一樣的，在天為命，在人為性，在事為理。人性是「天理」是等同的，當然是至善的。關於「氣

註579：《孟子字義疏證》卷中，二六。
註580：《孟子‧告子上》。
註581：上引分見《原善》卷中及《孟子字義疏證》卷中。

質之性」，因「氣稟」而生，「氣稟」是指人、物在「氣化」生成過程中對「天理」的稟受程度。「氣質之性」又稱為「才」，「才」是構成事物的質料，也就是物質性的「氣」，因氣有清濁、偏正，所以氣質之性有善有惡。朱熹沿用二程的觀點，把「性」看成天理在人心中的體現，認為「天地之性」（又稱「天命之性」、「本然之性」）就是天理，是至善的；至於「氣質之性」，以理與氣雜而成，氣有清濁，故「氣質之性」有善惡，惡是因氣稟造成的。

　　宋代理學家是在「理氣二元」、「理欲二元」的哲學架構下論性的，所以將人性分為「天地之性」與「氣質之性」二元，以為「天地之性」是純善的，是體現天理的先天之性；「氣質之性」是有善有惡的，是體現人欲後所成的性。這種人性二元論由張載創立後，二程加以贊同引申，朱熹加以完善系統，使之完整邃密，受到宋以後理學家的尊崇。然而這種性論，歷經明代中葉起加劇的政治社會危機，並在王學大行後末流出現流弊，益發受到儒者指責質疑與批判。清儒一方面立足在氣化論的基礎上，對氣化宇宙觀繼續有所發揮與深化，另一方面也「以氣論性」，從氣論出發，進論人性。（註582）

　　顏元極力反對朱明理學家的性論，著《存性論》駁斥，首言性不能分為理氣，更不能謂氣質為惡。然則性善的人為何會為惡呢？他以為皆從「引蔽習染」而來，而引蔽習染皆從外入，絕非本性所固有。他以為氣質難免有所偏，但這些偏處，正是吾人個性的基礎，教育家應該利用每個人的氣質，因材施教，發展個性，而非「變化氣質」。

註582：參張麗珠《清代的義理學轉型》，台北里仁書局，2006 年，頁 375。

　　戴震極力反對宋儒分性為天地之性及氣質之性的二元性說，認為此說本於理氣二元的謬論而來。直認血氣心知是性的實體，所以氣質之性也是性，也是善的，程朱的性論，分血氣心知之性為一本，義理之性又為一本，是借階於佛老，並非孔孟聖門之傳。戴震也極力反對程朱「性善才惡」之說。程子說：「性無不善，而有不善者，才也。性即理，理則自堯舜至於塗人，一也。才稟於氣，氣有清濁，稟其清者為賢，稟其濁者為愚。」是以不善歸罪於才，分性與才為二本。戴震則持性才一本之說，命性才三者本為一事，「氣化生人生物，據其限於所分而言謂之命，據其為人物之本始而言謂之性，據其體質而言謂之才。由成性各殊，故才質亦殊。才質者，性之所呈也。舍才質，安睹所謂性哉？」（註583）

註583：《孟子字義疏證》卷下，「才」字條。

伍、反響篇

一、戴學的傳承

戴震去世後，考據學的大旗依然插在學界高處。後學雖無一人盡得師傳，但都能各逞風流，發揚光大。淩廷堪《東原先生事略狀》說：

> 先生之學，無所不通，而其所由以至道則有三：曰小學、曰測算、曰典章制度。……先生卒後，其小學之學，則有高郵王念孫、金壇段玉裁傳之；測算之學，則有曲阜孔廣森傳之；典章制度之學，則有興化任大椿傳之，皆其弟子也。

劉師培說：

> 戴氏弟子，除金壇段氏外，以揚州最盛。高郵王氏，傳其形聲訓故之學，興化任氏，傳其典章制度之學。王氏作《廣雅疏證》，其子引之申其義，作《經傳釋詞》、《經義述聞》，發明詞氣之學。於古書文義詰詘者，各從條例，明析辨章，無所凝滯，於漢魏故訓，多所竄更。任氏長於《三禮》，知全經浩博難罄，因依類稽求，博徵其材，約守其例，以釋名物之糾紛。所著《深衣釋例》、《釋繒》諸篇，皆博綜群書，衷以己意，咸與戴氏學派相符。儀徵阮氏，友於王氏、任氏，復從淩氏廷堪、程氏瑤田問故，得其師說。阮氏之學，主於

表微。偶得一義，初若創獲。然持之有故，言之成理，貫篹
群言，昭若發蒙，異於餖飣猥瑣之學。甘泉焦氏，與阮氏切
磋，其論學之旨，謂不可以注為經，不可以疏為注。於近儒
執一之弊，排斥尤嚴。所著《周易通釋》，掇剌卦爻之文，
以字類相屬，通以六書九數之義；復作《易圖略》、《易話》，
發明大義，條理深密。雖立說間鄰穿鑿，然時出新說，秩然
可觀，亦戴學之嫡派也。（註1）

張舜徽說：

> 過去許多學者談到揚州諸儒哲學思想時，認為是受戴震的影
> 響很大，也可以說直接淵源於戴氏。這種論斷，似乎是可以
> 成立的。一則由於戴氏留寓揚州最久，早已將他的議論主張
> 帶到了揚州；二則揚州幾位大學者，如王念孫是戴氏弟子，
> 任大椿是戴氏同事，焦循雖出生略後，但一生最推尊戴學，
> 我們只看他所做的《申戴篇》，可以肯定他的哲學，是私淑
> 戴氏的。那末，揚州學術，無疑是與戴震有比較深厚的關係
> 了。（註2）

　　觀上淩、劉、張三氏之說，言簡意賅，符合事實，戴學多由揚
州學派傳承發揚，已成定論。揚州學派諸儒，紹承戴震，在經學、
小學、校勘、算學、典章制度等方面，成就斐然。其中最能光大戴
學的，主要是段玉裁及王念孫、王引之父子，世稱「戴段二王」。唯
段玉裁籍金壇，不在揚州學派之列。揚州學派中的學者，尚有王懋

註1：　《劉申叔遺書・南北考證學不同論》。
註2：　《清代揚州學記》，揚州廣陵書社，2004年，頁4。

竑、劉台拱、朱澤澐、任大椿、顧九苞、江藩、汪中、焦循、程晉芳、黃承吉、徐復、阮元、淩廷堪等。揚州學者之外，傳戴學者，有山東曲阜的孔廣森。

（一）傳承戴震音韻訓詁學的段玉裁、王念孫

1. 段玉裁

段玉裁，字若膺，號懋堂，江蘇金壇人，清雍正十三年（1735）生，嘉慶二十年（1815）卒，年 81 歲。

段玉裁二十五歲入京，見休寧戴震，好其學，遂師事之。如魚得水，小學功夫，日益精進。戴震反理學對段氏的影響，不僅表現在《說文解字注》中，也表現在其他著述。

段氏尊經治經，非宋崇漢，主張由小學而經學，以探求經書義理為指歸，治經方法完全承襲戴震，如云：「經之不明，由失其義理。義理所由失者，或失其句度，或失其故訓，或失其音讀，三者失而義理能得，未之有也。」（註3）故視許慎《說文解字》為解說六經的鈐鍵，認為「治《說文》而後《爾雅》及傳注明，《說文》、《爾雅》及傳注明，而後謂之通小學，而後可通經之大義。」（註4）又說：「凡言訓詁之學，必求之《爾雅》矣。雖然，求之《爾雅》而不得其所以然之故，但見其氾濫無涯涘，吾未見其熟於《爾雅》之必能通經也，則又求之《說文解字》矣，《說文解字》言形與聲與義無不憭然。讀之者於訓詁當無不憭然。」（註5）於是段玉裁用幾乎半生的精力

註3： 段玉裁《經韻樓集》卷三《在明明德在親民說》。

註4： 《說文解字後敘》「庶有達者，理而董之」段玉裁注語。

註5： 見劉盼遂輯校《經韻樓集補篇上·爾雅匡名序》，董蓮池《段玉裁評傳》，

去注釋整理《說文》，著成《說文解字注》五百四十卷，闡發《說文》義例，說解術語的含義，推闡說明《說文》義訓，辨說文字形體和使用，糾補許慎說解的疏陋舛誤。《說文注》問世後，學界視為小學之圭臬。其他著述有：《六書音韻表》五卷、《毛詩故訓傳定本》三十卷、《詩經小學錄》三十卷、《古文尚書撰異》、《周禮漢讀考》、《禮記・四部小學疏證》、《春秋左氏古經》等。以《六書音韻表》及《說文解字注》為專深，堪稱小學經典，也是戴學一脈的亮點。（註6）於古音韻的研究，繼江永後析古音為六類十七部。戴震驚嘆其「所學之精」，稱「自唐以來，講韻學者所未發」。

　　乾隆三十四年（1769）夏，段玉裁主講山西壽陽書院，參與修撰《壽陽縣志》。乾隆四十一年（1776），再權四川富順縣，主持重修《富順縣志》，依戴震《汾州府志》的體例。

　　乾隆四十二年（1777），戴震遽逝京師。當時段玉裁身在四川，未能親弔。至次年春天，才派人往安徽休寧，厚賻戴氏遺族，戴震子中立寄書致謝。書中有云：「迢遙雲樹，晤語無從，企仰芳規，彌深依結。」轉年十月，段氏又派縣役李志德，「以清酌庶羞之奠」，前往戴震靈前致祭，並親撰祭文。（註7）祭文中歷數師從戴震往事，情真意切，備極傷悼。（註8）往後「朔望必莊誦東原手札一通」。（註9）晚年為戴震作《年譜》，編印《戴震文集》，敬師之情，溢於言表。雖到耄老，每逢有人說到戴震名諱，一定垂拱而立，崇

　　　　頁 55 引。

註6：　尹繼佐・周山主編《中國學術界思潮史》卷七，上海社會科學院出版社，2006 年，頁 520。

註7：　見董蓮池《段玉裁評傳》，南京大學出版社，2006 年，頁 23-24。

註8：　祭文可見於《經韻樓集》卷七。

註9：　引見劉盼遂《段玉裁先生年譜》。

敬油然生於心底。嘉慶十九年（1814），段玉裁年入八十，在《東原先生札冊跋》中寫道：「輯先生手迹十五，滙為一冊，時時覽觀。嗚呼！哲人其萎，失聲之哭，於茲三十有八年矣。」（註10）

惟戴震明說義理為考覈、文章之源，而段玉裁卻以考覈為文章、義理之源，彼此不同調。段玉裁雖然終身敬禮戴震，但是他究竟崇拜程朱，在他七十五歲（1809）作《朱子小學恭跋》（註11）時，表示自恨「所讀之書又喜言訓故、考核，尋其枝葉，略其本根；老大無成，追悔已晚」；又說朱子此書「集舊聞，覺來裔，……二千年賢聖之可法者，胥於是乎在。」因知段玉裁是不了解戴震的義理學的。

2. 王念孫、王引之

王念孫，字懷祖，號石臞，江蘇高郵人。乾隆九年（1744）生，道光十二年（1832）卒，年89歲。其父王安國，雍正二年（1724）進士，累官吏部尚書。為人清介廉直，治學精於《三禮》。念孫幼隨父居京師，有神童之目。父禮延戴震到家為之講授經義，十歲讀畢十三經。年稍長，沉於稽古之學，尤精聲音訓詁。治學方法直接秉承戴震，乾隆四十年（1775）中進士。著述有：《廣雅疏證》二十二卷、《校正廣雅音》十卷、《廣雅疏證補正》、《方言疏證補》一卷、《毛詩·群經·楚辭古韻譜》二卷、《讀書雜志》八十二卷、《丁亥詩鈔》一卷、《王石臞先生遺文》四卷、《王石臞先生文集補編》一卷。《廣雅疏證》是王念孫一生心得的結晶，阮元稱「此乃藉張揖之書以納諸說，實多張揖所未及知者，而亦為惠氏定宇、戴氏東原所未及。」

註10：見《經韻樓集》。
註11：《經韻樓集》卷八，頁 13-15。

（註12），蓋《廣雅疏證》原不止於解釋疑義，更能「就古音以求古義，引申觸類」，「無所不達」。除詮釋訓詁外，還校勘，校正訛字578、脫者491、衍者39、先後錯亂者123、正文誤入音內者19、音內字誤入正文者57，隨條補正。不獨校勘《廣雅》很精密，群經學史的校勘，也有輝煌成績。

王引之，字伯申，號曼卿，乾隆三十一年（1766）生，道光十四年（1834）卒，年69歲，為念孫之子。嘉慶四年（1799）進士，官至工部尚書。一生治學，以父為師，從事聲音、文字、訓詁之學，是稱「高郵王氏父子」。阮元稱「高郵王氏一家之學，海內無匹」（註13）。王引之著述有：《經義述聞》三十二卷、《經傳釋詞》十卷、《太歲考》二卷、《春秋名字解詁》二卷等。

王氏父子《廣雅疏證》、《讀書雜志》、《經義述聞》、《經傳釋詞》合稱「王氏四種」，被公認為乾嘉學術的代表作。父子治學，直接師承皖派大師戴震，以實事求是為準則，反對宋明以來空疏的學風，又反對以惠棟為首的吳派學者唯漢是從、墨守成規的做法，強調治學應「好學深思，必求其是，不惑於晚近之說，而亦不株守前人」（註14）。治學既有細致入微的考證功夫，又有見識主張，以「是非」為標準，決不盲從；解釋經義，「不為鑿空之談，不為墨守之見」（註15），力求「熟於漢學之門戶，而不囿於漢學之藩籬」。（註16）李海生認為王氏父子對音韻訓詁學的突出貢獻主要有三：其一，在段玉裁的基礎之上，細化了古韻的歸類，分亭林古韻十部為二十一

註12：《揅經室續集》卷二《王石臞先生墓志銘》。
註13：阮元《王石臞先生墓志銘》。
註14：《王石臞先生遺文》卷二。
註15：湯金釗《王公墓志銘》。
註16：王引之《經義述聞序》。

部，對支、脂、之三部的分辨尤力；對至、祭、盍、緝四部的分辨，則又段氏所未逮；其二，訓釋《廣雅》，寫成《廣雅疏證》二十卷，將訓詁之旨推及新的高度；其三，對古文辭中的虛詞詳加甄別，發疑正讀，填補了小學研究的一項空白。（註17）宋學家桐城方東樹，力排漢學，抨擊漢學家，卻對王氏父子稱許推服備至，說：「高郵王氏《經義述聞》，實足令鄭朱俯首，自漢唐以來，未有其比也。」（註18）

　　徐道彬認為，與其說王氏父子繼承戴學成就最高，不如說其秉承戴學精神和方法最為得實，從音韻到訓詁，從思想到方法，王氏父子追踪法塵，默化而成之迹清晰可見。（註19）

（二）傳承戴震典章制度學的任大椿及後學

　　戴學以典章制度為輔，主要集中在宮室、衣服之制的考訂校補。興化任大椿，能得其遺緒，發揚光大。以疏《禮》名家者，則為歙縣凌廷堪和涇縣、績溪的三胡。

　　任大椿，字幼植，一字子田，江蘇興化人，乾隆三年（1738）生，乾隆五十四年（1789）卒，年五十二歲。少穎異，工文詞，既乃究心經史傳注，乾隆三十四年（1769）成進士，授禮部主事。四庫全書館開，舉為纂修官，而與戴震同事，討論學術，受益不淺。初與戴氏同舉於鄉，於是習聞其論說，益究心漢儒之學，讀書守道義，所學淹通，於禮尤長名物，治經不尚墨守，敢於大膽懷疑，對

註17：尹繼佐、周山主編《中國學術思潮史》卷七，上海社會科學院出版社，2006年，頁522。

註18：《漢學商兌》卷中之下。

註19：徐道彬《戴震與乾嘉學者交遊關係述評》，載《徽學》第四卷，安徽大學出版社，2006年8月。

古代禮制提出許多不同於前人之見，受到戴震的讚許。戴震《與任孝廉幼植書》云：

> 承示禘祫、喪服等辨，今之治此者蓋希矣。好學深思如幼植，誠震所想見其人不可得者。況思之銳，辨議之堅而緻，以此為文，直造古人不難。以此治經，則思之所入，願弗遽以為得，勿以前師之說可奪而更之也。今幼植奮筆加駁於孔沖遠、賈公彥諸儒，進而難漢之先師鄭君康成矣；進而訾漢已來相傳之子夏《喪服傳》，為劉歆王莽傅會矣；進而遂訾《儀禮》之《經》，周公之制作，為歆莽之為之矣。……震向病同學者多株守古人，今於幼植反是。凡學未至貫本末，徹精粗，徒以意衡量，就令戴籍極博，猶所謂「思而不學則殆」也。遠如鄭漁仲，近如毛大可，祇賊經害道而已矣。今幼植具異質而年富，成就當不可量。（註20）

王鳴盛《西莊始存稿》卷十五，《贈任幼植序》云：

> 興化任子大椿，字幼植。年甫逾冠，而篤志經術，覃精稽古。其於虞、夏、商、周四代郊丘、禘祫、宗廟之制，《周禮》井田稅賦之法，遂人、匠人、五溝五涂之異同，《禹貢》五服、大司馬九畿之遠近，以及《儀禮》之《喪服經傳》，靡不留心研核。於近日昆山徐氏所刻宋元諸家經解，皆摘其說之誤者辨之。氣盛而志銳，求諸今世，實罕輩儔。進而不已，其將為一代之通儒無難也。（註21）

註20：《戴震文集》卷九，台北華正書局，1974年，頁135-138。
註21：轉引自張舜徽《清代揚州學記》，揚州廣陵書社，2004年，頁82。

　　任大椿的學術成就，一是考證名物制度，一是輯錄小學佚書。前者受戴震的影響為大，著作中如《弁服釋例》十卷、《深衣釋例》三卷、《釋繒》一卷，皆博綜群籍，衷以己意，向戴震《七經小記》之路發展，從事紮紮實實的考證，被學界公認為戴震典章之學的嫡嗣。輯錄小學佚書者，有《字林考逸》八卷、《小學鉤沉》二十卷，其他著述有《吳越備史注》二十卷、《詩集》四卷。《四庫全書》《禮經》類下按語，皆任大椿詳定之，清簡而核。

　　淩廷堪，字次仲，一字仲子，安徽歙縣人。生於乾隆二十二年（1757），卒於嘉慶十四年（1809）。為乾嘉時期著名的漢學家，乾隆五十五年（1790）成進士，官寧國府（今安徽宣城）教授。博覽強記，識力精卓，於學無所不究，貫通群經，尤深於《禮》。為文沈博絕麗，尤工駢體。

　　淩氏雖不屬戴震的親傳弟子，卻一生仰慕江、戴之學，治學深受戴震的影響，不拘泥於文字訓詁，而致力於創通條例，闡發大義。曾作《戴東原先生事略狀》，稱述戴學「先求之於古六書九數，繼乃求之於典章制度，以古人之義，釋古人之書，不以己見參之，不以後世之意度之，既通其辭，始求其心，然後古聖賢之心不為異學曲說所汩亂。蓋孟荀以還所未有也。」並指出：《原善》三篇、《孟子字義疏證》三卷，皆標舉古義以刊正宋儒，所謂由故訓而明理義者，是戴震至道之書。（註22）

　　淩氏認為「聖人之道，一禮而已」，強調「聖人不求諸理而求諸禮，蓋求諸理必至於師心，求諸禮始可以復性也。」於是會通《儀禮》十七篇，實際運用考據學以求義理，作《禮經釋例》十三卷，

註22：《校禮堂文集》卷三十五。

並有《燕樂考原》六卷、《校禮堂文集》三十卷，以《禮經釋例》最為著稱。

　　《禮經釋例》將全部《儀禮》拆散，重新比較、整理、貫通，凡通例四十、飲食之例五十六、賓客之例十八、射例二十、變例二十一、祭例三十、器服之例四十、雜例二十一，為戴震之後考訂《儀禮》最為精當的著作之一。江藩讚曰：「次仲……學貫天人，博綜丘索。繼本朝大儒顧、胡之後，集惠、戴之成，精於三禮，專治十七篇，……豈非一代之禮宗乎！」（註23）《續修四庫全書總目提要》讚曰：「淩氏能薈萃儀節一切，條分縷析，理其端緒，考其同異，審其差別，觀其會通，皆以例釋之，使若網在綱，如衣挈領，分類附麗。可謂治經專家，清傳於《儀禮》撰述綦多，實無堪與匹敵者。……是書於禮經極有研究，而嘉惠讀者尤無限。」（註24）梁啟超對《禮經釋例》也作評價說：「《禮經釋例》十三卷，將全部儀禮拆散了，重新比較整理貫通一番，發現出若干原則。其方法最為科學的，實經學界一大創作也。」（註25）

　　淩氏《燕樂考原》，將隋沛公鄭澤的五旦七調說作燕樂之本，參以段安節的《琵琶錄》、張叔夏的《詞原》，以及《遼史‧樂志》等書，考證出琴、琵琶之弦音從《遼史》四旦定四均二十八調，也是自宋以來講樂家所未有的一大創作。（註26）

註23：江藩《校禮堂文集序》，收入《校禮堂文集》，北京中華書局，1998年，頁158。

註24：《續修四庫全書總目提要》，北京中華書局，1993年，經部禮類頁505。

註25：《中國近三百年學術史》，台北華正書局，1994年，頁209。

註26：參尹繼佐‧周山主編《中國學術思潮史》卷七，上海社會科學院出版社，2006年，頁525。

　　胡承珙（1776-1832），字景孟，號墨莊，安徽涇縣人。幼穎悟，年十三即入邑庠。先工詞章，後究心經術，專意《毛詩》，兼治《儀禮》。嘉慶十年（1805）成進士，選翰林院庶吉士。著有：《毛詩後箋》三十卷、《儀禮古今文疏義》十七卷、《爾雅古義》二卷、《小爾雅義證》十三卷、《求是堂詩集》二卷、《奏摺》一卷、《文集》六卷、《駢體文》二卷。

　　《儀禮古今文疏義》十七卷，簡稱《儀禮疏》十七卷，其書以鄭君注《儀禮》參用古今文二本，撮其大例：有必用其正字者、有即用其借字者、有務以存古者、有兼以通今者、有因彼以決此者、有互見而並存者。閎意妙旨，有關於經實夥，遂取注中疊出之字，並讀如、讀為、當為各條，排比梳櫛，考其訓詁，明其假借，參稽旁採，疏通證明。主於辨正文字，有審定音義之功。

　　胡匡衷，字寅臣，號樸齋，安徽績溪人。績學敦行，以孝友為鄉里所重。於《禮經》著有《三禮箚記》、《周禮井田圖考》、《井田出賦考》、《儀禮釋官》等。其考釋井田，多申鄭玄之義；釋官則以《周禮》、《禮記》、《左傳》、《國語》、《儀禮》相參證，論據精確，足補注疏所未及。

　　胡培翬（1782-1849），字載屏，一字竹村，胡匡衷之孫，受業於淩廷堪，盡傳其禮學。嘉慶二十四年（1819）成進士，官內閣中書，轉戶部廣東司主事。先後主鍾山、惜陰兩書院。其學淵源於先世，獨深禮經，且被澤於皖中江戴之遺風，治經一循家法，復以博聞篤志，著有《儀禮正義》四十卷，「上推周公、孔子、子夏垂教之恉，發明鄭君、賈氏得失，旁逮鴻儒經生之所議，張皇幽渺，闡揚聖緒。」（註27）其書約有四例：疏經以補注、通疏以申注、滙各家

註27：支偉成《清代樸學大師列傳》，台北縣藝文印書館，1970 年，頁 170。

之說以附注、採他說以訂注。晚年雖患風痺，仍撰《士昏禮》、《鄉飲酒禮》、《鄉射禮》、《燕禮》、《大射儀》五篇，惜未竟而卒。

（三）戴學算學的薪傳

戴震私淑弟子阮元，於《疇人傳》中云：「（戴震）網羅算氏，綴輯遺經，以紹前哲，用遺來學」，終使「天下學者，乃不敢輕言算數，而其道始尊。」戴學算學的傳人有孔廣森、凌廷堪、程瑤田諸儒，而以汪萊最能發揚光大。

孔廣森（1752-1786），字眾仲，號撝約，又號巽軒，山東曲阜人，至聖孔子 68 代孫。生而穎異，年十七舉於鄉，乾隆三十六年（1771）成進士，官翰林院檢討。少年受業於戴震，專力於經史小學，尤精《三禮》及《春秋公羊傳》，又善駢體文，汪中嘆為絕手。治學宗漢儒鄭玄，凡所居曰「儀鄭堂」。著有：《春秋公羊通義》、《詩聲類》十三卷、《大戴禮記補注》十四卷、《禮學卮言》六卷、《經學卮言》六卷。是戴震門下少數能精研算學的弟子之一，「其於算數，則因秦氏方斜求圓術及算經商功章求方亭術引申推衍，廣秦氏得四術補斜方得二十五問，成《少廣正負術內外篇》六卷。」（註28）族叔孔繼涵，字體生，號葒谷，與戴震交二十年，名物象數與共研說。東原歿，經紀其喪，刻其遺書，以仲子聘其女為婦。

汪萊（1768-1813），字孝嬰，號衡齋，安徽歙縣人。因與戴震為大同鄉，深受江戴之學的影響。沉湎於算學，精通傳統算學，著有《衡齋數學》七冊、《衡齋遺書》九卷，書中除對球面三角形和方

註28：支偉成《清代樸學大師列傳》，台北縣藝文印書館，1970 年，頁 164。

程理論有記載外，還論述組合概念、九進制的理論及其算法。對古典數學的新貢獻主要有三：(1)破解球面三角形的有解無解問題，並作詳細完整的論述，(2)方程理念論，嘉慶六年（1801），「研究秦九韶的正負開方術和李治的天元術」，寫成《衡齋算學》第五冊，「得出二次方程可能有一個正根或兩個正根，三次方程可能有一個、兩個或三個正根」的結論；嘉慶十年（1805），又將方程理論研究的新成果，寫入《衡齋算學》第七冊，認為「高次方程可以分解為幾個低次方程，則此幾個低次方程的正根即為該高次方程的正根。」這在當時，實屬「創見」。（註29）

（四）傳揚戴學的其他揚州派及派外的儒者

1. 汪中

汪中，字容甫，江蘇江都人。乾隆九年（1744）生，乾隆五十九年（1794）年卒，年51歲。

汪中祖籍安徽歙縣，出身寒微而能孤苦自奮，博學廣研，治學大體遵顧亭林之路，講求實事求是，平日宗仰顧炎武、閻若璩、梅文鼎、胡渭、惠棟、戴震等，作《六儒頌》加以表彰。（註30）其文閎麗淵雅，非當時樸學家所易學步。雖有榜聲，絕意仕進，潛心著述，遂成清代學術大家，揚州學派中的傑出代表。其學由聲音訓詁

註29：《中國數學簡史》，山東教育出版社，1986年，頁422。尹繼佐・周山主編《中國學術思潮史》卷七，頁478-479引。

註30：文曰：古學之興也，顧氏始開其端；河洛矯誣，至胡氏而絀；中西推步，至梅氏而精；力攻古文者，閻氏也；專言漢儒易者，惠氏也。凡此皆千餘年不傳之絕學，及戴氏出而集其成焉。

之學，兼通名物象數，精研大義，疏發經史諸子，曲通治學新徑，著有：《述學內篇》三卷、《外篇》一卷、《補遺》一卷、《別錄》一卷、《尚書考異》、《三禮注疏記要》、《儀禮經注正誤》、《大戴禮記正誤》、《春秋述義》、《春秋列國官名異同考》、《春秋後傳》、《小學》、《說文求端》、《爾雅正誤》、《經義知新記》、《國語校文》、《逸周書校本》等；所校《儀禮》、《爾雅》，多被胡培翬《儀禮正義》、郝懿行《爾雅義疏》擇要採錄；所校《荀子》，多見於王念孫《讀書雜志》中；所校賈誼《新書》和《墨子》，未刊行。

汪中治經宗漢學，總結清代漢學的發展歷程，謂亭林始開其端，河洛圖書，至胡氏（渭）而絀；中西推步，至梅氏（文鼎）而精；力攻古文《書》者，閻氏（若璩）也；專言漢儒《易》者，惠氏（棟）也；及東原出，而集大成焉。

2. 章學誠

章學誠，字實齋，號少岩，浙江省紹興府會稽縣（今紹興市）人，生於乾隆三年（1738），卒於嘉慶六年（1801），年 64 歲。

章學誠於乾隆三十年（1765）後，受業於朱筠，初識治學門徑，確立治學風格與志向。（註31）一生從事文史校讎，有「六經皆史」之論，最主要著述有《文史通義》、《校讎通義》；曾修《和州志》、《永清縣志》、《亳州志》、《湖北通志》，編纂《史籍考》；先後主講肥鄉清漳書院、永平敬勝書院、保定蓮池書院、歸德文正書院，為清代史學大師。清代史學開拓於黃梨洲、萬季野，而昌明於章實齋。但

註31：朱筠（1729-1781），順天大興人，字竹君，號笥河，乾隆十九年（1754）成進士。曾提督安徽學政，乾隆三十八年（1773），奏請從《永樂大典》中採輯逸書，乾隆帝遂開四庫館。

章實齋論學，頗與乾嘉考證學風異趣。杜維運推崇他為集中國史學大成之人物，中國唯一之史學思想家。(註32)

　　胡適的《實齋年譜》，根據實齋乾隆三十一年（1766）《與族孫汝楠論學書》，指出實齋受戴震的影響甚大。章學誠一貫強調義理、考據不可偏廢。乾隆三十一年（1766），章氏 29 歲，因鄭虎文（註33）的介紹，到戴震的京師館舍登門求教，初次見面，就被戴震的博學所驚呆。戴震是傑出的唯物主義思想家，主由訓詁以通經明道，求經典的義理。時人只推崇他是漢學大師。然而章學誠知時人「不足以盡戴君」，識戴氏「能深識古人大體，進窺天地之純」，非常佩服戴震。為糾正學界對戴學的誤解，力爭於朱筠業師之前，謂俗見似買櫝還珠。但是人微言輕，不足以動諸公之聽。

　　乾隆三十八（1773），章學誠到訪馮廷丞的寧波道署，在此第二次遇見戴震，時戴氏年近五十，主講浙東金華書院，章氏年三十六，戴震視章氏為年輕後學，見其談論史學，乃予以訓導；而章氏視戴氏不知史學。戴震新修成《汾州府志》，見章學誠的《和州志例》，甚不以為然，認為修志只需詳載地理沿革，不必「侈言文獻」，而章氏則主以文獻為重，話不投機，不歡而散。蓋戴震是清代修志中地理派的代表人物，講究考察地理沿革，輕視當代文獻；而章學誠則是文獻派的代表人物，認為方志寧重文獻而輕沿革。

　　此後，戴震留下的文章，幾乎不曾涉及章學誠，而章學誠對戴震則自稱是「真知戴氏」第一人。現存章氏著作中論及戴震的文字

註32：杜維運《清乾嘉時代之史學與史家》，台北學生書局，1989 年，頁76。
註33：鄭虎文（1714-1784），字炳也，號誠齋，浙江秀水人。乾隆七年進士。
　　　提督湖南、廣東學政。致仕後主講安徽紫陽書院 10 年，主講杭州紫陽、崇文兩書院 5 年。

很多。章氏對戴震的批評主要為三方面：(1)批評戴震誇大考據學的作用；(2)批評戴震在學術道德上「心術未醇」，主要是指「其筆金玉而言多糞土」，論述戴學為朱學的正傳，而文中隱去其名，說他「忘本」、「飲水忘源」；(3)批評戴震在地方志編修上的觀點。（註34）鮑永軍認為，章學誠對戴震的批評，是基本符合戴震的實際情況的，儘管有些地方批評過激，言辭也不恰當，但總的精神還是為了「攻其瑕而瑜乃粹」，不是「惡語中傷」的誹謗。（註35）

其實，章學誠是頗能了解戴震思想的，他說：「凡戴君所學，深通訓詁，究於名物制度而得其所以然，將以明道也。時人方貴博雅考訂，見其訓詁名物有合時好，以謂戴之絕詣在此。及戴著《論性》、《原善》諸篇，於天人理氣，實有發先人所未發，時人則謂空說義理，可以無作。是固不知戴學者矣。」（註36）時人乃指錢大昕及其業師朱筠，朱筠曾說：「程朱大賢，立身制行卓絕，其所立說，不得復有異同。」（註37）

章學誠崇拜朱子，故雖然能賞識戴震《論性》、《原善》諸篇，卻不贊成他攻擊朱子，以為戴學出於朱學，不當「飲水忘源」。章學誠說：「戴東原訓詁解經，得古人之大體，眾所推尊，其《原善》諸篇，雖先夫子（按指朱筠）亦所不取，其實精微醇邃，實有古人未發之旨，鄙不以為非也。」（註38）戴震說經，不專主鄭玄之說，在給任大椿的信中，卻告誡他不要輕易懷疑鄭學。後作《鄭學齋記》

註34： 參見鮑永軍《史學大學──章學誠傳》，浙江人民出版社，2007 年，頁79-84。
註35： 鮑永軍《史學大學──章學誠傳》，浙江人民出版社，2007 年，頁 87。
註36： 章學誠《朱陸篇書後》。
註37： 江藩《漢學師承記‧洪榜傳》。
註38： 章學誠《又與朱少白書》。

一文，章學誠讀後，對戴震的學術觀點，作很高的評價，寫了一篇《鄭學齋記書後》，並批判墨守成規的不良學風，為戴震辯護。但是章氏對戴震輕視文學、史學，則深致不滿，乾隆四十二年（1777）戴震逝世，章學誠寫《朱陸》一篇，隱寓對戴震的評價，後來寫《書朱陸篇後》，更是明言戴震「其於史學文例，古文法度，實無所解，而久遊江湖，恥其有所不知，往往強為解事，應人之求，又不安於習故，妄矜獨斷。」余英時說：「綜觀實齋『六經皆史』之說，實為針對東原道在六經的基本假定而發，同時也是對顧亭林以來所謂『經學即理學』的中心理論作一種最有系統的反挑戰。」（註39）因知章學誠終生致力「文史校讎」，原來是要與戴震「經學訓詁」相抗衡的。（註40）

3. 焦循

　　焦循，字理堂，一字里堂，晚號里堂老人，江蘇甘泉縣（今江蘇揚州邗江區）人。生於乾隆二十八年（1763），卒於嘉慶二十五年（1820），年五十八。嘉慶間舉人，後淡於仕進，潛心研讀著述。以治學廣博精深，顯名於世，是乾嘉學術盛世的大家，揚州學派中的傑出代表，阮元許其為「通儒」。（註41）

　　焦循遍治儒家經典，於《周易》，著有《易章句》十二卷、《易圖略》八卷、《易通釋》二十卷（以上合稱《易學三書》，阮元說它「石破天驚，處處從實測而得，聖人復起，不易斯言。」）、《周易補疏》二卷、《易廣記》三卷、《易話》二卷、《仲軒易義解詁》三卷、

註39：余英時《論戴震與章學誠》，台北東大圖書公司，1996 年，頁 64。
註40：參見余英時《論戴震與章學誠》增訂本自序。
註41：參朱正海主編《揚州歷史名人》，揚州廣陵書社，2003 年，頁 274。

《注易日記》三卷；於《尚書》，著有《禹貢鄭注疏》二卷、《古文尚書辨》一卷和《尚書補疏》二卷；於《詩經》，著有《毛詩補疏》五卷、《毛詩鳥獸草木蟲魚釋》十一卷，《毛詩地理釋》四卷和《陸璣毛詩疏考證》一卷；於《論語》，著有《論語補疏》三卷、《論語通釋》一卷；另有《禮記補疏》三卷、《禮記索隱》數十卷、《三禮便蒙》二十三篇、《春秋左氏補疏》五卷、《孟子正義》三十卷。《論語通釋》一卷，係仿戴震《孟子字義疏證》而作，二書互相發明。焦循精研天文算學，著有《加減乘除釋》八卷、《天元一釋》二卷，《釋弧》三卷、《釋輪》一卷、《釋橢》一卷、《開方通釋》一卷、《乘方釋例》五卷、《釋交》、《地球圖說補》、《孫子算經注》、《焦里堂天文曆法算稿》等。又熟知史學要籍，著有《神風蕩寇記》，與修《重修揚州府志》，著有《北湖小志》五卷、《揚州足徵錄》二十七卷、《邗記》六卷等地方志文獻及自家族譜《焦氏家乘》八卷。文學藝術方面，有《唐賦選》、《游山左詩鈔》一卷、《游浙江詩鈔》、《紅薇翠竹詞》一卷、《仲軒詞》，而《雕菰集》有文 326 篇，詩 420 首。醫學方面，有《雕菰樓醫說》一卷、《李翁醫記》三卷、《沙疹吾驗篇》一卷、《種痘書》十篇和《柴胡證論》等。建築文化方面有《群經宮室圖》二卷。（註42）

　　焦循信奉戴震「義理出自典章制度」之說，學術私淑於戴震，哲學思想源出於戴震。雖非戴震的及門弟子，但是從其著作《論語通釋》、《論語補疏》、《孟子正義》及《雕菰樓集》中的言論來看，可考見其線索。（註43）焦循在《雕菰樓集》卷十三《寄朱休承學士書》說：

註42：參劉建臻《焦循著述新證》，社會科學文獻出版社，2005 年，頁 24-30。
註43：參張舜徽《清代揚州學記》，揚州廣陵書社，2004 年，頁 137。

循讀東原戴氏之書，最心服其《孟子字義疏證》。

在《國史儒林文苑傳議》中說：

生平所得，尤在《孟子字義疏證》一書，所以發明理道情性之訓，分析聖賢老釋之界，至精極妙。

在《論語通釋自序》說：

《孟子字義疏證》於理道天命性情之名，揭而明之如天日。

又曾作《讀書三十二贊》，其中贊《孟子字義疏證》說：

性道之譚，如風如影。先生明之，如昏得朗。先生疏之，如示諸掌。人性相近，其善不爽。惟物則殊，知識罔罔。仁義中和，此來彼往。各持一理，道乃不廣。以理殺人，與聖學兩。

當時有上元戴衍善，說戴震臨死時自道：「生平讀書絕不復記，到此方知義理之學，可以養心。」這可能是一種近於誣蔑的傳說，在當時卻流行很廣。焦循特別為此寫了《申戴篇》，替戴震辨誣。（註44）篇中說：

其所謂義理之學可以養心者，即東原自得之義理，非講學家《西銘》、《太極》之義理也。

錢穆說：「統觀里堂成就，闡述性理近東原，平章學術似實齋。東原實齋乃乾嘉最高兩大師，里堂繼起，能綜滙兩家之長，自樹一幟，

註44：參張舜徽《清代揚州學記》，揚州廣陵書社，2004 年，頁 138。

信可敬矣！惟里堂於東原素深服膺，而實齋書則未全覩，其《讀書三十二讚》，大抵皆當時漢學家言，獨屬一《文史通義》，亦僅佩其論文史義法諸說耳。」（註45）當戴震謝世之時，焦循尚在童稚之年，而章學誠長他 25 歲。他以二氏為學術大師的楷模，對《孟子字義疏證》及《文史通義》，皆傾心推許。

4. 阮元

阮元，字伯元，號芸臺，江蘇揚州人。乾隆二十九年（1764）生，道光二十九年（1849）卒。是清代揚州學派的領袖人物，是「清代經學名臣最後一重鎮」，又有「賢相兼大師」之稱。論賢相，作為「三朝閣老，九省疆臣」，久任督、撫，晚年進京任大學士，勤政愛民，有守有為，德高望重；論大師，一生不廢學術，是焦循的同鄉親戚，是戴學一個最有力的護法。少年時與戴學大師王念孫、任大椿等人為友。知識淵博，著述宏富，研究廣泛。凡經史、文學、哲學、天算、輿地、金石、文字、音韻、訓詁、校勘等無不涉及，窮極隱微，多所闡發。《清史稿》稱他「主持風會數十年，海內學者奉為山斗。」（註46）

阮元著作有：《研經室集》、《續集》、《十三經注疏校勘記》、《曾子注釋》、《詩書古訓》、《積古齋鐘鼎彝器款識》、《華山碑考》、《廣陵詩事》、《儒林傳稿》、《四庫未收書提要》、《疇人傳》、《石渠隨筆》、《定香亭筆談》、《小滄浪筆談》、《考工記車制圖解》等。其編纂《疇人傳》四十六卷，對遠古到清中葉的天文數學家 280 人（其中西方37 人）的生平、學術源流、成就等，作研究考證和評述。在名物典

註45：錢穆《中國近三百年學術史》下冊，台北商務印書館，1972 年，頁 475。
註46：參朱正海主編《揚州歷史名人》，揚州廣陵書社，2003 年，頁 288。

制的考證上，能著眼於宏觀和大體；在訓詁方面，注重研究字群，
著眼於字詞在聲義上的內在聯繫。他編刻金石志，有《山左金石志》
二十四卷、《兩浙金石志》十八卷、《積古齋鐘鼎彝器款識》十卷。
主編《經籍纂詁》，將十三經和唐以前重要典籍的古注及漢晉以來的
各種字書 100 餘種滙編在一起；刊行《十三經注疏》，以宋本為底本，
搜羅 126 種版本對校；刊行《皇清經解》1400 餘卷，滙集清初到乾
嘉時期 70 多位著名學者解經之書 188 種，名為解經之書，實為清代
學術精華之總滙。（註47）

　　嘉慶五年（1800）阮元撫浙，在西湖孤山之麓創建「詁經精舍」，
舍中不祀程朱，而崇祀許慎、鄭玄，以經史實學為講學內容。後來
任兩廣總督時，又在廣州開辦「學海堂」，教學內容與方法，一如「詁
經精舍」。兩書院造就好幾代人才，如章太炎曾在「詁經精舍」受業，
而梁啟超則肄業於「學海堂」，一直是嶺南的學術中心。（註48）

　　阮元是揚州學派中位極人臣的大學問家，曾從王念孫問學，焦
循是他的族姊夫，受焦氏的影響頗大。其治學方法與宗旨，和戴震
一脈相承。主張由訓詁以求聖道，反對空言求理。其《定香亭筆談》
卷四說：「經非詁不明，有詁訓而後有義理。」在《揅經室集自序》
云：「余幼學以經為近。余之說經，推明古訓，實事求是而已，非敢
立異也。」他的學術成就，主要在於考釋文字及文獻學方面，不脫
考據學家的本色。胡適說他「雖然自居於新式的經學家，其實他是
一個哲學家。他很像戴震，表面上精密的方法，遮不住骨子裡的哲
學主張。」（註49）在胡適看來，戴震、焦循、阮元，都是從經學走

註47：參朱正海編《揚州歷史名人》，揚州廣陵書社，2003 年，頁 299。
註48：參朱正海編《揚州歷史名人》，揚州廣陵書社，2003 年，頁 294。
註49：胡適《戴東原的哲學》，台灣商務印書館，1996 年，頁 143。

上哲學路上去的，戴震、焦循、淩廷堪、阮元，都堅持從訓詁進求義理，認為經義才是訓詁的歸宿。

阮元和戴震都批判宋儒的空虛義理，但是採用的途徑不同，阮元主恢復儒家經義的本來面目，而戴震則發表個人的見解，另立新義。（註50）阮元主編《皇清經解》，未收錄戴震的《孟子字義疏證》，其原因是：阮元強調解經當求其實，不可「涉於虛」，不可以空言求理。而《孟子字義疏證》如淩廷堪所言，「開卷乃先辨『理』字，又借『體用』二字以論小學」（註51），未脫離宋儒哲學化的思辨，不符合阮元選擇的標準。（註52）阮元認為，漢學、宋學各有其長短，主張兼採二者之長，不主門戶之見。方東樹以反漢學為旗幟，極力維護程朱理學。阮元卻特意請他在學海堂講學，讓他闡述自己的學術觀點。（註53）

阮元宏揚戴學，不遺餘力。秉承戴震《考工記圖》而作《考工記車制圖解》，申江、戴未發之義；其《疇人傳》崇信戴震考古之功，闡發樸學致用之效；而其《性命古訓》、《孟子論仁論》承緒戴震疏證聖賢之意，沿波探深而作。胡適論阮元之學說：「他不但能繼續戴學的訓詁名物的方面，並且能在哲學方面有所發揮，有所貢獻，成績在淩廷堪和焦循之上。他用戴學治經學的方法來治哲學的問題，從訓詁名物入手，而比較歸納的指出古今文字的意義的變遷沿革，剝去後人塗飾上去的意義，回到古代樸實的意義。這是歷史的眼光，客觀的研究，足以補救宋明儒者主觀的謬誤。」（註54）

註50：郭明道《阮元評傳》，社會科學文獻出版社，2005 年，頁 235。
註51：《校禮堂文集》卷十六《好惡說下》。
註52：郭明道《阮元評傳》，社會科學文獻出版社，2005 年，頁 234。
註53：參郭明道《阮元評傳》，社會科學文獻出版社，2005 年，頁 244-245。
註54：《胡適學術文集》，中華書局，1991 年，頁 1703。

5. 黃承吉

黃承吉，字謙牧，號春谷，江蘇江都人。生於乾隆三十六年（1771），卒於道光二十二年（1842），年七十二。少年時，和同郡焦循、李鐘泗、江藩友善，相互切磋學問，是焦循最親密的學侶。在嘉慶十年（1805）成進士，曾任廣西興安、岑溪等縣知縣。罷官回鄉後，發憤著述。著有《文說》十一篇、《夢陔堂文集》十卷、《夢陔堂詩集》五十卷、《字詁義府合按》若干卷。

黃承吉曾替焦循的《孟子正義》和《加減乘除釋》等書作序，焦循死後，曾作《挽焦里堂》長歌來悼念；半年後，焦循之子廷琥亦死，又作詩哭之。焦、黃二氏都善於運用綜合研究的方法，由博返約，持簡馭繁。黃氏強調字群中的「旁通」和「轉借」的作用，無疑和焦循治《易》的作法是一致的。劉師培《左盦外集》卷九《近儒學術統系論》指出：「黃承吉友焦循，移焦氏說《易》之詞以治小學。故以聲為綱之說，寖以大昌。」確有所見。黃氏說字的大旨，認為「聲中有義」，此說不獨東漢許慎所未嘗夢見，即清代學者，亦有所不知。張舜徽認為此說是錯誤的，即以許慎所作《說文解字》而論，雖其部勒字群，以「據形系聯」為原則，但仍有變例，根據聲同義近的字滙合為一部。如句部，便止收拘、笱、鉤三字，照《說文》的通例，這三字應該分入手部、竹部、金部，而許慎卻自為一部。難道許慎果如黃氏所說，不知「聲中有義」、「義起於聲」之理？而鄭玄注釋群經，用同聲之字來說明古書疑義之處更多。到宋代有「右文」之說，黃氏依此說作過比較縝密的綜合研究，找出聲的系統，不外「曲」、「直」、「通」三大類。其論文錯雜紛紜，故阮元替他作墓誌銘，未提及他的字學，只有劉師培給他極高的評價。劉師

培說：「黃氏注《字詁義府》，而義原於聲之說明，無識陋儒，或詆為破碎害道。然正名辨物，舍此莫由。小學之書，吾至此嘆觀止矣！」（註55），而且推衍其說，寫成《字義源於字音說》。（註56）

6. 程恩澤・鄭珍

程恩澤，字雲芬，號春海，安徽歙縣人。生於乾隆五十年（1785），卒於道光十七年（1837），年五十三歲。其父程昌期，乾隆四十五年（1780）進士，累官至侍講學士。

程恩澤勤學嗜奇，少時受經於江都淩廷堪。廷堪勗之曰：「學必天人並至，博而能精，所成乃大。」治《左傳》，推本賈服，不守杜氏一家之言。博聞強識，六藝九流皆深思，心知其意；天象地輿，千循太乙脈經，莫不窮究。嘉慶十六年（1836）成進士，曾督貴州學政，獎掖士俊，鄭珍即其拔擢者。倡導樸學之風，發揚戴學於野俗荒蠻之地。其詩古文辭皆深雅，著有《國策地名考》二十卷、《詩文集》十卷傳世。

鄭珍，字子尹，晚號柴翁，貴州遵義人。道光五年（1825）選拔貢生，受知於程恩澤。程氏詔之曰：「為學不先識字，何以讀三代秦漢之書？」遂大感悟，進求諸聲音文字之原與古宮室冠服車輿之制。久之，經術益更涵肆，莫烈彈詰。以道光十七年（1837）舉於鄉，凡三為教官，最後補荔波縣訓導。未幾即棄官歸。同治二年（1863）用大臣密薦，以知縣發蘇，未行而疾作，卒，年五十九。

鄭珍為學，初實致力於許鄭，以為明訓詁為讀傳注通經義之階，其於二家尊信最篤。苟有惑，則憤發覃思，又不合則群綜諸儒之說，

註55：《左盦外集》卷二十《揚州前哲畫像記》。
註56：參張舜徽《清代揚州學記》，揚州廣陵書社，2004年，頁145-150。

旁參曲證，必求一得當程朱之義理而後已。如是者積三十餘年，始於三禮六書，渙然冰釋。著有《儀禮私箋》八卷、《親屬記》二卷、《輪輿私箋》二卷、《說文新附考》六卷、《漢簡箋正》八卷、《鄭學錄》四卷、《文鈔詩鈔》九卷、《考工鳧氏圖說》、《老子注》、《世系一線圖》、《無欲齋詩注》、《遵義府志》等。（註57）

　　鄭珍接力徽州樸學之緒，追蹤許鄭，探索六書，博綜五禮，顯然漢學大家，遂為清季西南巨儒。

7. 俞樾

　　俞樾，字蔭甫，號曲園，浙江省德清縣人。生於清道光元年（1821），卒於光緒三十二年（1907），年86歲。道光三十年（1850）中進士，改翰林院庶吉士，派充國史館編修。博物閎覽，稱於輦下名輩。45歲時應侍郎崇地山之請，修《天津府志》，翌年承兩江總督李鴻章之薦，任蘇州紫陽書院講席；嗣後主講杭州詁經精舍。「足跡不逾江浙，而聲名揚溢海內外」。（註58）章太炎是他的高足。

　　俞樾的重要著作，有：《群經平議》三十五卷、《諸子平議》三十五卷、《茶香室經說》十六卷、《古書疑義舉例》七卷、《周易互體徵》一卷、《易貫》五卷、《玩易篇》一卷、《賓萌集》六卷、《春在堂雜文》二卷，續編五卷、《春在堂詞錄》三卷，《茶香室叢鈔》二十三卷、《春在堂隨筆》十卷；並編有《荀子詩說》一卷、《禮記鄭讀考》一卷、《禮記異文箋》一卷、《樂記異文考》一卷、《論語鄭義》一卷、《韻雅》一卷。

註57：參支偉成《清代樸學大師列傳》，台北縣藝文印書館，1970年，頁227-228。
註58：蕭一山《清代通史》（四），台灣商務印書館，1967年，頁1915。

　　俞樾之世，清代漢學已由鼎盛而衰，他和孫詒讓為清學的殿軍。梁啟超云：「清學在蛻分期中，猶有一二大師焉，為正統派死守最後之壁壘，曰俞樾，曰孫詒讓。」（註59）俞氏治學，上承戴震宗風，不離高郵二王矩矱，為二王的私淑弟子，自謂「瓣香私自奉高郵」。其《群經平議》，乃繼王氏《經義述聞》而作；《諸子平議》仿《讀書雜志》而作，校誤文、明古義，所得視群經為多，幾與《讀書雜志》抗衡。（註60）《古書疑義舉例》，條理畢貫，則小變《經傳釋詞》之例而推衍之。

　　俞樾治學之道，為明門徑、重歸納，嚴條理。謂為學之要，在研求經義，而非明心見性的空談，學問之事，莫大乎通經，而士不通經，不足以致用。治經之要有三，曰義理、曰名物、曰訓詁。三者之中，固以義理為重，然義理則寄諸名物訓詁。故主因文見道，謂通經必由訓詁始，訓詁通然後識名物，名物識然後知義理。故學者必當通曉古言，推明古制，即訓詁名物以求義理，而微言大義存其中矣。（註61）曾說：「假借之不明，為經義一大蔽」；又說：「識字之難，不但辨別其形聲，而尤在通知古文假借之例，與古今文義異同分合之詳。」（註62）此乃清代徵實學者的一貫見解，戴震二王所發端，而俞樾承續發揚。（註63）

　　俞樾對校勘學，也著有卓越的成績與貢獻。章太炎說：

註59：梁啟超《清代學術概論》，台灣商務印書館，1967 年，頁 7-8。

註60：蕭一山《清代通史》四，台灣商務印書館，1967 年，頁 1915。

註61：《群經平議序目》。

註62：《說文考略序》。

註63：參曾昭旭《俞曲園學記》，台灣中華書局，1971 年，頁 71-72。

近世德清俞樾、瑞安孫詒讓，皆承念孫之學。樾為《古書疑義舉例》，辨古人稱名牴牾者，各從條列，使人無所疑眩，尤微至。世多以段、王、俞、孫為經儒，卒最精者乃在小學，往往近名家者流，非漢世《凡將》、《急就》之儔也。凡戴學數家，分析條理，皆密嚴瑮，上溯古義，而斷以己之律令，與蘇州諸學殊矣。（註64）

張舜徽說：

校勘家對學術界的貢獻，本不限於校訂文字的正誤；而在能通過長期校書工作，掌握古人用字屬辭的一般規律，從中找出公例和通則，寫成專著，使學者們得到理解古書、疏釋舊義的一把鑰匙。像清末俞樾的《古書疑義舉例》一書，便是這一類的代表作品。《古書疑義舉例》全書七卷，從第五卷以下三十七例，都是有關書本中衍、脫、誤、亂的一些實例，無疑是他長期校書中的經驗總結。（註65）

俞樾論學主漢宋兼採，謂「宋儒於訓詁，未必一無可取」，當「以漢學治宋學」，從事宋學者，亦當「不廢漢學，以救自明以來時文家之積弊」，「尊德性、道問學，聖門本一事，所以朱陸之辨，已為多事。」（註66）他雖嘗抨擊空疏之學甚烈，而確然反對者，則實陸王極偏於心性空虛之學而已，故於宋元學者，尤於朱子之學，頗為推重。（註67）

註64：章太炎《清儒（一）》。
註65：張舜徽《清代揚州學記》，揚州廣陵書社，2004 年，頁 213-214。
註66：《鎮海鯤池書院記》。
註67：參曾昭旭《俞曲園學記》，台灣中華書局，1971 年，頁 72。

8. 孫詒讓

孫詒讓，字仲容，浙江瑞安人，生於清道光二十八年（1848），卒於宣統元年（1909），年 62 歲。少好六藝古文，同治六年（1867）舉人。初讀《漢學師承記》及《皇清經解》，漸窺通儒治經史小學家法。著有：《周禮正義》八十六卷（並輯《三家佚注》一卷附之）、《政要》二卷、《墨子閒詁》十五卷、《古籀拾遺》三卷、《契文舉例》二卷、《札迻》十二卷、《周書斠補》四卷、《九旗古義述》一卷、《籀膏述林》十四卷。

梁啟超謂《周禮正義》八十六卷，和黃敬季的《禮書通故》，真算得清代經師殿後的兩部名著了。此書重要的義例有：①釋經語極簡，釋注語極詳；②多存舊疏，聲明來歷；③雖極尊鄭注而不墨守迴護；④嚴辨家法，不強為牽合。（註68）

孫詒讓的學術，實兼包金榜、錢大昕、段玉裁、王念孫四家，其明大義、鉤深窮高，幾駕四家之上，歸然為有清三百年樸學之殿，洵不誣矣。（註69）晚歲嘗主溫州師範學堂，充浙江教育會會長。

9. 劉師培

劉師培，字申叔，一字魯源，別號左庵，筆名光漢。祖籍江蘇儀徵，世居揚州。生於清光緒十年（1884），卒於民國八年（1919）。是中國近代著名的思想家、古文經學家，揚州學派的殿軍。

劉師培生於「三世經傳」之家，曾祖劉文淇，祖父劉毓崧，伯父劉壽曾，都以治《左傳》而列名《清史稿·儒林傳》。父親劉貴曾，

註68：梁啟超《中國近三百年學術史》，台北華正書局，1994 年，頁 222-223。
註69：並參蕭一山《清代通史》卷下，台灣商務印書館，1967 年，頁 1917 及支偉成《清代樸學大師列傳》，台北縣藝文印書館，1970 年，234 頁。

清光緒間舉人，著有《春秋左傳曆譜》、《尚書曆草補演》、《抱甕居士文集》等。

劉師培因受時代和環境的影響，對封建社會現實強烈不滿，絕意仕進。在上海結識鄒容、章太炎、蔡元培等革命人物，捲入革命潮流，與保皇黨論戰。清末主講安徽公學、兩江優級師範、四川國學院，民國成立後任北京大學教授。

他的著作總稱《劉申叔先生遺書》74種，舉其要者有：《春秋左氏傳例略》一卷、《佚禮考》一卷、《禮經舊說考略》四卷、《周禮古注集疏》二十卷、《太誓答問駁誼》一卷、《周書補正》六卷、《老子斠補》二卷、《莊子校義》一卷、《荀子斠補》六卷、《呂氏春秋斠補》十卷、《楚辭考異》八卷、《賈子新書斠補》二卷、《春秋繁露斠補》三卷、《經學傳授考》一卷、《略說》一卷、《莊子斠補》一卷、《左庵文集》五卷、《文說》一卷、《廣文言說》一卷、《文筆詩筆詞筆考》若干卷，以及《中古文考》、《中古文學史》、《論文雜記》等。（註70）

劉師培與章太炎同為清末正統漢學家的殿軍，治學沿襲乾嘉考據學的傳統，一則繼承家學餘緒，繼續發展；一則總結顧炎武、戴震等人的治學方法，而加以發揚光大。曾經自言「予束髮受書，即服膺東原之訓」（註71）。他說：

> 治經學者當參考古訓，誠以古經非古訓不明也。因此六經浩博，雖不合於教科，然觀於嘉言懿行，有助於修身；考究政治典章，有資於讀史；治文學者，可以審文體之變遷；治地理者，可以識方輿之沿革。（註72）

註70：參朱正海主編《揚州歷史名人》，揚州廣陵書社，2003年，頁314。
註71：《左庵外集》卷十七、《東原學案序》。
註72：《經學傳授考序》。

　　劉師培研究小學的途徑，就是：(1)就字音推求字義；(2)通過文字，考證古代社會情狀；(3)取古語以明今言，亦用今言以通古語。也提出整理漢字和改革漢字的建議，主張改革舊有漢字、添造新字，以俗語入文，力求文辭通俗化；改用拼音統一國語。

　　對群書校釋，是劉師培學術上的一大貢獻，繼俞樾之後，寫了《古書疑義舉例補》，補俞氏原著中未提及的十一個例。（註73）他校勘的方法是(1)校書不妄改字，保持古書原貌。一律採用寫按語的方法，詳列諸本的異同，遇有明顯的脫文訛字，用「當作」、「當據某本補」等字樣；提出己見多用「疑」、「似」等字樣，顯示治學態度嚴謹慎重。(2)因聲求義。他認為校勘必以小學為根基，並把形聲義三方面滙合起來研究小學。他說，「訓詁者，研究字義之學也；文字者，研究字形之學也；聲韻者，研究字音之學也，必三者俱備，然後可以言小學。」（註74）(3)訓詁為本，務徵古說。(4)廣求證據，旁推交通。(5)從所校本書文義、詞例上加以精闢分析，解決疑難。總之，以聲韻通假為綱，以小學訓詁為本，在本書前後貫通，上下求證，在本書外廣求證據，旁推交通，將對校、本校、他校、理校結合起來，發前人所未發，解決許多疑難問題。（註75）

　　劉師培也是清末民初重要的文學家，始終重視詩史的研究和詩歌創作，作有詩歌約 350 首，詞近 20 首。他認為詩是文學的一種正宗體式，作詞要求以情動人，用字造句追求平淡與雅致。

　　劉師培是晚清揚州學派集大成的殿軍，一生以發揚揚州學術為己任，致力整理與研究揚州學人的學術淵源、學術成就與治學方法。

註73：張舜徽《清代揚州學記》，揚州廣陵書社，2004 年，頁 213-214。
註74：《左庵外集》卷六、《正名隅論》。
註75：參朱正海主編《揚州歷史名人》，揚州廣陵書社，2003 年，頁 315-316。

揚州學派吸取吳皖兩派的治學門徑，但更傾向於皖派，與戴震之學一脈相傳。他在《近儒學術統系論》一文，對徽歙戴學的傳承，有詳確的敘述。（註76）他極服膺戴學，他說：

> 東原說經，簡直高古，逼近《毛傳》，辭無虛設，一矯冗長之習，說理記事之作，創意造詞浸以入古，唐宋以降罕見其匹。後之治古學者咸宗之，雖詁經考古遠遜東原，然條理秩如，以簡明為主，無復枝蔓之詞，若高郵王氏、儀徵阮氏是也。（註77）

又說：

> 蓋先生之學，先立科條，以慎思明辨為歸。凡治一學、著一書，必參互考驗，曲證旁通，博徵其材，約守其例，復能好學深思，實事求是，會通古說，不尚墨守。而說經之書，厚積薄發，純樸高古，雅近漢儒。（註78）

又說：

> 雖然，東原之學，小疵不掩大醇。義理必衷訓故，則功在正名；講學不蹈空虛，則學趨實用。凡小儒迂墟之說足以害政蠹民者，咸掃除肅清，棄如苴土。信夫聖人復起，不易斯言矣（戴氏學術最便於民）。（註79）

註76：見《左庵外集》卷九。
註77：《左盦外集》卷十三，《論近世文學之變遷》。
註78：《左盦外集》卷十八，《戴震傳》。
註79：《左盦外集》卷十七《東原學案序》。

　　劉師培敬戴崇戴擁戴之情，溢於言表。無怪乎他又說：「而桐城方氏（方東樹《漢學商兌》）、義烏朱氏（朱一新《無邪堂答問》），辨章學術，咸於東原有微詞。以蚍蜉而撼大樹，以蜩鳩而笑鶤鵬，鄙儒之說，何損於東原萬一哉。」（註80）

　　劉師培仿戴震《孟子字義疏證》的體例，完成《理學字義通釋》一書。他認為戴震《孟子字義疏證》說：「理者，察之而幾微區而別之之名」，最合古義。而宋儒言理，陷於主觀自是，與理字古訓完全不符，主性無善無惡，而情有善有惡，而「才」即氣質之性。基本上與戴震同路。他極推重戴震，表彰最力，撰有《戴震傳》及《東原學案序》等專文。認為戴學以說性理成就最高，戴震主張理在欲中，發前人所未發。他所肯定的，是戴震學術思想在歷史上的影響與意義，但也批評戴震「門戶之見極嚴」。

10. 章太炎

　　章炳麟，初名學乘，字枚叔，以慕黃宗羲（太沖）及顧炎武之為人，改字太炎，號菿漢，後更名炳麟。浙江餘杭人。生於清同治七年（1868），卒於民國二十五年（1936）。年六十九歲。

　　章太炎少從外祖朱佐卿讀經，間聞夷夏之防，因啟革命思想。光緒十六年（1890），時年二十四，入詁經精舍，受學於俞樾，治小學，極謹嚴。光緒間任「時務」、「昌言」等報撰述，言論激烈，見忌清廷，避禍台灣，尋遊日本，得識　孫中山先生。後返上海創愛國學校，鼓吹革命，繫獄三年。刑滿再赴日本，加入中國革命同盟會。民國元年，　國父就任臨時大總統，開國典制，多與商榷。民國二十年，定居蘇州，曾任教東吳大學。

註80：《左盦外集》卷十七《東原學案序》。

　　章氏以經學大家，旁治訓詁，又研佛學，入其堂奧，而淵博精深，世所罕及，咸推國學大師。所著書有《章氏叢書》43 卷，其中《春秋左傳讀敘錄》一卷、《鎦子政左氏說》一卷、《文始》九卷、《新方言》十一卷、《小學答問》一卷、《說文部首韻語》一卷、《莊子解故》一卷、《管子餘義》一卷、《齊物論釋》一卷、《齊物論釋重定本》一卷、《國故論衡》三卷、《檢論》九卷、《太炎文錄初編》一卷、《菿漢微言》一卷等。

　　章太炎初治小學，以音韻為骨幹，謂文字先有聲然後有形，字之創造及其孳乳，皆以音衍。所著《文始》及《國故論衡》中論文字音韻諸篇，其精義多乾嘉諸老所未發明。在《菿漢微言》的結論處，回顧自己的心路歷程，說他少年時的知識訓練，主要在兩端，一是在樸學的傳統下「治經」，二是博觀諸子；稍長後，有感於世變日亟，乃專注前史與《荀子》、《韓非》學說，以尋求政術之道；青壯之際，因「蘇報案」，囚繫上海三載，於是潛心佛經，寄情大乘佛義。（註81）

　　支偉成《章太炎先生論訂書》云：

　　　　餘杭章太炎先生炳麟，少時治經，謹守樸學，所疏通證明者，在文字器數之間。旁逮子史，並多闡發，而於小學為尤精。謂：『文字先有聲然後有形，字之創造及其孳乳皆以音衍。』所著《文始》及《國故論衡》中論文字音韻諸篇，能灼然見語言文字本原；蓋應用清儒之治學法，而廓大其內容，延闢其新徑，故其精義多發乾嘉諸師所未發也。……是先生之學，固度越清儒矣。（註82）

註81：《章氏叢書》（下），台北世界書局，1982 年，頁 960。

註82：支偉成《清代樸學大師列傳》卷首，台北縣藝文印書館，1970 年。

章太炎為戴學的傳人。丘為君說：

> 就系譜學的角度而言，作為清學中堅的考據學，從十八世紀
> 中葉徽州的戴震傳至揚州的王念孫與王引之，再由王氏父子
> 傳給俞樾（1821-1906），然後再從杭州的中國漢學重鎮「詁
> 經精舍」的代表性教授俞樾傳給十九、二十世紀之交的餘杭
> 的章太炎，其過程也許有若干曲折，但是脈絡卻是完整的。
> （註83）

章太炎《自述學術次第》文中說：「昔休寧戴君，著書窮老，然
多發凡起例，始立規摹，以待後人填采。」又說：「近世三百年來，
學風與宋明絕異，漢學考證，則科學之先驅，科學又法相之先驅也。
蓋其語必徵實，說必盡理，性質相同爾。斯言可謂知學術之流勢者
矣。余既解齊物，於老氏亦能推明，佛法雖高，不應用於政治社會，
此則惟待老莊也。儒家比之，邈焉不相逮矣。然自此亦兼許宋儒，
頗以二程為善，惟朱陸無取焉。二程之於玄學，間隔甚多，要之未
嘗不下宜民物，參以戴氏，則在夷惠之間矣。」（註84）又曰：「余
治小學，不欲為王綠友輩滯於形體，將流為字學舉隅之陋也。顧江、
戴、段、王、孔音韻之學，好之甚深，終以戴、孔為主。明本字，
辨雙聲，則取諸錢曉徵。既通其理，亦猶所歉然，在東閑暇，嘗取
二徐原本，讀十餘過，乃知戴、段而言轉注，猶有泛濫，繇專取同
訓，不顧聲音之異。於是類其音訓，凡說解大同，而又同韻或雙聲
得轉者，則歸之於轉注。假借亦非同音通用，正小徐所謂引申之義
也。……蓋義相引申者，由其近似之聲，轉成一語，轉造一字，此

註83：丘為君《戴震學的形成》，台北聯經出版社，2004 年，頁 69。
註84：《制言半月刊》第二十五期。

語言文字自然之則也。於是始作《文始》，分部為編，則孳乳浸多之理自見，亦使人知中夏語言，不可貿然變革。」這是章太炎綜貫戴、段及各家之說，對轉注、假借之新解。

　　在章太炎看來，「戴震之學，根柢不過二端。曰：『理麗於氣，性無理氣之殊；理以絜情，心無理欲之界』，如是而已。其排斥宋儒以理為如有一物者，得之；乃自謂理在事物，則失之甚遠也。然要其歸，則主乎忠恕。」（註85）是章太炎為近代中國最早彰顯戴震「以理殺人論」的學者之一。（註86）章太炎有《悲先戴》一文，云：

> 嗚呼！戴君生雍正末，親見賊渠之遇士民，不循法律，而以洛、閩之言相稽。哀矜庶戮之不辜，方告無辜於上，其言絕痛。桑蔭未移，而為紀昀所假，以其懲艾宋儒者，旋轉以泯華戎之界，壽不中身，豈無故耶！（註87）

　　而《太炎文錄初編‧文錄》卷一《說林》，也有類似的話。他在《清代學術之系統》文中也說：「自徽州派之戴震出，方開闢一新世界。其《孟子字義疏證》一書，大反對陸王，對於程朱亦有反對之語。後人多視此書為反對理學之書，實則為反對當時政治之書。清初皇帝表面上提倡理學，常以理學責人，甚至以理學殺人，故戴氏書中有云，『人死於法，猶有憐之者；死於理，其誰憐之！』這是他著書的要旨。戴氏見雍正乾隆動輒利用理學以責人，頗抱不平，故

註85：《章氏叢書續編》、《菿漢昌言》。
註86：丘為君《戴震學的形成》，台北聯經出版社，2004 年，頁 67。
註87：1906 年 11 月出版《民報》第九號，《說林》，署名太炎。羅志田導續‧徐亮工編校《中國近三百年學術史論》，上海古籍出版社，2006 年，頁 28 載。

攻擊理學。戴氏以前，尚推崇程朱，此後遂不復談宋學矣。」（註88）
又其《釋戴》一文說：「戴震生雍正末，見其詔令譴人不以法律，顧
摭取洛、閩儒言以相稽，覘司隱微，罪及燕語。九服非不寬也，而
迾之以叢棘，令士民搖手觸禁，其蠱傷深。震自幼為賈販，轉運千
里，復具知民生隱曲，而上無一言之惠，故發憤著《原善》、《孟子
字義疏證》，專務平恕，為臣民訴上天。明死於法可救，死於理即不
可救。」（註89）

（五）近代戴學的推揚者

1. 梁啓超

梁啟超，字卓如，號任公，別號飲冰室主人，廣東新會人，生
於清同治十二年（1873），卒於民國十八年（1929），享年五十七歲。
幼讀四書五經，十三歲始知有段王訓詁之學，十五歲肄業於阮元所
創立的學海堂。十七歲中舉人，由陳千秋引見拜康有為門下，授以
陸（象山）王（陽明）心學，並及史學、西學；乃轉而就學於康氏
萬木草堂，又授以佛學，宋元明儒學案、二十四史、《文獻通考》等。

甲午中國戰敗，代表廣東公車上書。戊戌政變敗後，東渡日本
潢濱，辦《清議報》，後返上海，去南洋，赴印度，遊澳洲，返日，
辦《新民叢報》。民國二年，任司法總長不就，民國六年，任財政總
長。民國十四年，任北京圖書館及國立京師圖書館館長，翌年起講
學清華大學。主要著作有：《清代學術概論》、《中國近三百年學術

註88：見《中國近三百年學術史論》，頁36。
註89：《太炎文錄初編・文錄》卷一《釋戴》。

史》、《墨經校釋》、《墨子學案》、《中國歷史研究法》、《朱舜水年譜》、
《陶淵明年譜》、《飲冰室全集》、《戴東原》、《中國學術思想變遷之
大勢》、《先秦政治思想史》等。《清代學術概論》一書，奠定了至今
研究清代學術思想的框架和基礎；《中國近三百年學術史》一書，則
是他晚年研治清代學術史的重要論著，全書的主要內容，可概括為
三部分：一是清代學術變遷與政治的影響，深入分析清代政治與清
代學術思想發展演變的關係；二是論述清初經世思潮及主要學者的
成就；三是綜述清代學者整理舊學的成績，就經學、小學及音韻、
校勘、辨偽、輯佚、史學、方志學、地理學及譜牒學、曆算學、科
學、樂曲學等方面的成就，一一排比、歸納。

　　梁啟超毫無疑義是十九世紀末二十世紀初中國最具影響力的啟
蒙家、宣傳家、思想家，乃至政治人物。（註90）他也是清代學術思
想史研究的先鋒。他的《清代學術概論》、《中國近三百年學術史》
及有關戴震的個案研究，是對清代學術思想史努力研究的成績。丘
為君認為：胡適在 1923 年元月發表《國學季刊發刊宣言》，提出系
統地整理國故的主張，不論在理念或舉證說明上，都或多或少有梁
啟超清代學術思想研究的影子。（註91）

　　梁啟超早在 1902 年《中國學術思想變遷之大勢》一書中，便已
對戴震在經學考證的貢獻上，給予高度的評價。（註92）梁任公說：

　　　當是時，天子方開四庫館以藻飾太平，而東原實總館事（四
　　　庫書目提要其大部分出東原手，紀文達其名耳）。彼之學既

註90：丘為君《戴震學的形成》，台北聯經出版社，2004 年，頁 81。

註91：丘為君《戴震學的形成》，台北聯經出版社，2004 年，頁 80。

註92：丘為君《戴震學的形成》，台北聯經出版社，2004 年，頁 97。

足以睥睨一世，而復祭酒於首善之區，以是戴氏學掩襲天
下，清之漢學家，大率專事考據，不復與宋明儒者爭席。惟
東原著《孟子字義疏證》及《原善》，以其心得者，以與新
安姚江爭，則亦持之有故，言之成理。（註93）

又說：

故清之休寧，可比明之姚江；姚江出而舉天下皆姚江學，即
有他派，附庸而已。休寧亦然，乾嘉間，休寧以外之學術，
皆附庸也。（註94）

又說：

惠戴之學，固無益於人國，然為群經忠僕，使後此治國學者，
省無量精力，其功固不可誣也。（註95）

在梁啟超看來，清學正統派為惠戴之學，惠、戴齊名，而惠尊
聞好博，戴深刻斷制；惠僅「述者」，戴則「作者」，故正統派之盟
主必推戴。戴之治學根本方法，在「實事求是」、「無徵不信」；其研
究範圍，以經學為中心，而衍及小學、音韻、史學、天算、水地、
典章制度、金石、校勘、輯逸等等，而引證取材，多極於兩漢，故
亦有「漢學」之目。（註96）

註93：梁啟超《中國學術思想變遷之大勢》，台灣中華書局，1971 年，頁 93。
註94：梁啟超《中國學術思想變遷之大勢》，台灣中華書局，1971 年，頁 94。
註95：梁啟超《中國學術思想變遷之大勢》，台灣中華書局，1971 年，頁 94。
註96：梁啟超《清代學術概論》，台灣商務印書館，1967 年，頁 6。

　　梁任公自謂：「啟超年十三，與其友陳千秋同學於學海堂，治戴段王之學。」（註97）他認為戴震「做學問的方法，每立一義，『必徵之古而靡不條貫，合諸道而不留餘議，鉅細畢究，本末兼察，乃敢自認為十分之見。』（註98）我們按著他的話去讀《易經》、《論語》、《孟子》，處處都『渙然冰釋』；按著和他反對方面宋儒們的話去讀，便有許多扞格矛盾。因此我們不能不承認他的話和孔孟同條共貫。」（註99）這就是任公服膺戴學的原因之一。

　　戴震生於清雍正元年（1723）12 月 24 日，西曆為 1724 年 1 月 19 日。1923 年 12 月 24 日為戴震二百年生日，梁啟超乃與「講學社」和「北大國學門研究所」等學術團體，於 1923 年 10 月起，在北京籌辦紀念活動，主要是 1924 年 1 月 14 日於北京「安徽會館」，舉行並主持「東原學術講演會」。而戴震故鄉安徽休寧人士（戴震後裔戴祖蔭和戴琴泉等），為謀所以講明戴學而衍其緒，在屯溪隆阜故戴震讀書處（今為安徽第四女子師範學校），成立「戴東原圖書館」。梁啟超在《戴東原圖書館緣起》一文中說：「戴東原先生為前清學者第一人，其考證學集一代大成，其哲學發二千年所未發。雖僅享中壽，未見其止，抑所就者固已震鑠往禩，開拓來許矣。」（註100）又說：「夫一國中所貴有大師者，非謂其能盡治天下之學而造其極也。彼其人格足以為後進模楷，其於學能引端緒，使人由其塗焉以隅反孟晉，則其所繩繼而濬發者無窮極已。東原先生則正其人也。」（註101）

註97：《清代學術概論》，台灣商務印書館，1967 年，頁 83。
註98：戴震《與姚姬傳書》。
註99：梁啟超《戴東原》，台灣中華書局，1957 年，頁 18。
註100：《戴東原》，台灣中華書局，1957 年，頁 71。
註101：《戴東原》，台灣中華書局，1957 年，頁 71。

　　梁啟超在《戴東原生日二百年紀念會緣起》一文，揭櫫戴學在今後學術界留下的最大價值，是「他的研究法」與「他的情感哲學」兩項。擬定「東原學術講演會」的範圍是：(1)戴東原在學術史上的位置；(2)戴東原的時代及其小傳；(3)音聲訓詁的戴東原；(4)算學的戴東原；(5)戴東原的治學方法；(6)東原哲學及其批評；(7)東原著述考；(8)東原師友及弟子。（註102）依照此一範圍，梁啟超率先寫了《戴東原先生傳》、《戴東原著述纂校書目考》、《戴東原哲學》三文，台灣中華書局1936年將三文合刊，稱《戴東原》。

　　對於戴震的「學術研究法」，在《緣起》中梁啟超說：

> 他（戴震）所主張「去蔽」「求是」兩大主義，和近世科學精神一致，他自己和他的門生各種著述中，處處給我們這種精神的指導。這種精神，過去的學者雖然僅用在考證古典方面，依我們看，很可以應用到各種專門科學的研究，而且現在已經有一部分應用頗著成績。所以東原可以說是我們「科學界的先驅者」。（註103）

　　梁啟超說：「東原學術，雖有多方面，然足以不朽的全在他的哲學。」（註104）此說確有卓見。他又認為：「先生之學，體大思精，《原善》、《孟子字義疏證》兩書，語極簡而義極豐，殆於一字一金。」（註105）梁任公將戴震的哲學分為五個主要部分來討論，即：(1)客觀的理義與主觀的意見；(2)情欲主義；(3)性的一元與二元；(4)命定與自由意志；(5)修養與實踐。依據戴震的著作，來勾勒他的思想體系。

註102：《戴東原》，台灣中華書局，1957年，頁72-73。
註103：《戴東原》，台灣中華書局，1957年，頁72。
註104：《戴東原》，頁13。
註105：《戴東原》，頁10。

戴震反對宋儒「如有物焉，得於天而具於心」的「理」論，因為宋儒往往錯將「理」為主觀認知的「意見」而禍民，故有「以理殺人」的痛切之論；反對宋儒「理欲二元論」，而主「理存乎欲」，肯定人的情欲；批判宋儒「性二元論」，而主「血氣心知一元論」，反對宋儒「天命」論，而視「命」為「限定」之意。至修養與實踐，則主「去私」、「解蔽」，去私必強恕，「解蔽莫若學」。梁啟超在《戴東原哲學》中，都做了精確的論述。然而梁啟超說：

> 須知東原所最用力者，不在排斥敵派，乃在排斥那些「利用敵人資本，假冒本號招牌」的人。宋儒偷佛老的話作為自己的家當，這種事實是不能不承認的。佛老見解對不對，另一問題，但斷不能說孔孟學術和佛老是一家。……東原的工作，則段茂堂所謂「以六經孔孟之旨還之六經孔孟，以程朱之旨還諸程朱，以陸王佛氏之旨還諸陸王佛氏。」（註106）以嚴格言之，也可以說，東原並沒有攻擊別派的行為，不過將這派那派研究出他們的真相，理清他們的系統，叫他們彼此不相蒙混。這種工作，無論對於某種學問，在批評家或歷史家是最必要的。我們認為東原為最忠實於這種工作的人。（註107）

2. 胡適

胡適，字適之，安徽績溪人。生於清光緒十七年（1891），卒於民國五十一年（1962）。美國哥倫比亞大學哲學博士。曾任中國公學

註106：《戴東原先生年譜》。
註107：梁啟超《戴東原》，台灣中華書局，1957年，頁17。

校長、北京大學文學院院長及校長;抗日戰爭時,任駐美大使,膺選國大代表,晚年任中央研究院院長。著有《中國古代哲學史大綱》、《白話文學史》、《中國新文學運動史》、《章實齋年譜》、《戴東原的哲學》等書,另輯成《胡適文存》四集。是當年「五四啟蒙運動」的主要領袖,「新文化新思想的先鋒」,「大時代大政治之戰士」。(註108)

　　胡適一生題擬最多的一幅對聯是:「大膽的假設,小心的求證;少說點空話,多讀點好書。」可以看出他受清代樸學影響所形成的治學方法和處世態度。他對戴震「求是求實」的治學精神與「明道聞道」的治學目標,是深表讚許的,並認為這是戴學特異於清代考據學的兩個重點。胡適認為戴震是顧炎武、閻若璩以來考證之學的嫡派傳人,他做學問的方法,一面重在「必就事物剖析至微」,一面重在證實。(註109)但是,戴震不甘心僅僅做個考據家,他要做個哲學家。(註110)胡適認為,朱子、王陽明、戴東原,是中國思想史上能畫出新紀元的重要人物。而戴震是朱子以後第一個大思想家、大哲學家,他在中國哲學史上有革命大功和建設成績。(註111)

　　梁啟超為了紀念戴震二百年冥誕,1923 年 10 月,在北京發起「戴東原生日二百年紀念會」,去函邀請胡適參加,胡適欣然答應,並且撰寫了〈戴東原在中國哲學史上的位置〉一文及《戴東原的哲學》一書。書中對乾嘉時代學術背景,對戴學與顏李學派的關係,對戴東原哲學中論天道、論性、論人道、論理、闢理欲之辨、論權

註108: 各界致祭胡適輓聯之一語。
註109: 參胡適《戴東原的哲學》,台灣商務印書館,1996 年,頁 66。
註110: 胡適《戴東原的哲學》,頁 26。
註111: 胡適《戴東原在中國哲學史上的地位》。

與一貫等，以及戴學的反響，都有詳確精闢的剖析闡述。他認為戴震的哲學是受顏李學派影響的。宋儒主「涵養須用敬，進學則在致知」的求道方法，並非儒學的正統，而是後世佛家打坐的變相；而「離事而言敬」，也不合儒家的基本信念；宋明儒「由靜入敬」只是禪宗「惺惺寂寂」的「靜」之境界而已。戴震總論理欲之辨，凡有三大害處，第一，責備賢者太苛刻了，使天下無好人，使君子無完行；第二，養成剛愎自用，殘忍慘酷的風氣；第三，重理而斥欲，輕重失當，使人不得不變成詐偽。（註112）胡適說：「戴震的哲學，從歷史上看來，可說是宋明理學的根本革命，也可以說是新理學的建設——哲學的中興。」（註113）對朱筠、程晉芳的不解戴震哲學，深表遺憾；對翁方綱、姚鼐、方東樹等的詆毀戴震，加以有力的辯正，對凌廷堪、焦循、阮元號稱戴學的傳人，不能繼續這新理學的事業，因而下了一個傷心的結論：

> 戴震在中國哲學史上雖有革命的大功和建設的成績，不幸他的哲學只落得及身而絕，不曾有繼續發達的機會。現在事過境遷，當日漢宋學爭門戶的意氣早衰歇了，程朱的權威也減削多了，「漢學」的得失也更明顯了，清代思想演變的大勢也漸漸清楚了，我們生在這個時代，對於戴學應取什麼態度呢？戴學在今日能不能引起我們中興哲學的興趣呢？戴學能不能供給我們一個建立中國未來的哲學的基礎呢？（註114）

註112：參胡適《戴東原的哲學》，台灣商務印書館，1996 年，頁 75-76。
註113：胡適《戴東原的哲學》，台灣商務印書館，1996 年，頁 83。
註114：胡適《戴東原的哲學》，台灣商務印書館，1996 年，頁 194。

做為戴震徽州同鄉後學的胡適，這一段話也真太語重心長了。

戴震校《水經注》，有人說他竊取趙一清的書，造成公案。對此胡適花了二十多年的功夫研究，主要的目的不是去治地理學，而是重審此案，辨別戴震竊趙書的是非。（註115）最後的結論是：「這根本不是什麼抄襲，而是『學術史上所謂獨立研究，而先後約略同時得到同樣結果的一種好例子。』」（註116）依胡適的看法，戴震根本就沒有見過趙一清的校本，他 1944 年還寫《戴震未見趙一清《水經注》校本的十組證據》一文。（註117）

丘為君認為，胡適的戴震論述雖然經過相對精密的學術包裝，但事實上，他的文化事業背後有一個改革中國的「經世」使命。（註118）

3. 戴震研究會

戴震研究會是中國第一個研究戴震的學術團體，1986 年 4 月，由徽州師專、戴震紀念館等單位創立，會址在安徽屯溪隆阜徽州師專校內。該會定期印行《戴震研究通訊》。1986 年 5 月 7 日至 10 日，在屯溪召開首次戴震學術研討會，國內眾多戴學專家、學者、研究者參與盛會，發表四十多篇論文，會後出版《戴震學術思想論稿》和《戴學新探》二書，由安徽人民出版社出版。該會理事長徽州師專校長葉光立《戴震學術討論會開幕詞》說：

> 戴震是我國清代的著名學者，唯物主義哲學家，啟蒙思想
> 家。在哲學上，他堅持和發展了古代唯物主義，批判程朱理

註115：參陳橋驛《酈道元評傳》，南京大學出版社，2006 年，頁 18。
註116：《胡適手稿》第一集卷四，台北胡適紀念館 1960 年 2 月影印本。
註117：李開《戴震評傳》，南京大學出版社，2001 年，頁 276-277。
註118：丘為君《戴震學的形成》，台北聯經出版公司，2004 年，頁 259。

學「以理殺人」，在思想界代表市民階層向面臨末世的封建
社會進行了猛烈衝擊，在語言文字學方面，他開創了皖派漢
學，成為一代經學大師。戴震還對於天文、曆算、輿地、機
械等多個學術領域有著廣泛的研究，有一定的學術成就。戴
震學術思想是明末清初中國封建社會末期特定歷史時期的
產物，也是徽州歷史文化特定條件的產物。其學術思想，是
中華歷史文化珍貴遺產的一部分。（註119）

　　1987 年 6 月 8 日，戴震研究會在戴震紀念館舉行「戴震逝世 210
周年紀念會」；同年 6 月 22 日，為戴震逝世 210 周年紀念日，該會
召開戴震學術討論會及二次年會。之後，即開始進行編纂《戴震全
集》，由戴震研究會、徽州師專、戴震紀念館共同編纂，共計六大冊，
由北京清華大學出版社出版。對傳揚戴學，著有重大的貢獻。

二、戴學的反動

　　戴震當時的一些學友弟子，對戴震及戴學讚譽極盛。戴震歿後，
錢大昕為他寫傳，表達對學術摯友的懷念之情，並特別推崇戴震「研
精漢儒傳注及《方言》、《說文》諸書，由聲音、文字以求訓詁，由
訓詁以尋義理，實事求是，不主一家。亦不過騁其辯以排擊前賢」
的治學態度與研究路徑，並稱頌戴震「講貫禮經制度名物及推步天
象，皆洞徹其原本」的學術成就。（註120）被余英時稱為「乾嘉時

註119：《戴震研究通訊》第四期，1986 年 5 月 16 日。
註120：以上引文均見《戴先生震傳》，《潛研堂文集》卷三十九。

代反程朱的第一員猛將」的紀昀（註121），則在讀《孟子字義疏證》
以後「攘臂扔之，以非清淨潔身之士，而長流污之行」。王昶在《戴
東原先生墓志銘》寫道：「東原之學，苞羅旁蒐於漢、魏、唐、宋諸
家，靡不統宗會元，而歸於自得；名物象數，靡不窮源知變，而歸
於理道。本朝之治經者眾矣，要其先之以古訓，析之以群言，究極
乎天地人之故，端以東原為首。」（註122）洪榜在《戴先生行狀》
中說：「其學彌博而探指彌約，其資愈敏而持力愈堅，年二十餘而五
經立矣。」又說：「蓋先生之為學，自其早歲稽古綜核，博聞強識，
而尤長於論述。晚益窺於性與天道之傳，於老莊釋氏之說，入人心
最深者，辭而闢之，使與《六經》孔孟之書，截然不可以相亂。」
又說：「先生抱經世之才，其論治以富民為本。」再說：「先生行己
嚴介，不苟然，必絜以情理，不為矯激之行。先生接物待人以誠，
謀人之事，如恐其不遂，揚人之善，如恐其不聞。其教誨人，終日
矻矻，不以為倦也。先生之言，平正通達，近而易知，博極群書，
而不少馳聘，有所請，各如其量以答之。凡見先生者，未嘗不有所
得也。先生之學，雖未設施於時，既歿，其言立，所謂不朽者與！」
（註123）盧文弨評述戴震「其學……精詣深造，以求至是之歸。胸
有真得，故能折衷群言，而無徇矯之失。其著為說也，未嘗使客氣
得參其間，泠然而入，豁然而解；理苟明矣，未嘗過騁其辨以排擊
昔人，而求伸其說。其為道若未足以變易當世之視聽，而實至名歸。」
（註124）段玉裁則稱頌說：「蓋先生合義理、考核、文章為一事，

註121：余英時《論戴震與章學誠》，台北東大圖書公司，1996 年，頁 126。
註122：《戴震文集》弼錄，台北華正書局，1974 年，頁 263-264。
註123：以上引文均見《戴震文集》，台北華正書局，1974 年，頁 251-260。
註124：《戴震全集》，北京清華大學出版社，1999 年，頁 3452。

知無所蔽，行無少私，浩氣同盛於孟子，精義上駕乎康成程朱，修辭俯視乎韓歐焉。」（註125）戴震其他弟子、私淑弟子及後學之崇拜者的頌揚，本書上節已略有概述。

　　時人及後學者，對戴震考據學成就，眾口一辭，讚譽有加，惟對其義理學，尤其是他對理欲觀的剖析和批判，不僅招致來自理學陣營的反對和攻擊，就連漢學派內部也有不同看法，有完全否定者。由於戴震「正人心之要」的哲學著作《孟子字義疏證》，以注經形成闡發了唯物主義思想，對程朱理學給予了深刻的批判，在當時就受到了一些理學衛道士的反對。在戴震逝世前一個月，「好釋氏之學」、「好談孔孟程朱」的彭允初首先「不安於心」，在《與戴東原書》中向戴震質問。他堅持天命觀，責問戴震「不知天，其何以知人？是故外天而言人，不可也。」戴震復信表示其《原善》、《孟子字義疏證》「反復辯論，誠與足下之道截然殊致」，「在僕乃謂盡異，無毫髮之同」。明示「道不同，不相為謀」。（註126）其後朱筠看到洪榜為戴震所作的《行狀》，全載其《答彭進士允初書》一文，竟然說其「可不必載，戴氏可傳者不在此」，認為「經生貴有家法，漢學自漢學，宋學自宋學。今既詳度數，精訓故，乃不可復涉及性命之旨」，況且「性與天道不可得而聞，何圖更於程朱之外復有論說乎？」（註127）

　　按彭紹升（1740-1796），字允初，號尺木居士，又號知歸子。乾隆三十四年（1769）成進士。例選知縣，不就。生性純厚，稟家教，讀儒書，謹繩尺，尤喜陸王之學，後閱《大藏經》，究出世法，

註125：《戴東原先生年譜》，《戴震文集》附錄，台北華正書局，1974 年，頁246。

註126：參方利山《戴震研究述略》，載《戴震學術思想論稿》，安徽人民出版社，1987 年，頁 290-307。

註127：江藩《漢學師承記》卷六，台北世界書局，1962 年，頁 100-104。

絕欲素食，歸心淨土，持戒甚嚴。（註128）段玉裁也稱說：「彭君好釋氏之學，長齋佛前，僅未削髮耳，而好談孔孟程朱，以孔孟程朱疏釋氏之言，其見於著述也，謂孔孟與佛無二道，謂程朱與陸王釋氏無異致。」（註129）劉師培說他「負聰明博辯之才，宅心高遠，及世無知己，則溺志清虛，以抒郁勃，隱居放言，近古狂狷。」（註130）而朱筠（1729-1781），字竹君，一字美叔，學者稱笥河先生。乾隆十八年（1753）成進士。博聞宏覽，於學無不通，解經宗鄭孔，而兼參宋元諸儒之說，論史宗涑水，而歷代諸史亦皆考究貫串，證其同異。前後從遊幾數百人，才彥若戴東原、邵二雲、王懷祖、汪容甫輩，皆延至幕中。（註131）朱筠持考證的觀點最力，但其義理立場，仍持「程朱大賢，立身制行卓絕，其所立說，不得復有異同」的保守態度，因礙於功令，未嘗明詆程朱。故認為戴氏所有義理著作，都沒有可傳的價值。戴震當然不同意這樣的看法，但始終不肯公開與考證學派對抗。他祇是婉轉地向考證派解釋，他的義理是與考證合而為一的，是考證的一種延伸。（註132）朱筠在學術上極力提倡漢學，對戴震極賞識，但在思想上仍然遵奉程朱，所以不認同戴震的新義理，而主張在戴震的遺集中刪去其義理之作。殊不知戴學以明道為極，考據只是過程，義理才是歸宿。紀昀反對程朱更為激烈，對《孟子字義疏證》不屑一顧，「攘臂扔之」。

　　大體言之，乾嘉學人反對戴震講義理者，可以分為兩派，一派是從傳統的程朱觀點攻擊東原的「異端」，如姚鼐（1732-1815）、彭

註128：江藩《宋學淵源記》，附記。
註129：《戴東原先生年譜·附錄》，台北華正書局，1974 年，頁 240。
註130：《左庵外集》卷九《清儒得失論》。
註131：支偉成《清代樸學大師列傳》，台北藝文印書館，1970 年，頁 625-626。
註132：參余英時《論戴震與章學誠》，台北東大圖書公司，1996 年，頁 121。

紹升，以至翁方綱諸人；另一派對戴震的義理的攻擊，則從訓詁考證的立場出發，朱筠和錢大昕是其中最主要的人物。他們否定義理本身，都嚴守顧炎武「經學即理學」之教，認為論學只要一涉及「性」與「天道」，便是空虛無用。（註133）

戴震的新義理著作，一方面繼承了張載、王夫之的唯物主義思想，另一方面，在自然觀、認識論、倫理學以及歷史觀諸方面，全面地剖析、批判了程朱、陸王的唯心主義哲學。這種批判的深刻性、尖銳性、全面性，超過了前人，更為當時的漢學家所不敢夢及。遺憾的是，戴震對程朱理學及當時封建統治者的批判、揭露，並未震醒時人，即使是他的弟子，從段玉裁至王念孫、王引之，以至阮元，都愈來愈拋棄先師之道，後來甚至只知考據，不知「道」或哲學為何物。（註134）

戴震弟子段玉裁，生平服膺戴學，在所為《戴東原先生年譜》中，記錄了不少戴震論學之語，並肯定其《孟子字義疏證》等義理著作，但他的出發點卻與戴震不同，戴震強調義理，以義理為考核的根本，主張「義理者，文章考核之源也。熟乎義理，然後能考核，能文章」。而段玉裁卻崇尚考核，認為「義理、文章未有不由考核而得者」。因此，段玉裁只是推崇戴震的考據，並不完全了解戴震的思想主張。又自稱私淑弟子的淩廷堪，稱讚戴學，推崇《原善》、《孟子字義疏證》，皆標舉古義以刊正宋儒。但他卻未能真正理解戴震思想的唯物主義內容及反理學的實質，因此，儘管淩氏摒棄宋明理學，但卻主張「以禮代理」，以禮來復性。

章學誠對當時無人真正了解戴震的義理學，十分感慨地說：「時人方貴博雅考訂，見其訓詁名物有合時好，以為戴之絕詣在此。及

註133：參余英時《論戴震與章學誠》，台北東大圖書公司，1996 年，頁 114。
註134：參夏乃儒主編《中國哲學三百題》，上海古籍出版社，1988 年，頁 356。

戴著《論性》、《原善》等諸篇，於天人理氣，實有前人所未發，時人謂空說義理，可以無作。是固不知戴學者矣。」（註135）他指出，戴震「戒人以鑿空言理，其說深探本源，不可易矣。」（註136）戴震之學「能深識古人大體，進窺天地之純」，對於「有如戴東原氏，非古今無其偶者，而乾隆年間，未嘗有其識，是以三四十年中，人皆視為光怪陸離，而莫能名其為何等學。」

　　戴震及戴學的反動者，除彭紹升、朱筠以外，尚有翁方綱、姚鼐、方東樹等人。究其反對甚至攻擊戴震的原因，有的是基於個人的恩怨，有的是基於學術的異同，如漢學宋學之爭、考證與義理之爭。茲簡述翁、姚、方三氏反戴學的情況。

（一）翁方綱（1733-1818）

　　翁方綱，字正三，號覃溪。乾隆朝進士，官至內閣學士。精於金石、譜錄、書畫、詞章之學，尤精書法，治學嚴謹，主調和漢宋，不有門戶之見。

　　戴震《孟子字義疏證》批判理學，直指周、二程、朱、陸之名。當然激怒了程朱派。在文字上反擊戴學的，首先是館閣學士翁方綱。他寫了一篇《理說駁戴震作》，直稱戴氏之名。翁氏的門生及其他宋學家程恩澤、章學誠、姚鼐、方東樹相繼指責戴學，方東樹的《漢學商兌》是其中代表作。（註137）

註135：《文史通義補遺續‧與史餘材》。
註136：《朱陸篇書後》。
註137：王茂《評黃式三〈申戴〉》，載《戴震學術思想論稿》，安徽人民出版社，1987年，頁108。

　　翁方綱在一定程度上肯定考據，認為「學者正宜細究考訂詁訓，然後能講義理。」（註138）同時又十分強調「考訂之學以衷於義理為主」，以免「嗜博」、「嗜瑣」、「嗜異」、「矜己」之弊。（註139）但是，對戴震的義理學深致不滿，在《理說駁戴震作》文中說：「近日休寧戴震一生畢力於名物象數之學，博且勤矣，實亦考訂之一端耳。乃其人不甘以考訂為事，而欲談性道以立異於程朱。」且「反目朱子『性即理也』之訓，謂入於釋老『真宰』、『真空』之說，竟敢刊入《文集》，說『理』字至一卷之多。」（註140）竟認為戴震只應「畢力於名物象數」，而不應「談性道」、言義理。

（二）姚鼐（1732-1815）

　　姚鼐，字姬傳，世稱惜抱先生，安徽桐城人。幼承家學，受經學於伯父範，學古文於同邑劉大櫆。乾隆二十八年（1763）進士。四庫全書館開，任纂修，以病乞假歸。主講揚州梅花、南京鍾山、安徽紫陽各書院者四十餘年。論學主集義理、考據、詞章之長。桐城自方苞、劉大櫆倡為古文，而姚鼐繼之，由是有桐城派之號。

　　於乾嘉之世，與惠戴二派同時，而別樹一幟者，就是桐城派。桐城派尊宋學，惠戴尊漢學；桐城派好治文辭，惠戴專治經訓。尊宋學者譏漢學為破碎，尊漢學者則謂宋學為空疏；工文辭者不習經典，而研經訓者又不樂為文辭。二者交相非，而漢宋遂因此分途，而文士與

註138：《復初齋文集》卷七，〈與程笥門午錢戴二君議論舊草〉。
註139：《復初齋文集》卷七，〈考訂論〉。
註140：《復初齋文集》卷七。

經儒開始交惡。（註141）咸豐同治間，曾國藩為《聖哲畫像記》一文，極尊「桐城」，至躋姚鼐與周公孔子並列；「桐城」因而增重。

乾隆二十年（1755），戴震在京師，姚鼐欲以東原為師。無奈戴震一生於師弟之道極為鄭重，從不肯輕易收弟子。即便是段玉裁心慕其學，屢請正師弟之稱，不許，至乾隆三十四年（1769），謁東原時復堅稱弟子，戴震才勉強從之。姚鼐欲拜戴震為師之願，被戴震婉謝了。姚鼐竟成排擊戴學之人。

於是姚鼐抓住戴震義理說摒棄程朱、直接孔孟這一立足點，再三強調只有程朱才是孔孟的傳人，只有理學才得孔孟的真旨。他說：「儒者生程朱之後，得程朱而明孔孟之旨，程朱猶吾父師也。程朱言或有失，……正之，可也。正之而詆毀之、訕笑之，是詆訕父師也。且其人生平不能為程朱之行，而其意乃欲與程朱爭名，安得不為天之所惡？故毛大可、李剛主、程綿莊、戴東原，率皆身滅嗣絕。此殆未可以為偶然也。」（註142）又指責戴震「言考證豈不佳，而欲言義理以奪洛閩之席，可謂愚妄不自量之甚矣。」（註143）姚鼐看來，詆毀宋儒，就是獲罪於天，就要絕子絕孫。

劉師培及章太炎等極不以為然。章太炎說：

> 範從子姚鼐，欲從震學，震謝之，猶亟以微言匡飭。鼐不平，數持論詆樸學殘碎。其後方東樹為《漢學商兌》，徵章益分。（註144）

註141：參鄧實《國學今論》，《中國近三百年學術史論》附錄，上海古籍出版社，2006年，頁338。

註142：《惜抱軒文集》，〈再復簡齋書〉，台北文海出版社，頁190。

註143：《惜抱軒文集》，〈與陳碩士〉。

註144：《訄書》卷十二〈清儒一〉，《中國近三百年學術史論》轉錄，上海古籍出版社，2006年，頁7。

在章太炎看來，姚鼐仰慕漢學大師戴震的學術聲望，本欲不惜屈身師事大他八歲的戴震，然而，由於被戴氏所婉拒而心存怨恨，所以從此才步上詆毀「樸學殘碎」的道路。劉師培說：

> 及姚鼐興，亦挾其古文宋學與漢學之儒競名，繼慕戴之學，欲執贄於其門，為震所卻，乃飾漢學以自固，然篤信宋學之心不衰。（註145）

梁啟超說：「平心論之，『桐城』開派諸人，本狷潔自好；當『漢學』全盛時而奮然與抗，亦可謂有勇；不能以其末流之墮落歸罪於作始；然此派者，以文而論，因襲矯揉，無所取材；以學而論，則獎空疏，闕創獲，無益於社會；且其在清代學界，始終未嘗占重要位置，今後亦斷不復能自存；置之不論焉可耳。」（註146）

乾嘉之間，漢宋之爭激烈，互相水火。桐城之學，雖閎博精深，實非惠戴之敵。鄧實說：

> 姚氏慕其鄉方氏之所為，而受法於劉海峰，以私淑方氏，然其始嘗欲從戴東原問學。及戴謝之，始憾戴氏，而別標義理、考據、詞章三者以為宗，以與漢學自異。……迨東原之歿也，姚氏《致友人書》云：東原毀謗朱子，是以乏嗣。其斥東原可謂不遺餘力矣。（註147）

註145：《左盦外集》卷九《近儒學術統系論》。

註146：《清代學術概論》，台灣商務印書館，1967 年，頁 69-70。

註147：鄧實《國學今論》，載《中國近三百年學術史論》附錄，上海古籍出版社，2006 年，頁 338。

　　姚鼐攻擊戴震，除拜師不成的個人恩怨外，也是基於漢宋之爭。鄧實提醒說：「吾謂漢學、宋學，其於孔子之道各有所得。漢學好古而敏求，宋學慎思而明辨；漢學道問學，其道不相為非。今欲尊漢而祧宋，則是聖人之道，有博而無約，有文章而無性道，有門廡而無堂奧矣；今欲尊宋而祧漢，則是聖人之道，有約而無博，有性道而無文章，有堂奧而無門廡矣。不亦慎乎。」（註148）

（三）方東樹（1772-1851）

　　方東樹，字植之，安徽桐城人。博覽經史，能詩文。中歲研究義理，一宗朱子，為姚鼐門下四傑之一。阮元督兩粵時，延請他修《廣東通志》，又授經於阮元幕中。

　　方東樹生當嘉慶道光之際，漢學鼎盛之時。而其為學專崇程朱，於是作《漢學商兌》一書，加以排拒。其書仿朱子《雜學辨》的體例，摘錄漢學諸家議論原文，各為辨正於下，分為三卷。上卷「溯其畔道罔說之源」，中卷「辨其依附經義小學似是而非者」，下卷「辨其詆誣唐宋儒先而非事實者」。（註149）

　　方東樹極力尊護朱子，謂理即事而在，即物窮理，就是實事求是。又謂朱子非廢訓詁名物不講，不如漢學諸人所訾謗。他以程朱為孔門之正傳，平生為學，專宗程朱。嘗自言「生平觀書，不喜異說」、「惟於朱子之言獨契，覺其言言當於人心，無毫髮不合，其與孔曾思孟無二」、「見人著書與朱子為難者，輒恚恨」。（註150）他說：

註148：《國學今論》，載《中國近三百年學術史論》附錄，上海古籍出版社，
　　　　2006年，頁339-340。
註149：見《漢學商兌・序例》。
註150：《漢學商兌三序》。

「程朱之道，與孔子無二，欲學孔子而捨程朱，猶欲升堂入室而不屑履階由戶也。」（註151）

　　方東樹站在宋學的立場，批判漢學，不遺餘力。他說：「逮於近世為漢學者，其蔽益甚，其識益陋，其所挾惟取漢儒破碎穿鑿謬說，揚其波而汩其流，抵掌攘袂，明目張膽，惟以詆宋儒、攻朱子為急務，要之，不知學之有統，道之有歸，聊相與逞志快意，以驚名而已。」（註152）又說：「近世有為漢學考證者，箸書以闢宋儒，攻朱子為本，首以言心言性言理為厲禁，海內名卿鉅公，高才碩學，數十家遞相祖述，膏脣拭舌，造作飛條，競欲咀嚼，究其所以為之罪者，不過三端：一則以其講學標榜，門戶分爭，為害於家國；一則以其言心言性言理，墮於空虛，心學禪宗，為歧於聖道；一則以其高談性命，束書不觀，空疎不學，為荒於經術。……名為治經，實足亂經；名為衛道，實則畔道。」（註153）他又說：「漢學諸人，言言有據，字字有考，只向紙上與古人爭訓詁形聲，傳注駁雜，援據群籍，證佐數百千條，反之身己心行，推之民人家國，了無益處，……然則雖實事求是，而乃虛之至者也。」（註154）

　　是方東樹視漢學為「離經叛道」、「幾千年未有之異端邪說」，甚至辱罵漢學是「鴆酒毒脯」、「洪水猛獸」（註155），故《漢學商兌》是理學末流對「漢學」最激烈的反動，對具有反理學傾向的漢學者，從顧炎武到戴震，一一加以抨擊，而集矢於戴震。

註151：《漢學商兌・序例》。
註152：《漢學商兌・重序》。
註153：《漢學商兌・序例》。
註154：《漢學商兌・卷中》。
註155：《漢學商兌・序例》。

　　方東樹說：「戴氏非能有老莊玄解，不過欲堅與程朱立異，故其說惟取莊周言『尋其腠理，析之節者有間』等語，解「理」字為腠理，以鬪程朱無欲為理之說，則亦仍不出訓詁小學伎倆。」（註156）對於戴震之排擊理學且另外建構以氣化為強調，落實在經驗領域的義理學，便譏說「古今天下義理一而已矣！何得戴氏別有一種義理乎？」又謂戴震「欲以之易程朱之說也」，曰：「今移此混彼，妄援立說，謂當道遂其欲，不當繩之以理，言理則為以意見殺人，此亙古未有之異端邪說，而天下方同然和之，以蔑理為宗，而欲以之易程朱之統也。」（註157）他認為戴震《孟子字義疏證》一書，「輷輷乖違，毫無當處」，「大為學術人心之害」。他又批評戴派學者說：「後來戴氏等日益浸熾，其聰明博辨既足以自恣，而聲華氣燄，又足以聳動一世，於是遂欲移程朱而代其統矣，一時吳中、徽、歙、金壇、揚州數十餘家，益相煽和，則皆其衍法之導師，傳法之沙彌也。」（註158）

　　實則方東樹《漢學商兌》所論，多道統、立場、意氣之爭。清人皮錫瑞評論《漢學商兌》，以為「方氏純以私意，肆其謾罵」、「名為揚宋抑漢，實則歸心禪學」、「不可為訓」。（註159）章太炎說：「東樹亦略識音聲訓詁，其非議漢學，非專誣讕之言。然東樹本以文辭為宗，橫欲自附宋儒，又奔走阮元、鄧廷楨間，躬行佞諛，其行與言頗相反。」（註160）劉師培說：「桐城方氏（方東樹《漢學商兌》）、義烏朱氏（朱一新《無邪堂答問》），辨章學術，咸於東原有微詞。

註156：《漢學商兌》。
註157：《漢學商兌》。
註158：《漢學商兌》。
註159：《經學歷史・經學復興時代》。
註160：《檢論・清儒二》。

以蚍蜉而撼大樹，以蜩鳩而笑鷗鵬，鄙儒之說，何損於東原萬一哉？」（註161）梁啟超說：「其時與惠戴學樹敵者曰桐城派。方東樹著《漢學商兌》，抨擊不遺餘力，其文辭斐然，論鋒敏銳，所攻者間亦中癥結。雖然，漢學固可議，顧桐城一派，非能議漢學之人，其學亦非惠戴敵，故往而輒敗也。」（註162）

　　胡適認為「方東樹著書的動機全是一種盲目的成見。」（註163）又「方東樹的根本毛病即在於誤認宋儒的義理為『直與孔曾思孟無二』，這種完全缺乏歷史眼光的成見，是不配批評清儒的方法的。」（註164）

　　張濤及鄧聲國認為，方東樹曾指責乾嘉漢學是「亙古未有之異端邪說」，「漢學諸人，言言有據，字字有考，只向紙上與古人爭訓詁形聲，傳注駁雜，援據群籍證佐，數百千條。反之身己心行，推之民人家國，了無益處，徒使人狂惑失守，不得所用。」但是現在看來，這只不過是清代宋學家對漢學家的偏激之言、門戶之見，是言過其實，站不住腳的。（註165）葛兆光說：「當考據學一旦介入思想世界，並被用在思想經典的真偽辨認，關鍵詞語的歷史梳理上時，它在思想史上確實可以充當表達思想的方式，而當考據學一旦試圖改變聖賢經典對世俗常識、古代知識對近代知識的絕對優先原則，重新確立是非真偽的判斷理性時，它在思想史上確實隱含了革命性的意義。」（註166）對潛藏在戴震經學考證成果之中的義理內涵，

註161：《左盦外集》卷十七，《東原學案序》。
註162：《中國學術思想變遷之大勢》，台灣中華書局，1971年，頁95。
註163：《戴東原的哲學》，台灣商務印書館，1996年，頁177。
註164：《戴東原的哲學》，台灣商務印書館，1996年，頁184。
註165：《錢大昕評傳》，南京大學出版社，2006年，頁481-482。
註166：葛兆光《七世紀至十九世紀中國的知識、思想與信仰》（《中國思想史》

此說完全能夠表明，非常精當。但是，這個論點，站在維護宋學立場的方東樹，是不會贊同的。

（四）後世對漢學的評斥

漢學宋學之爭，今猶未已。戴震是乾嘉漢學的領袖人物，後世學者對漢學的評斥，雖未明指戴震，當然必涉及戴學。清魏源評斥漢學說：「自乾嘉中葉後，海內士大夫興漢學，而大江南北尤盛。蘇州惠氏……徽州戴氏……爭治詁訓音聲，瓜剖釽析，……錮天下聰明智慧，使盡出於無用之一途。」（註167）

今人勞思光認為清儒「從考據進求義理」，是將「哲學問題當作訓詁問題」。（註168）羅光也有微詞，說：「哲學是講事理，事理不能由前代的一個名詞所有字義而被限制。」（註169）而徐復觀則說：「以語源為治思想史的方法，……其結論幾無不乖謬。」（註170）勞氏、羅氏、徐氏，似乎都不以由訓詁考據而求義理為然。而錢穆治學偏主宋學，曾說：「按孟子此章（按即性善篇）趙注本甚是，即朱子《集注》亦不誤，自東原《疏證》別創新解，轉嫌欠強。芸臺又節外生枝，比附於《召誥》，說益支離。……芸臺此等處甚多，由其先未有一根本之見解，既牽纏於古訓，又依違於新說，故時見矛

第二卷，復旦大學出版社 2000 年版，頁 538）。
註167： 魏源《古微堂內外集》外集卷四〈武進李申耆先生傳〉。
註168： 〈孔子與儒學之興起〉，《中國哲學史》，香港中文大學，1980 年，頁 48。
註169： 〈清代學術中的哲學思想〉，《中國哲學史清代篇》，台北學生書局，1986 年，頁 408。
註170： 〈研究中國思想史的方法與態度問題〉，《中國思想史論集》，台北學生書局，1983 年，頁 4。

盾模棱也。」（註171）對戴震及戴學的後學阮元，由訓詁而求義理的治學方法，並不表贊同。錢氏又說：「乾嘉經學，⋯⋯乃尊康成取代孟子，主訓詁取代義理，高擡漢儒，而孔子地位亦轉晦。此實乾嘉經學之迷途。戴東原為《孟子字義疏證》，乃欲並天理人欲之辨而泯之。不知此乃理學上大綱領所在。陽明與朱子，雖有異同，在此辨別上，未有歧見。心學與理學，亦惟在此可以打併歸一。而乾嘉以下之經生，乃並此不加理會。此可謂之是經學，而不得謂之是儒學矣。」（註172）錢氏不滿意戴震的義理學是很明顯的。林登昱認為，錢穆寫「戴學之流衍」，事實上有假章學誠、程瑤田以貶東原之意，如其謂「余觀易疇（程氏）論學精粹，無張皇門戶之意，所得有超戴、焦、淩、阮諸人之上者」（註173），這可看出錢穆對戴學最後的看法。（註174）

　　近世呂思勉有〈訂戴〉之作，附錄於其《理學綱要》一書。呂氏以為戴震攻宋儒諸說，不足以救宋儒之失，只能正宋學末流之弊而已，且其攻宋學之言多誤。對戴震「以理殺人」之論，呂氏以為非創宋學者所為，而是宋學末流之失，不可以咎宋學。在呂氏看來，宋儒未嘗以純乎理責恒人，其有之則宋學之末失也。戴震以為心之所同然，始謂之理義，否則即為「人之意見」。呂氏認為「如戴氏之所云，亦適見其自謂義理，而終成其為意見而已矣。」（註175）

註171：《中國近三百年學術史（下冊）》，台灣商務印書館，1972 年，頁 488。
註172：《中國學術思想史論叢（八）》〈顧亭林學述〉。
註173：錢穆《中國近三百年學術史》上冊，台灣商務印書館，1972 年，頁 379。
註174：林登昱《藉焦循以論戴震的情欲哲學》，載中央研究院中國文哲研究所《乾嘉學者的義理學》下冊，2004 年，頁 549。
註175：參見呂思勉《理學綱要》附〈訂戴〉。江蘇文藝出版社，2008 年，頁201-207。

附錄（一）戴震族系簡譜

戴震族系簡譜

一世
安公：又諱鳴，字寧叔，又字適之。南唐銀青光祿大夫檢校國子祭酒兼監察御史上柱國，諡忠恭。保大（943-957）間知貢進士李克徵撰有《忠恭公廟碑》。

二世
著公：一諱顏，字君儉。不干仕進。歷尋山川勝地，遷於隆阜定居。享年六十八。時稱孝隱先生，有《山水知音》四篇。

三世
睿公：字光榮，生於宋開寶庚午（970）年，卒於祥符己酉（1009）年。

四世
充公：字子實，宋朝議大夫。生於至道丙申（996）年，卒於皇祐癸巳（1053）年。

五世
公輔公：字朝用。宋朝議大夫。（1024-1065）

六世
俊公：字士英，宋朝議大夫。（1050-1112）

七世
吉公：字汝寧，宋迪功郎。（1070-1144）

八世
逢時公：字應元，宋迪功郎。（1098-1173）兄弟七人，排行第三。

九世
之禮公：字仲欽，宋朝議大夫。（1125-1185）兄弟二人，排行第二。

十世
靖公：字安國，（1155-1221）從仕郎，婺州知稅，居官廉謹。兄弟二人，排行第二。

十一世
宗德公：又名得一，字希萬。修職郎建康府錄事參軍。兄弟二人，排行第二。（1182-1152）

十二世
栱：字用昇。號翠麓。
　　江東轉運司幹
　　官，兄弟三人，
　　排行第三，生卒
　　年失考。

十三世
若采：一名勝，字秋宇，
　　　年十八鄉貢進士第
　　　二名。末仕。兄弟
　　　二人，排行第二。
　　　（1253-1323）

十四世
節翁：一諱安節，字時可。
　　　兄弟二人，排行第
　　　二。生卒年失考。

十五世
武：字宇文，號廬
　　齋。生卒年失
　　考。

十六世
外：字希遠，兄弟
　　三人，排行第
　　三。生卒年失
　　考。

十七世
祥同：字物貞，兄
　　　弟四人，排
　　　行第三。生
　　　卒年失考。

十八世
快：字伯樂。生卒
　　年失考。

十九世
薩：字仕成

禮：字仕敬

義：字仕廉

廿世
泰京

泰超：字廷起
泰宏：字廷顯

泰安

泰永：字廷教

泰橋：字廷茂
泰平：字廷海
泰希：字廷罕

泰曉：字廷輝

廿一世
美：字萬全
春：字萬春
元：字萬積
興：字萬輝
遠：字萬里
應祈：字石希
應時：字石節
應隆
千萬
千政
宋佑
宗興
宗道
宗起
宗旺
宗彪
宗豪
宗勢
宗寵

廿二世
（末祥）

（戴震上承何支，待查）

廿三世	廿四世	廿五世	廿六世
（未詳）	（未詳）	（未詳）	景良：生卒年失考

廿七世	廿八世	廿九世
寧仁：生卒年失考。	弁：（1699-1779）	震：（1724-1777）字東原。

卅世

中立（無傳）

中象：字美中。

女，嫁山東曲阜孔子裔孫。

資料來源：戴學研究會《戴震學術思想論稿》，安徽人民出版社，1987 年，頁 281-284。

附錄（二）戴震（東原）年表

清代紀年	歲次	西元紀年	歲數	記事	
雍正元年	癸卯	1723	1	冬 12 月 24 日（西元 1724 年 1 月 19 日），東原生於休寧縣由山鄉忠義里。	
二年	甲辰	1724	2		紀昀生。王昶生。
三年	乙巳	1725	3		程瑤田生。汪景祺以《西征隨筆》梟斬。
四年	丙午	1726	4		汪梧鳳生。年羹堯案、查嗣庭案起。
六年	戊申	1728	6		錢大昕生。
七年	己酉	1729	7		朱筠生。曾靜、呂留良案起。
八年	庚戌	1730	8		畢沅生。周永年生。
九年	辛亥	1731	9		姚鼐生。朱珪生。
十年	壬子	1732	10	東原就傅讀書，授《大學章句》，問塾師，師以為非常兒。	全祖望舉鄉試。余蕭客生。
十一年	癸丑	1733	11		李塨恕谷卒（年 75）。
十三年	乙卯	1735	13		段玉裁、金榜、余廷燦生。
乾隆元年	丙辰	1736	14		全祖望成進士。開博學鴻詞科，程恂以員外郎被舉，授檢討。桂馥生。

三年	戊午	1738	16		任大椿生。章學誠生。盧文弨舉順天鄉試。
四年	己未	1739	17	東原有志聞道，就塾師讀《說文》、《爾雅》、《方言》、盡通《十三經注疏》。	孔繼涵生。
五年	庚申	1740	18	東原隨父文林公客南豐，課學童於邵武。	彭紹升生。崔述生。
六年	辛酉	1741	19		程編修恂延江永遊京師，江永著《周禮疑義舉要》。
七年	壬戌	1742	20	東原自邵武歸，程恂允為「載道器」。作《贏旋車記》、《自轉車記》。	
八年	癸亥	1743	21		江永為歲貢生，成《近思錄集注》14卷。邵晉涵生。
九年	甲子	1744	22	東原成《籌算》1卷，後增改，更名《策算》。	王念孫生。汪中生。
十年	乙丑	1745	23	東原成《六書論》三卷，有《答江慎修先生論小學書》。	閻若璩《尚書古文疏證》刻成。
十一年	丙寅	1746	24	東原《考工記圖注》成。	全祖望增修《宋儒學案》。
十二年	丁卯	1747	25	東原成《轉語》二十章。	
十三年	戊辰	1748	26	東原娶孺人朱氏，朱氏時年17。	
十四年	己巳	1749	27	東原成《爾雅文字考》10卷，與程瑤田初識訂交。是仲明遊徽州，東原有《與是仲明論學書》。	方觀承任直隸總督。方苞卒。
十五年	庚午	1750	28	方楘如樸山主紫陽書院，見東原文大讚服。江永講學於紫陽書院，東原從江永游，俱客汪梧鳳不疏園，同學有鄭牧、汪肇龍、	

				程瑤田、方矩、金榜。東原有《答鄭丈用牧書》。是仲明再遊徽州，向東原索觀《詩補傳》。	
十六年	辛未	1751	29	東原補休寧縣學生。	
十七年	壬申	1752	30	東原教讀汪梧鳳家。休寧旱，東原窮居，成《屈原賦注》9卷，又《音義》3卷。著手《句股割圜記》之撰述。	孔廣森生。盧文弨中進士，授翰林院編修。
十八年	癸酉	1753	31	東原《詩補傳》成，後別錄書內辨證成一帙，為《毛鄭詩考正》，至丙戌（1766）又將《詩補傳》改定稱《詩經補注》，僅成二《南》。	
十九年	甲戌	1754	32	族子豪者侵占東原祖墳，倚財結交縣令，令欲文致東原罪，東原避訟入都，寓歙縣會館，紀太史昀、王太史鳴盛、錢太史大昕、王中翰昶、朱太史筠，往訪爭相交。秦蕙田延主其邸，講論《五禮通考》觀象授時一門。	全祖望居揚州，仍治《水經》兼補《學案》，秋與趙一清遇於杭，一清依祖望說改正所校《水經注》，冬一清自序《水經注釋》。
二十年	乙亥	1755	33	夏，東原有《周禮太史正歲年解》二篇、《周髀北極璿璣四游解》二篇，又有《與方希原書》，論文章必求其本。紀昀始識東原，東原改館紀家。作《句股割圜記》三篇，秦蕙田全載於《五禮通考》中。紀昀為東原序《考工記圖》。秋，東原有《與王內翰鳳喈書》，論《尚書》「光被四表」；又有《與姚姬傳書》，論求經「十分之見」。姚氏時為孝廉，欲師東原，東原約為友。	凌廷堪生。全祖望卒（年51）。

二十一年	丙子	1756	34	東原館於王安國家,公子王念孫從學。紀昀刻《考工記圖》成。冬,有《讀淮南洪保》一篇。	
二十二年	丁丑	1757	35	東原自北京南歸,識惠棟於揚州都轉運使盧見曾雅雨署內,又獲交沈大成。自是客揚州凡四年,成《大戴禮記目錄後語》、《金山志》,有《與是仲明論學書》、《與王鳳喈書》。	王安國卒(年64)。
二十三年	戊寅	1758	36	歙人吳思孝為序刻《句股割圜記》成。	惠棟卒(年62)。
二十四年	己卯	1759	37	東原鄉試落第,傳考官欲令出門下,而以不知避忌置之。秋,為王蘭泉舍人作《鄭學齋記》,又有《書小爾雅後》一文。	
二十五年	庚辰	1760	38	東原客揚州,與沈大成同校《水經注》。有《與盧侍講紹弓書》,論校《大戴禮》事;有《與任孝廉幼植書》,論禮。東原《屈原賦注》刻成。	章學誠出游至北京。段玉裁入都,始見顧炎武《音學五書》。錢大昕任《續文獻通考》纂修官。
二十六年	辛巳	1761	39	東原有《再與盧侍講書》,論《大戴禮》事。	江藩生。
二十七年	壬午	1762	40	東原舉於鄉,考官為嘉興少司寇錢東麓汝誠、大庾戴太史筐圃第元、同考官金匱縣知縣青田韓介屏錫胙。成《尚書義考》。作《江慎修先生事略》。	三月三日江永卒(年82)。
二十八年	癸未	1763	41	春,東原入都會試不第,居新安會館,段玉裁、汪元亮、胡士震從東原講學。玉裁投札稱弟子,東原謙辭。東原為王涵齋作《詩比義述序》。夏出都赴江右,有	

				《鳳儀書院碑》。秦蕙田薦東原與錢大昕刊正韻書，未獲純皇帝允。東原有《書玉篇卷末聲論反紐圖後》、《書劉鑑切韻指南後》、《顧氏音論跋》、《書盧侍講所藏宋本廣韻》。	
二十九年	甲申	1764	42		章學誠參編《天門縣志》，作修志十議。阮元生。金榜中舉人。趙一清卒（年54）。秦蕙田卒（年63）。
三十年	乙酉	1765	43	東原入都過蘇，有《題惠定宇先生授經圖》一篇，定《水經》一卷，示紀昀、錢大昕、姚鼐、段玉裁；有《沈學子文集序》。	鄭燮板橋卒（年73）。
三十一年	丙戌	1766	44	東原入都會試不第，居新安會館。嗣館裘日修邸，成《杲溪詩經補注》、《聲韻考》4卷、《原善》三卷擴大本成書。章學誠經鄭虎文之介紹，始識東原於新安會館。	王引之生。
三十二年	丁亥	1767	45	冬，東原有《送右庶子畢沅赴鞏秦階道序》。《續天文略》成。	程廷祚卒（年77）。
三十三年	戊子	1768	46	東原應直隸總督方觀承聘，校《直隸河渠書》未成，方氏卒東原辭職入都。王履泰得東原書，易名《畿輔安瀾志》。	汪萊孝嬰生。李銳尚之生。方觀承卒（年71）。盧見曾卒（年79）。
三十四年	己丑	1769	47	東原會試不第，山西布政使朱珪聘，與段玉裁偕往，段主講壽陽書院，東原客署中，嗣應汾州太守孫和相聘，修《府志》34卷；草剏《緒言》，為余古農作《古	錢大昕再入都。是鏡仲明卒（年77）。

				經解鉤沈序》。段玉裁謁東原又稱弟子，東原勉從其請。	
三十五年	庚寅	1770	48	東原修《汾州府志》葳事，又助修《壽陽縣志》。有代壽陽令龔導江作《記洞過水》一篇，代某作《應州續志序》、《與曹給事書》、《沂川王君祠碑》、《于清端傳》、《張義士瑛傳》、《王廉士敏傳》、《答朱方伯書》、《例贈宣武太夫王公墓表》、《王輯王先生墓誌銘》、《查氏七烈女墓志銘》，代作《山陰義莊序》。	仲春，段玉裁銓受貴州玉屏縣知縣。
三十六年	辛卯	1771	49	東原會試不第，遊晉，修《汾陽縣志》。	朱筠為安徽學政。孔廣森、邵晉涵中進士。錢大昕任《大清一統志》館纂修官。汪梧鳳卒（年46）。沈大成卒（年72）。
三十七年	壬辰	1772	50	東原自汾陽入都，會試不第，段玉裁相見於洪榜宅。嗣東原南歸，主講浙東金華書院。寫定《緒言》，刊自定《水經注》。	金榜中進士。方東樹生。
三十八年	癸巳	1773	51	東原主講金華書院，夏，奉詔充四庫館纂修官，仲秋至京師。章學誠與東原在寧波道署相遇，論史不合，論修志又不合。是年章學誠作《和州志例》。	
三十九年	甲午	1774	52	東原校《水經注》成，恭上，校《九章算術》、《五經算術》成。	章學誠作《和州志》成。
四十年	乙未	1775	53	東原會試不第，奉命與乙未貢士一體殿試，賜同進士出身，授翰林院庶吉士。校《海島算經》、《儀	段玉裁《六書音均表》成。王念孫禮部中試，殿試賜二

				禮識誤》成。	甲七名進士出身。
四十一年	丙申	1776	54	東原《孟子字義疏證》成書。	段玉裁始作《說文解字讀》。
四十二年	丁酉	1777	55	東原校《周髀算經》、《孫子算經》、《張丘建算經》、《夏侯陽算經》、《五曹算經》、《儀禮釋宮》、《儀禮集釋》、《項氏家說》、《蒙齋中庸講義》、《大戴禮》、《方言》，作《六書音均表序》、《聲類表》9 卷。四月有《答彭進士紹升書》。 五月二十七日晡時卒於崇文門西范氏穎園，京師同志輓之曰：「孟子之功，不在禹下；明德之後，必有達人。」朱夫人率子中立挾柩南歸。	章學誠中順天鄉試舉人，修《永清志》。

附錄（三）徽州古書院一覽表

序號	書院名稱	所在縣分	建置簡況	備考
1	紫陽書院	歙縣	南宋淳祐六年（1246），徽州州守韓補始建於城南門外，後遷徙無常。明正德十四年（1519），徽州太守張芹遷於郭外紫陽山麓之老子祠，從此固定下來。明嘉靖四十三年（1564）、萬曆間、崇禎間、清順治七年（1650）、康熙八年（1669）、三十一年（1692）、三十三年（1694）、雍正三年（1724）、十二年（1734）、乾隆十三年（1748）、五十四年（1789）俱重修。咸豐同治間毀於兵。	是傳播理學之「聖壇」。
2	秘閣書院	歙縣	南宋朝官直秘閣學士汪叔詹、汪若海建。	
3	西疇書院	歙縣	宋末建，元存，清嘉慶八年（1803）里人鹽商鮑漱芳重修。在棠樾。	
4	師山書院	歙縣	元末名儒鄭玉及其門人鮑元康等建，光緒三十三年（1907）改為師山小學堂。在二十二都鄭村。	鄭玉（1298-1358），字子美，號師山，歙縣人。該書院為鄭玉講學之所。
5	友陶書院	歙縣	元末明初汪維岳建。	
6	楓林書院	歙縣	明初侍講朱升建，明太祖曾賜「梅花初月」匾額。在二十五都石門。	朱升，休寧人，至正間中舉人。

7	北園書院	歙縣	在沙溪,明初里儒淩慶四建。	
8	白雲書院	歙縣	在二十二都槐糖,明初名儒唐仲實講學於此。	
9	鳳池書院	歙縣	在三十一都深渡,明初名儒姚璉講學於此。	
10	斗山書院	歙縣	在府東城斗山之巔,元明間姚璉、唐仲實等作精舍講學,明嘉靖十年(1531)知府馮世雍葺為書院。萬曆十九年(1591)重建,三十六年(1608)重修。清順治間毀,康熙九年(1670)知府曹鼎望重建。清咸豐間毀於兵。	
11	崇正書院	歙縣	在二十都塌田竺溪寺,明嘉靖間知府馮世雍建。清光緒三十二年(1906)改為崇正小學堂。	
12	南山書院	歙縣	在十九都岩鎮南山之麓,明嘉靖間唐皋、鄭佐建。清初移鎮西,乾隆三十六年(1771)仍復故址。	
13	崇文書院	歙縣	在溪南,明萬曆間「六縣四方紳士講學於此」。	
14	天都書院	歙縣	在府西門外柳堤上,明崇禎十六年(1643)知府唐懿興書院,貢生吳經邦倡建。清康熙十二年(1673)知府曹鼎望重建,後廢。	
15	道存書院	歙縣	在五都大和坑,明季建,清乾隆間附生葉之塏等重修,為五都士子會文之所。	
16	問政書院	歙縣	舊在縣學內名宦祠後,清乾隆三十五年(1770)知縣張佩芳及貢生程光國等改建於縣學東江家塢。咸同間毀。	

17	竹山書院	歙縣	在二十八都雄村桃花壩上，清乾隆間里人曹翰屏建。	
18	古紫陽書院	歙縣	在縣學後，清乾隆五十五年（1790）由歙人戶部尚書曹文埴「倡其議」，歙商鮑志道「協其籌」，程光國「董其事」，於文公祠舊址建。「名之曰古紫陽書院，欲別於紫陽山之書院也」。清末科舉制度廢，撤而創學堂。	曹文埴乾隆二十五年（1760）進士。
19	岩溪書院	歙縣	在二十六都文公舍，清嘉慶十九年（1814）建。	
20	飛布書院	歙縣	在郡城新安衛右街，乾隆初江村人江允升捐資置。	
21	崇本書院	歙縣	在十六都西溪南，建置情況不詳。（李琳琦按：應為清康熙以後建，因為康熙府志未見記載）。	
22	見山庵	歙縣	在二十都聯墅，建置情況不詳。（李琳琦按：應為清康熙以後建，因為康熙府志未見記載）。	
23	岑山書院	歙縣	在二十六都小溪。建置情況不詳。（李琳琦按：應為清康熙以後建，因為康熙府志未見記載）。	
24	西川書院	休寧	南宋龍圖閣學士程大昌建。	程大昌，休寧人，紹興進士。
25	西山書院	休寧	南宋高宗時龍圖閣學士程大昌建。	
26	秀山書院	休寧	南宋汪若楫建。	
27	竹洲書院	休寧	南宋紹興二十七年（1157）進士吳儆建。	
28	商山書院	休寧	元至正年間（1341-1368）行樞密院判官汪同建。（一說明萬曆年間休寧商人吳繼良創建。）	

29	東山精舍	休寧	元末明初趙汸建。	
30	桂岩書院	休寧	原在桂岩東，明初里人戴天德建，不久遭毀壞；成化中，其孫戴孟節等重建，尋亦廢；成化七年（1471），其曾孫戴善美又重建。成化二十三年（1487），善美又以舊址隘陋，與其孫鄉貢進士戴銑改建於里之翁村。	
31	心遠樓	休寧	明初碩儒楊季成建。	
32	柳溪書院	休寧	在邑西門外，明成化間里人汪尚和建。	
33	率溪書院	休寧	在率溪，明成化五年（1469）里人程希隆建。	
34	新溪書院	休寧	在十五都，明成化間里人朱暹建。	
35	天泉書院	休寧	在七都石橋岩左，明嘉靖中建。	
36	還古書院	休寧	在古城萬安山，明萬曆二十年（1592）知縣祝世祿建，天啓間被閹黨毀三分之一，崇禎元年（1628）奉旨重建，清順治、康熙、乾隆、嘉慶年間均重修。	
37	明善書院	休寧	在商山，明萬曆間里人吳繼良建。	
38	海陽書院（瞻雲書院）	休寧	在縣前街西南，明崇禎八年（1635）知縣王佐創建。十六年（1643）改稱「瞻雲書院」。清康熙間知縣廖騰煃重修，後毀。乾隆十六年（1751）知縣萬世凝建書院於北街，仍名「海陽書院」。嘉慶十二年（1807）移建於石羊圩東山之麓。	
39	練江精舍	休寧	建置不詳，府志載：康熙乙酉（四十四年）南巡，休寧人率口人程	

			瑞枋，「獻溜淮套賦，循例入成均，當得邑令，不就歸……讀書練江精舍。」	
40	龍川書院	婺源	北宋天禧年間（1017-1021）張舜臣建。	
41	四友堂	婺源	北宋政和間（1111-1118）汪紹還建。	
42	醉經堂	婺源	南宋饒州府助教程忠建。	
43	山屋書院	婺源	南宋淳祐四年（1244）進士許月卿建。	
44	紫陽書院	婺源	在文廟側，原為「晦庵書院」，元至元二十四年（1287）縣尹汪元圭建。延祐元年（1314）毀於火。明嘉靖九年（1530），知縣曾忭毀縣治後保安寺為書院，易晦庵之名曰紫陽。張居正柄政，書院毀，萬曆四十三年知縣馮時來復建。明清之際毀於兵，清康熙三十六年（1697）知縣張綬重建，乾隆間又多次重修。光緒間停科舉，改稱「紫陽學社」。	
45	閬山書院	婺源	元至正年間（1341-1368）行樞密院判官汪同建。	
46	明經書院	婺源	在縣北三十里考川，元初至大三年（1310）胡澱、胡澄兄弟建，元末火於兵，明成化十六年（1480）胡浚重建，後圮；萬曆十二年（1584）知縣萬國欽重建。清康熙五十三年（1714）胡氏移建鳳山東麓。	
47	霞源書院	婺源	在二十五都霞源，明中葉知縣朱一桂建，清初圮。	

48	東湖精舍	婺源	在縣東,明嘉靖間巡撫歐陽公為元儒汪德鈞建。	
49	福山書院	婺源	在縣南四十五里,明嘉靖十六年（1537）湛若水門人建,不數年傾覆,萬曆三十六年（1608）封官余世安向知縣提議復建。清乾隆三十六年（1771）擴建,咸豐七年（1857）遇兵火,同治三年（1864）復建。	
50	虹東精舍	婺源	在虹井東,明嘉靖四十二年（1563）郡守胡孝、知縣張櫃草創,縣丞胡邦耀及邑紳游震得成之。	
51	中心精舍	婺源	在沱川,明嘉靖間合州知州金世儒謝病歸里建。	
52	富教堂	婺源	在十八都清華,明嘉靖三十五年（1556）建,明末尚書余懋衡講學處。清初里人重建。	
53	世賢書院	婺源	在城牧民坊,明嘉靖間里人都御史游震得建。祀先儒王汝舟、王愈、王炎、王稱、王埜翁五賢。	
54	尊羅書院	婺源	明嘉靖間游震得兄弟建。	
55	明德書院	婺源	明末尚書余懋衡建。	余懋衡,婺源人,明萬曆二十年（1592）進士。
56	山霧書院	婺源	明中葉正學方瓘請建。	
57	正經堂	婺源	明末尚書汪應蛟為都人講學所。	
58	雙杉書院	婺源	清初城北貢生王廷鑾建,乾隆三十八年（1773）四十年（1775）族眾兩次擴建。	
59	心遠書院	婺源	南宋鄉賢俞皋講學處,後里中建為書院,以祀俞皋。院久廢,清人俞瑞闓率族重建。	

60	太白精舍	婺源	在太白，清初潘氏合族建。	
61	蔣公書院	婺源	在城東門外四都巷，清康熙年間建，祀知縣蔣國祚。	
62	開文書院	婺源	在北鄉思溪吳河，清道光二十七年（1847）延村、西沖、讀屋泉、思溪、汪村合建。	
63	湖山書院	婺源	在南鄉太白，初為元儒胡一桂講學地，清道光十三年（1833）創建書院。	
64	西鄉書院	婺源	清道光間里人臧聰等倡建。	
65	天衢書院	婺源	清道光間建。	
66	教忠書院	婺源	在北鄉清華鎮黃家村首，清咸豐七年（1857）建。	
67	玉林書院	婺源	在周溪，清咸豐間里人項儒珍為鄉子弟肄業建。	
68	崇報書院	婺源	在縣東門大街，清同治二年（1863）捐建為左宗棠生祠。初附紫陽書院行課，旋停，光緒六年（1880）其產業併入紫陽書院。	
69	水口精舍	婺源	始建時間不詳，傾圮後里人張文明於清光緒初重造。	
70	碧山精舍	婺源	在古坑源，清末里人石世濤復建。始建時間不詳。	
71	狒峰精舍	婺源	在桂岩，清末里人戴暘創修。	
72	桂林書院	婺源	建置時間不詳，蕉源吳氏眾建。	
73	道川書院	婺源	五鎮為先儒倪士毅建，建置時間不詳。	
74	藻潭書院	婺源	在清華。建置情況不詳。	
75	詞源書院	婺源	祀參軍王希翔。建置情況不詳。	
76	二峰書院	婺源	在詞川。建置情況不詳。	
77	騏陽書院	婺源	中雲王在文倡族重建，祀關帝及諸先達。建置時間不詳。	

78	梧岡書院	祁門	南宋程鳴鳳建。	
79	遺經樓	祁門	明代汪泰初建。	
80	楂山書堂	祁門	在縣南三十里，元季汪時中構，尋圮。明景泰間，曾孫思浩、思敬於其地重建。	
81	東野書院	祁門	在城西，明初里人謝熙和建，「朝夕講習其中，宋濂顏其堂曰東野。」	
82	寶山書院	祁門	在善和里，明初里人程景華建。	
83	鐘山書院	祁門	在福廣鄉柏溪里，明初里人程敘建。	
84	南山書院	祁門	在邑南山源，明成化初里人謝復藏修之所。	
85	李源書院	祁門	在李源，明弘治間里人李汎建。	
86	東山書院（環谷書院）	祁門	明正德年間（1506-1521）郡守留志淑、知縣洪晰建。明嘉靖九年（1530）知縣陳光華重建，更名曰「環谷書院」，萬曆四十四年（1616）仍名「東山書院」。清乾隆、嘉慶年間均有重建、重修。	
87	東源書院	祁門	明弘治年間（1488-1505）程杲建。	
88	鳴陽書院	祁門	明嘉靖年間（1522-1566）程昌建。	程昌正德三年（1508）進士。
89	少潭書院	祁門	在奇嶺，明嘉靖間進士鄭繼誠致仕後建。	
90	神交精舍	祁門	在暘源，明嘉靖三十一年（1552）謝鉉、謝芊建。	
91	石龍精舍	祁門	在重興寺側，明嘉靖中知縣錢同文為解元王諷建。	
92	曙戒山房	祁門	在伊川，明倪濟華建，鄉賢陳二典、汪大海、王三策講學處。	

93	蛟潭書院	祁門	在查灣，建置時間不詳。	
94	白石講堂	祁門	在查灣，建置時間不詳。	
95	石鼓書院	黟縣	南宋建。	
96	集成書院	黟縣	在黃村，元至正年間（1341-1368）黃友仁宗族建，清初黟縣商人黃志廉率族重建。	
97	碧陽書院	黟縣	明嘉靖四十二年（1563）知縣謝廷杰建，天啓時毀，崇禎時修復，清乾隆時因儒學復移舊址，書院遂拆。嘉慶十四年（1809）復建於橫江。	
98	中天書院	黟縣	在七都漁亭，明嘉靖間鄉賢李希士等創建，天啓間毀。	
99	淋瀝書院	黟縣	在五都林歷山，天啓間毀。	
100	桃源書院	黟縣	在七都石墨嶺，明萬曆間余心、鄉賢李希士等創建。	
101	金竹庵	黟縣	建置情況不詳。	
102	松雲書院	黟縣	在美坑村前山，清乾隆年間建，咸豐後傾塌。	
103	蓮塘精舍	黟縣	清末邑人胡霖建。	
104	南湖書院	黟縣	建置清況不詳。	
105	桂枝書院	績溪	北宋真宗景德年間（1004-1007）胡忠建。	係目前徽州歷史上最早的書院。
106	樂山書院	績溪	北宋政和年間（1111-1118）許潤建。	
107	東麓書院	績溪	北宋胡舜涉建。	
108	槐溪書院	績溪	南宋淳熙年間（1174-1189）戴季仁建。	
109	雲莊書院	績溪	南宋淳熙年間（1174-1189）建。	
110	肇陽書院	績溪	在十一都仁里，元朝程璲建，元末兵興而毀。明弘治初程儒重建。	

111	龍峯書院	績溪	在龍川,明洪武九年(1376)胡德裕建,後其曾孫富重修。	
112	潁濱書院	績溪	在新西街,明嘉靖間知縣趙春即文定公祠改建。清嘉慶間尚存屋一楹,餘皆廢。	
113	鹿苹書院	績溪	在舊縣丞廨,明萬曆四年(1576)知縣陳嘉策建。	
114	石丈齋	績溪	在儒學右,明萬曆時名儒葛應秋講學處,有石笋二丈餘,故名。	
115	謙如書院	績溪	在蜀馬,又名蜀川書院,明崇禎狀元陳于泰歸籍後建。	
116	二峨書院	績溪	在儒學基地,清順治間邑人為祭祀知縣李之韡建。雍正九年(1731)改為訓導署。	
117	嵋公書院(敬業書院)	績溪	在儒學基地,清順治九年(1652)知縣郭四維倡建,乾隆二年(1737)知縣王錫蕃更名「敬業書院」,四十六年(1781)知縣劉嗣重修。	
118	東山書舍	績溪	清代商人必泰建。	

註:本表主要參考薛貞芳著《徽州藏書文化》頁 103-112〈明清徽州所建書院一覽表〉(摘自李琳琦《徽州教育》,第 61-68 頁,安徽人民出版社,2005。)兼及陳瑞、方英著《徽州古書院》一書,遼寧人民出版社,2002。

主要參考書目

（以類相從，類中以出版先後為序）

1.　《東原集》　　　　　　　　　　台灣中華書局，1971 年。

2.　《戴震文集》　　　　　　　　　台北華正書局，1974 年。

3.　《戴震文集》　　　　　　　　　北京中華書局，1980 年。

4.　《戴東原先生全集》　　　　　　台北大化書局，1987 年。

5.　《戴震全集》一至六冊　　　　　北京清華大學出版社，1991 年～
　　　　　　　　　　　　　　　　　1999 年。

6.　《戴東原》　　　　　　　　　　梁啟超，台灣中華書局，1957 年。

7.　《戴震》　　　　　　　　　　　劉昭仁，台灣商務印書館《中國歷代
　　　　　　　　　　　　　　　　　思想家》第八冊，1978 年。

8.　《戴震學術思想論稿》　　　　　戴學研究會，安徽人民出版社，1987 年。

9.　《戴震》　　　　　　　　　　　張立文，台北東大圖書公司，1991 年。

10.　《戴震評傳》　　　　　　　　　李開，南京大學出版社，1992 年。

11.　《詩補傳與戴震解經方法》　　　岑溢成，台北文津出版社，1992 年。

12.　《戴東原的哲學》　　　　　　　胡適，台灣商務印書館，1996 年。

13.　《論戴震與章學誠》　　　　　　余英時，台北東大圖書公司，1996 年。

14.　《戴震研究》　　　　　　　　　鮑國順，國立編譯館，1997 年。

15.　《戴震學的形成》　　　　　　　丘為君，台北聯經出版公司，2004 年。

16.　《戴震考據學研究》　　　　　　徐道彬，安徽大學出版社，2007 年。

17.　《中國學術思想變遷之大勢》　　梁啟超，台灣中華書局，1971 年。

18.　《中國近三百年學術史》上、　　錢穆，台灣商務印書館，1972 年。
　　　下冊

19. 《明代思想史》　　　　　　台灣開明書店，1978 年。

20. 《中國學術思想史論叢(八)》 錢穆，台北東大圖書公司，1990 年。

21. 《中國歷代思想史（伍）明代 容肇祖，台北文津出版社，1993 年。
　　卷》

22. 《中國歷代思想史（陸）清代 朱葵菊，台北文津出版社，1993 年。
　　卷》

23. 《中國近三百年學術史》　　梁啟超，台北華正書局，1994 年。

24. 《中國思想史》　　　　　　錢穆，台北蘭台出版社，2001 年。

25. 《中國近三百年學術史論》　徐亮工編校，上海古籍出版社，2006 年。

26. 《中國學術思潮史》（卷七） 尹繼佐、周山主編，上海社會科學院
　　　　　　　　　　　　　　 出版社，2006 年。

27. 《中國學術思想史稿》　　　步近智、張安奇，北京中國社會科學
　　　　　　　　　　　　　　 出版社，2007 年。

28. 《清儒學案》　　　　　　　徐世昌，台灣世界書局，1966 年。

29. 《清代學術概論》　　　　　梁啟超，台灣商務印書館人人文庫
　　　　　　　　　　　　　　 044 號，1967 年。

30. 《清代樸學大師列傳》　　　支偉成，台北縣藝文印書館，1970 年。

31. 《中國哲學思想論集清代篇》 余英時等，台北牧童出版社，1977 年。

32. 《明代考據學研究》　　　　林慶彰，台灣學生書局，1986 年。

33. 《清代學術史研究》　　　　胡楚生，台灣學生書局，1993 年。

34. 《清代學術史研究》續編　　胡楚生，台灣學生書局，1994 年。

35. 《清代學術文化史論》　　　王俊義・黃愛平，台北文津出版社，
　　　　　　　　　　　　　　 1999 年。

36. 《清代學術論叢第一、二輯》 高雄中山大學清代學術研究中心，台
　　　　　　　　　　　　　　 北文津出版社，2001 年。

37. 《清代學術思想論集》　　　鮑國順，高雄復文出版社，2002 年。

38. 《乾嘉學者的義理學》上、下 中央研究院中國文哲研究所，2004 年。

39. 《清代新義理學》　　　　　張麗珠，台北里仁書局，2005 年。

40. 《清代義理學新貌》　　　　張麗珠，台北里仁書局，2006 年。
41. 《清代的義理學轉型》　　　張麗珠，台北里仁書局，2006 年。
42. 《乾嘉學術十論》　　　　　劉墨，北京三聯書店，2006 年。
43. 《清初理學思想研究》　　　楊菁，台北里仁書局，2008 年。

44. 《漢學師承記》　　　　　　清・江藩，台北世界書局，1962 年。
45. 《漢學商兌》　　　　　　　清・方東樹，台北廣文書局，1963 年。
46. 《文史通義等三種》　　　　清・章學誠，台北世界書局，1969 年。
47. 《俞曲園學記》　　　　　　曾昭旭，台灣中華書局，1971 年。
48. 《陳乾初研究》　　　　　　鄧立光，台北文津出版社，1992 年。
49. 《方以智》　　　　　　　　劉君燦，台北東大圖書公司，2001 年。
50. 《揚州歷史名人》　　　　　朱正海主編，揚州廣陵書社，2003 年。
51. 《清代揚州學記》　　　　　張舜徽，揚州廣陵書社，2004 年。
52. 《一代禮宗──淩廷堪之禮　商瑝，台北萬卷樓圖書公司，2004 年。
　　學研究》
53. 《阮元評傳》　　　　　　　郭明道，北京社會科學文獻出版社，
　　　　　　　　　　　　　　　2005 年。
54. 《全祖望評傳》　　　　　　王永健，南京大學出版社，2006 年。
55. 《錢大昕評傳》　　　　　　張濤・鄧聲國，南京大學出版社，
　　　　　　　　　　　　　　　2006 年。
56. 《酈道元評傳》　　　　　　陳橋驛，南京大學出版社，2006 年。
57. 《段玉裁評傳》　　　　　　董蓮池，南京大學出版社，2006 年。
58. 《史學大師──章學誠傳》　鮑永軍，浙江人民出版社，2007 年。

59. 《中國書院史》　　　　　　樊克政，台北文津出版社，1995 年。
60. 《徽州古書院》　　　　　　陳瑞・方英，遼寧人民出版社，2002 年。
61. 《論徽學》　　　　　　　　朱萬曙主編，安徽大學出版社，2004 年。
62. 《徽商──正說明清中國第　潘小平，北京中國廣播電視出版社，
　　一商幫》　　　　　　　　　2005 年。

62.	《明代徽州文學研究》	韓結根，復旦大學出版社，2006 年。
64.	《話說徽商》	李琳琦主編，台北時英出版社，2007 年。
65.	《千年徽州夢》	趙焰，上海東方出版中心，2007 年。
66.	《魅力徽商》	鄭佳節・高嶺，北京工業大學出版社，2007 年。
67.	《行走中國在北緯 30 度神祕線上——黃山徽州》	潘小平，上海文藝出版總社，2007 年。
68.	《徽州藏書文化》	薛貞芳，安徽大學出版社，2007 年。
69.	《清代通史》	蕭一山，台灣商務印書館，1963 年。
70.	《中國算學史》	李人言，台灣商務印書館，1990 年。
71.	《中國算學史》	王渝生，上海人民出版社，2006 年。
72.	《明清史》	陳捷先，台北三民書局，2004 年。
73.	《中國哲學範疇精選叢書——氣》	張立文主編，台北漢興書局，1994 年。
74.	《中國哲學範疇精選叢書——道》	張立文主編，台北漢興書局，1994 年。
75.	《中國哲學範疇精選叢書——理》	張立文主編，台北漢興書局，1994 年。
76.	《王廷相與明代氣學》	王俊彥，台北秀威資訊科技公司，2006 年。
77.	《黃侃論學雜著》	黃侃，台灣中華書局，1969 年。
78.	《訓詁學概要》	林師尹，台北正中書局，1972 年。
79.	《古音學發微》	陳師新雄，嘉新水泥公司文化基金會，1972 年。
80.	《六書釋例》	蔡信發，欣德複印社，2006 年。

81. 《禮學新探》　　　　　　　高明，香港中文大學中文系，1963 年。
82. 《考工記導讀圖譯》　　　　聞人軍，台北明文書局，1990 年。
83. 《清朝前期的文化政策》　　葉高樹，台北縣稻鄉出版社，2002 年。
84. 《諸子百家名篇鑒賞辭典》　上海辭書出版社，2003 年。
85. 《中國哲學三百題》　　　　夏乃儒主編，上海古籍出版社，2007 年。
86. 《人文與理性的中國》　　　余英時，台北聯經出版公司，2008 年。

87. 劉昭仁〈戴東原思想研究〉，《國立台灣師大國文研究所集刊》第
　　十九號，1975 年 6 月。
88. 徐道彬〈戴震屈原賦注的文學成就〉，《徽學》第三卷，安徽大學
　　出版社，2004 年。
89. 徐道彬〈戴震與乾嘉學者交遊述評〉，《徽學》第四卷，安徽大學
　　出版社，2006 年。
90. 方利山〈朱熹思想和古徽州〉，《孔孟月刊》第 46 卷第 7、8 期，
　　2008 年 4 月 28 日。

後記

　　筆者四十年前就讀台灣師大國文研究所時，開始研究戴學。惟覺戴學如一百科全書，博大精深，只選思想方面來研究。承先師胡自逢先生的啟蒙指導，完成《戴東原思想研究》小文一篇。嗣後任教上庠，先後撰寫《陸宣公學記》及《呂東萊的文學與史學》二書，文稿都承　胡師斧正，師恩浩蕩，永銘五中。然而　胡師竟於2004年9月8日遽歸道山，享壽94歲。今日撰寫《戴學小記》，已立雪無門。惟念師恩，殷切往昔。

　　筆者自碩士班畢業後，即任教實踐大學，曾追隨校長謝孟雄先生赴台北醫學大學服務。謝先生任校長，我則任副教授兼校長室主任祕書。五年後同歸返實踐大學，謝先生續任校長，我則任教授兼主任祕書。嗣後方錫經教授繼任校長，我仍兼主任祕書。2000年才免兼行政。實踐大學給我安定的教學與研究環境，真要感謝長官及全體同仁，尤其是博雅學部的同事。

　　筆者屆齡退休在即，對戴學未全面研究，幸與安徽戴震研究會祕書長方利山教授，魚雁往還多年。雖未曾謀面，每接華翰，如聞馨欬，獲教良多，感激不盡。於是不揣鄙陋，撰寫本書，以表對方祕書長的感謝，並對戴學的推揚，略盡棉薄。

　　本書參考眾多前賢時彥的研究成果，敬獻上我的敬意。文稿承實踐大學同事陳惠萍小姐打字，出版組葉立誠主任、王雯珊小姐、

賴怡勳小姐協助出版、校對，而秀威資訊科技公司宋政坤總經理惠
予承印，並此敬致謝意。

劉昭仁

2008 年 10 月 12 日

於實踐大學

國家圖書館出版品預行編目

戴學小記：戴震的生平與學術思想 / 劉昭仁著.
-- 一版.-- 臺北市：秀威資訊科技，2009.07
面； 公分. --(實踐大學數位出版合作系列
社會科學類；AF0111)

BOD版
參考書目：面
ISBN 978-986-221-247-9(平裝)

1.（清）戴震　2.學術思想　3.傳記

127.43　　　　　　　　　　　　　98010324

實踐大學數位出版合作系列
社會科學類　AF0111

▌戴學小記──戴震的生平與學術思想

作　者	劉昭仁
統籌策劃	葉立誠
文字編輯	王雯珊
視覺設計	賴怡勳
執行編輯	林世玲
圖文排版	陳湘陵
數位轉譯	徐真玉　沈裕閔
圖書銷售	林怡君
法律顧問	毛國樑　律師
發 行 人	宋政坤
出版印製	秀威資訊科技股份有限公司
	台北市內湖區瑞光路583巷25號1樓
	電話：(02) 2657-9211
	傳真：(02) 2657-9106
	E-mail：service@showwe.com.tw
經 銷 商	紅螞蟻圖書有限公司
	台北市內湖區舊宗路二段121巷28、32號4樓
	電話：(02) 2795-3656
	傳真：(02) 2795-4100
	http://www.e-redant.com

2009 年 07 月
BOD一版
定價：490元

讀　者　回　函　卡

感謝您購買本書，為提升服務品質，煩請填寫以下問卷，收到您的寶貴意見後，我們會仔細收藏記錄並回贈紀念品，謝謝！

1. 您購買的書名：＿＿＿＿＿＿＿＿＿＿＿＿＿＿＿＿＿

2. 您從何得知本書的消息？

　　□網路書店　　□部落格　　□資料庫搜尋　　□書訊　　□電子報　　□書店

　　□平面媒體　　□ 朋友推薦　　□網站推薦 □其他＿＿＿＿＿＿

3. 您對本書的評價：(請填代號　1.非常滿意 2.滿意 3.尚可 4.再改進)

　　封面設計＿＿＿　版面編排＿＿＿　內容＿＿＿　文/譯筆＿＿＿　價格＿＿＿

4. 讀完書後您覺得：

　　□很有收獲　　□有收獲　　□收獲不多　　□沒收獲

5. 您會推薦本書給朋友嗎？

　　□會　　□不會，為什麼？＿＿＿＿＿＿＿＿＿＿＿＿＿＿＿＿

6. 其他寶貴的意見：＿＿＿＿＿＿＿＿＿＿＿＿＿＿＿＿＿＿＿

　　＿＿＿＿＿＿＿＿＿＿＿＿＿＿＿＿＿＿＿＿＿＿＿＿＿＿＿＿

　　＿＿＿＿＿＿＿＿＿＿＿＿＿＿＿＿＿＿＿＿＿＿＿＿＿＿＿＿

　　＿＿＿＿＿＿＿＿＿＿＿＿＿＿＿＿＿＿＿＿＿＿＿＿＿＿＿＿

讀者基本資料

姓名：＿＿＿＿＿＿＿＿＿＿＿　年齡：＿＿＿＿　性別：□女 □男

聯絡電話：＿＿＿＿＿＿＿＿＿　E-mail：＿＿＿＿＿＿＿＿＿＿

地址：＿＿＿＿＿＿＿＿＿＿＿＿＿＿＿＿＿＿＿＿＿＿＿＿＿＿

學歷：□高中(含)以下　　□高中　　□專科學校　　□大學

　　　□研究所(含)以上 □其他＿＿＿＿＿＿＿＿

職業：□製造業 □金融業 □資訊業 □軍警 □傳播業 □自由業

　　　□服務業 □公務員 □教職　□學生 □其他＿＿＿＿＿＿

To：114

台北市內湖區瑞光路 583 巷 25 號 1 樓

秀威資訊科技股份有限公司　　　收

寄件人姓名：

寄件人地址：□□□

- -

(請沿線對摺寄回,謝謝!)

秀威與 BOD

BOD（Books On Demand）是數位出版的大趨勢，秀威資訊率先運用 POD 數位印刷設備來生產書籍，並提供作者全程數位出版服務，致使書籍產銷零庫存，知識傳承不絕版，目前已開闢以下書系：

一、BOD 學術著作—專業論述的閱讀延伸
二、BOD 個人著作—分享生命的心路歷程
三、BOD 旅遊著作—個人深度旅遊文學創作
四、BOD 大陸學者—大陸專業學者學術出版
五、POD 獨家經銷—數位產製的代發行書籍

BOD 秀威網路書店：www.showwe.com.tw
政府出版品網路書店：www.govbooks.com.tw

永不絕版的故事・自己寫・永不休止的音符・自己唱